U0949835

21世纪经济学管理学系列教材

物流管理学

第四版

MODERN LOGISTICS MANAGEMENT SCIENCE

主编 刘明菲 王槐林

WUHAN UNIVERSITY PRESS
武汉大学出版社

图书在版编目(CIP)数据

物流管理学/刘明菲,王槐林主编.—4版.—武汉:武汉大学出版社,2021.11

21世纪经济学管理学系列教材

ISBN 978-7-307-22409-4

Ⅰ.物… Ⅱ.①刘… ②王… Ⅲ.物流管理 Ⅳ.F252

中国版本图书馆CIP数据核字(2021)第119448号

责任编辑:任 翔　　责任校对:汪欣怡　　版式设计:马 佳

出版发行:**武汉大学出版社**　(430072 武昌 珞珈山)

(电子邮箱:cbs22@whu.edu.cn 网址:www.wdp.com.cn)

印刷:湖北恒泰印务有限公司

开本:787×1092 1/16　印张:21　字数:495千字　插页:2

版次:2002年10月第1版　2005年4月第2版

2010年3月第3版　2021年11月第4版

2021年11月第4版第1次印刷

ISBN 978-7-307-22409-4　定价:50.00元

内 容 提 要

全书分为上、中、下三编。上编包括第一章至第三章，主要讲述物流管理学的全貌、发展过程和基本概念、基础理论，包括导论、系统和系统工程、物流和物流系统。中编包括第四章至第十一章，主要讲述分销物流学，即20世纪80年代中期以前的物流学理论与方法，着重阐述各个职能物流，包括仓储、库存、运输、配送、包装、装卸、流通加工、物流网点布局、企业生产物流和购销管理。下编包括第十二章至第十四章，主要讲述现代物流学，即20世纪80年代中期以来新出现的物流学理论与方法，着重阐述集成化、现代化的物流，包括第三方物流、物流战略管理以及绿色物流、冷链物流、应急物流、快递物流、智慧物流等物流管理新趋势。每章后面都附有小结、思考题和习题。全书后面还附有课程设计课题集和库存控制模型体系。

本书是管理学专业本科教材，同时也可以供相关专业本科生、研究生以及物流管理从业人员、研究人员使用或参考。

第四版修订说明

本书自2010年3月第三版出版以来，继续深受广大读者的厚爱，不但有一批忠实的老读者，而且有了一大批新的读者。读者普遍认为，本书比较“有内涵、有分量”，比较“深刻”，比较“实在”。

第三版出版至今，物流管理有了一些新的发展变化，需要进行再次修订。

本次修订的内容主要有以下几个方面：

第一、二、三、四章，主要对“本章小结”“本章思考题”“本章习题”进行调整，新增案例。

将第七章章标题名由原来的“物流配送管理”调整为“配送管理”；删除原第七章“第五节 案例”这一部分的内容；对“本章小结”“本章思考题”“本章习题”进行调整，新增案例。

对原第八章的“本章小结”“本章思考题”“本章习题”进行调整，新增案例。

将第十章章标题名由“企业生产物流管理”调整为“生产物流管理”；将原第十章“第四节 案例”这一部分的内容移至第十章第三节作为该节第三大点。

对第十一、第十二章“本章小结”“本章思考题”“本章习题”进行调整，删除第十二章“第五节 案例”。

删除第十三章“信息化物流管理”和第十四章“供应链物流管理”。

将第十五章“物流战略管理”，调整为第十三章，并将该章“第四节 案例”这一部分内容移至“本章习题”，作为案例分析材料。

新增第十四章“现代物流管理专题”，由武汉理工大学管理学院刘明菲编写。

由于时间关系，本书难免还有不足之处，欢迎各位热心读者继续来电来信提问题、谈看法，为本书的完善建言献策，在这里再一次表示衷心的感谢！

刘明菲

2021年3月

第一版前言

回顾物流学的发展历程，大致可以分为三个阶段：

第一阶段，从20世纪初到50年代，是物流概念产生、形成的阶段。这个时期的特点是，市场营销学和军事后勤学孕育了物流概念，在经济运行中，人们逐渐认识到物流的重要性，不断探索、充实和完善了物流概念。但总地来说，这是一个广泛探索、增进认识的时期。

第二阶段，从20世纪50年代到80年代中期，这是一个分销物流学兴起的时代，即Physical Distribution时代。这个时期的特点是，以产品分销为核心，探讨各种专业物流活动的理念。

第三阶段，从20世纪80年代中期到现在，这是现代物流学，即Logistics形成的阶段。这个时期的基本特征是强调物流活动的集约化、一体化、集成化、信息化和现代化。

这三个阶段都有各自不同的特点，都为物流管理学的形成和发展作出了贡献。我们国家地域辽阔，各个地区、各个企业的发展水平、技术水平很不一样，因此，物流管理学各个发展阶段的成果都是可以用得上的。所以，我们不能够为了强调现代化，就舍弃一些初级（基本）的、经典的物流学成果，一步跨进现代化。我们应当给读者一个完整的物流学全貌。

编写本书的目的，是为当代大学生学习物流管理学提供一本完整的教材。现在物流管理方面的教材不少，但是，有的过于专业化，学生要通过几门课才能够学完物流管理学的内容；有的过于现代化，对于传统的、经典的物流理论涉及过少，不能够使学生全面地掌握物流管理学发展的全貌。因此，本书力图在全面性、综合性、系统性、客观性方面作出努力，使学生能够通过一本书就能够掌握物流管理学的发展全貌。这对学生来说，是一种最有效率的学习途径，也是学生们最希望的一种学习途径。这也是本书的一个特色。

为了强调物流学的发展过程，强调各个阶段的物流学成果，本书按照物流学发展的三个阶段，分别归为三编，这三编分别是：

上编：物流概述（Introduction）

中编：分销物流学（Physical Distribution）

下编：现代物流学（Logistics）

作为教材，我们力求做到：

第一，适合学生学习的需要；

第二，方便学生的学习；

第三，有利于学生理解和掌握所学的知识。

因此，本书在内容结构上力争做到结构清晰、概念和理论分析到位，每章基本上都有案例研究或者应用研究，每章末都有思考题和习题，本书最后附有几个课程设计课题，可以让学生通过课程设计进行实际应用研究，并通过这些应用研究进一步理解和掌握实际的物流业务处理过程，并提出改进的途径。每一章的内容尽量简洁、明确，纲目清楚，使读者容易看懂内容结构。

本书虽说是一本大学教材，但也可以供其他读者使用，同一般的物流书籍相比，教材的内容更严格、更理论化、更系统、更全面，也更易于掌握知识、更易于培养能力。如果你想在物流学方面进行钻研的话，本书是你的好朋友。

本书由华中科技大学和武汉理工大学共同编写，是高校联合编写出版教材的一种尝试。联合编写教材可以发挥各自的优势、互相补充，不但丰富了教材的内容，扩大了知识面，而且提高了教材的质量。本书第一、二、三、五、九章以及附录由华中科技大学王槐林编写，第四、七、十二、十五章由武汉理工大学刘明菲编写，第六章由武汉理工大学马颖编写，第八章由武汉理工大学林艺编写，第十章由华中科技大学江春雷编写，第十一章由武汉理工大学冯军编写，第十三章由华中科技大学杨敏才编写，第十四章由武汉理工大学程琦编写。刘明菲承担了第四、五、六、七、八、十一、十二、十五章的统纂、审校工作，全书由王槐林统稿、修改、审定。

本书虽然酝酿已久，但是成书仓促，所以难免有错误或不妥之处，恳切希望各界专家学者批评指正！

王槐林

2002 年 8 月 10 日于武汉喻家山

目　录

上编：物流概述

中编：分销物流学

下编：现代物流学

上编：物流概述

上编包括第一、二、三章，主要讨论物流管理学的全貌、发展过程和基本概念、基础理论，包括导论、系统和系统工程、物流和物流系统。

第一章 导 论

本章主要从总体上对物流概念、物流学和物流管理学作一个概述，包括物流概念的产生、发展和演变的过程，物流学的内容和学科体系，物流管理学的概念、内容和特点，物流管理学在企业管理和社会经济管理中的作用，物流管理学和其他学科的关系，物流管理学的发展历史和现状。其中，重点介绍物流概念的发展历史、物流学的内容体系、物流管理学的内容和特点及其与其他学科的关系。

第一节 关于物流

一、普遍存在的物流现象

我们周围普遍存在着物的流动现象。在工厂里，我们看到到处摆满了机器；工件在传送带上一步一步地移动；搬运小车在车间里穿来穿去；仓库里堆放着原材料、工件和工具等；装卸车在忙着把货物从汽车上卸下来又堆放到仓库的货垛上……在商店里，我们看到货架上摆满了货物；店主正在把从仓库里提出来的货物上到货架上；售货员正在向顾客销售货物，她把顾客已经买好了的货物，包装起来，交到顾客手中……在城市里，我们看见拥挤的公路上汽车在穿梭往来；沸腾的街道上、商场里人如潮涌；天空飞机飞，江海轮船行；铁路上火车拉着长长的满载的货车，南来北往飞快地奔驰着……在相对比较宁静的农村，公路上也匆匆奔驰着运送化肥、粮食的汽车，载满赶集农民的客车；集市上赶集的人们熙熙攘攘，满街都是从各地用大车小车运来的农产品……所有这些我们习以为常的现象，都是物流现象。之所以说“习以为常”，是因为这些现象太普遍了，司空见惯，我们几乎天天都要和它们打交道。可以说，我们就生活在物流的海洋里。没有物流，工厂就不能生产，商店就不能营业，人们就不能生活。

二、物流概念的产生和发展过程

人们虽然长期对物流现象习以为常，但是直到 20 世纪初物流概念才在美国出现。从 20 世纪初到现在，物流概念的产生和发展经历了三个阶段。

（一）第一个阶段：物流概念的孕育阶段

从 20 世纪初到 20 世纪 50 年代，这个阶段是物流概念的孕育和提出阶段。这一阶段的特点：第一是在局部范围（主要是在美国）产生影响。第二是由少数几个人提出来的。第三是意见不统一，主要有两种意见、两个提法。

（1）营销学派的 physical distribution 概念。它是美国市场营销学者阿奇·萧（Arch

W. Shaw）于1915年提出的物流概念。他是从市场分销的角度提出的。他在1915年由哈佛大学出版社出版的 *Some Problems in Marketing Distribution* 一书中指出，在市场分销中，存在两类活动：一类叫做创造需求，一类叫做物资实体分配（physical distribution of goods）。他认为这两类活动是不同的，但是在市场分销中是互相平衡、互相依赖的。他认为市场分销中发生的重大失误，往往是由于在这两类活动之间缺乏协调造成的。①

（2）军事后勤学派的logistics概念。它是美国少校琼西·贝克（Chauncey B. Baker）于1905年在其所著的《军队和军需品运输》一书中提出的物流概念。他是从军事后勤的角度提出的，称logistics是"与军备的移动与供应有关的战争的艺术的分支"。②

应该说，这两个概念的实质内容是不一样的。阿奇·萧是从市场营销的角度来定义物流。physical distribution，准确地翻译，应该是"实体分配"，但是这种翻译不太符合中国人的语言习惯。按中国人的语言习惯，翻译成"分销物流"是比较合适的。它实际上就是指把企业的产品分送到客户手中的活动。因为市场营销学者的研究范围，就是专门研究怎样开拓市场、扩大销售，更好地把企业产品销售出去的问题。正如阿奇·萧所说，这个当中，确实有两类活动，一类是创造需求，也就是通过广告、促销、市场分析、销售网络等手段，让更多的人来购买企业的产品；另一类就是实体分配，也就是怎样更省钱、更及时地将客户订购了的产品送到客户手中。这两类活动确实是互相联系、相互平衡的。实际上，一个就是我们今天所说的"商流"，一个就是我们今天所说的"物流"，二者当然是互相联系、互相平衡的。而琼西·贝克则是从军事后勤的角度来定义物流的。他所关心的是军备物资的运输、储存、供应问题，这实际上就是军队后勤部门的工作，由于平时数量就大，特别是战时不但量大、而且很紧急，所以显得特别重要。他把这一类后勤工作定义为logistics，确实是合情合理的。因为logistics翻译成中文，也确实是后勤学、后勤的意思。

这两种不同的概念之所以都能存续下来，是因为它们分别在各自的专业领域中得到了一定程度的响应、应用和发展。在市场营销领域，在阿奇·萧之后，相继得到其他一些营销专家的响应和发展。例如：

1915年，威尔德（Weld）指出市场营销能产生三种效用，即所有权效用、空间效用和时间效用，同时还提出了流通渠道的概念。这在物流学理论上又是一个进步。

1929年，著名营销专家弗莱德·E. 克拉克（Fred E. Clark）在他所著的《市场营销的原则》一书中，将市场营销定义为商品所有权转移所发生的各种活动以及包含物流在内的各种活动，从而将物流进一步纳入市场营销的研究范畴之中，将流通机能划分为"交换机能"、"物流机能"和"辅助机能"三部分，将物流活动真正上升到理论高度加以研究和分析。

而在军事后勤领域，1941—1945年第二次世界大战期间，美国军事兵站后勤活动的开展，以及英国在战争中对军需物资的调运的实践都大大充实和发展了军事后勤学的理

---

① Arch W. Shaw. Some Problems in Marketing Distribution. Harvard University Press，1915.

② James C. Johnson，Donald F. Wood. Contemporary Logistics（4th Edition）. Macmillan Publishing Company，1990：6.

论、方法和技术，支持了这一学说的发展。

这两个不同意义的概念之所以都存续下来，还因为它们在各自的专业领域中独立运用，二者之间没有发生冲突，也没有一个统一的物流学派来进行统一规范，也不需要得到社会广泛的认可，社会上绝大多数人还基本上没有物流和物流业的概念。

（二）第二个阶段：分销物流学（physical distribution）阶段

第二个阶段是从20世纪50年代中期开始到20世纪80年代中期，可以称做分销物流学（physical distribution）阶段。这个阶段的基本特征是分销物流概念得到发展而占据了统治地位，从美国走向了全世界，形成了一个比较统一的物流概念，形成和发展了物流管理学，并且也形成了物流学派、物流产业和物流领域。

（1）physical distribution概念继续在美国得到发展和完善，基本形成了比较完整的物流管理学。

主要事实有①：

1954年，鲍尔·D. 康柏斯在美国波士顿工商会议所召开的第26次波士顿流通会议上，发表了题为“市场营销的另一半”的演讲，指出应该重视认识、研究市场营销中的物流。

1956年，霍华德·T. 莱维斯（Howard T. Lewis）、吉姆斯·W. 克里顿（James W. Culliton）和杰克·D. 斯蒂勒（Jack D. Steele）三人撰写了《物流中航空货运的作用》一书。书中第一次在物流管理中导入了整体成本的分析概念，深化了物流活动分析的内容。

1961年，爱德华·W. 斯马凯伊（Edward W. Smykay）、唐纳德·J. 鲍尔素克斯（Donald J. Bowersox）和弗兰克·H. 莫斯曼（Frank H. Mossman）撰写了《物流管理》。这是世界上第一本介绍物流管理的教科书，它详细论述了物流系统以及整体成本的概念，为物流管理成为一门学科奠定了基础。20世纪60年代初期，密歇根州立大学以及俄亥俄州立大学分别在大学部和研究生院开设了物流课程，成为世界上最早把物流管理教育纳入大学学科体系中的学校。

1962年，美国著名管理学者德鲁克在《财富》杂志发表了题为《经济的黑暗大陆》一文，提出物流是降低成本的最后领域。随着技术水平的提高和内部管理的加强，生产和销售领域内降低成本的空间越来越小，而在生产和销售领域以外的物流环节上却大有潜力。该文强调应当高度重视物流管理，对实业界和理论界又产生了一次重大的推动作用，使人们逐渐认识到物流是“第三利润源泉”。

1963年，美国物流管理协会成立，该协会将各方面的物流专家集中起来，提供教育、培训活动，这一组织成为世界第一个物流专业人员组织。

1969年，唐纳德·J. 鲍尔素克斯在《市场营销》杂志上发表了《物流的发展——现状与可能》，对综合物流概念的过去、现状以及未来发展作出了全面分析。

1976年，道格拉斯·M. 兰伯特（Douglas M. Lambert）对在库评价的会计方法进行了卓有成效的研究，并撰写了《在库会计方法论的开发：在库维持费用研究》一文，指出

---

① 宋华，胡左浩. 现代物流与供应链管理. 北京：经济管理出版社，2000.

在整个物流活动所发生的费用中，在库费用是最大的一个部分，并对费用测定进行了研究，对物流管理学的发展作出了重大贡献。

（2）physical distribution 概念从美国走向世界，成为世界公认的物流概念，在世界范围内形成了物流管理学的理论体系。

20 世纪 50 年代中期，日本派了一个 12 人的流通技术专业考察团从 1956 年 10 月下旬到 11 月末，在美国各地进行了实地考察，首次接触到了物流这一新事物。日本考察团在详细了解了物流这一新事物后，于 1958 年第一次提到了 physical distribution，也就是 PD。这个概念马上被产业界接受，并且日本把它译成“物的流通”。日本产业界根据这个概念积极在国内分销领域采用物流管理，配送中心、物流中心相继产生，企业中的物流部以及一些物流公司也纷纷诞生。随着分销物流业逐渐扩大，物流产业和物流管理学也逐渐形成，70 年代就达到了高潮，大有后来居上之势，出现了一批如阿保荣司、宇野正雄等物流学家和物流学的著作。

同样，这样的物流概念也逐渐流行到西欧、北美和其他许多国家。70 年代末也传到了中国。这样，基本上全世界各个国家都接受了这样的物流概念和物流管理学。

分销物流主要把物流看成是运输、储存、包装、装卸、加工（包括生产加工和流通加工）、物流信息等各种物流活动的总和。分销物流学主要研究这些物流活动在分销领域的优化问题，在各个物流专业理论和应用发展上取得了很大的进展，例如系统理论、运输理论、配送理论、仓储理论、库存理论、包装理论、网点布局理论、信息化理论以及它们的应用技术等。

（3）在分销领域物流理论竞相发展的同时，企业内部物流理论异军突起。

当人们正在专注地研究分销领域中的物流问题，发展各种专业物流理论和技术的时候，企业内部生产物流理论也在悄悄地发展起来。1965 年美国 J. A. 奥列基博士（Dr. Joseph A. Orlicky）提出独立需求和相关需求的概念，并指出订货点法的物资资源配置技术只适用于独立需求物资，而企业内部的生产过程相互之间的需求则是一种相关需求。相关需求应当用相关需求的物资资源配置技术。20 世纪 60 年代，随着计算机应用的普及和推广，人们逐渐把计算机应用到制订生产计划上来，美国生产管理和计算机应用专家 Oliver W. Wight 和 George W. Plosh 首先提出了物料需求计划（Material Requirement Planning，MRP）的概念，而 IBM 公司则首先在计算机上实现了 MRP 处理，从此产生了 MRP 技术，并且在企业中得到了应用和发展，到了 80 年代，发展到了 MRP Ⅱ、MRP Ⅲ。

在 MRP 发展的基础上，受 MRP 思想原理的启发，80 年代又产生了应用于分销领域的物资资源配置技术（Distribution Resources Planning，DRP），并且相应又发展出 DRP Ⅱ、DRP Ⅲ。

在 MRP 和 DRP 发展的基础上，为了把二者结合起来运用，90 年代又出现了 LRP（Logistics Resources Planning）和 ERP（Enterprise Resources Planning）。

这一时期日本丰田公司创造的准时化生产技术（Just in Time，JIT）以及相应的看板技术是生产领域物流技术的另外一朵奇葩。它不光在生产领域创造了一种革命性的哲学和技术，而且为整个物流管理学提供了一种理想的物流思想理论和技术，现在已经应用到物流的各个领域。

企业内部另一个重要的物流领域是设施规划与工厂设计，包括工厂选址、厂区布局、生产线布置、物流搬运系统设计等，也都成为物流学应用和发展的领域，形成了物流管理学一个非常重要的分支学科。

所有这些企业内部物流理论和技术的强劲发展，逐渐引起了人们的关注。分销物流的概念显然不能包含它们，原来只关注分销物流的人们自然想到，光使用分销物流（physical distribution）的概念已经不太合适了。特别是到20世纪80年代中期，随着物流活动进一步集成化、一体化、信息化，改换物流概念的想法就更加强烈了，于是就进入了物流概念发展的第三个阶段。

（三）第三个阶段：现代物流学（logistics）阶段

第三个阶段是从20世纪80年代中期开始一直到现在，叫做现代物流学（logistics）阶段。这个阶段的特点是随着物流业的发展，物流已经不仅仅限于分销领域，而已经涉及包括企业物资供应、企业生产、企业分销以及企业废弃物再生等全范围和全领域。全世界都自然意识到，原来的分销物流（physical distribution）概念，已经不适应这种形势，显得太狭窄了，应该扩大概念的内涵，因此决定采用logistics作为物流的概念。logistics是后勤学的意思，包括了企业供、产、销的全范围的物资管理和物流问题，比较切合新时期的物流学发展的实际情况，因此用logistics作为新时期的物流概念比较合适。

值得指出的是，这个时候的物流概念和第一阶段的军事后勤学上的物流概念，虽然字面相同，但是意义已经不完全相同了：第一个阶段军事后勤学上的logistics概念主要是指军队物资供应调度上的物流问题，而新时期的logistics概念则是在各个专业物流全面高度发展的基础上基于企业供、产、销等全范围、全方位的物流问题，无论是广度、深度还是涵盖的领域、档次都有不可比拟的优势。因此这个阶段的logistics不能译为后勤学，更不能译为军事后勤学，而应当译为现代物流学，它是一种适应新时期所有企业，包括军队、学校、事业单位的集成化、信息化、一体化的物流学。这个阶段的主要事实是20世纪80年代中期以来企业内部的集成化物流：MRPⅡ是把生产管理与生产能力管理、仓储管理、车间管理、采购管理、成本管理等集成起来；DRP是把分销计划、客户管理、运输管理、配送管理、车辆管理、仓储管理、成本管理等集成起来；LRP是把MRP和DRP集成起来；ERP是把MRPⅡ与人事管理、设备管理、行政办公等系统集成起来，等等。

物流外包和第三方物流的产生，进一步导致物流专业化、技术化和集成化，实现了生产和物流的分工合作，提高了各自的核心竞争力。

20世纪90年代供应链理论的诞生，供应链管理系统的形成进一步导致物流管理的联合化、共同化、集约化和协调化。

三、两个物流概念的特点比较

分销物流的特点表现在以下几个方面：

第一是把物流看成是在分销领域中的物流，研究物流主要专注于分销领域。所谓分销领域，是指企业末端产品分销到分销网络或客户的整个领域，有的人又把它叫做流通领域。这个时期的人们研究物流，基本上是研究分销领域中物资如何运输、如何配送、如何储存、如何包装、如何装卸、如何建立物流网点、如何进行流通加工、如何进行物流信息管理等问题。追求的目标是提高服务水平、开拓销售市场、降低物流成本，提高经济效益。

第二是研究物流都是从初步的专业化走向初步的集约化，即首先专注于各个专业物流活动，在运输、配送、储存、包装、装卸、物流网点、流通加工、物流信息等各个专业领域建立物流概念，推行初步的物流优化，然后在此基础上，逐渐实现各个专业物流的集约化、联合化、共同化和系统化，从而获得物流利益源泉。这个阶段获得的最主要的理论成果是物流系统论和配送技术。

第三是分销领域物流的研究，逐渐使得物流理论和应用从分销领域波及全范围、全领域，逐渐形成了跨范围、跨领域的统一的物流产业和物流概念。最典型的是企业内部物流理论、企业供应物流理论、废弃物流理论和军事后勤物流理论。

现代物流的特点表现在以下几个方面：

第一是物流进一步专业化，表现在物流和生产的分别专业化和各个专业物流活动、各个物流环节的进一步专业化等方面。物流作业的进一步规模化、严格化和规范化，必然导致分工的细化。只有分工，才能导致专业化、技术化，提高技术水平，才能导致物流科学进一步发展。例如物流配送，包含了制订配送计划、仓库管理、分拣、装卸、传输、包装、运输、客户管理等各个环节，每个环节都是专业化的，需要有专门化的操作。有的是专人作业，有的还要进一步分工。例如分拣，又可以分成条码技术、识别技术、分路传送技术等。运输又可以分成车辆驾驶、信息反馈、卫星定位技术等。正是因为这样的高度专业化、才能使得每项物流作业提高技术、提高水平。

需要指出的是，现在有一种倾向，就是一谈到现代物流，往往只强调集成化、一体化而忽视专业化，甚至说专业的物流活动不能算做现代物流活动，这是不对的。没有专业化，就不能现代化。低水平的简单集成不叫现代物流，最多也只能叫分销物流，或者叫做传统物流。只有在专业化的基础上实行集成，才能算是现代物流。

第二是物流的集成化。所谓集成化，是指不同物流功能的集成。集成化能导致简化和减少物流环节、减少物流作业量、降低物流成本，能提高资源利用率和数据利用率，提高作业处理速度和处理效率。例如 LRP 把企业内部的生产物流管理 MRP 和企业外部的分销物流管理 DRP 集成起来，可以直接实现企业内外数据共享和共同处理，大大提高了数据利用率、数据处理速度和处理效率。又例如把进货、入库检验、货物堆码集成起来，实行一体化作业，可以大大减少装卸落地次数，减少搬运工作量，提高工作效率，等等。

第三是物流的共同化。共同化是指联合作业。例如共同配送，是指将多个供应商的货物集中起来，用一辆车对他们的用户进行配送。这样做可以大大提高资源利用率，节省车次、节省物流工作量，降低物流成本，提高经济效益。

第四是物流的一体化。一体化可以分为横向一体化和纵向一体化。横向一体化，就是上述的共同化；纵向一体化，就是上述的集成化。因此，所谓一体化，就是上述的集成化和共同化的集合。只是集成化和共同化的叫法出现较早，一体化的说法出现较晚而已。

第五是物流信息化。物流信息化的意思是，物流作业处理都要通过相应的物流信息及时反映出来，进行及时的信息处理，并用信息处理的结果来及时参与、指导和控制物流作业的运作，这样将物流作业和物流信息紧密结合起来，实现作业反映信息、信息协助作业的模式，让信息和计算机系统代替大脑进行复杂的物流优化和策划的繁重计算和处理工作，用以指导、控制物流作业达到最好的效果。

这里需要指出的是，物流信息化并不是要取消或完全代替具体的物流作业，因为物资实体的流动，必须靠实体的作业才能够完成。信息化只能够起到提高实体作业工作效率的作用。

第六是物流网络化。网络化即系统化，包括空间结构的网络化和逻辑结构的网络化。空间结构的网络如物流配送网络、分销网络、计算机系统网络等，逻辑结构的网络如物流信息系统的功能结构、处理逻辑结构等。

第三个阶段出现的最重要的成果就是第三方物流、供应链和电子商务。

四、现在国外的几个物流概念

美国物流管理协会1963年（当时称National Council of Physical Distribution Management，NCPDM）的定义：物流管理是为了计划、执行和控制原材料，使在制品库存及制成品从起源地到消费地的有效率的流动而进行的两种或多种活动的集成。这些活动可能包括但不仅限于：顾客服务、需求预测、交通、库存控制、物料搬运、订货处理、零件及服务支持、工厂及仓库选址、采购、包装、退货处理、废弃物回收、运输、仓储管理。

美国物流管理协会1985年（当时称The Council of Logistics Management，CLM）的定义：物流是对货物、服务及相关信息从起源地到消费地的有效率、有效益的流动和储存进行计划、执行和控制，以满足顾客要求的过程。该过程包括流入、流出、内部和外部的移动以及以环境保护为目的的物料回收。

欧洲物流协会（European Logistics Association，ELA）的定义：物流是在一个系统内对人员及（或）商品的运输、安排及与此相关的支持活动的计划、执行与控制，以达到特定的目的。

日本日通综合研究所1981年对物流的定义：物流是物质资料从供给者向需要者的物理性移动，是创造时间性、场所性价值的经济活动。从物流的范畴来看，包括包装、装卸、保管、库存管理、流通加工、运输、配送等诸种活动。如果不经过这些活动，物就不能移动。①

日本后勤系统协会（The Japan Institute of Logistics Systems，http：//www.logistics.org.jp）专务理事稻束原树1997年在《这就是后勤》一文中对“后勤”下的定义是：“后勤”是一种对于原材料、半成品和成品的有效率的流动进行规划、实施和管理的思路，它同时协调供应、生产和销售各部门的利益，最终达到满足顾客的需求。换言之，“后勤”意味着：按要求的数量，以最低的成本送达要求的地点，以满足顾客的需要作为基本目标。

---

① 日通综合研究所编著，吴润涛等译．物流手册．北京：中国物资出版社，1986.

五、关于中国的物流概念

同样，中国自古以来也存在物流活动和物流业，但是物流概念在中国的产生比较晚，是20世纪70年代末才从国外引入的。“文化大革命”结束以后，国家为恢复国民经济，派了一个考察团到美、日等国考察，在美国学到了Physical Distribution，在日本学到了“物流”。在中国我们则统称之为“物流”。我们认为，物流是指物资的物质实体由供应者到需求者的流动，包括物资空间位置的变动、时间位置的变动和形状性质的变动。

其实，相对于美国和日本的物流概念来说，中国的物流概念是最确切、最稳定的。由于汉字表述的优越性，中国的“物流”两个字，既简练又确切，既深刻又易懂。在国外的物流概念换了一个又一个的时候，中国的物流概念始终没有换。比起国外的众多的物流概念来说，中国的物流概念是一个比较好的物流概念。这可以从以下几个方面来理解：

第一，中国的物流概念一开始就打破了行业界限，建立起一个各行各业都可以通用的、具有普遍意义的物流概念。因为“物流”两个字中的“物”，泛指各种物品，可以是分销领域的商品，也可以是生产企业内部的工件、原材料，也可以是采购进来的设备、原材料、工具等，还可以是非生产企业的所有物品，而不是像美、日各国当时是专指分销领域的商品。“物流”概念中的“流”，指物资空间位置的变动、时间位置的变动和形状性质的变动，也是可以不限于分销领域的一个广泛的概念。而当时日本把物流理解为“物的流通”，美国把物流理解为分销领域，都具有一定的局限性。甚至现在采用的logistics这个概念，也不非常确切。logistics的本意是“后勤”的意思，也就是为企业生产服务的所有后勤保障工作，即包括物资供应、产品分销和生产服务工作等，但是它显然不包含生产过程本身，也就是没有包括生产物流。而我们知道，生产过程本身就是一个物流过程，但logistics的概念不能够真正包含它，这就是它的局限性。而中国的“物流”概念就不存在这个问题，因为其中的“流”就包含了“物资形状性质的变动”的意思。能够改变物资形状性质的活动，就是生产加工活动，包括生产加工和流通加工活动。

第二，中国的物流概念抓住了问题的实质，比较确切、比较深刻。物流的概念就是物资实体的流动。所以，不管物资处于什么领域，物资表现为什么形态，只要符合这个实质，就都可以算做物流状态。这比起国外的领域之争、具体的物流活动项目之争来说，要深刻确切多了。

第三，中国的物流概念通用性强。由于它抓住了实质问题而包容了一切非实质性问题，因此它具有广泛的涵盖性和普遍实用性。

第四，中国的物流概念比较简练，只有两个字，好读好记好懂。一个中国人，一看这两个字，就大致能够明白它的意思。

第五，中国的物流概念具有专有名词的特征，不会出现乱用和滥用的局面。“物流”这两个字的组合，在物流概念出来以前，是从来没有出现过的。它是从20世纪80年代开始，伴随物流概念出现而出现的，因此人们很容易把它理解为一个专有名词，知道它具有特定的含义，因此也就不会滥用、乱用。中国人对于“物流”这两个字，只有两种情况：要不就是不知道它，因而也就不用它；要不就是知道它的专有含义，因而才用它。因此无论哪种情况，都不会导致这个专有名词的滥用和乱用。

由上面的讨论，我们可以看出，中国的物流概念，相对于国外的几个物流概念来说，确实是一个比较好的物流概念。我们对待中国的物流概念，应当持一种正确的态度。一方面应当自豪，不要看不起中国人，要打掉自卑感，特别要打掉那些动辄盲从洋人、用洋人所说所作所为来“套”中国人的奴才哲学；另一方面，我们也不要骄傲，中国的物流概念之所以好，一是因为人家探索了几十年，走了不少弯路，而我们则是把他们的成果引进和借鉴过来，二是因为中国语言的特点是比较简练、确切，所以我们没有盲目骄傲的理由。

这一节全面阐述了物流概念的发展变化过程和发展历史。通过了解这段历史，我们可以更深刻地理解物流的概念。这一节没有具体阐述物流概念，是因为为了确切地描述物流概念，我们还需要一定的基础知识，这留到第二章和第三章再去讨论。

第二节　关于物流学

有了物流的概念，就会逐渐产生物流的知识。从 20 世纪初物流的概念诞生以来，物流的知识，就不断增添、积累，逐渐形成一个完整的物流学。

所谓物流学，就是关于物流的科学，即研究物资物质实体流动的概念、理论、规律、技术和方法的科学。它现在已经包括了很丰富的内容，从物流管理到物流技术、从物流理论到物流应用、从综合研究到类别研究，形成了一个庞大的体系。物流学至少有以下几种分类方法。

1. 按研究的业务内容分，可以分成物流管理学和技术物流学（或称物流技术学）

物流管理学主要是研究物流管理的科学，它应当提供整个物流的概念、内容范围以及一般物流管理的理论、原理和方法。物流管理学是一门关于物流的综合性的总论，而且重点探讨管理问题，是一门很重要的基础科学。

技术物流学则主要研究各种专业物流技术、设备和作业方法。

前者侧重于物流的基本概念、全貌和一般管理理论，后者则侧重于专业物流技术、设备和操作方法。前者适用于一般物流管理人员，后者适用于专业物流技术人员。后者又可以按专业不同分成运输物流技术、仓储物流技术、加工物流技术、包装物流技术、装卸物流技术、物流信息技术等，见图 1-1。

2. 按学术性质分，可以分成理论物流学和应用物流学

理论物流学主要从理论上来研究物流形成和运作的原理和规律，它围绕物资实体移动的规律及其造成的价值和成本的变动规律、空间效用和时间效用的形成与变化规律等进行经济学、管理学、系统论、控制论上的探讨。

应用物流学主要是研究物流应用技术，例如物资编码技术、条码技术、订货技术、采购技术、物资保管技术、包装技术、装卸技术、配送技术、运输调度技术、EOS（Electronic Order System）技术、POS（Point of Sales）技术、GPS（Global Position

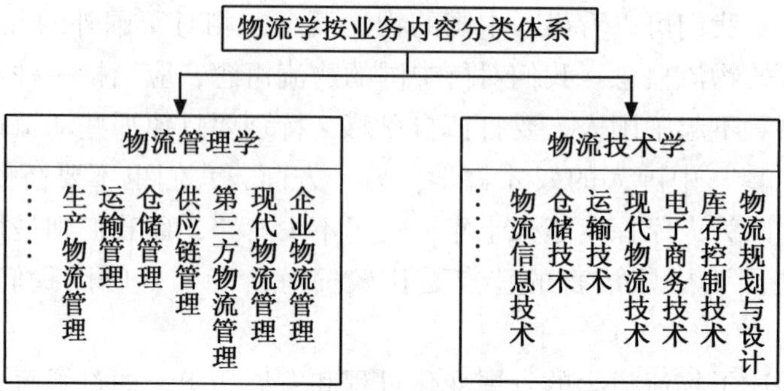

图 1-1 物流学按业务内容分类

System）技术、VMI（Vendor Management Inventory）技术、CRP（Continues Replenishment Process）技术、EDI（Electronic Data Interchange）技术、MRP（Material Requirement Planning，Manufacturing Resources Planning）技术、JIT（Just in Time）技术、OP（Order Point）技术、DRP（Distribution Resources Planning）技术、LRP（Logistics Resources Planning）技术等。当然，为了方便，可以把它们有序编排，按专业分成运输物流应用技术、仓储物流应用技术、物流信息应用技术、生产物流应用技术等，见图 1-2。

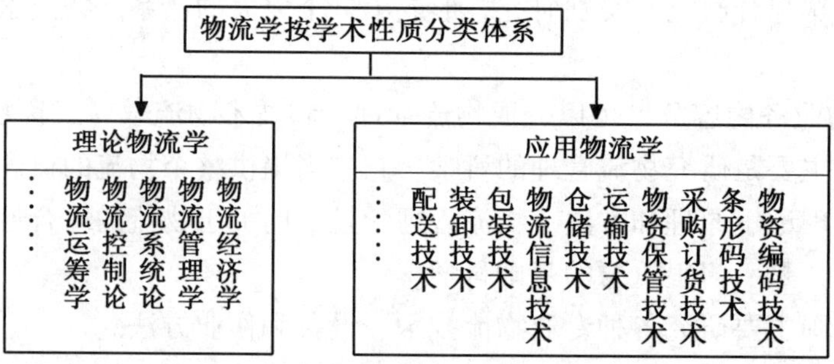

图 1-2 物流学按学术性质分类

3. 按研究的业务领域分，可以分成分销物流学和现代物流学

分销物流学是专门研究分销物流的。它是以开拓企业市场、提高客户服务水平、降低物流成本、提高企业经济效益、提高市场占有率为目标来研究企业末端产品分销的物流学理论、技术和方法。由于针对性强，所以物流研究的内容和范围就更加具体、更切合实际，效果也就更好。分销物流学还可以与企业营销学结合起来进行研究，取得更好的效果。

现代物流学则是指 20 世纪 80 年代中期出现的最新的物流现象、物流的最新发展趋势的科学。现代物流学又可以分成企业物流学、第三方物流学、供应链物流学、电子商务物流学等，见图 1-3。

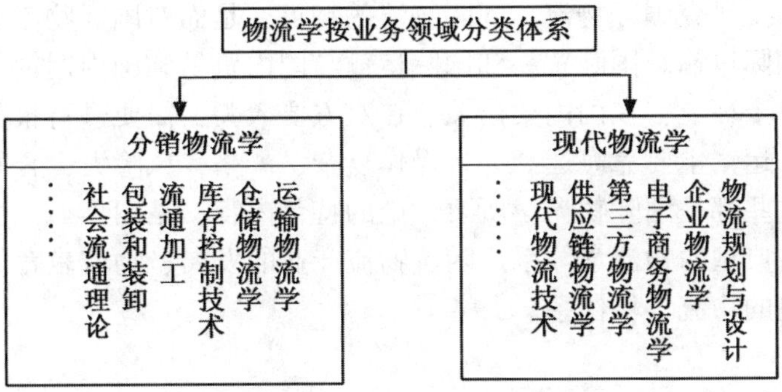

图 1-3　物流学按业务领域分类

其中，企业物流学主要研究企业的内外物流，包括生产物流、物料搬运系统、采购供应物流、分销物流、仓储管理、库存控制、设施规划等，既研究各个专业的物流，也研究集成物流技术，策划一个完整的高效率的企业集成物流系统。

第三方物流学主要研究第三方物流企业。第三方物流企业将成为社会上物流企业的主要形式，它代表着现代物流发展的方向。物流市场的开发、物流业务的专业化、规模化、集约化、共同化、一体化、信息化、高技术化、现代化都是第三方物流学所要研究的问题。

供应链物流学主要研究供应链中的物流。供应链是在现代物流学阶段出现的一个最重要的成果。供应链不等于物流，供应链也不是一种物流方式，但可以说是一种物流环境模式。一般地，物流的环境模式可以分成四种：一是企业，即专为一个企业运行物流业务；二是物流市场，即为多个企业（这多个企业可能是互不相干的）运行物流业务；三是供应链，即为供应链所属的多个企业（这多个企业肯定是互相联系、互相协调的）运行物流业务；四是电子商务环境，即在电子商务环境下的企业运行物流业务。供应链物流学在物流业务内容上与一般的物流学没有什么区别，但是在运作模式上则有很大的区别，如采用信息共享、供应商掌握库存、连续补充货物、统筹分布库存等，这些东西构成了供应链物流学的一些特色内容。

电子商务物流学主要研究电子商务环境下的物流问题。在电子商务环境下，一般是在网上下订单并进行交易，在网下（也有的在网上）进行物流配送。由于互联网的存在提供了一个很方便的信息沟通渠道，所以物流供应商在开拓市场、寻找客户、联系业务、洽谈合同、宣传广告、客户沟通、业务运作以及物流作业等方面，都具有许多不同的处理方法和处理技术，这些内容就构成了电子商务物流学的特色。

4. 按研究的范围分，可以分成企业物流学、社会物流学和国际物流学

企业物流学主要研究企业的物流问题，已如前述。

社会物流学主要研究一国内整个社会的物流问题，主要是大物流、宏观布局、经济区划、生产力布局、交通运输设施规划、仓储设施规划、宏观物流政策、规章制度、物流产业规划管理等方面的问题。社会物流学又是研究社会物流、流通领域物流的，对于流通政

策、商流问题也给予相当的关注。

国际物流学主要研究国际物流。国际物流的特点，是面对国际物流市场、国际经济区划的国际贸易和国际运输。国际贸易和国际运输与国内贸易和国内运输的区别，就在于前两者多了海关这一个环节，在国内要出关、在对方要入关，需要进行报关、检验，并且严格接受国家管制，运输主要靠海运，并且操作复杂、严格，风险大，合同、保险、索赔等事务一应俱全。这些都是国际物流学所要讨论的特色内容，见图 1-4。

以上都是一些典型的物流学体系。随着物流产业的发展、物流教育的深化，我们必将建成一个更为完整的物流学科体系。

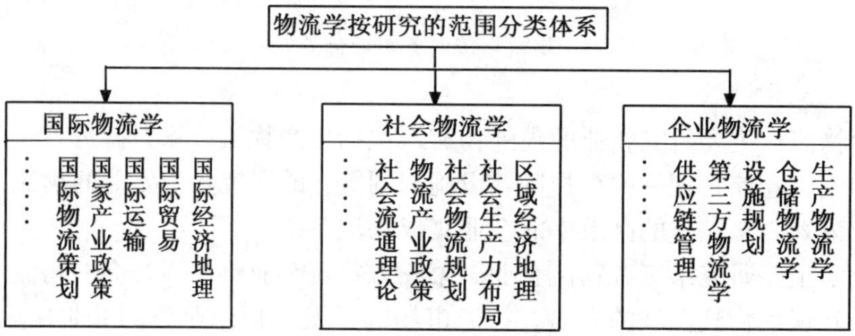

图 1-4 物流学按研究的范围分类

第三节 关于物流管理学

一、物流管理学的概念和内容

如前所述，物流管理学是专门研究物流管理的科学。所谓物流管理，就是对物流活动的计划、组织、指挥、协调和控制。最基本的可以分成以下六大类：运输、配送活动，储存、保管活动，包装活动，装卸、搬运活动，加工活动（包括生产加工活动和流通加工活动），物流信息活动。但是实际的物流活动则往往是不同类别活动的不同方式的组合，往往形成一个项目，或一个工程。对这样的物流活动，需要进行计划、组织、指挥、协调和控制，这就是物流管理。

在物流管理五大职能中最重要的是计划。计划，就是规划、策划。要对整个物流活动进行全面的规划和策划，确定物流活动搞些什么，怎么搞。物流活动，特别是物流数量大、物流时间长的物流活动，一般要动用较多的资源，涉及较多的人、车、库和较多的部门单位，一般是一个系统工程，所以一定要做好事前的规划和策划，选取最好的方案实施，这就是计划的过程。计划过程较多地要用到物流管理学的一些知识、理论、技术与方法。制订出计划以后，就要组织实施。这就需要进行组织、指挥、协调和控制。物流企业，特别是第三方物流企业，是物流活动的策划者，也是物流活动的具体承担者和操作者，要面对企业，或物流市场，或供应链系统众多企业，甚至面对电子商务环境条件，具体承担运输、配送、储存、保管、包装、装卸、搬运、流通加工、物流信息等各种物流活动，要对各种物流活动实行专业化的管理和综合管理。

所有这一切就构成了物流管理学的主要内容。而其中的重点又放在物流活动的规划、策划上，也就是制订物流活动的计划和方案上。

二、物流管理学的特点

物流管理学相对于其他学科，有一些特点。主要表现为：

系统性：物流管理学把物流系统看成是一个系统，从系统的观点来研究各种物流活动，即总是从各个单元之间的相互联系、相互协调上去看待问题和处理问题，以系统的整体最优化为目标去选择方案、制定政策。而且这些方案、政策本身也要考虑多种资源、多种因素协调配合，组成一个有效率的管理系统。这些都说明物流管理学具有很强的系统性。

综合性：它是由多个学科综合而形成的一门综合性学科。首先它要考虑费用、成本、经济效益等问题，因此它要应用经济学的理论与方法；其次它要用到运筹学、管理决策、企业管理的理论和方法；最后，它要用到系统科学、计算机科学、信息技术等工程学的理论与方法。因此可以说它是一门综合性的科学。

工程性：物流管理的对象，都是由多个因素构成的系统，而且管理本身也是一个系统，也是由多个因素构成的。所以物流管理学基本上都是和系统打交道，进行系统处理。而系统的处理，都是一个系统工程，要运用系统工程的思想、观点、技术和方法，而这种方法本质上都是一种工程方法，即系统的开发、设计、制造、改造和运行、调试、控制等一整套工程方法。另一方面，物流管理学还直接研究大量工业工程系统，例如生产系统、运输系统、仓储系统、搬运系统等。它们本身就有很多工程技术问题，需要用到一些工程学的知识。正因为这样，所以在物流管理学中，经常要用到系统分析或者工程分析，建立数学模型，利用计算机进行工程计算，编写或应用计算机软件解决系统的或工程的问题。这也就说明了物流管理学的工程性。

应用性：物流管理学的另一个特点，就是结合具体的应用对象来讨论问题和解决问题。各种对象不同，解决问题的方法也不同。对于给定的对象，讨论问题、解决问题，可以达到实用的程度。因此，物流管理学所讨论的问题都可以运用于具体的实际，甚至具有可操作性。所以物流管理学具有很强的应用性。

三、物流管理学在企业和社会经济管理中的任务和作用

既然到处需要物流活动，到处存在物流活动，为了保证物流活动的正常有效进行，因而到处都需要物流管理。

物流管理最根本的任务，就是要对物流活动进行规划和策划，组织实施，协调、指挥和控制，保证物流活动正常有效地进行。因此物流管理学的根本任务，就是专门研究如何对物流活动进行管理，即研究对物流活动进行计划、组织、指挥、协调、控制的理论、技术和方法。

物流管理学对于企业和社会经济管理具有很重要的作用。通过物流管理学的学习，可

以学会各种物流管理的理论、技术和方法。应用这些理论、技术和方法，就可以管理好各种物流活动，保证物流活动正常有效运行。

这里所谓正常有效运行，主要有以下几层含义：

（1）保障供应，保证生产和生活的正常进行。物流是为生产和生活提供物资的，有些是要在很大范围、长距离地筹集物资。一个有效的物流系统的运行就必须保质保量地及时将物资供应到生产或生活的需求点，保证不缺货。

（2）做好保障服务工作，保证生产或生活的正常顺利进行。物流除了供应物资以外，还要做好生产、经营和生活过程中的保障和服务工作，例如一些辅助的搬运、装卸、储存和服务工作等。

（3）节省费用，降低成本。物流活动都是物资实体的流动活动，而这种流动都是要用车、用人、占库的，也就要费钱、费事、费时，这些都是物流成本。有效的物流活动，就要在保障供应、保障生产和生活顺利进行的前提下，做到费用最省、成本最低。

（4）保障社会效益。每一项物流活动的进行，都可能造成社会环境的破坏，例如造成交通紧张、噪声增大、污染加重等。一个有效的物流活动，不但应当保证供应，保障生产和生活的正常进行、节省成本，还应当做到不污染环境，不造成环境恶化，不破坏生态平衡。

物流管理是经济管理的组成部分，也是经济管理最重要的内容之一。所以学好物流管理学，对搞好经济管理有着重要的意义。

四、物流管理学和其他学科的关系

物流管理学是物流学体系的组成部分，它具有综合性、全局性、管理性的特点，在物流学体系中承担着一种独特而重要的角色。

物流管理学与分销物流学和现代物流学的关系：物流管理学横跨了两个学科，既包含分销物流学的一些基本理论、技术、方法和管理的问题，又包含现代物流学的一些基本理论、技术、方法和管理的问题。如果说，分销物流学和现代物流学是两个区段的物流学的话，则物流管理学就是全区段的物流学。

从前面的分析我们已经可以看出，物流管理学与分销物流学之间的关系：

（1）分销物流学孕育了物流管理学，物流管理学起源于分销物流学，市场营销学家开创了物流管理学，物流管理学的很多内容，包括一些理论、观点和方法都是营销学家建立起来的，他们为建立物流管理学打下了坚实的基础。

（2）物流管理学与分销物流学有深刻联系。分销物流学主要是研究分销领域的物流，而且研究的目的是为市场营销服务的。在分销物流学中，物流被分成运输、储存、包装、装卸、流通加工和信息几个专业的物流活动，并且着重在它们各自的范围内分别进行优化，然后把它们分别结合起来，为达到一定的目标而构建起一个物流系统，运行这个物流系统而获取效益。在构建这个物流系统时追求的目标主要是两个：第一，提高用户服务水平。第二，降低总成本，使得总费用最小。应该说，分销物流学这种思想方法和分析方法是科学合理的，而且确实能够达到市场营销的目的。因此这种思想方法在物流管理学中基本上被全盘接受下来。不但在分销物流领域中基本上沿用了分销物流学的思想方法和分类体系，而且这样的思想方法也渗透到供应物流、生产物流等领域中去，同时物流管理学也注意把营销作为自己的一个重要的任务和职能，注意推行物流营销，以扩大市场营销的效果。

（3）物流管理学与分销物流学也有很大的不同，主要表现在：

第一，物流管理学不是只研究分销领域的物流，它还研究供应物流、生产物流、企业集成化物流、一体化的物流、第三方物流、供应链物流、电子商务环境下的物流等。其中既有专业化的物流，也有集成化的物流。而分销物流学则只研究分销物流，而且主要是专业化的物流。

第二，分销物流学基本上可以说是市场营销学家的物流学，是站在市场营销的立场上来看待物流问题，把物流看成是市场营销的一部分，服务于市场营销。而物流管理学是真正站在物流的立场上而建立起来的物流学，是真正的物流学家的物流学。它已经突破了市场营销的范围，遍及社会各行各业的物流产业。

本 章 小 结

本章讨论了物流概念、物流学和物流管理学三节内容。重点论述了物流概念的产生和发展阶段以及国内外物流概念的比较，物流学的学科内容和庞大的学科体系，物流管理学的特点、目标和任务，物流管理学与其他学科的关系等。

本章思考题

1. 物流概念的产生和发展可以分成几个阶段？现有的两个国外的物流概念之间有什么区别和联系？

2. 本章关于物流学的体系合理吗？物流管理学的目的和任务是什么？它应当包括哪些内容？

3. 物流管理学对于企业管理和社会经济管理有什么意义和作用？

4. 比较分销物流的物流概念与现代物流的物流概念的区别和联系。

5. 试述物流管理学在物流学体系中的地位和作用。

本 章 习 题

【案例分析】

让消费者喝上最新鲜的青岛啤酒

在啤酒行业，有一项指标能够直接反映企业的竞争力水平，那就是啤酒的“新鲜度”，即啤酒从下生产线到送达终端市场的时间。通常来讲，送达速度越快，啤酒的“新鲜度”越高，啤酒的口感、味道也就越好，因而众多企业将提高产品“新鲜度”作为获取核心竞争力的关键因素。企业间的竞争是所谓“新鲜度”的竞争，换言之，“新鲜度”

的竞争实际上是企业物流能力的竞争。作为行业龙头，青岛啤酒是如何赢下这场物流大战，让消费者喝上最新鲜的啤酒的呢？

（1）建设信息沟通渠道

按照传统的物流流程，啤酒在下线后首先要送入仓库，然后再送往各个配送站进行装配、运输，而要到达消费者手中，最快也要半个月的时间。作为强调“新鲜度”的产品，如此长的流通时间不仅会极大地影响啤酒的品质，还会严重占用公司的周转资金，增加运营成本。经过研究，青啤发现信息沟通渠道的缺失是造成啤酒“在途时间”过长的主要原因之一。由于信息的缺失，各个环节之间难以有机地衔接成一个整体，关于货物预计什么时候到达、最迟什么时候发出、每批货物在运输过程中处于什么情况等一系列问题的沟通缺乏必要的机制。对此，青啤决心引入信息化物流管理平台，重构物流管理流程。在建设物流管理信息平台时，青啤将公司总部、各级销售子公司、各大型销售网点都纳入了平台的覆盖范围，将上述销售机构所形成的物流、资金流、信息流系统地、高效地纳入物流管理信息平台之中，及时收取各个机构的物流信息，并依照每个机构的权限和需要，与各个机构分享信息。

（2）整合物流流程

除了物流信息沟通不畅外，物流流程不科学也是造成青啤物流效率不高的原因之一。青啤在物流运输过程中存在两个比较突出的问题：一是产品库存率过高，二是重复装卸现象严重。对此，青啤分别开出了“药方”。对于公司产品库存率过高的问题，青啤集团多管齐下，全面、系统地提出了解决方案。在企业中，销售部门不但要推动产品在销售渠道的流动速度，而且要及时收集客户和销售终端对于产品的需求情况；仓储部门需要平衡销售计划和库存水平两方面的信息，及时向生产企业进行传递；生产工厂应根据收到的信息，有针对性地组织生产；物流公司则应及时配合各部门的工作，确保交货质量和交货日期。为了更好地指导物流调度工作，青啤还成立了仓储调度中心，对全国市场区域的仓储活动进行重新规划，对产品的仓储、转库实行统一管理和控制。从提供单一的仓储服务，到对产成品的市场区域分布、流通时间等进行全面的调整、平衡和控制。对于物流运输过程中存在的重复装卸现象，青啤从流程优化入手，通过流程再造寻找物流过程的最优解。青啤最重要的改变是建立了现代物流系统，以现代物流的思想，对流程的各个环节进行改良和重新安排。根据重新设计的物流运输流程，公司在接到省内客户订单之后，立即组织附近的生产厂商将货物送至客户的仓库；如果客户不在省内，便安排相关生产厂商联系物流港站。青啤始终强调“一站式运输”的物流理念，重视对物流运输环节的优化和精简，通过修正流程中存在的“弯路”，减少不必要的流转环节。

（3）利用外部资源

“青岛啤酒的优势是酿造啤酒，而物流运输方面，青啤则是外行”，青啤的一位管理人员曾这样说过。对于外行而言，引入专业的物流企业及合作经营，是解决物流领域相关问题的一个捷径，而青啤也正是这样做的。青岛啤酒曾与香港招商局共同组建物流公司，负责青岛啤酒的物流运输工作。在双方的合作关系中，青啤更像是指挥官，将自己在物流方面的构想、疑惑、困难告知对方，听取合作伙伴的意见和建议；而香港招商局则发挥自己在物流运输方面的能力、知识和经验，深入一线解决实际操作中的种种具体问题，帮助青啤面对物流运输环节的各种挑战。青啤与香港招商局的合作取得了明显的成效。据青啤的初步估计，与之前相比，青啤货物的运输效率至少提高了1/3，直接的结果就是山东省内的消费者能够买到当天生产的啤酒，尽情地享受“绝对新鲜”的醇美体验；而省外的消费者则也能在第二天买到青岛啤酒，不用像之前一样额外等待三天。

（资料来源：①孙晓琳．基于时空视角的青岛啤酒“新物流”观［J］．金融经济，2011（08）：48-50. ②牛志文．青岛啤酒物流模式探讨与分析［J］．物流科技，2010，33（06）：66-68. ③刘刚主编．物流管理．北京：中国人民大学出版社，2014.）

1. 对于啤酒企业而言，物流管理的重要性体现在哪些方面？
2. 青岛啤酒在物流管理方面取得了哪些成绩？
3. 青岛啤酒还可以怎样进一步强化物流管理方面的能力？

第二章 系统和系统工程

系统和系统工程的概念，是物流学最基本的概念，一般的物流活动都是一个物流系统，而一般对物流系统的操作都是一个系统工程。只有系统化，才能科学化。物流要形成为一门科学，就必须建立在系统的概念基础之上，所以我们把系统和系统工程的概念放在物流管理学的第一的位置上。系统是普遍存在的。我们周围存在大量的系统，我们周围的事物，包括我们自己，都毫无例外地处于这样或那样的系统之中。

本章主要从一般的普遍意义上介绍系统和系统工程的概念，通过一些案例来说明、理解和掌握社会中存在的各种各样的系统，理解和掌握系统工程的基本思想方法和工作方法。关于物流系统，第三章会有专门的论述。

第一节 系 统

一、系统案例分析

系统普遍存在于我们的周围，例如大学的一个班就是一个系统。一个班由几十个人组成，每个人都是互相区别的个体，但是又是互相联系的，在一起学习，一起开展活动，一起生活，以一个整体出现在学校大家庭中。整个班有一个共同的目的，就是学习知识，培养能力，成为具有高等专业技术的人才。一个班中，有班长、组长、组员等各种职务层次关系，相互间存在一种管理和被管理、服从与被服从的关系，大家各占其位、各行其责、相互协调、相互合作，形成一个有序、有效的行动整体，这个整体就是一个系统。每个人、每个职务岗位都是这个系统的一个单元。

一个班可以根据不同的关系分成几个组、几个寝室，每个组、每个寝室可以看成班这个系统的一个子系统。子系统（组、寝室）还可以再往下细分成更小的子系统，最后一直分到各个人这个最基本的单元为止。班这个系统往上又可以再合，我们班和同系的别的班组成一个更大的系统，这就是系这个大一点的系统。系还可以组成学院这个更大的系统。各个学院再往上组成我们的大学这个更大的系统。站在我们班这个系统的立场上看，我们系是我们班这个系统的外部环境，我们学院、我们大学以及我们省市、我们国家则是我们班这个系统更大的外部环境。因此系统是一个往下可以再分、往上可以再合的等级层次结构体。系统所处的更大的系统，则是系统的环境。

系统往下分是不是可以无限制地分下去呢？应该分到什么时候为止呢？这要看系统的功能、目的是什么。一个系统都具有一个特定的功能。一个系统的结构和边界都是由系统的特定功能、目的决定的。班这个系统的特定功能和目的，就是从事学习而培养人的班级行动体。因此它最小的基本单元是“人”，往下只能分到每个同学。而它的最大边界就是一个“班”。

如果功能目的不同，它的最基本单元也就不同，可分到的极限也就不同。例如同样是一个班，我们要建立一个全班的素质管理系统，则它的最基本单元就不是人，而是每个人的每种素质，如每个同学每个时期的身高、体重、每门课的成绩、每项获奖等。

一个班作为一个系统，强调有序、有效，强调各占其位、各行其责，强调协调配合。有序，指各个单元结成一种合理、稳定、有效的等级层次关系，为完成系统的功能而分工负责、协调配合、高效运行。设想一个学习委员，不愿意尽心尽力地干好学习委员的工作，一个小组闹分裂、搞小团体主义、不服从班级的统一领导，同学相互之间不团结、不配合，等等，都可能影响这个班级系统的行动效率和集体成绩。

二、系统的概念和特征

通过对班级系统的分析，我们可以体会到系统是一个什么样的概念。我们周围有很多的系统的例子，我们都可以作出类似的分析。通过这些分析可以看出，无论是什么系统，它都具有以下几个基本特征：

1. 多单元、多因素

一个系统都是由两个以上的单元构成的。这些单元可以是人、事、物，也可以是一些其他因素。例如前述的学习班级系统，其不同层次的单元分别是人、组、岗位和职务等。而铁路系统的单元则是各条铁路、各段铁路的物、组织和人员等。

2. 单元之间互相区别又互相联系

这些单元之间必须互相区别，又互相联系。没有区别，就不是不同的单元，因而也就不能构成系统；但是有区别没有联系，也不能够构成系统。例如某班的同学，就不能够和社会上一些毫不相干的人构成一个班级系统。这种区别，可以是个体上的或逻辑上的区别，也可以是空间上的或时间上的区别。这种联系则是指在系统给定功能上的联系。例如一个班的同学，在班级系统中，是在共同学习这一点上发生联系的。在此以外的其他点上，例如在血缘关系上，在经济关系上，可能就没有联系。

3. 具有特定功能

一个系统都具有一个特定的功能，也就是系统的目的或宗旨。系统的功能不同，系统的结构也就不同，系统的功能决定系统的结构。例如班级系统的特定功能，就是组织一班人共同学习而培养造就高等人才。

4. 有机结合体

一个系统应当是多个单元的有机结合体，不是一个简单的组合，更不是一个凑合体。所谓有机的结合体，就是互相协调配合、互相联系、不可分割，我中有你、你中有我。例如一个班的行动和成绩，甚至每个同学所取得的进步，都离不开别的同学的协调、配合和帮助。

5. 往下可以再分，往上可以再合

一个系统往下可以分成若干个子系统，子系统还可以往下再分成更小的子系统，这样一直分解到最小基本单元，往上可以是一个更大的系统的组成部分。这样在系统内部构成一个等级层次结构，在外部它又和其他系统合成一个更大的系统，并且自己作为一个整体处于外部更大的系统之中。例如班级系统，在内部可以分成组、寝室，而组、寝室又可细分为个人；在外部，班又和其他班合成一个系，班作为一个整体处在系这个系级系统之中，参与系里的活动。

6. 系统都有一个环境

每一个系统都毫不例外地处在一个更大的系统之中，这个更大的系统就是系统的环境。系统的外部环境是系统生存和正常运行的条件，如物质条件、人员条件、能源条件、信息条件等，没有这个环境条件，系统就不能生存和正常运行。例如，如果没有系、院、校提供的教师、教室、食堂、宿舍、水电等，班级系统就无法生存和正常运行。

以上就是任何一个系统所必须包含的内容，也必然是一个系统概念所必须包含的要点。根据这样的要点，我们就可以给系统下定义。自从系统科学诞生以来，许多学者都对系统作过研究，分别给系统下过定义。例如，我国系统工程学的开创者钱学森同志把极其复杂的研制对象称为系统，即由相互作用相互依赖的若干组成部分结合成具有特定功能的有机整体，而且这个系统本身又是它所从属的更大系统的组成部分。

迄今为止系统的定义还有很多，不一一列举。这里只说明本书的定义。

所谓系统，是由两个以上互相区别又互相联系的单元结合起来而形成的具有特定功能的有机整体。每个单元可以称为一个子系统，每个子系统又可以分成更小的子系统。系统本身又处在更大的系统之中，这个更大的系统就是系统所处的环境。

三、系统的环境和模式

系统的环境是系统所处的更大的系统，是系统所处的外部条件，是系统无论情愿或不情愿都必须接受的约束条件和运行条件。它具体体现为系统外部与系统之间进行的为保证系统生存和正常运行所必需的物质、能源、人员和信息的交换。例如原材料、设备、工具、电力、水源、资金、劳力、技术、管理、政策、市场、信息等。这些东西可以归结为两大类，一类是有形的物质资料，统称为物资；一类是无形的，统称为信息。这种交换的方式也可以分成两大类，一类是直接的，一类是间接的。这种交换的形式也可以分成两类：一类是输入，一类是输出。

因此，系统与环境之间的交换关系具体包括以下三个方面的内容：

（1）系统的输入：这是指环境对系统的输入，例如环境向系统输入物资、人员和信息等。这种输入是一种直接输入，是系统处理的对象。例如大学是一个高教系统，社会是大学的外部环境，这个外部环境向大学这个系统输入高中毕业生，则这些高中毕业生就是这个大学的培养对象，将被培养成高等人才。工厂是一个生产系统，社会向工厂输入原材料，则这些原材料就是工厂这个生产系统的加工对象，将被加工成产品。

（2）系统的输出：这是指系统对环境的输出，是一种直接输出，这种输出都是系统处理的结果。例如大学向社会输出大学毕业生，这些大学毕业生都是大学这个系统培养教育的成果。工厂把原材料加工成产成品，推向社会销售，这些产成品也是工厂这个生产系统加工处理的成果。

（3）约束和干扰：这是指环境对系统处理形成的外部条件，是环境对系统的间接输入、强迫性输入，是系统处理的约束条件。约束主要表现为环境对系统在能源、信息、物资、人员、技术、政策、风俗、地理、气候等方面的经常性的间接的输入。具体表现为能源物资条件、政治政策环境、经济技术水平、气候地理条件等对系统的满足和限制程度。干扰，也是一种约束，它与一般约束不同的地方，就在于它是一种偶然的约束，是突然发生、不能够预先估计到的约束，例如天灾人祸、突发事故等。它们突然降临到系统上，强迫性地对系统进行干扰破坏。

系统和环境之间的交换，直接作用点是系统和环境之间的交接面。而在系统内部，整个就是系统处理。所谓系统处理，就是把系统的输入转化成系统的输出的过程。例如，大学这个高教系统的系统处理，就是采用各种方式手段，对高中水平的中学生进行传授知识、提高能力，使他们变成合格的高等人才的过程。

从系统本身的立场看，系统处理、系统的输入和系统的输出是构成系统的最基本组成部分，因此，它们合起来又称做系统三要素。

这样，我们就可以画出系统的模式图，如图 2-1 所示。从图中可以看出，系统的模式由两部分构成：一部分就是系统自身，即系统处理，它是一个等级层次结构，一个有机结合体，承担着一个特定的功能，即将环境对它的输入转化为它对环境的输出。另一部分就是系统所处的环境。环境对于系统的作用，包括对系统的直接输入和间接输入两部分，直接输入是输入系统的处理对象，间接输入是系统处理的运行条件和约束条件。这些输入中，有形的物资用实线表示，无形的信息用虚线表示。信息的输入和输出往往是双向的，因此用双向箭头表示。系统和环境有一个清晰的交界。而环境，按绝对意义上讲可以说是无限的，没有一个清晰的边界，但是为了说明问题起见，设想有一个虚拟边界，或者模糊边界，用虚线表示。

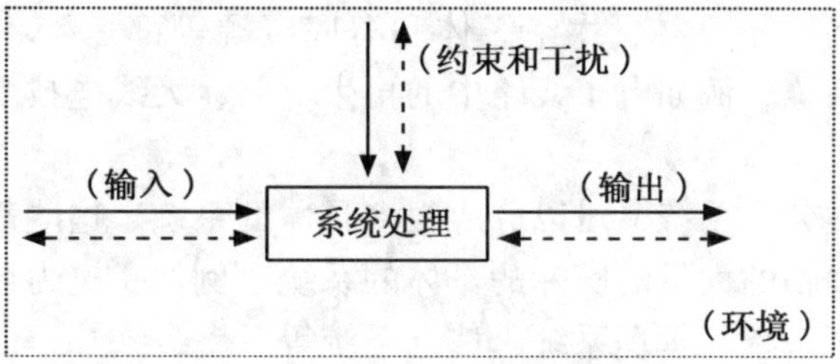

图 2-1 系统的模式

四、系统的分类

系统普遍存在于社会的各个领域、各个方面。按不同特征可以将系统分为各种不同的种类。

按系统的形成方式分，可以将系统分为自然系统和人工系统。自然系统是由自然力形成的系统，例如山川、河流、天地等，都是自然系统。而人工系统则是由人工造成的系统，例如铁路、桥梁、城市、企业以及所有的管理系统，都是人工系统。人工系统可以转化为自然系统，有些人工系统，建成以后，长久不变，久而久之，也就变成了自然系统。例如都江堰，最开始是由李冰率领将士和百姓建造的，由于几千年来一直原样保持下来，现在供人们观赏，它已经成为一个自然系统。其他像城市、桥梁、铁路等系统也都是这样。

按系统实体的性质分，可以将系统分为实体系统和概念系统。实体系统是由物质实体构成的系统，例如山川、河流、铁路、桥梁、企业、学校、物资管理、交通管理等都是实体系统。而概念系统，则是由无形的信息、概念构成的系统，例如，我国的法律体系、企业的规章制度、各种管理信息系统、人名地名、物资编码等都是概念系统。

按系统的运行性质分，可以将系统分为静态系统和动态系统。静态系统是指不随时间而发展变化的系统，例如山川、河流、已经建好了的铁路、桥梁等都是静态系统。而动态系统，则是随时间而发展变化的系统。由于任何事物都是随时间而发展变化的，所以世界上一般的系统都是动态系统。例如企业、学校、城市、所有的管理系统等都是动态系统。由于动是绝对的，静是相对的，所以动态系统是绝对的，静态系统则是相对的。例如我们已经建成的企业、学校、铁路、桥梁等，从相对意义上看，从总体、宏观上看，它是不变的，是静态系统。但从微观上看，从局部看，从发展变化上看，它每天都是有变化的，因此它又是动态系统。因此，研究的视点不同，系统的运行性质就不同，系统的类型也就不同。

按系统与环境的关系分，系统又可以分为开环系统和闭环系统。开环系统是指要与外界环境发生能量、信息、物质、人员交换的系统。一般的系统都是开环系统，它们都要和环境进行能量、物质、信息和人员的交换，例如学校、工厂、交通、管理等都是开环系统。但是也有些系统，长期处于封闭状态，几乎不和外界发生往来，不和环境发生能量、信息、物质、人员的交换，这样的系统就是闭环系统，例如现在还存在的一些与世隔绝的原始人部落、未开发的原始森林、太空天体和海底资源等都是闭环系统。在科学技术领域，也存在一些闭环系统，例如电子线路中的再生电路、无线电技术上的自激振荡等都是闭环系统。

按系统实体的种类分，系统又可以分成很多具体的系统。这些都是我们各个行业、各个部门、各个单位所面临的大量的实际的具体的系统。例如，电力系统、机械系统、气象系统、生物系统、物资系统、管理系统、信息系统等。

第二节 系统工程

系统，是现代管理学的一个重要的基础概念，但是，研究系统的更重要的目的是为了引入系统工程的方法。系统工程方法是现代管理科学中一种具有划时代意义的研究方法。作为现代管理科学的一个重要分支，物流管理学当然把它作为自己最重要、最基础的研究方法。

一、系统工程的概念

人们对系统工程方法的探索，有一个过程。

以前人们采用传统的工程方法进行工作。例如，一个木匠，要制造一张桌子，他自己首先要在脑子里设计一个桌子的样子，确定桌面、桌脚、抽屉各个部件的形状、尺寸，然后亲自把每一个部件组装起来，最后形成一张桌子。在这个过程中，从设计到制造零部件到最后组装，也就是包括作业活动和组织指挥这两方面的工作，都靠一个人独立完成，不需要别人合作。由于这样的任务比较简单，所以一个人做下来，完全没有问题。这样的人一般叫做工人。

后来，任务量比较大，例如成立了家具厂，要雇用很多工人，做很多家具。这个时候，需要把作业活动和组织指挥活动分离开来。家具的设计、生产任务的设立、组织和指挥由专人承担，这个人就叫做工程师。所有工人都按照工程师的设计具体承担生产任务。

再后来，工程越来越大，靠一个人是做不下来了。例如建一栋大楼，需要很多人，甚至涉及很多的专业和技术，而且没有一个人能够完全懂得所有这些专业和技术，需要好多专家、工程师进行合作才能够把这一栋大楼建设好。这时候为了完成这项工程，也需要一个人。但是这个人不能像木匠那样，什么事情都靠他去做。他甚至可以不会做砖瓦工、不会做木匠活等具体的作业活动；也不能像一个工程师那样，只懂得他那一门专业技术。这样的人必须会组织指挥参与整个工程的各个专家、工程师、各个工程队共同协调合作，保质保量按期顺利地完成整个工程。这个人的工作，一般是这样一些工作：首先把整个工程看成是一个系统，按关系、按专业、按技术的不同把它分成若干部分，每一部分又可以按需要分成更小的部分，甚至还可以进一步再往下细分，一直到每一部分都能由某个专业、某个工种、某个工程队，甚至某个人能够独立完成为止。然后对每一部分工程确定其工期、开工时间、完成时间，最后能够使得整个工程的各个部分互相顺利衔接，既不造成相互窝工，也不产生浪费。这样就形成一个周密的计划。再根据这个计划，分别去招聘专业队伍或工程队去按计划施工。在开工以后，又对每一个工程队的实施情况（质量、进度等）进行监督、协调，保证预定计划的实现，从而保证整个工程的顺利完成。这个人的工作，不再是一些具体的作业活动，也不是一般工程师的工作，而是对整个工程系统的组织、指挥、控制的工作，他的工作对象是系统，他的工作就是一种系统工程的工作，他就是一个系统工程师。对于像建大楼这样比较大，需要很多人、多个专业、多种技术的工程，一般需要把作业活动和组织指挥活动分开来，需要有一个系统工程师专门进行工程的组织、指挥、监督的工作。

以后，工程越来越大，越来越复杂。像我国的导弹工程、三峡工程等，靠一个系统工程师也不够了，这个时候，一般要成立系统工程部，聘请若干个系统工程师共同合作，承担整个项目和各个分项目的组织、指挥、监督的工作。

可以看出，这样的系统工程工作，已经和传统的工程工作有根本性的区别，有革命性的、划时代意义的变化。具体表现为：

（1）它的工作对象不再是简单的、单专业、单技术的作业项目，而是一个较大的、具有多专业、多技术的复杂的系统，因此需要有很强的系统观念。

（2）它不再只靠一门专业、一类技术就能解决问题，而需要综合运用各种知识，包括自然科学知识，也包括社会科学、管理科学，甚至社会学、心理学、哲学、医学等各门科学才能解决问题。

（3）它不再采用比较单一、比较简单的工程手段，而是采用包括设计、开发、制造、改造、试验、运行等一整套综合性的工程体系。

这些也就是系统工程区别于传统工程的特征要点。根据这些特征要点，我们可以给系统工程下一个定义：所谓系统工程，是为了创造或改造系统，使之最有效地达到系统的目标，运用各种科学知识，根据系统的思考方法，把它作为系统而进行开发、设计、制造或运行的综合性工程体系。

这个定义包含了系统工程的三个要点：

（1）它的工作对象是系统；

（2）它需要综合运用各种知识；

（3）它采用一整套综合性的工程体系。

但是它沿用的仍然是一种工程方法，仍然是一门工程学，在这一点上和传统工程没有本质的区别，因此把它叫做“系统工程”。

下面列出几个其他的关于系统工程的定义，以供参考。

研究导弹工程的钱学森同志是我国系统工程学研究的开创者。他给系统工程下的定义是：系统工程是组织管理系统的规划、设计、制造、试验和使用的科学方法，是一种对所有系统都具有普遍意义的科学方法。

另外，美国质量管理委员会系统工程学技术委员会给系统工程下的定义是：系统工程学是应用科学知识设计和制造系统的一门特殊工程学。

二、系统工程学的基本内容和理论基础

系统工程学是一门关于系统的综合性科学。它的基本内容包括系统的开发、设计、制造、改造、试验、运行等方面的理论、方法和技术。具体说来，包括以下各个方面：

1. 系统的开发

系统的开发，包括物质系统的开发、管理系统的开发、信息系统的开发等。凡是开发一个系统，都需要用到系统工程学的理论、方法和技术。开发一个系统，需要考虑很多的因素。首先要考虑开发的可行性，开发一个系统，需要投入大量的资金、劳力、空间和时间，值不值得开发，要考虑很多因素，如市场前景的因素、经济效益的因素、投资能力的因素、技术水平的因素、生态环境的因素等。其次，是要开发成一个什么样的系统，不但要考虑系统的结构、规模、能力、成本、效率和效益等，还要考虑主工程、辅助工程、配套工程等。最后是如何开发，要考虑前期准备、开发方案、开发顺序、开发步骤、组织指挥、监督控制、质量保证等。例如开发三峡工程这个大系统，光前期的可行性研究分析，就花了几十年的时间。我们开发一个管理信息系统，最关键的阶段也是前期的调研分析。

2. 系统的设计

系统的设计，包括物质系统的设计、管理系统的设计、信息系统的设计等。凡是设计一个系统，都需要用到系统工程学的理论、方法和技术。设计一个系统，也需要考虑很多

因素。例如系统的需求分析、系统结构分析、系统功能分析、系统性能分析等。

3. 系统的制造

系统的制造，包括物质系统的制造、管理系统的制造、信息系统的制造等，它们都是一个系统工程。系统的制造，要考虑把系统按关系、按空间、按专业、按技术、按工种等合理地分解，设定各个部分的制造方案、制造工期、开始时间、完工时间，合理安排人力、物力等资源，组织生产，并且安排跟踪监督检查控制，进行协调，保证按质、按量、按期完成整个系统的顺利建成。

4. 系统的改造

系统的改造，包括物质系统的改造、管理系统的改造、信息系统的改造等，它们都是一个系统工程。系统的改造，要考虑改造什么、如何改造的问题，要制定改造的方案，然后进行方案实施，在方案实施中，又要考虑前述的系统的制造中的各种因素。

5. 系统的试验

系统的试验，包括系统的调试等，它们也都是一个系统工程。系统的试验，要考虑试验方案、考核指标体系等，然后进行试验方案实施，在方案实施中，又要考虑实施过程中的各种因素。

6. 系统的运行

系统的运行也是一个系统工程。它要考虑人力物力配备、作业控制、系统监测维护等。例如铁路系统的运行，一个企业的管理系统的运行，一个管理信息系统的运行等都是这样。

所有这些，都是系统工程的基本内容。它们都要运用系统工程的理论、技术和方法，例如系统的观点、系统工程的基本概念和方法程序、系统模型与模拟、系统分析与评价、系统预测与决策、系统可靠性技术、系统优化技术、网络分析技术等。由此可以看出，系统工程是一门范围广泛、内容丰富的学科，它是建立在一个坚实的基本理论基础之上的。系统工程的基本理论包括：（1）系统论；（2）控制论；（3）信息论和信息技术；（4）运筹学；（5）管理学等。

三、系统工程的基本观点

系统工程与传统工程相比，已经发生了革命性的变化。沿用传统的技术、方法，甚至观点，都不能很好地从事系统工程的工作。技术方法要变，思想观点也要变。一个从事系统工程的系统工程师，除了要掌握以上一些基本理论、技术、方法之外，还要在工作中树立起系统工程所必需的一些基本观点。这些基本观点主要有：

1. 系统的观点

从事系统工程，总是要把工作对象看成是一个系统，也就是把它看成是一个由多个单元、多个因素构成的有机整体，它们是相互区别又相互联系、互相依存的，共同实现系统的功能。不要孤立地、片面地去看问题，要从它们的互相联系上去发现问题、解决问题。

2. 整体最优的观点

从事系统工程，总是要着眼于系统整体的最优化，把系统整体最优作为工作的出发点和归宿。要根据系统整体的需要，为最有效地实现系统的功能来合理地设置系统的结构和各个单元的功能，要正确处理好系统和单元、全局和局部的关系，在发生矛盾时，要做到单元服从系统、局部服从全局。

3. 发展变化的观点

世界上一切事物都是不断发展变化的：市场是不断变化的，经济是不断变化的，技术是不断变化的，社会是不断发展变化的。系统工程的工作对象是一个系统，该系统也必然处在这个不断发展变化的环境中，因此它必须适应这个不断发展变化的环境。所以从事系统工程，必须树立发展变化的观点。

树立发展变化的观点，不仅要求所设计开发或者制造、改造、运行的系统，能适应未来环境的发展变化，还应当使得系统本身在未来若干年内有发展余地，而且还要考虑由于系统内部各个单元各自的发展变化而导致的系统相关性的变化。也就是说，在进行系统工程时，面对变化的环境条件，要保证系统内部仍然和谐稳定，系统本身有发展余地，而且能够灵活地适应外部环境条件的发展变化。

4. 协调配合的观点

协调配合，就是系统各个单元在功能分担、任务数量、作业进度、质量控制、成本分摊、利益分配等方面相互衔接、统筹兼顾、协调合作，克服本位主义、小团体主义、自私自利、斤斤计较等弊病。系统的效益源泉就在于协调配合，能够起到 1 加 1 大于 2 的效果。如果协调配合不好，相互之间扯皮，则会互相消耗力量或效益，这个时候不但不会 1 加 1 大于 2，而且可能小于 2。因此可以说，协调配合也是生产力，也可以创造效益。

5. 适应环境的观点

系统必须适应环境才能生存。因为环境是系统所处的外部条件，系统需要从环境获得能量、物资、人员和信息，它们或者是系统处理的对象，或者是系统处理的条件，这些都是非常重要的，是系统生存和发展所必须具备的。没有一个合适的环境，或者系统不适应这个环境，系统连生存都保证不了，更谈不上发展了。

当然适应环境，并不意味着消极地服从环境的摆布，而是应当通过系统自身的努力，在和环境的协调中，积极地促进环境的发展，这样为自己未来的发展创造一个更好的环境条件。

6. 控制的观点

随时对系统进行调查测定，求出对象的状态值和输出管理特征值，并与管理目标进行比较找出差距，采取必要措施进行修正。

7. 人是系统主体的观点

人这个因素，区别于其他因素的一个最大特点，就是人具有自主性、创造性和自驱动力，有自我发挥的能力。别的因素，都是死的，没有自驱动力，没有自我发挥的能力，一个只能够起到一个的作用。而人就不同了，人只要用得好，一个人若开创出一个局面，就能创造出十个，甚至成百上千个人的效用来。因此，在系统工程中，一定要把人看成是系统的主体，把人放到最重要的位置。树立人是系统主体的观点，一是要重视人的作用，二是要充分发挥人的作用，三是要努力培养和造就人才。这样的系统必然会充满活力。

四、系统工程的基本思想方法

系统工程自诞生以来，人们就一直在探索系统工程的思想方法。这方面工作做得最深入的当属美国贝尔电话公司。1940 年他们就提出了系统工程五个阶段的思想方法。1962 年，美国贝尔电话公司的工程师霍尔（A. D. Hall）在他的《系统工程方法论》中，就提出了在整个系统工程中要反复进行的七个步骤的思想方法。1969 年霍尔又进一步在他的《系统工程的三维形态》一书中提出了系统工程三维系统的思想方法。这里进行一些简单介绍。

1. 霍尔的系统工程三维系统

霍尔把整个系统工程的工作方法、步骤用一个三维系统来描述，即时间维、逻辑维和知识维。时间维主要描述系统工程进行的时间阶段，他把整个系统工程的工作时间分成七个阶段；逻辑维主要描述系统工程各个时间阶段中的工作步骤，他把每个时间阶段上的工作步骤分成七个步骤；而知识维主要是描述各个时间阶段上各个工作步骤中所要运用的知识的种类。把时间维作为 X 坐标，分成七个阶段；把逻辑维作为 Y 坐标，也分成七个步骤；把知识维作为 Z 坐标，分别指定各种类别的知识。这样把整个系统工程的工作过程用一个三维系统来描述，如图 2-2 所示。图中，X 坐标表示时间维，把全过程分为七个时间阶段，依次如下：（1）规划阶段；（2）拟订方案；（3）分析阶段；（4）实验阶段；（5）调试阶段；（6）运行阶段；（7）更新阶段。

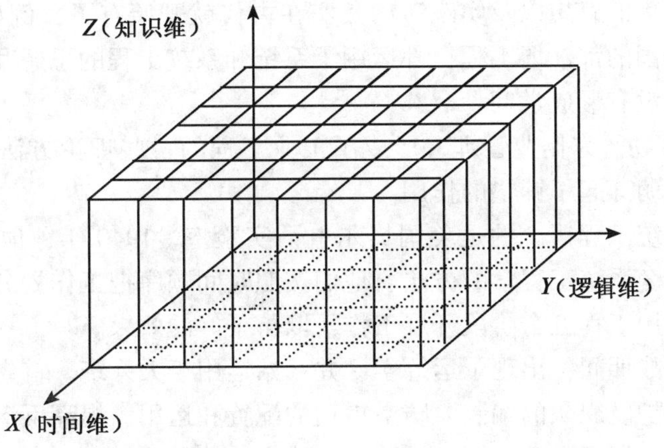

图 2-2 系统工程三维结构

Y 坐标表示逻辑维，即每个时间阶段上进行的步骤，依次分为七个步骤如下：（1）摆明问题；（2）指标设计；（3）系统综合；（4）系统分析；（5）系统优化；（6）择优决策；（7）计划实施。

Z 坐标表示知识维，表示每个时间阶段上每个步骤所用的各种知识，包括：（1）自然科学；（2）社会科学；（3）管理科学；（4）哲学；（5）数学科学等。

系统工程，特别是比较大的系统工程，可以根据这个三维结构，一个阶段一个阶段、一个步骤一个步骤地制定规划、开展工作。

2. 七个步骤的方法

以上的三维结构比较复杂，一般用于比较大的系统。三维结构的核心是七个步骤，一般对于中小型的系统，直接采用七个步骤的思想方法就可以了。这七个步骤是：（1）摆明问题（弄清要解决的问题是什么，问题的原因在哪儿）；（2）指标设计（问题解决到什么程度，要达到什么目标）；（3）系统综合（列出能解决问题、达到目标的各种可行方案）；（4）系统分析（对各个可行方案进行分析）；（5）系统优化（对比较好的可行方案进一步优化、完善）；（6）择优决策（将优化后各个可行方案进行分析比较，挑选最好的方案）；（7）计划实施（将挑选出来的最优方案付诸实施）。

这七个步骤的基本思想方法是：对于任何一个系统工程问题，总是先弄清问题，查清原因；然后确定目标，看问题要解决到什么程度；之后为达到这些目标，搜集各种可行方案；再对这些可行方案进行分析，分别进行调试、完善、优化；最后在优化后的可行方案中挑选最优的方案付诸实施，制订实施计划、步骤、方针政策。这种思想方法，也是一种工作方法，带有很大的普遍实用性，它既适用于中小型系统，也可用于大型系统的各个阶段，可以用于任何系统的开发、设计、制造、改造、试验和运行，因此可以说它是系统工程的基本思想方法。

五、系统工程发展历史

系统和系统工程的思想以及实践活动其实在古代就开始有了，例如早在2000多年前，埃及的金字塔、中国的都江堰工程，都运用了系统和系统工程的思想和方法，只是没有形成理论，因而也就没有形成学问。

20 世纪初，泰勒研究作业管理，形成了工业工程的一些理论方法。他的工作为系统和系统工程思想的萌芽起了铺垫的作用。

第一次提出系统工程概念的是美国贝尔电话实验室。1940 年，他们在发展微波通信网络时，提出了一套系统工程学的方法，他们按照时间顺序把工作划分为规划—研究—发展—工程应用—通用工程五个阶段开展工作，取得了好的效果。

第二次世界大战期间，出现了运筹学，并开始运用于大系统。首先由英国应用于制订作战计划，如解决护航舰队的编制、防空雷达的配置和运用、提高反潜艇的作战效果以及民航运输等问题，采用了数理规划、排队论、博弈论等方法，以后在武器系统的制造和运用中，逐渐发展成为系统工程学的理论。战后，这种理论又被运用于经济管理部门。

1945 年，美国空军建立了兰德（RAND）公司。该公司创造了许多数学方法来分析大规模的复杂系统。接着在国防、航天、电力、电信、交通等领域相继出现了大系统的设计方法。1950 年，麻省理工学院试验了系统工程学的教育，1954 年开设了工程分析的课程。1957 年美国密歇根大学的 H. H. Goode 和 R. H. Machol 合著了第一本《系统工程》，系统地总结了系统工程方面的研究成果。1958 年美国在北极星导弹的研究中运用了 PERT 技术，从而把系统工程推进到管理领域。1965 年，R. E. Machol 编写了《系统工程手册》，进一步使系统工程构成一个完善的体系。以后，意、德、日等国相继出现了一些系统工程的书籍，完善了系统工程学的理论体系。1961—1969 年，美国阿波罗登月计划成功，是应用系统工程的一个辉煌成果。该计划是一个举世闻名的系统工程，投入了大量人力物力。从 1962 年开始研制，于 1969 年 7 月 16 日用阿波罗 11 号宇宙飞船第一次成功地把三名宇航员送上月球，7 月 24 日返回地面，实现了人类第一次登上月球的梦想。这是成功运用系统工程学的光辉典范。从此以后，系统工程学被广泛接受，从而继续得到发展，并于 1972 年成立了国际应用系统分析研究所（奥地利维也纳）。

中华人民共和国成立以后，也逐渐开展了系统工程学的研究，并取得了丰富的成果。我国系统工程学的开创者是长期从事国防尖端科学研究的钱学森同志。他在长期从事国防工程大系统的工作中，研究、形成了一套系统工程的理论与方法。我国伟大的数学家华罗庚于 20 世纪 60 年代建立和推广统筹法、优选法等系统工程方法，也为我国系统工程的建立和发展作出了重要的贡献。我国于 1980 年成立系统工程研究所和中国系统工程学会，出版了系统工程杂志，广泛开展了系统工程的教学和研究工作，取得了很大的成绩。

本章小结

本章重点掌握系统的概念、要点、特征和模式，以及系统工程的概念、内容、基本观点和基本思想方法。系统和系统工程，是物流管理学最基本的概念和贯通全局的基本思想方法，要结合实际深入理解、培养能力。深入理解方面，要联系实际深入体会究竟什么是系统，什么是系统工程，应该怎样实施一个系统工程。培养能力方面，要明白如何对物质系统、管理系统和信息系统进行开发、设计、制造、改造、调试或者运行。

本章思考题

1. 为什么说相互之间没有联系的单元不能构成一个系统？为什么说系统的目的不同，系统的结构也就不同？

2. 系统工程与传统工程有什么区别和联系？为什么说协调配合是系统的效益源泉？

3. 为什么说七个步骤的思想方法是系统工程普遍适用的根本方法？

4. 举出你身边的例子，分别说明什么是系统，什么是物质系统，什么是管理系统，什么是信息系统，它们之间有什么联系和区别。

本章习题

【案例分析】

阿波罗工程

美国的阿波罗工程由地面、空间和登月三部分组成。完成阿波罗工程不仅需要火箭技术，还需要了解宇宙空间和月球本身的环境。为此又专门制定了“水星”计划和“双子星座”计划，以探明人在宇宙空间飞行的生活和工作条件。为了完成这项庞大和复杂的计划，美国航空航天局成立了总体设计部以及系统和分系统的型号办公室，以对整个计划进行组织、协调和管理。在执行计划过程中自始至终采用了系统分析、网络技术和计算机仿真技术，并把计划协调技术发展成随机协调技术。由于采用了成本估算和分析技术，这项史无前例的庞大工程基本上按预算完成。阿波罗工程的圆满成功使世界各国开始接受系统工程。

1. 结合案例内容，讨论系统工程最核心的思想是什么。
2. 每个系统都存在于某个外部环境中，试分析影响阿波罗工程的环境因素有哪些。

第三章 物流和物流系统

本章主要讨论物流学中的一些基本概念、基本思想方法和工作方法，包括物资的生产和流通、物流、商流和信息流、物流系统和物流系统工程。重点讨论：什么是物资？什么是生产？什么是流通？什么是物流？什么是商流？什么是物流系统？什么是物流系统工程？怎么样开展物流系统工程？怎么样实现物流系统优化？

第一节 物资的生产与流通

讨论物流的概念，得先从“物”谈起。把“物”的含义弄清楚，有利于对物流概念的理解。

一、什么是物资

（一）物资的概念

按照唯物主义的观点，所谓物资，是指一切客观存在的、能满足人们生产和生活需要的物质资料。这个概念包含了两个关键意思：一是客观存在的物质资料，二是能够满足人们的生产或生活需要。前者指的是“物质资料”，后者指的是能“满足需要”。同时符合这两个条件的才能够算做“物资”。从满足需要来看，可以是满足生产需要，也可以是满足生活需要。满足生产需要的物质资料，我们叫做生产资料；满足生活需要的物质资料，我们叫做生活资料。因此，物资包括生产资料和生活资料两大类。可见，物资和物质两个词，虽然只一字之差，却是完全不同的意思。物资不等于物质。二者的差别在于，物资是对人们有用的物质资料，对人们无用的物质资料是物质，但不是物资。

从物资的概念我们可以看出，物资具有两个明显的特征：一是它的物质性，即它们都是客观存在的物质资料，有质量、有体积、有形状、有性质，有些是可以看得见、摸得着的，有些是能够感觉出来的。二是它的效用性，即它们都对人们有某种有用性，或者对人们生产有用，能够满足人们生产的需要；或者对人们的生活有用，能够满足人们的生活需要。

从这个观点我们又可以看出，如果把物资看成一个实体的话，则这个物资实体本身应该包含两部分：一部分是它的物质性实体，一部分是它的效用性实体。前者我们称之为物资的物质实体，后者我们称之为物资的社会实体。

物资的物质实体是指物资的客观存在实体，它有形状、有性质、有质量、有体积，看得见、摸得着，能够被人们所感知。

而物资的社会实体是指物资的效用性。物资的效用性主要体现为物资在社会中的价值，包括物资的使用价值，它反映效用的大小；也包括物资在社会中的地位、作用和稀缺程度，例如它的所有权性质、交换价值等，它反映物资的社会地位、经济价值和珍贵程度等，如图 3-1 所示。

- 物资实体
  - 物质实体（形状、性质）
  - 社会实体（效用、价值）
    - 使用价值
    - 所有权性质
    - 稀缺性
    - ……

图 3-1 物资的物质实体和社会实体

马克思主义政治经济学告诉我们，任何物资，包括人本身，在社会中都具有二重性，一是其物质实体本身，二是它在社会中的地位、作用和价值，也就是社会实体。同样的物质实体，由于它所处的社会空间、时间或地位不一样，它的社会实体就可能不一样。例如，一个陶罐，它是一个物资实体。陶罐这个物资实体包含两部分：一部分是它的物质实体，指它那个具有具体形状、性质的陶罐本身；另一部分是它的社会实体，指它在社会中的地位、交换价值和珍贵程度。如果它是现在陶器店中售卖的普通陶罐，则它属于普通店主所有，到处都可以买到，不珍贵，只要几元钱就可以买到手，则它的社会实体就是几元钱的价值本身。如果这个陶罐不是属于陶器店主的，而是从秦始皇的陵墓中挖出来的，属于古时候秦始皇的用品，而且世界上仅此一件，十分珍贵，它的交换价值是 100 万元，则它的社会实体就是这个 100 万元的价值本身。

所以同样的物质实体可以具有不同的社会实体。只有把物质实体和社会实体结合起来，才能够确切地说明这个物资实体。在物资实体的两个组成部分中，物质实体是社会实体的载体，社会实体是物质实体在一定社会中的效用的体现。

（二）物资的分类

物资按效用性分类，可以分成两大类：一类是生产资料，一类是生活资料。生产资料是指专为满足人们生产需要的物质资料。无论是在工业、农业，还是在交通运输业中，人们为了生产，都需要有原料、材料、设备、工具、在制品、半成品等，这些都是生产资料。生活资料是指专为满足人们生活需要的物质资料。人们为了生活，需要衣食住行等生活用品，这些用品都是生活资料。

在物资中，生产资料和生活资料又可以按其性质和用途再分类，例如生产资料又可以分成金属、机电、建材、木材、化轻、燃料、煤炭、石油、农机共九大类，这也是我国计划经济时期按经营物资类别而划分的九大公司分别经营的九类生产资料类别品种。而生活资料又可以按性质用途分成饮料、食品、服装、百货、五金、家电等类别。这样的分类法如图 3-2 所示。

物资还可以按其在生产过程中的地位和作用来分类，分成以下两大类：

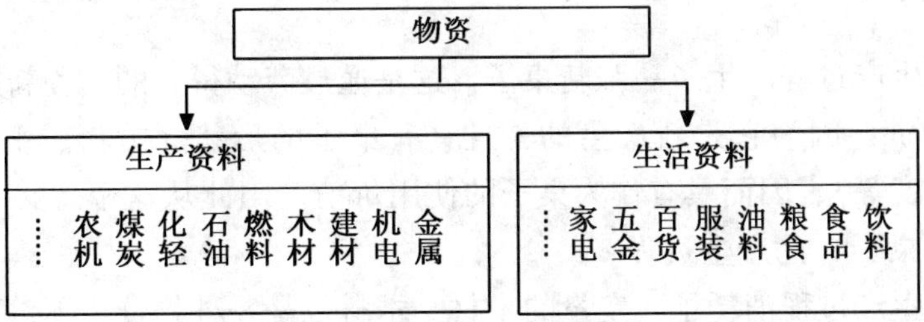

图 3-2 物资分类

第一类是作为劳动手段的物资，包括：生产工具、机器设备、运输工具等。这一类的特点：它们都是成品，能够直接作为劳动工具用于生产加工、交通运输等劳动过程。

第二类是作为劳动对象的物资，主要包括：

（1）自然物：如矿山、原始森林、农作物、水产资源等。

（2）原料：一般指采掘业和农业产品，如矿石、石油、原木、粮食等。

（3）材料：指经过加工了的原料和材料。根据其在产品加工过程中的地位和作用又分为主要材料（构成产品主体）和辅助材料（如劳动消耗品、照明、取暖、脚手架等劳动条件用品及染料、涂料等产品辅助实体）。

（4）在制品：正在加工或正处在加工地点等待加工的制品。

（5）半成品：完成了相对完整的加工工序的制品，如工件、部件等。

（6）成品：完成了全部加工过程的产品，如材料、工具、机电设备等。

要说明的是，在我国计划经济时期，还长期流行着一种物资概念。这种物资概念是特指生产资料，专门把生产资料叫做物资。这是因为我国计划经济时期曾经长期对生产资料实行计划分配，而生活资料则实行市场自由流通，二者实行不同的流通方式。这样长期养成了习惯，就把生产资料叫物资，而把生活资料叫商品。为了照顾这种实际情况，我们把这种物资概念叫狭义的物资概念，而把上面所说的物资概念叫广义的物资概念。这样，广义的物资概念既包括生产资料，也包括生活资料，而狭义的物资概念专指生产资料。这里我们约定，本书的物资概念都取广义的物资概念。

可以说，我们周围到处都是物资，我们周围的空间都是物资活动的空间，都是物资活动的舞台。这么庞大的舞台，可以分成两个领域，一个叫做生产领域，一个叫做流通领域。也就是说，物资或者处在生产领域，或者处在流通领域。

二、物资的生产

首先我们来研究一下生产过程。生产过程我们已经司空见惯。可是如果要问你什么是生产过程，生产过程的本质是什么，生产过程有什么功能，你能够回答上来吗？

例如，木匠加工一张桌子，就是一个生产过程。我们研究一下这个生产过程，看看它发生了一些什么事情。

首先，木匠要把一段木材锯开，加工成合适的木板和木条，把它们分别做成桌面、桌脚和抽屉的形状，然后把它们装配起来，就构成了一张桌子。这个过程显然发生了这样一些事情：

第一，这个生产过程产生了一张新桌子，这是通过劳动得到的一种新的物资。这张桌子之所以是新物资，因为它是新产生的，且具有桌子的形状（方形、平的）、性质（强度、硬度、平整度等），因而具有作为桌子的使用价值。因此从这个意义上看，这个生产过程是新物资（桌子）的产生过程。

第二，这个生产过程消耗了一定量的木材。木材也是一种物资，不过它是已经生产出来了的、已经存在的物资，显然相对于桌子来说，它是一种旧的物资。所谓旧的物资，就意味着它有它的形状和性质，有它的使用价值。在生产新物资的同时，也要消耗旧的物资。因此，从这个意义上来说，这个生产过程又是一个旧物资的消费过程（如图 3-3 所示）。

图 3-3 生产过程的概念和功能

从以上两点，我们可以得出这样的几点结论：

（1）生产过程是新物资的产生过程，同时也是旧物资的消费过程。因此可以说，生产和消费是同一的。同一个过程，既是生产过程，又是消费过程。对于新物资来说，它是一个生产过程；而对于旧物资来说，它是一个消费过程。

（2）生产过程的实质，就是将旧物资的形状、性质改造成新物资的形状、性质，创造出新的使用价值，从而创造出一种新物资的过程。新物资之所以新，就是因为它有新的使用价值，而新的使用价值的产生，是由于一定的形状、性质造成的。而这个形状、性质正是这个生产过程由旧物资的形状、性质改造而成的。例如生产出来的桌子，之所以是新物资，是因为这个桌子具有可以用来看书写字的使用价值，而这个使用价值之所以产生，是因为这个桌子具有一个方形平面，而且有一定的强度、硬度，能够承受人看书写字时所附加的重量和压力等。而这个桌子的形状、性质，正是这个生产过程将原来木材所具有的形状、性质改造而成的。因此，生产过程的实质，就是将旧物资的形状、性质改造成新物资的形状、性质从而创造出新物资的过程。

（3）生产过程的功能，就是创造物资的形质效用。形质效用，就是特定的形状、性质所具有的使用价值和价值。形状，指几何形状。性质，既包括物理性质也包括化学性质等。一般来说，任何一种具体的物资，之所以具有特定的效用性，就是因为它具有特定的形状、性质。任何一种效用，都对应着一种特定的形状、性质。所谓创造新物资，也就是要创造出新的形状、性质，从而具有新的使用价值。所以生产过程创造新物资，也就是创造物资的形质效用。

根据以上分析，我们可以给生产过程下个定义。所谓生产过程，是通过人的劳动，将旧物资改造成新物资的过程。生产过程可以创造新的物资。生产过程的功能，是创造物资的形质效用。

三、物资的流通

物资所处的另一个领域就是流通领域。所谓流通过程，是将生产者手中的物资转移到消费者手中的过程（如图3-4所示）。

生产过程产生物资，但是这些物资必须转移到消费者手中，才能变成社会的财富。如果这些产品不能够转移出去，就不但不能变成社会的财富，而且会变成社会的负担。因为它不能够用于满足消费者的需要，反而占用了生产企业的资金，没有产生利润，企业自身也不能够进行再生产。因此必须有一个过程来将生产者手中的产品转移到消费者手中，这就是流通过程。

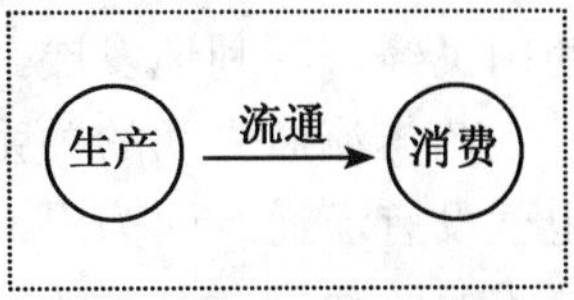

图3-4　流通过程

具体的流通过程，包括批发、运输、储存、零售等多个环节，最后才能把生产者的产品转移到消费者手中。显然，这种转移，应当是平等合理的，是为各方所乐意接受的，不能是强买强卖，更不能是强抢豪夺。那么要实现这种公平合理的转移，流通过程应该做一些什么工作、需要具备什么功能呢？

流通为实现将物资从生产者手中转移到消费者手中的目的，起码必须具备以下的几个功能：（1）因为供需之间存在所有权的距离，产品的所有权在生产者而不在消费者，所以流通必须把产品的所有权由生产者手中转移到消费者手中，才能够实现商品的转移，它必须通过买卖交易、等价交换的方式来实现。买卖交易、等价交换可以克服供需之间所有权的距离。（2）因为供需之间存在空间距离，流通必须克服供需之间的空间距离，用运输的方式把商品从生产地运到消费地，才有可能把商品从生产者手中转移到消费者手中。（3）可能只有前面两条还不够。因为生产者的生产和消费者的消费，可能在时间上不是同时或同步的，相互之间存在一个时间上的“距离”。生产者彼时生产的产品不一定能够供应到此时的消费者手中。因此，流通过程必须能够克服供需之间的时间“距离”，而这通常可以用储存的方式实现。用储存的方式将生产者彼时生产的产品储存到此时、以供应此时的消费者，这样就可以达到将生产者手中的商品转移到消费者手中的目的。

以上三条就是流通过程为了将生产者手中的产品合理地转移到消费者手中所必须具备的功能。其中，我们把通过买卖等商品交易、等价交换的方式，克服供需之间所有权距离，将商品的所有权由生产者手中转移到消费者手中的功能，叫做创造了商品的所有权效用；把通过运输的方式，克服供需之间的空间距离，将商品由生产者所在地转移到消费者所在地，从而实现将商品由生产者手中转移到消费者手中的功能，叫做创造了商品的空间效用；把通过储存的方式，克服供需之间的时间距离，将生产者彼时生产的产品转移到此时的消费者手中，从而实现将商品由供应者手中转移到消费者手中的功能，叫做创造了商品的时间效用。

四、流通和生产的关系

整个经济的运行，虽然可以分成生产、流通、消费三个领域，但是由于生产和消费是同一的，所以也可以说，整个经济的运行只分成生产和流通两个领域。这两个领域对于国民经济来说，都是非常重要的，缺少了哪一个都不行。只有二者结合起来，协调配合，才能使国民经济顺利地发展，实现国民经济的繁荣。

生产与流通之间的关系，可以说类似于鸡与蛋的关系。首先，生产决定流通，没有生产也就没有流通。因为没有生产，就没有产品，当然也就不需要流通。无论是流通的品种、流通的数量、流通的范围，都取决于生产的品种、数量。因此从这个意义上说，生产是第一位的，生产决定流通。但是，流通反过来又对生产有很大的反作用。这主要表现为以下几个方面：

第一，流通为生产提供原材料、设备和工具，为生产创造必要的物质条件，没有流通，就不可能有原材料的供应，没有机器设备和工具的提供，生产就不能够进行；第二，流通又为生产推销产品，收回资金和利润，为生产和再生产的顺利进行、为企业的生存与发展提供资金条件。没有流通，产品就不能分销出去，既占用流动资金，又不能收回成本和获得利润，不但再生产不能进行，甚至企业的生存都成了问题。这样，流通既在前端为生产提供原材料、机器设备等物质条件，又在后端为生产分销产品、收回成本和获得利润，为继续生产提供资金条件。生产的前端和后端都离不开流通（见图3-5）。因此可以说，流通是生产的前提条件，没有流通也就不可能有生产，企业也就不能生存和发展。

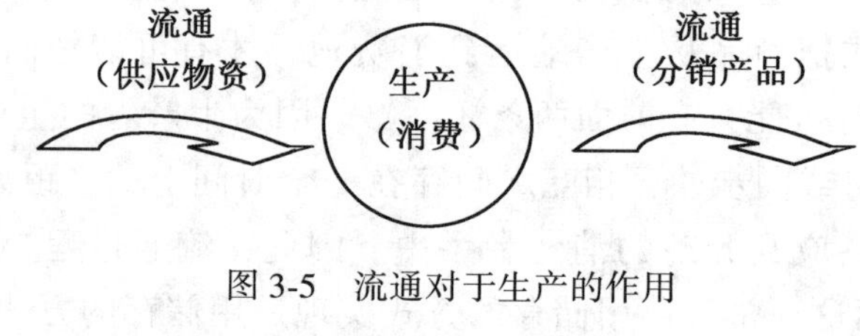

图3-5　流通对于生产的作用

因此，正如鸡和蛋的关系一样，鸡生蛋，蛋变鸡，究竟谁更重要？只能说都重要。生产与流通也是一样，二者只有相互依存，协调配合，才能共生共荣。

五、生产流通网络

由以上的分析可以看出，生产和流通是互相联系的。生产企业由于流通而互相联系起来。社会上各种各样的企业，既是生产者，又是消费者，互为供应方，又互为需求方，互相由流通而连接成一个网络，即生产流通网络（见图3-6）。这个生产流通网络最后把社会上所有的企业联结起来，遍及整个世界。这些企业犹如大海中无数的岛屿，流通就像连接这些岛屿的海洋。流通的海洋既为生产的岛屿供应物资，又为它们分销产品，提供资金。没有这个流通的海洋，这些岛屿就会成为孤岛和死岛。只有将生产的岛屿与流通的海洋结合起来，让流通为生产提供活力，让生产为流通提供源泉，二者相互协调、相互配合，才能共创整个大海洋的繁荣。

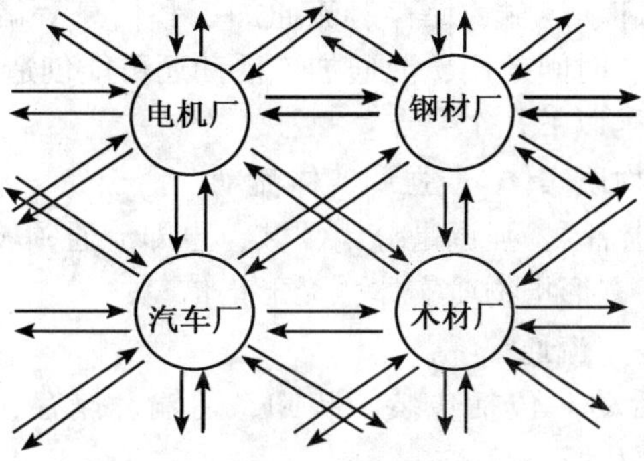

图 3-6 生产流通网络

第二节 物流的概念

在生产与流通的概念基础上，我们可以较深刻地理解物流的概念。因此这一节就可以讨论物流的定义了。

一、分销物流学关于物流的概念

（一）流通活动

首先，分销物流学是在分销领域当中来讨论物流的。分销领域也就是流通领域，是将企业的产品从企业转移到用户手中的过程。流通的功能，一是通过购销等商品交易活动创造物资的所有权效用；二是通过运输创造物资的空间效用；三是通过储存创造物资的时间效用，将商品转移到用户手中。如图 3-7 所示，流通活动包括购、销、运、存、包装、装卸、加工和信息。其中，购、销以及商流信息活动属于商流活动，而运输、储存、包装、装卸、加工和物流信息活动属于物流活动，商流信息和物流信息共同构成流通信息流活动。这样，流通活动就是由商流活动、物流活动和信息流活动共同构成的，物流活动是流通活动的一部分。

流通活动
- 购、销 → 商流活动
- 信息→信息流活动
- 运输、储存、包装、装卸、加工 → 物流活动

图 3-7 流通活动

（二）物流的定义

所谓物流，是物资有形或无形地从供应者向需求者进行的物资物质实体的流动。具体的物流活动包括包装、装卸、运输、储存、流通加工和信息等诸项活动。通过物流活动，可以创造物资的空间效用、时间效用，流通加工活动还可能创造物资的形质效用。

这个定义明显地包含了以下几个要点：

（1）"有形"、"物资物质实体"，强调实体流动；

（2）"从供应者向需求者"，强调是分销领域，也即流通领域；

（3）"有形或无形"，有形指物质实体，无形指信息；

（4）"流动"，而不是"流通"；

（5）"具体的物流活动"包括包装、装卸、运输、储存、流通加工和信息等诸项活动；

（6）物流的功能包括"可以创造物资的空间效用、时间效用、形质效用"。

由这个定义可以看出，实际上物流应当具有非常普遍和广泛的含义。它既包括了物资的运动状态（运输），也包括了物资的静止状态（储存），还包括了物资的静动状态（包装、装卸、流通加工）。所谓静动状态，就是从宏观上看，它是静的；而从微观上看，它又是动的。所以物资无论处在运动状态，还是静止状态，还是静动状态，都是处在物流状态。也就是说，只要是物资存在，它就必然处在物流状态。根据物质不灭定律，社会中的物质只可能转化形态，而不可能消灭。因此，物流也只可能变换形态，而不可能消灭。因此也可以说，物流是普遍的、绝对的。

这个定义明显具有以下几个特点：

（1）突出了流通，即把物流看成是流通的一部分。因为它强调了"从供应者到需求者"，强调了"流通加工"等。

（2）突出了专业物流活动，强调了运输、储存、包装、装卸、流通加工、信息等几项专业活动。

（3）突出了物流的功能："空间效用"、"时间效用"、"形质效用"。

这也正是分销物流学的几个特点。

（三）商流的定义

分销物流活动既然是流通活动的组成部分，除物流以外，还有商流和信息流，则我们当然也要同时关注一下商流和信息流的概念和作用。只有把它们结合起来看，才能够更好地理解物流、商流和信息流各自的含义、特点、功能和相互关系，从而也才能够对物流的概念和功能有更深刻的理解。

所谓商流，是物资在由供应者向需求者转移时物资社会实体的流动，主要表现为物资与其等价物的交换运动和物资所有权的转移运动。具体的商流活动包括买卖交易活动及商情信息活动。商流活动可以创造物资的所有权效用。

这个定义也包含了以下几个要点：

（1）"物资社会实体"，强调物资价值实体的流动；

（2）"从供应者向需求者"，强调的是分销领域，也即流通领域；

（3）"从供应者向需求者转移时物资社会实体的流动"，强调与物资实体流动，即物流的伴随关系；

（4）“流动”，而不是“流通”；

（5）商流主要表现为等价交换和所有权的转移，“具体的商流活动包括买卖交易活动及商情信息活动”；

（6）商流的功能包括“可以创造物资的所有权效用”。

这个定义明显具有以下几个特点：

（1）突出了流通，即把商流看成是流通的一部分。

（2）突出了与物流活动的伴随关系。

（3）突出了商流的功能——“所有权效用”。

（四）信息流

信息流也是流通的组成部分，它和商流、物流一起共同构成了流通的“三流”。因此，为了完整起见，我们也来关注一下信息流。

流通领域的信息流又称流通信息流。流通信息，是指伴随流通活动而产生并且为流通活动服务的信息，包括由文字、语言、图表、信号等表示的各种文件、票据和情报资料等。流通信息流，是指流通信息的产生、加工、储存和传递等。

流通信息流是由两大类构成的，一类是商流信息流，另一类是物流信息流。

商流信息流是在商流活动中产生的，并为商流活动服务的商流信息的产生、制作、加工、储存和传递。例如，商品的销售价格、市场行情、购销洽谈、订货合同、供需情况、销售货款、交易支付、促销活动等都是商流信息。这些信息的产生、制作、加工、储存和传递等，就是商流信息流。

物流信息流是在物流活动中产生的，并为物流活动服务的物流信息的产生、制作、加工、储存和传递。例如，运输方式、运输市场行情、运输价格、交通地理、交通基础设施、仓储设施、库存信息、仓储价格、搬运费用、装卸能力、货主和客户信息等，都是物流信息。这些信息的产生、制作、加工、储存和传递等，就是物流信息流。

就像一切经济信息一样，流通信息对于流通具有非常重要的作用，这些作用主要表现在：

（1）反映作用：所有的流通活动，既包括商流活动，也包括物流活动，都是通过信息来描述的。活动的时间、空间、方式、流量、流速、效果等，都是由信息来描述和反映的。人们主要通过信息来了解具体的商流活动和物流活动。信息描述是否准确、真实，决定了人们对于活动的认识和掌握程度，从而也影响人们对于活动的决策结果。

（2）服务作用：所有流通活动的进行，都需要了解市场行情、环境条件、资源分布、工作程序、约束条件等。这些信息为流通活动的进行，起到了服务的作用。没有这些信息的支持，流通活动就不能够顺利有效地进行。

（3）指导作用：流通活动的进行，需要有科学管理方法、技术、标准、指标以及有关方针政策、规章制度作指导，流通活动才能够按照正确、科学的轨道运行。这些信息对于流通活动起着很重要的指导作用。

（4）控制作用：有些信息能够对流通活动起控制作用。这些大多是一些控制信息。例如库存控制中的库存警戒点、经济订货批量，商流活动中的订货合同、各种法律法令、规章制度、领导的指令等，都是一些控制信息，它们都对流通活动的运行起着控制作用。

商场如战场，在激烈竞争的市场经济中，对信息迅速准确地反映和传递，能够导致及时果断的决策，从而能够灵敏地掌握市场变化、抓住机遇、避免风险、保障流通活动高效率地顺利进行，在竞争中取得胜利。

（五）物流和商流的联系和区别

在分别讨论了物流和商流的概念之后，我们再把它们放到流通领域中来看看它们之间的联系和区别，从而认识它们在流通中的地位和作用。

物流和商流之间的联系主要表现在：

（1）它们都属于流通领域，是商品流通的两种不同形式，在功能上互相补充。通常是先发生商流后发生物流，在商流完成以后再进行物流。

（2）它们都是从供应者到需求者的流动，具有相同的出发点和归宿。

物流和商流之间的区别主要表现在：

（1）流动的实体不同：物流是物资的物质实体的流动，商流是物资的社会实体的流动。

（2）功能不同：物流创造物资的空间效用、时间效用、形质效用，而商流创造物资的所有权效用。

（3）物流和商流又是相互独立的，发生的先后和路径都可能互不相同。在特殊情况下，没有物流的商流和没有商流的物流都是可能存在的。

总之，物流和商流既互相区别又互相联系，既分工又合作，既独立又统一，二者和谐地共处于流通过程之中，互补地共同完成流通的功能。

二、关于现代物流的概念

分销物流学的物流概念在分销领域是严谨的、足够适用的。但是，随着物流学的发展，到了20世纪80年代，物流学的应用已经远远地超出了分销领域。这个时候如果再用分销物流学当中的物流概念，显然已经不合适了。因此，修改物流概念成为物流学者的共识。

（一）现代物流所发生的变化

到了20世纪80年代，相对于60年代的分销物流学而言，物流学发生了哪些变化呢？至少有以下几个方面：

（1）物流领域大大扩大：除了分销物流领域以外，还扩大到了物资购进物流领域、企业内部的生产领域、军事后勤领域，以及政府、事业单位、学校内部物流领域等。

物资购进物流领域，本来有它自己的特点，例如供应商管理、采购的方式、进货的方式、进货路径等。原来在分销物流学时代，没有引起重视。但是20世纪80年代，出现了供应链理论，而且形成了一套适合于供应链却与分销物流理论有很大差别的、系统完整的物流理论，把物流学推到了一个更高的水平。

企业内部生产物流领域，在分销物流学时代，显然没有把企业生产物流看成是一种物流，因此闭口不谈，甚至在物流概念中说到“流通加工”是物流时，也避免涉及生产加工。其实，人们都知道，流通加工是企业的生产加工在流通领域的延伸，同样是改变物资形状、性质的工作。例如钢板裁剪、木材锯板是改变形状，木屑板压制、煤土混合压制蜂窝煤等是改变性质，这与生产企业的生产加工没有一点区别。那么，流通加工可以算做物流活动，为什么生产加工就不能够算做物流活动呢？其实企业内部物流，特别是生产物流，内容是极其丰富的。从原材料的购进、储存，到各个车间各道工序之间工件的流动、搬运、储存，到最后装配流水线装配成整机，再存放到成品库，就是一个完整的、复杂的生产物流系统，生产过程也是一个物流过程，生产系统也是一个物流系统。一个内容，根据不同的意义有不同的叫法而已。特别是到了 80 年代，MRP、JIT 的采用，更是把企业生产物流学推到了一个比分销物流学更高的水平。

军事后勤物流领域，是最早萌发物流概念的领域。即使在分销物流学时代，虽然没有被重视，没有成为主流学说，但是它仍然一直在发展。有的是尽量借用分销物流学的一些现成的概念、理论，有的也仍然独立地探索理论方法。这些往往也是原来的分销物流学所包容不了的。

其他如政府机关、医院、学校等事业单位内部和外部都存在物流问题，同样要用到物流学的理论方法，而这些也是原来的分销物流学所不能完全包容的，因此也需要进行研讨。

（2）企业物流的集成化：80 年代以来，企业物流的集成化，成为一种趋势。一个企业为了节约成本、提高效率，往往把多种物流系统集成起来，统一管理。例如，一般地都把企业购进物流、企业内部的生产物流以及企业的分销物流集成起来。在生产物流当中，把生产计划、物料管理、搬运系统、储存系统、生产运作系统等集成起来，而在生产计划系统中，又把 MRP 计划系统和 JIT 计划系统集成起来，等等。

（3）第三方物流：80 年代以来，出现了物流业务外包和第三方物流，使物流业务集中转向少数专业化的物流企业，使得物流活动集约化、专业化、规模化、高技术化。

（4）供应链：80 年代以来，出现了供应链管理理论，使供应链系统中的物流管理出现了许多新的理论、技术和方法，为物流学增添了新的内容。

（5）电子商务物流：90 年代以来，随着信息技术的发展，出现了电子商务。电子商务环境为物流业开辟了一个新的更广阔的领域，也为物流学的发展提出了一些新的问题。

（二）现代物流的概念

所有这些变化，原来的分销物流的概念已经远远不能够适应了，要求物流概念作一些相应的变化。因此从 20 世纪 80 年代中期以来，世界各国的物流概念都相应作了改变，放弃使用 physical distribution，转而使用 logistics。但是这个 logistics 应当不同于美军少校琼西·贝克 1905 年提出的那个 logistics，内容上应当有所变化。因此，美国、欧洲、日本等都有了关于它的新的含义，也就是各国的现代物流的概念。

我们一直沿用“物流”两个字作为物流的概念，现在也无需变化，只是在内容上作一点调整，就可以用来作为现代物流的概念。

所谓物流，是指一切旨在创造空间效用、时间效用和形质效用的物资物质实体的流动。具体的物流活动，包括运输、储存、包装、装卸、加工、伴随的信息活动及其集成化了的作业活动，也包括对这些物流作业活动进行计划、组织、指挥、协调和控制所构成的物流管理活动。

这个概念包含了以下几个特征内容：

（1）突出地强调了物流概念的两个本质内容：一是物资实体的流动，二是物流的职能，即三个效用。一切活动，不管它在什么地方、什么领域、以什么样的形态出现，只要它具有这三个效用中的任何一个或几个，并且是物资实体的流动，就都是物流活动。因此，这个概念具有概括性、普遍性和通用性，而且抓住了物流概念的本质内容。

（2）在描述具体的物流活动时，作了三点改进：一是把加工活动（显然包括了生产加工和流通加工）作为物流活动，二是明确地将物流活动的集成化作为物流活动，三是把物流作业和物流管理区分开来，且明确地将物流管理作为物流活动的一种。因此，这个概念拓宽了物流的领域，强调了物流集成化，强调了物流作业和物流管理的区别，强调了物流管理也是物流活动，比较符合现代物流的实际情况。

（3）强调了物流管理。这个概念不但说明了物流管理是物流活动的一种，而且还说明了物流管理的具体内容和功能，即计划、组织、指挥、协调、控制。这一说明同样具有概括性、普遍性和通用性。

（三）*物流活动*

物流活动可以作以下分类（见图3-8）：

- 物流活动
  - 物流作业活动
    - 运输（包括配送）
    - 储存（包括保管）
    - 包装
    - 装卸（包括搬运）
    - 加工（包括生产加工和流通加工）
    - 信息处理
  - 物流管理活动
    - 计划
    - 组织
    - 指挥
    - 协调
    - 控制

图3-8 物流活动

总的来说，可以分成物流作业活动与物流管理活动两大类，物流作业活动又可以分为运输（包括配送）、储存（包括保管）、加工（包括生产加工和流通加工）、包装、装卸（包括搬运）、信息处理共六种，它们分别属于动、静、静动状态三种类型，并且按不同目的实行不同的集成，分别组成不同的集成化的物流活动。物流管理活动包括计划、组织、指挥、协调、控制活动。

运输（包括配送）主要指物资的较大范围的运动形态，主要实现物资空间位置的移动，创造物资的空间效用。运输包括公路运输、铁路运输、水路运输、航空运输、管道运输等多种运输方式。配送也是一种运输方式，只是它一般是在局部范围内采用以汽车为主的小型运输工具实行多用户的联合送货。

储存（包括保管）主要指物资的静止等待形态，主要实现物资时间位置的移动，创造物资的时间效用。静止不是目的，静止的目的是为了等待未来的使用。因此它都表现为一种生产的准备、销售的准备或者其他用途的准备状态。例如生产过程中的原材料、在制品的储存，流通过程中的商品的储存等。储存物资需要有仓库、储存过程中需要有保管，这些都是静止等待状态的物流作业活动。

包装、装卸、搬运、加工、信息处理都是静动状态下的物流作业活动。它们的目的都是为了衔接静止和运动两种状态下的物流，是为它们服务的物流活动。运输、储存和加工是物流活动的三大支柱，其他的物流活动都是为它们服务的。包装、装卸、搬运和信息处理是为运输、储存和加工服务的，这个很容易理解。加工为什么也和运输、储存并列起来作为一个支柱呢？因为它能够独立地创造物流的三大效用之一（形质效用）。包装、装卸、搬运也为生产服务，也是为运输、储存服务。加工分为生产加工和流通加工，加工的目的都是为了创造用户所需要的商品的形状、性质，是为提供用户所需的产品服务的，当然也是为这些产品的运输和储存服务的。

物流管理活动，是对物流作业的管理活动。它也和一般的管理活动一样，具有计划、组织、指挥、协调和控制五大职能，或者说五类活动。这五类活动中，最重要的是计划。计划，就是规划、策划。它要在调查研究的基础上，根据科学的原理、原则，甚至经过预测，制定目标、选择方案、制定政策，从而规划和策划整个作业活动的全过程。计划确定以后，再进行组织实施。在实施过程中进行组织、指挥、协调和控制，最后达到实现预定计划的目的。

（四）物流的功能

物流有三大功能：

（1）克服供需之间物资的空间距离，通过运输、配送等方式，将供应者手中的物资转移到需求者手中，创造物资的空间效用。

（2）克服供需之间物资的时间距离，通过储存、保管等方式，将供应者手中的物资转移到需求者手中，创造物资的时间效用。

（3）克服供需之间物资形状性质的距离，通过加工（包括生产加工和流通加工）的方式，将供应者手中所具有的形状性质的物资改造成具有需求者所需要的形状性质的物资，创造物资的形质效用。

（五）物流的分类

（1）按范围分类：如图 3-9 所示，物流按范围分，可以分成企业内部物流和社会物流两大类。企业内部物流处在企业内部，是在生产领域，相对于社会宏观物流而言，它是一种微观物流。企业内部物流的一个特点是不伴随有商流发生。它是一种生产物流，由企业内部的原材料库到各个车间、各道工序做成工件，再组装成部件，最后装配成成品存放到成品库。

社会物流则是处在各个企业之间的物流。它包括企业相互间的购进物流、销售物流、返品物流、回收物流和废弃物流，如图 3-10 所示。社会物流是一种宏观物流，处在流通

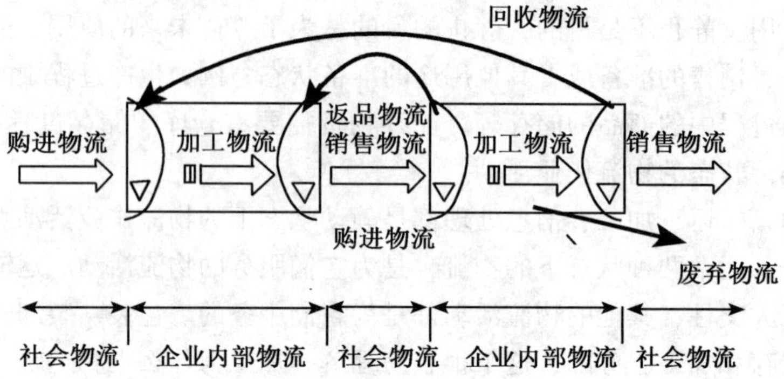

图 3-9 物流的范围和分类

领域，一般都伴随有商流发生。

物流
- 企业内部物流（生产物流）
- 社会物流
  - 购进物流
  - 销售物流
  - 返品物流
  - 回收物流
  - 废弃物流

图 3-10 物流按范围分类

社会物流与企业内部物流的比较如表 3-1 所示。

表 3-1 **社会物流和企业内部物流的区别**

项　　目	企业内部物流	社会物流
1. 范围	企业内部	企业之间，遍及整个社会
2. 领域	生产领域	流通领域
3. 规模	微观物流	宏观物流
4. 特征	一般不伴随商流发生	一般伴随商流发生

（2）按企业多少分类：物流按企业的多少分类，可以分成单个企业物流、多个企业物流两大类（见图 3-11）。而单个企业物流又可以分成单个生产企业物流、单个流通企业物流和单个事业单位物流三种。多个企业物流又可以分成供应链物流和第三方物流两种类型。

- 物流
  - 单个企业物流
    - 生产企业物流
    - 流通企业物流
    - 事业单位物流
  - 多个企业物流
    - 供应链物流
    - 第三方物流

图 3-11　物流按企业范围分类

单个企业物流，是指单个企业内部物流和与该企业相关的外部物流的集成物流。这是最基本、最普遍的企业物流形式。它基本上由购进物流、企业内部物流和分销物流三部分构成（见图 3-12）。其中，企业内部物流，对于不同的企业单位类型有不同的具体内容，如生产企业内部是加工物流，流通企业和事业单位都是实体作业物流。

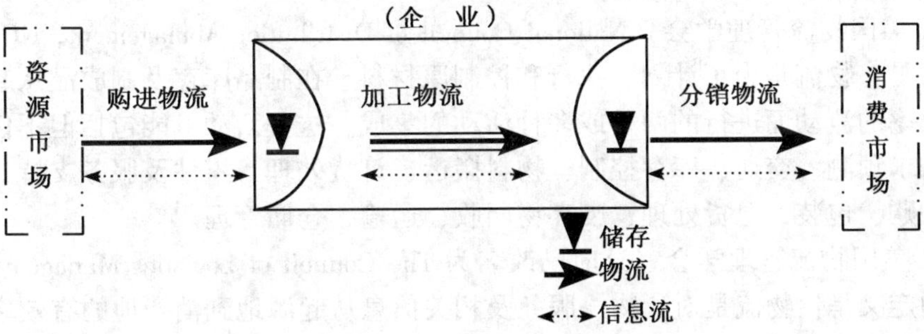

图 3-12　单个生产企业物流模型

供应链是一种由互相联系、互相协调、关系比较稳定的多个企业构成的系统。供应链物流的特点是讲究互相协调、互相配合，采用一些如供应商掌握库存（VMI）、连续补充货物（CRP）、准时化（JIT）送货等物流方式和物流组织形式。

第三方物流，是面对物流市场的多个企业的一种物流方式和物流组织形式，这些企业都是互不相干的，企业组合也是随机变化的，物流运作基本上采取市场化的运作。

（3）按业主类型分类：物流业主，就是承办物流业务的主体。物流按业主的类型可以分为自办物流、外包物流和第三方物流三种。

自办物流，是企业的物流由企业自己承办。很多企业自身并不是物流企业，它们的主业是生产或者流通，或者机关学校等，自己承办自己的物流活动。这种自办物流既有好处也有坏处。好处是比较主动、比较灵活机动，控制比较得力，也可以利用一些闲散资源等；坏处是分散了精力、分散了资源，效率低、成本高、质量差，影响主业的发展。如果企业有闲散资源，例如有多余的人员、车辆、仓库，而且对于成本效益不那么苛求，则自办物流是合适的。

外包物流，是企业的物流业务承包给别人去办。这些承包者，可以是生产企业、流通企业、专业物流企业、第三方物流企业或者个体经营者。他们当中，有的是专业化的物流企业，有的是非物流专业企业。其工作效率、工作质量、成本、效益、信用程度、风险程度可能都不一样，因此要注意选择好承包商，并且签订好承包合同，按照合同进行运作才比较可靠、风险较小。其中，专业物流企业，特别是第三方物流公司承包物流，具有较强的实力，应当成为首选的物流承包商对象。

第三方物流，是专门承包各个企业的外包物流的综合性的、专业化物流企业，具有运输、储存、装卸、包装、流通加工、信息处理等各个方面的综合物流职能，具有较强的实力和规范化操作，面向整个物流市场各个企业承包物流业务。因此它具有集约化、规模化、专业化、高技术、高水平、高质量运作的能力。第三方物流，是现代物流的发展方向。

三、现在国外几个关于物流的定义

自物流学诞生以来，有很多学者或者组织机构进行过物流的研究，给物流下过定义。因此，现在已经有很多个物流的定义，例如①：

1963 年美国物流管理学会（National Council of Distribution Management，NCDM）给物流下的定义是：物流是为了计划、执行和控制原材料、在制品库存及制成品从起源地到消费地的有效率的流动而进行的两种或多种活动的集成。这些活动可能包括但不仅限于：顾客服务、需求预测、交通、库存控制、物料搬运、订货处理、零件及服务支持、工厂及仓库选址、采购、包装、退货处理、废弃物回收、运输、仓储管理。

1985 年美国物流管理学会（这时已改名为 The Council of Logistics Management，CLM）给物流下的定义是：物流是对货物、服务及相关信息从起源地到消费地的有效率、有效益的流动和储存进行计划、执行和控制，以满足顾客要求的过程。该过程包括进向、去向、内部和外部的移动以及以环境保护为目的的物料回收。

1985 年加拿大物流管理协会（1967 年成立时叫 The Canadian Association of Physical Distribution Management，1992 年更名为 The Canadian Association of Logistics Management，2000 年 5 月又更名为 The Canadian Association of Supply Chain & Logistics Management）给物流下的定义是：物流是对原材料、在制品库存、产成品及相关信息从起源地到消费地的有效率的、有效益的流动和储存进行计划、执行和控制，以满足顾客要求的过程。该过程包括流进（inbound）、流出（outbound）和内部流动。

1994 年欧洲物流协会（European Logistics Association，ELA）给物流下的定义是：物流是在一个系统内对人员及（或）商品的运输、安排及与此相关的支持活动的计划、执行和控制，以达到特定的目的。

20 世纪 70 年代，日本产业构造审议会流通部给物流下的定义是②：所谓物流，是物资有形或无形地从供给者向需求者进行的物理的流动。具体来说，物流活动包括包装、装卸、运输、保管及通信联络等诸项活动。这种物流活动与交易活动不同，物流活动可以对物资作出在时间和空间方面的价值贡献。

---

① 何明珂．物流系统论．北京：中国审计出版社，2001.

② 王加林，张蕾丽．物流系统工程．北京：中国物资出版社，1987.

日本日通综合研究所在1981年出版的《物流手册》中对物流的定义是①：物流是物质资料从供给者向需求者的物理性流动，是创造时间性、场所性价值的经济活动。从物流的范畴来看，包括包装、装卸、保管、库存管理、流通加工、运输、配送等诸种活动。如果不经过这些过程，物就不能移动。

日本物流系统协会（Japan Institute of Logistics Systems，其前身是日本物的流通协会（Japan Physical Distribution Management Association）和日本物流管理协议会（Japanese Council of Logistics Management），于1992年6月合并而成立起来的）专务理事稻束原树1997年在《这就是“后勤”》② 一文中对“后勤”下的定义是：“后勤”是一种对于原材料、半成品和成品的有效率的流动进行规划、实施和管理的思路，它同时协调供应、生产和销售各个部门的个别利益，最终达到满足顾客的需求。换言之，“后勤”意味着，按要求的数量，以最低的成本送达要求的地点，以满足顾客的需要作为基本目标。

有的国家，不同的行业，甚至不同的大企业都有它们各自的定义。这些定义都是根据它们各自的具体情况，根据它们对物流的认识理解的程度作出的。其基本精神都是一致的，字面上以及具体内容含义也不必追求完全统一，可以具有各自的特色。因此在这里我们就不进行一一评述。

第三节 物流系统和物流系统工程

在第二章“系统和系统工程”和本章上一节“物流”概念的基础上，我们现在讨论物流系统和物流系统工程的概念。这是本书的核心内容之一。因为实际上“物流管理学”又可以称做“物流系统工程”，物流管理学的思想方法和工作方法基本上都是一种关于物流系统的系统工程思想方法和工作方法。

一、物流系统的概念

（一）定义

所谓物流系统，是由多个既互相区别又互相联系的单元结合起来，以物资为工作对象，以完成物资物质实体流动为目的的有机结合体。最基本的物流系统由包装、装卸、运输、储存、加工及信息处理等子系统中的一个或几个有机地结合而成。每个子系统又可以往下分成更小的子系统。物流系统本身又处在更大的系统之中。

这个概念有以下含义：

（1）“多个既互相区别又互相联系的单元”，即有多个单元，它们互相区别又互相联系。这是构成系统的基本的和必要的条件。这里所谓单元，可以是单位组织，可以是空间，可以是职能、功能，可以是时间，也可以是其他因素。它们都是能够独立完成某一个

---

① 刘志学．现代物流手册．北京：中国物资出版社，2001.

② 这里的“后勤”，英文即logistics，实际上就是物流，本段下同。因为日本“物流”两个字已经于20世纪60年代被physical distribution占用了，现在的logistics只好译成“后勤”。后来，又觉得不妥，只好干脆用片假名表示的外来语ロヅスティクス。

或大或小的功能任务的独立体。大可以大到很大的系统，小可以小到一个人、一台设备、一台车、一项工作。

（2）“以物资为工作对象，以完成物资物质实体流动为目的”，这是物流系统的功能或目的。任何系统都有一个特定的功能或者目的，这是构成系统的又一个条件。物流系统既然也是一个系统，当然应有一个特定的功能。物流系统区别于一般系统的特点，就是它是以物资为工作对象，以完成物资物质实体流动为目的的系统。这个特定功能强调两层意思：一是以物资作为工作对象，因为物流就是处理物资的。二是强调物资物质实体流动，这是物流的本质意义，是一切物流活动所共同具有的本质特征。

（3）“有机结合体”这也是一般系统的基本特征和基本条件，物流系统也具有这个基本特征和基本条件。

（4）“最基本的物流系统由包装、装卸、运输、储存、加工及信息处理等子系统中的一个或几个有机地结合而成”，这是讲的物流系统的子系统的构成。如前所说，子系统可以按照空间、时间、功能、职能，或其他因素进行划分。包装、装卸、运输、储存、加工及信息处理这些子系统是必须要有的，这是最基本的物流系统的条件。没有这些最基本的物流活动，也就不是物流系统了。但是，这并不是说，任何物流系统必须具备所有这些物流活动的全部，只要有“一个或几个”就可以了，同时，必须是“有机地”结合而成，凑合不行，一般组合也不行，一定要有机地组合成一个“有机结合体”，才能够算是一个“系统”。

（5）“每个子系统又可以往下分成更小的子系统”，这是说明物流系统的子系统可以往下再分，构成一个等级层次结构。这也是一般系统的基本特征和条件。分，可以按空间分，也可以按时间分，也可以按功能分，也可以按其他因素分，分到最基本单元为止。这样构成一个既相互区别又相互联系的多个单元构成的等级层次结构，它就是一个系统。

（6）“物流系统本身又处在更大的系统之中”，这是说明物流系统往上可以再合，可以和同等级的其他系统再结合成一个更大的系统。这也是一般系统的基本特征和条件。物流系统也具有这样的特征和条件。物流系统处在这个更大的系统之中，这个更大的系统又是这个物流系统的环境。物流系统也必须适应这个环境才能够生存和发展。

（二）说明

下面再对物流系统的结构、性质和特征等作些说明。

前面说到的神龙公司物流系统是最全面、最典型的，本来以它为例说明是最好的。但是它太复杂，不是三言两语能说清楚的。为简单起见，在此以一个比较简单、但也能比较全面地说明物流系统特征的分销物流系统为例来说明一般物流系统的结构、性质和特征。

图 3-13 给出了一个由第三方物流公司操作的分销物流系统的示意图。第三方物流公司由一个物流中心（或储运仓库）和一个信息指挥中心构成。它从生产厂进货，并且通过储、运等物流方式，把货物送到用户或零售店的手中。这个物流系统的目的就是要把生产厂的产品转移到它的客户或零售店手中去，因此它是一个典型的分销物流系统。从这个系统可以看出：

（1）物流系统分为物流作业系统和物流信息系统，二者可分别独立运行，但又紧密

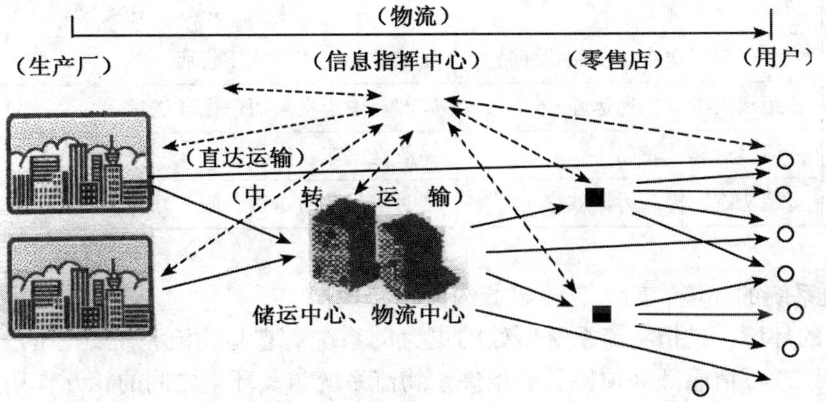

图 3-13　物流系统示意图

联系，互相依赖，不可分割。物流作业系统的中心在物流中心（或储运仓库、或配送中心）；物流信息系统的中心在公司信息中心（或公司）。物流用粗实线、单向箭头表示，箭头方向表示物流的方向；信息流用细虚线、双向箭头表示，双向箭头表示信息的传输是相互的。

（2）物流作业系统由运输、储存、包装、装卸、加工五个子系统中的一个或几个有机地结合而成，每个子系统又可以按空间和时间分成更小的子系统。

（3）其中运输又可以分为两类：一是直达运输，二是中转运输。

直达运输是指由生产厂直接到用户（或配送中心）的运输，一般是长距离、大批量的快速运输，追求提高运输效率，一般用火车、轮船等大型运输工具。

中转运输是指由生产厂经配送中心再到用户或零售店的运输。它按运输性质又可以分为两种：一是输送，二是配送。

输送是指由生产厂到配送中心（或用户）的长距离、大批量快速运输，追求运输效率，一般用大型运输工具多装快跑。

配送是指由配送中心至用户（或零售店）的运输。配送与一般的输送不同，是在局部范围、较近距离、多用户的循环送货。主要追求按时、按量、配套齐全地为需求点及时送货，一般是用汽车等小型运输工具，追求服务好、省车次和不污染环境。它和输送的区别见表 3-2。

（4）物流信息系统：是各物流网点之间的物流信息的产生、制作、加工、储存和传递而构成的系统。所有的物流网点同时又是物流信息网点，再加上公司或信息中心，就构成了物流信息系统网络。信息的传递是相互的。

（5）物流系统的特点：物流系统区别于一般系统的特点，是它的特定功能或系统的目的，即以物资为工作对象，以完成物资物质实体流动为目的。任何一个系统，只要它是以物资为工作对象，以完成物资实体流动为目的，则都是一个物流系统。

表 3-2 **配送和输送的比较**

	输　送	配　送
起至点	生产厂至配送中心或用户	配送中心至用户或零售店
特征	长距离大批量快速运输	局部范围小批量短途循环送货
运输工具	一般是火车、轮船	一般是汽车
追求目标	多装快跑，提高运输效率	按时按量及时送货，服务好、无污染、省车次

（6）物流系统的环境、输入、输出、约束和模式：

物流系统的环境，是指物流系统所处的更大的系统。它是物流系统处理的外部条件，是物流系统情愿或不情愿都必须接受的条件。物流系统与其环境之间的相互作用具体表现为物流系统的输入、输出、约束和干扰。

物流系统的输入，是指环境对物流系统的输入，它是环境对系统的直接的输入，是作为物流系统处理的对象而输入物流系统的。输入的具体内容，一是物资，二是信息。

物流系统的输出，是指物流系统对环境的输出，它是物流系统对环境的直接输出，是物流系统处理的结果的输出。输出的具体内容，也是物资和信息，但是输出的物资与输入的物资是不同的，是加进了物流服务的物资。

物流系统的约束，是指环境对物流系统的输入，它是一种间接的输入，是物流系统处理的外部条件和约束条件。包括物资、信息、能源和政治、经济、文化、地理、气候等软件、硬件条件等，它们的具体体现，也是一些物资和信息，但是这些物资是一些其他物资，不是输入和输出的那些物资。

干扰则是一种偶然的约束，是突然发生的、意料之外的事故、灾害、特殊情况等。干扰也是一种约束，只是它是一种意外的约束而已。

物流系统的模式如图 3-14 所示。它反映了系统和环境之间的关系和相互作用的模式。系统处理、输入、输出和约束，又称系统运行的四要素。

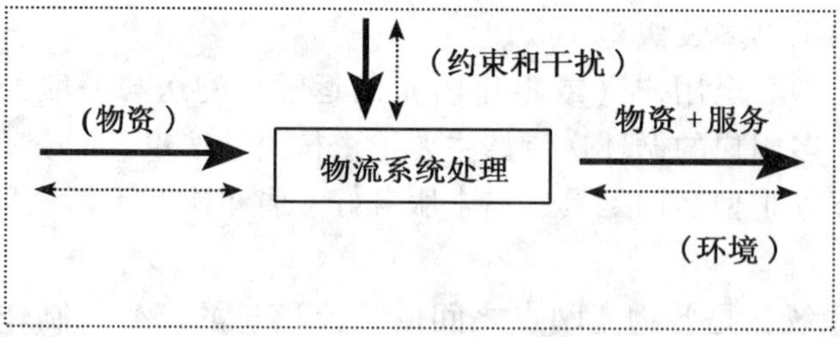

图 3-14 物流系统的模式

（7）物流系统的目标：

①服务好：这里的服务好，还不是像人们通常所想象的那样只是服务态度热情友好一点，而是包括了很广泛的内容。物流系统本身，全部都是服务。物流系统就是一个服务系统，它的所有活动都是服务活动，为生产服务、为流通服务、为客户服务。而这种服务的

核心，就是满足客户的需求。而满足客户的需求表现在各个方面：最主要的是满足客户对于所需物资的需求，不缺货。还要保质、保量、及时送货，安全可靠地运输、储存、包装、装卸，做到物流成本低、服务态度好，为客户提供信息支持、技术咨询、技术支持和售后服务等，几乎遍及物流活动各个方面、各个环节。因此，要服务好，实际上就是需要物流系统全面做好各个方面的工作。

②费用省：费用省是指物流的总费用最省。物流系统是由多个单元构成的，物流活动又由多种类型、多个环节构成，因此各种物流方式、各个物流环节都会发生物流费用。一个物流系统所有的物流方式、物流环节所发生的物流费用的总和，就是这个物流系统的总费用。整个物流系统的第二个目标，就是要使得这个物流总费用最小。

要做到物流总费用最小，则要求整个物流系统要优化，各个单元也要优化，要尽量利用各种物流优化技术，充分利用和努力节约资源，提高工作效率，降低物流成本。

要做到物流总费用最小，还要求整个物流系统各个单元、各个环节都要协调配合，协调出生产力，协调可以提高工作效率、降低成本，能够达到 1 加 1 大于 2 的效果，这样就可以实现总费用最省。

但是在物流系统的实际运行中，这两个目标往往是互相矛盾的：服务水平越高，物流成本也就越高，服务水平高出一定程度以后，随着服务水平继续提高，则会造成物流成本的急剧上升（见图 3-15）。在这种情况下，则要选取一个既能使总费用较小、又能使服务水平较满意的方案。

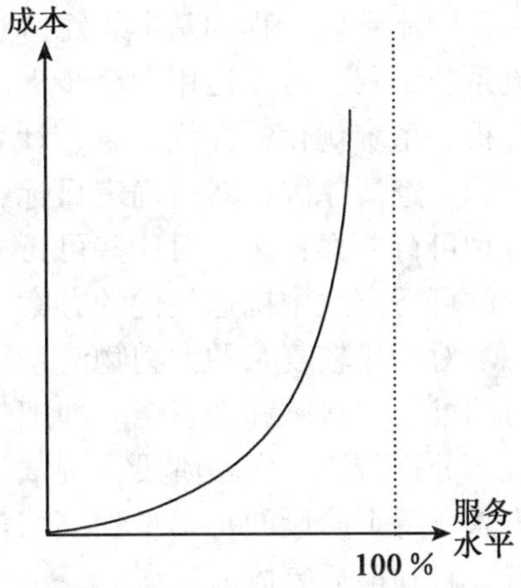

图 3-15　服务水平与物流成本的函数关系

以上就是关于物流系统的概念、结构、特征、目标、模式等。物流系统是普遍存在的，物流管理学专门研究的就是物流系统。

物流管理学研究的基本方法就是系统工程的方法，对物流系统的系统工程方法也就是物流系统工程的方法。

二、物流系统工程

在上一章“系统工程”和上一节“物流系统”概念的基础上，我们就可以理解物流系统工程的概念。

1. 什么叫物流系统工程

所谓物流系统工程，就是综合运用各种知识，设计制造或改造运行物流系统的综合性工程体系。

这个概念有以下含义：

（1）“综合运用各种知识”，是系统工程不同于传统工程的地方。传统工程涉及的知识领域比较少、比较专、比较窄，而系统工程涉及的知识领域比较多、比较宽，这是因为系统工程一般是一个人机工程，需要处理人的因素，所以不但需要自然科学知识，而且需要社会科学、管理学、经济学、哲学、心理学、法律学等知识，也就是要综合运用各种知识。

(2)“设计制造或改造运行物流系统”，这里说了两层意思：一是物流系统工程工作的对象，是物流系统。二是工作的内容，是设计、制造、改造、运行。这些都是传统的工程方法。

(3)“综合性的工程体系”，强调了综合性，即传统工程手段的综合；强调了工程体系，这是物流系统工程的工程学性质。

2. 物流系统工程的基本观点

物流系统工程既然是一个系统工程，就应当具备系统工程的基本观点，即系统的观点、整体最优的观点、发展变化的观点、协调配合的观点、适应环境的观点、控制的观点、人是系统主体的观点。这些观点在第二章都作了讨论，在此不再重复。

3. 物流系统工程的基本思想方法

物流系统工程的基本思想方法，也就是一般系统工程的基本思想方法。对于一般的物流系统工程，可以运用七个步骤的思想方法，即：摆明问题、指标设计、系统综合、系统分析、系统优化、择优决策、计划实施。即对于任何一个物流系统工程问题，总是先弄清问题，查清原因；然后确定目标，看问题要解决到什么程度；然后为达到这些目标，搜集各种可行方案；然后对这些可行方案进行分析，分别进行调试、完善、优化；最后在优化后的可行方案中挑选最优的方案付诸实施，制定实施计划、步骤、方针政策。

对于比较复杂的大型物流系统，则可以用三维结构的思想方法。把整个系统工程分成时间维、逻辑维和知识维。即把整个工程过程分成七个时间阶段：规划阶段，拟订方案阶段，分析阶段，实验阶段，调试阶段，运行阶段，更新阶段。每个阶段都实行上述的七个步骤，每个阶段的每个步骤都综合运用相应的知识，这样一个一个阶段、一个一个步骤进行，直到最后完成。

4. 案例：二汽物流系统改造

第二汽车制造厂（以下简称二汽）始建于 1969 年，是依靠我国自己的力量，采取“聚宝”方式设计、建设和装备起来的现代化汽车生产企业，也是国家明确重点支持的三大汽车集团之一。

二汽的创建，曾经经历了一个依靠自己的力量、土法上马、艰苦创业的过程。初建时期，从各个部件厂到总装厂的物料搬运系统比较粗糙。在东西长约 30 公里、南北宽约 8 公里的十堰的一条山沟里，分布着二汽 27 个部件厂。总装系统试运行时，由于搬运系统的原因，曾经出现总装厂前面的广场上车辆堵塞、人满为患、急需装配的部件进不来、暂时不需要装配的部件挤满了车间、影响总装配线顺利运行的混乱局面。

为了改变这种局面，需要改造二汽的物料搬运系统，于是就组织中外专家进行了一次重大的物流系统工程工作。这个工作的全过程一共分成了七个步骤，如图 3-16 所示。

第一步，提出问题，包括系统调查，汇集资料，整理资料。

就是进行系统调查、弄清问题。二汽从原材料到加工成毛坯、半成品、零件，再到装配成整车，生产过程复杂、工序很多，需要进行物料搬运的范围很广，为此先从抓主要问题着手。为弄清主要问题，开了两次调查会，弄清楚了如何减少车次等五个需要解决的问

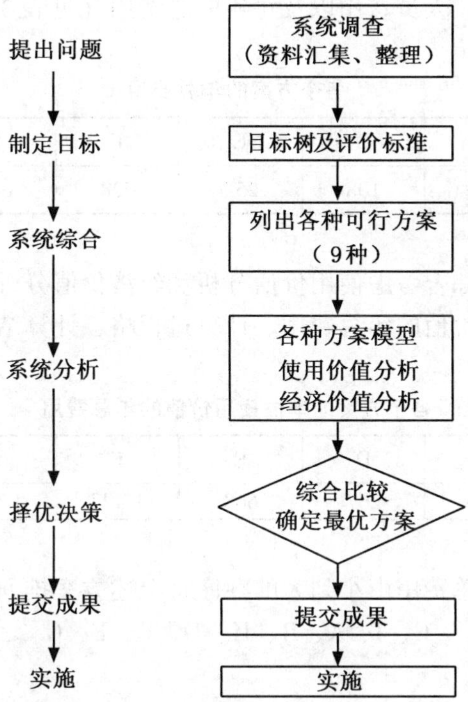

图 3-16　二汽物流系统工程

题。在调查的基础上，汇集了资料，例如产品设计图纸、工厂平面图、工厂组成及产品分工图、汽车生产路线示意图、里程表以及物料搬运方面的资料等，并且进行了资料整理。

第二步，制定目标，包括建立目标树，选定子目标，建立评价准则。

首先建立目标树。把物料搬运系统（A）的目标分成三个子目标：对外运输（N）、专业厂之间的运输（O）和专业厂内部运输（P）。决定选定子目标 O。而子目标 O 又可以按各个专业厂的重要程度分成 J（总装厂）、K（车桥厂）、L（发动机厂）、M（变速箱厂）等，又选定了子目标 J（总装厂）作为重点，而总装厂与其他厂之间的物料搬运问题 J 又可以分为 G（搬运组织）、H（搬运质量）和 I（搬运频次）。这样选定了子目标以后，还要建立起评价方案是否达到目标的评价准则，具体选定了 8 个评价准则。

第三步，系统综合，就是提出设想，制定能够达到目标的各种可行方案。例如，对于车身运送的各种设想方案，是通过专业座谈会的形式提出的。参加会议的有总装厂、车身厂及运输、工厂设计等部门的生产调度、工艺、运输及设计等有关专业人员，一共提出了 14 种可行方案，最后归纳成 10 种方案。

第四步，系统分析，主要包括建立模型，使用价值分析，经济价值分析。

建立模型：例如将以上车身运送的 10 个方案建立起 8 个模型。

使用价值分析：首先评定 8 个评价准则的相对重要性，确定各自的比重因子 WF，即权值。用这 8 个准则去评价各个可行方案。

经济价值分析：计算出每种方案的装卸时间、在路行驶时间、车数、每年折旧费用、每年能源费用、维修费用、人员费用以及每年的总费用（见表3-3）。

表3-3 **各个方案的年总费用**

A	B	C	D	E	F	G	H	I
83	79	57	108	255	528	611	113	52

第五步，择优决策，综合考虑使用价值分析和经济价值分析的结果，进行综合价值的分析计算，求出单位使用价值的年总费用。计算过程略，计算结果见表3-4。

表3-4 **各个方案的单位使用价值的年总费用**

A	B	C	D	E	F	G	H	I
198	217	57	267	668	1 427	1 679	247	166

按单位使用价值的年总费用由小到大的顺序将上述方案排列如下：

C、I、A、B、H、D、E、F、G

所以，C方案最好。

第六步，提交成果。提交方案报告和试运行效果。对车身选用半挂车运送。

第七步，实施。

第四节 物流合理化的基本原则

在物流系统工程中，在处理物流优化的问题时，有两个最基本的原则：一个是输送配送体制原则，一个是商物分离原则。这是我们必须随时要掌握和运用的最基本原则。

一、输送配送体制原则

所谓输送配送体制原则，就是我们在处理运输问题时，总是把输送和配送结合起来运用：对长途大批量物资的运输，采用输送方式，进行集合数量的大批量、快速运输，而对短途、局部范围的多用户、小批量运输，采用配送运输方式，进行集合客户的联合统一运输。输送追求运输效率、降低运输成本。配送追求省车次、服务好、不恶化社会环境。这样把长途运输与短途运输结合起来，把输送和配送结合起来，可以充分发挥各自的特点和优点，既可以提高运输效率，降低运输成本，也可以保障用户需要，提高服务水平，节约送货成本，保护生态环境，构造一种理想的物流模式（见图3-17）。

二、商物分离原则

所谓商物分离，就是在物资流通过程中将商流和物流活动分别开来进行。同一笔物资的流通活动，包括两个方面，一方面是它的商流活动，洽谈、支付等；另一方面是它的物

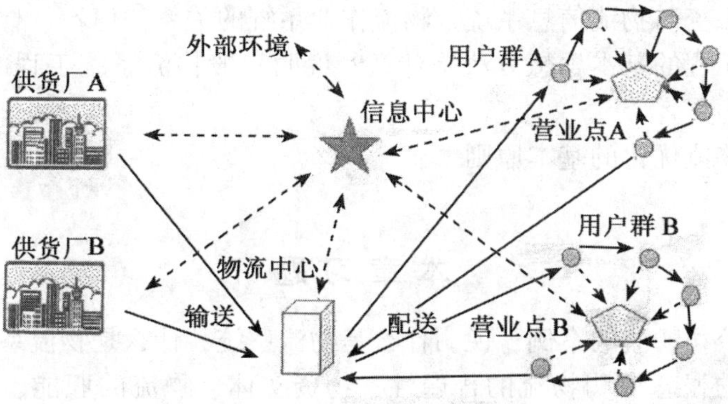

图 3-17　物流优化运行原理图

流活动，运输、储存等。商流的特点，是灵活、机动、活跃、相对成本低，而物流的特点，是费人、费事、费成本。特别是在我国，人情观念很重，洽谈生意，很多不是在办公室里，而是在酒宴上，在旅游娱乐场所。可见，商流是非常灵活机动的。但是物流则不同，它的每一步运动，都要耗费成本。运动路程越长，耗费成本就越高。因此，为了活跃交易，又为了降低物流成本，我们应该实行商物分离的原则，把物流和商流分别独立进行，在保持商流活跃的情况下，尽量使货物少动。商流可以多次转手交易，但是货物应尽量减少环节、缩短路径。这样有利于保证商流的灵活性和物流费用的节省，提高流通的经济效益。

以上是物流优化的最基本的原则。除这两个最基本的原则之外，还可以根据具体情况，按照物流活动的集成化、一体化、共同化、规模化、信息化、标准化、专业化、高技术化的原则，来策划、组织各种物流活动，从而实现物流活动的低成本、高效益的运作，实现物流的优化。

本章小结

本章讨论了物流学的一些基本概念，包括物资、物资的生产、物资的流通、物流、商流、信息流、物流系统、物流系统工程、物流优化等概念、理论与思想方法。本章的核心内容是对物流的两种概念（即分销物流学和现代物流学）及其功能的理解，对物流系统和物流系统工程的概念和思想方法的理解，在此基础上，提出物流合理化的基本原则。

本章思考题

1. 什么叫物流？什么叫商流？物流和商流有什么联系和区别？为什么说物流管理也是一种物流活动？

2. 什么叫企业内部物流？什么叫社会物流？它们之间的联系和区别是什么？为什么说企业内部物流是社会物流在企业内部的延续和表现形式？

3. 什么叫物流系统？物流系统概念的要点是什么？举例说明你周围有哪些物流系统。

4. 物流管理系统与物流信息系统、物流作业系统的关系如何？

5. 物流系统工程的基本思想方法是什么？说明一般物流系统工程的七个步骤的具体内容。

6. 举例说明物流优化的基本原则。

本章习题

1. 结合神龙公司物流的案例，说明什么是物流系统，什么是物流系统工程。

2. 根据物流的概念说明物流的普遍性、物资实体、物流的职能、物流活动的分类、分销物流概念的局限性和现代物流概念的合理性和优越性。

3. 根据二汽物料搬运系统改造的物流系统工程的案例，说明系统工程的思想方法、物流系统分析的方法、物流系统工程的基本内容。

中编：分销物流学

中编从第四章至第十一章，主要讨论分销物流学，即讨论20世纪80年代中期以前的物流学理论与方法，主要着重各个职能物流的研究，包括仓储、库存、运输、配送、包装、装卸、流通加工、物流网点布局、企业生产物流和购销管理。

第四章　仓储管理

支撑物流产业大厦的全部物流活动可以分为六大类基本活动，即运输、储存、包装、装卸、加工和物流信息。其中，运输、储存和加工是三大支柱性物流活动，是直接创造物流三大功能的活动。包装、装卸和物流信息则是辅助性的物流活动，是为运输、储存和加工活动服务的。三大支柱性物流活动的启动、运行、转换和结束，都需要包装和装卸活动支持，全部物流活动又都需要物流信息活动支持，它们共同运作就形成了完整的物流系统。

本章首先介绍储备的形成与作用，仓库的分类与功能；其次重点阐述仓储的设计与规划，其中包括仓库系统的宏观布局设计、仓库选址及仓库内部设计；然后介绍仓储作业流程及管理；最后提出储存合理化管理的办法，介绍仓储管理中的10个经济技术指标。

第一节　储备与仓库

一、储备的形成与作用

原始社会剩余产品的产生，带来了储备的形成。储备的作用，是储备剩余物资，以待后用。

随着战争和灾害的出现，人们为了防备战争和灾害，平常就有计划有目的地进行储备。这种储备是一种保险储备，以应付以后需要。

17世纪以来，随着商业和工业的发展，出现多环节的生产过程和流通过程，为保障生产和流通各个环节的顺利进行，需要一些物资处在等待、准备状态，这种在生产和流通的各环节上进行的储备，是生产和流通顺利进行的条件。这种储备叫周转储备，它的作用是缓冲各环节间供和需在时间上的矛盾，多了可以存，少了可以流，保证各环节都能顺利进行。

三种储备中，剩余储备和保险储备可以合在一起，统称为保险储备。这种储备的目的是为了防备以后的风险，一般采用较长时间的储备形式。周转储备的目的是为了周转，是为生产和流通的进行作准备或服务，是生产和流通顺利进行的前提条件。这种储备一般是临时的储备，不断周转。

有了储备，就必然要有仓库。仓库是储存物资的场所，一般是以库房、货场及其他设施、装置为劳动手段对商品、货物、物资进行收进、整理、存储、保管和分发等工作。一般使用建筑物体作为仓库，但有时也使用车辆、船舶、集装箱等设备，甚至直接利用地面和水面作为仓库。传统意义上的仓库是指在物流系统中承担保管功能的场所，是物流网络中的结点。现代物流将仓库理解为区域分拨的基地，是区域内物流运作的中心。仓库的主要功能除了物品的存储保管功能之外，还在物流系统中起着运输组合、产品组合、流通加工、服务、充当信用机构以及运输调节的作用，增加产品的附加值。

二、仓库的分类

仓库按不同的标准可划分为不同的类型。按功能、用途、保管形态、结构、选址等标准可将仓库划分如下：

（一）按功能分类

（1）储备仓库：是指专门长期存放各种储备物资，以保证完成各项储备任务的仓库。如战略物资储备、季节物资储备、备荒物资储备、流通调节储备等。储备仓库的功能是较长时间储存保管物资，主要追求储存效益。

（2）周转仓库：周转仓库的主要功能是物资周转，主要用于暂时存放待加工、待销售、待运输的物资。包括生产仓库、流通仓库、中转仓库、集配仓库、加工仓库等。周转仓库的储存时间短，主要追求周转效益，为生产、流通或运输服务。

生产仓库处在生产领域，主要用于暂时存放待生产加工的原材料、在制品、待销售的产成品。包括原材料仓库、在制品仓库和成品仓库。

流通仓库处在流通领域之中，专门存放待销售的货物。包括批发仓库、零售仓库等。

集配型仓库（配送中心）是以组织物资集货配送为主要目的的仓库。这种仓库的主要职能是以物流手段筹集货物进行配送。这种仓库筹集并暂时存放待配送的各种物资，并进行拣选、配货、检验、分类等作业，多品种、小批量、多批次收货配送以及附加标签、重新包装等流通加工活动。它是随着物流业的兴起而新出现的一种仓库形式。

中转分货型仓库主要是在不同运输方式、不同运输方向的交接点用于重新组配、分货、暂存待运货物的仓库。

加工仓库与生产仓库的主要区别是，加工仓库以流通加工为主要目的。一般的加工仓库是集加工厂和仓库两种职能于一身，将商品的加工业务和仓储业务结合在一起的。

（二）按用途分类

（1）自用仓库，是指企业主要从事内部物流业务的仓库。仓库的建设、物品的管理以及进出库业务均属本公司的管理范畴。影响是否采用自用仓库的一个重要因素就是固定成本。因为自用仓库的固定成本与仓库的使用无关，所以企业就必须拥有足够的存储量来分摊固定成本，从而使采用自用仓库的平均成本低于采用公共仓库的平均成本。影响是否采用自用仓库的因素还有需求的稳定性、市场的集中度以及企业对安全、冷藏、客户服务等方面的控制能力。

（2）营业仓库，是指按照相关管理条例取得营业许可，向一般企业提供保管服务的仓库，是一种社会化的仓库。它面向社会，以经营为手段，以盈利为目的。与自用仓库相比，营业仓库的使用效率较高。

（3）公共仓库，是指国家和公共团体为了公共利益而建设的仓库。公共仓库正成为一个非常有活力、不断变化的行业。尤其是那些大公司进行大宗购物时经常采用公共仓库。公共仓库最大的客户是连锁零售店，因为这些连锁店的货流量非常大，并且它们还将仓储同其他一些诸如采购和分销的职能联系起来。影响企业采用公共仓库的首要因素在于资金：在采用公共仓库时不需或只需投放较少的资金，这样可以使公司避免自己经营仓库带来的经济上的风险。企业采用公共仓库的第二个理由是其具有灵活性的优势。对仓储空间的租用，可使公司对运输服务的质量作出快速反应。采用公共仓库使公司可以快速进入或退出市场。公共仓库可完成测试、组装、标价、标号等工作，还可提供打包、分拣、完成订单以及发送 EDI 数据等服务。

（4）保税仓库，是指根据关税法保管国外进口而未纳税的进出口货物的仓库。在一些特殊情况下，货物可能进口后再出口而没有进入“商流”。这时，如果仓库以契约形式存储这些货物，商家就能避免交关税了或者在货物出口后申请退税。自由贸易区或自由港的情况也基本相同。

（三）按保管形态分类

（1）普通仓库，一般是指可以常温保管、自然通风，无特殊功能的仓库。

（2）冷藏仓库，一般指具有制冷设备，并有良好的保温隔热性能以保持较低温度的仓库，是专门用来储存冷冻物资的仓库。

（3）恒温仓库，指具有保持一定温度和保湿功能的仓库。

（4）危险品仓库，指存放具有易燃性、易爆性、腐蚀性、有毒性和放射性等对人体或建筑物有一定危险的物资的仓库。它在库房结构及库内布局等方面有特殊要求，还必须远离工厂和居民区。

（四）按结构和构造分类

（1）平房仓库。平房仓库是指仓库建筑物是平房，结构简单，有效高度一般不超过 6 米的仓库。其建筑费用便宜，可以广泛采用。

（2）多层仓库（楼房仓库）。多层仓库为两层以上的建筑物，是钢筋混凝土建造的仓库。仓库楼房各层间依靠垂直运输机械联系，也有的楼层间以坡道相连，称坡道仓库。多层仓库虽然有使货物上下移动进行作业的缺点，但在土地受到限制的港湾、都市等地，建造多层仓库可以扩大仓库的实际使用面积。

（3）高层货架仓库（立体仓库），是一种常用的自动化仓库形式，一般由四个部分即高层货架、巷道机、周围出入搬运系统和管理控制系统组成，具有可以保管 10 层以上托盘的仓库棚。这是仓库中一种自动化程度较高、存货能力较强的仓库。这种仓库采用高层货架配以货箱或托盘存储货物，用巷道堆垛起重机及其他机械进行作业，其货架的高度一般大于单层库房高度。立体仓库由计算机自动控制与管理，能按指令自动完成货物的存取，并能对库存物资进行自动管理。立体仓库充分利用空间，集信息、存储、管理于一体，采用微电子技术，具有占地面积小、仓储作业迅速准确的特点，在故障判断、参数记录、报表打印等方面全部实现自动化。与平房仓库相比，自动化的立体仓库可节约 70%的占地面积和 70%的劳动力。据美国 ADL 公司的调查显示：全世界自动化仓储和搬运设备的市场容量 20 世纪末已达到 70 亿美元，未来自动化立体仓库的市场容量年增长率可望达到 65%，中国的市场容量增长率将超过 100%。

（4）散装仓库，是指专门保管散粒状或粉状物资（如谷物、饲料、水泥等）的容器式仓库。散装仓库的进出效率很高，可以配备空气输送等特殊装置。此类仓库大多是混凝土结构。

（5）罐式仓库，是指以各种罐体为储存物的大型容器型仓库。

（五）按仓库选址分类

例如港口仓库、内陆仓库、枢纽站仓库等。

三、仓库的功能

（1）储存保管物资的功能：无论是储备仓库，还是周转仓库，它们首先的功能就是储存保管物资。

（2）集散货物的功能：仓库通过运输从各个供应商处收集货物，然后在仓库进行储存、整理、组配、流通加工、分拣、分发、分销，分运到各个不同需求的客户手中。

（3）衔接供需的功能：仓库作为一个能够“余存缺流”的储水池，它可以衔接供应者和需求者在供需时间上的不同步，缓冲供需矛盾，保证生产、流通和运输各个环节的顺利进行。生产仓库可以衔接上下工序之间、生产过程之间以及生产与流通之间的供需。流通仓库可以衔接供应与销售之间的供需。中转仓库可以衔接不同运输方式、不同运输方向之间的供需。

（4）客户服务功能：仓库可以为顾客代储、代运、代加工、代服务，为顾客的生产、供应、销售、生活等提供物资和信息的支持，为顾客带来各种方便。

（5）防范风险的功能：储备仓库和周转仓库的安全储备都是用于防范灾害、战争、偶发事件以及市场变化、随机事件而设置的保险库存。都可以用于防范各种风险，保障人们生命财产，保障生产和生活正常进行。

（6）物流中心的功能：仓库是各种物流活动集中的场所，除了储存以外，还具有运输、配送、包装、装卸、流通加工以及提供各种物流信息等功能，因此仓库往往成为物流中心，或配送中心、储运中心等。有的仓库还可以进行商流，成为流通中心。

第二节 仓储规划与设计

仓储规划与设计包括三个方面的工作：一是企业仓库系统的宏观布局设计，即企业本地和外地所有仓库网络网点布局的规划设计；二是各个仓库的选址；三是各个仓库内部的规划与设计。

一、仓库系统宏观布局

物流经理最主要的工作之一就是决定公司物流系统应该使用多少个仓库。通常只有单一市场的中小规模的企业只需一个仓库，而产品市场遍布各地的大规模企业，需要在全范围内布设多个仓库，建立一个仓储网络体系，这就是仓库系统的宏观布局。合理设计仓库系统的宏观布局需要做到以下几点：第一，确定设立仓库的数量，即仓库数量决策；第二，确定各个仓库的规模，即仓库规模决策；第三，确定各个仓库分别选择什么样的类型，即仓库类型决策；第四，确定布局的方式，即布局模式决策。

(一) 仓库数量决策

确定仓库数量决策要考虑以下几种因素：

第一是市场需求因素。仓库要能够满足各个分市场的需要量。一般把企业的市场分成若干个地区市场，根据各个地区市场需求量的大小，考虑分别在各个地区市场中设置一个或几个仓库。

第二是成本因素，包括仓储成本、存货成本、运输成本和丧失销售的成本。仓库数量对物流系统各项成本都有重要的影响。一般而言，随着物流系统仓库数量的增加，运输成本和丧失销售的成本会减少，而存货成本和仓储成本将增加。各种成本的总和即总成本。由图4-1可以看出，总成本曲线是一条U形曲线。仓库数量很少时，总成本很高；仓库数量增加到某一点时，总成本达到最低点；仓库数量在继续增加时，总成本又不断增长。因此，对应总成本最小的仓库数量，应当是最佳的仓库数量。

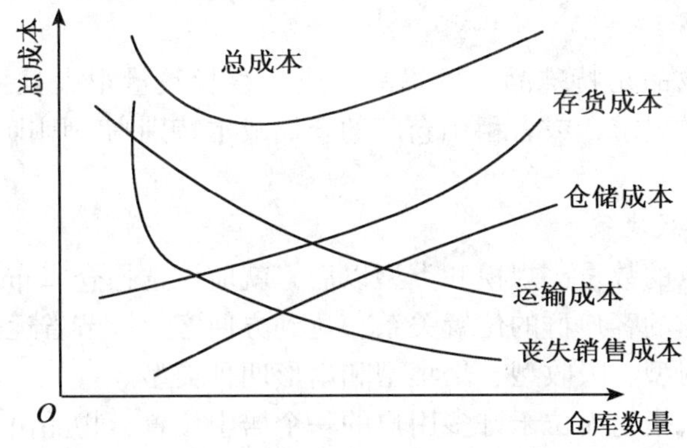

图4-1 物流成本与仓库数量的关系

注意，这里在考虑运输成本时，要考虑运输方式的多样性和它们分别对于其他成本的影响。不同的运输方式和运输路径，对于仓储成本等其他成本的影响不同，要选择其中总成本最小的运输方式和运输路径。例如，一个或两个具有战略性选址的仓库结合空运就能在全国范围内提供快速服务。尽管空运成本相对较高，但却降低了仓储的库存成本。由于运输方式多样，还要考虑其他仓储决策因素，使得仓库数量决策变得非常复杂。

第三是服务水平因素。一般来说仓库规模大一点，仓库数量就可以少一点，建设成本和物资处理成本就会低一点，仓库的规模效益可以明显降低物流成本。但是，不能仅仅考虑规模经济，还要考虑服务水平。一般而言，据点越少，顾客响应程度越不灵敏，服务水平越低；据点越多，顾客响应程度越灵敏，服务水平越高。要兼顾仓库规模与服务水平因素，进行适当选择。

(二) 仓库规模决策

仓库规模是指仓库能够容纳的货物的最大数量或总体积。直接影响仓库规模的因素是本地市场对仓库商品的需求量和需求速率。需求量越大，则仓库的规模也应越大。需求速率越大，说明出库速率越大，因而商品周转的速度也越快，从而仓库规模可以小一些。因此要综合考虑市场的需求量和需求速率，确定仓库合适的规模。

（三）仓库类型决策

确定了仓库数量和规模以后，就要逐个确定各个仓库的类型。企业应选择哪种类型的仓库，是自用仓库还是租用仓库，主要考虑以下因素：（1）本地和外地；（2）存货货品的种类性质；（3）存货数量的大小；（4）存货的持久性、稳定性；（5）存货保管的特殊性；（6）仓储成本因素。

如果是本地仓库，特别是在企业内部的仓储，由于存储的数量大，而且持久稳定，直接和生产过程联系，为生产和存储的方便，一般考虑自建仓库。如果是外地仓库，由于存货量小，而且不一定持久稳定，如果货品保管和使用没有什么特别要求，而且租用成本低，则一般可以租用当地的营业仓库。租用仓库还可以利用当地的第三方物流企业的力量，实现低成本、高质量和高效率的物流运作。

一般租用仓库，只能够提供普通仓储、普通保管条件、普通的物流运输配送服务，所以如果企业的储存物品是普通品，没有什么特殊的保管要求和运输配送要求，可以采用租用仓库。

如果企业的储存物品是特殊品、珍贵品，或者存货数量很大且持久稳定，货品的保管、运输配送有特殊的要求，或者租用仓库的仓储成本特别高，则即使是外地仓库，也应当考虑自建仓库。

（四）仓库布局模式决策

在确定了仓库网点的数量、规模和类型以后，就应该选择仓库布局的模式。仓库布局主要考虑仓库网点和它的客户群的位置关系，达到方便客户、节省运输费用的目的。仓库布局模式可以分为辐射型、吸收型、聚集型和扇形四种类型。

辐射型仓库布局，指仓库位于许多用户的一个居中位置，物品由仓库向各个方向用户运送，形如辐射状，如图 4-2 所示。它适用于用户相对集中的经济区域。这种仓库能够对其辐射范围内的用户进行有效供货和物流服务，而且物流成本低。

吸收型仓库布局，指仓库位于许多货主的某一居中位置，货物从各个货主向此中心运送，形成吸收，如图 4-3 所示。这种仓库属于一种集货中心，它能够有效地将各个货主的货物运输集中到仓库，而且总的物流成本低。

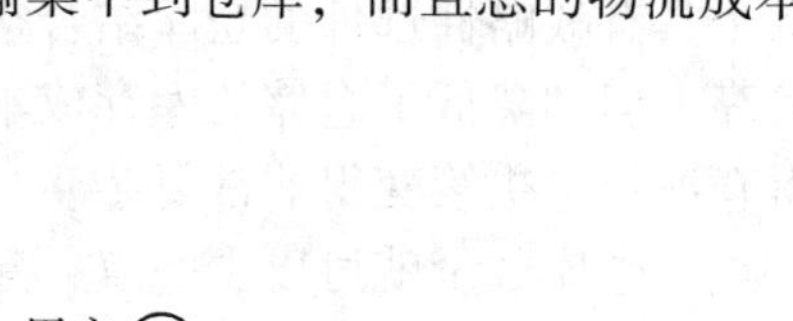

图 4-2 辐射型仓库

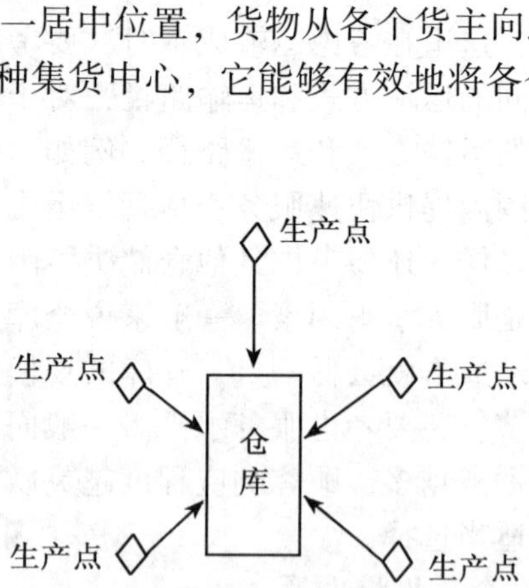

图 4-3 吸收型仓库

聚集型仓库布局，类似于吸收型仓库，但处于中心的不是仓库，而是一个客户聚集的经济区域，四周分散的是仓库，而不是货主和用户，如图 4-4 所示。这种仓库适用于经济区域中生产企业十分密集，不可能设置若干仓库的情况。客户周围环状分布的仓库群，能够有效地保障对于客户区客户的物资供应，而且总的物流成本低。

扇形仓库布局，指产品从仓库向一个方向运送，这种单向辐射称为扇形仓库布局。辐射方向与运输干线上的运动方向一致，如图 4-5 所示。这种仓库一般处于运输干线的末端，适宜于在运输主干线运输方向上的客户的物资供应，同样可以达到服务水平高和物流成本低的目的。

具体常用的仓库布局方式有三种，即以市场定位的仓库、以制造定位的仓库和以中间定位的仓库。

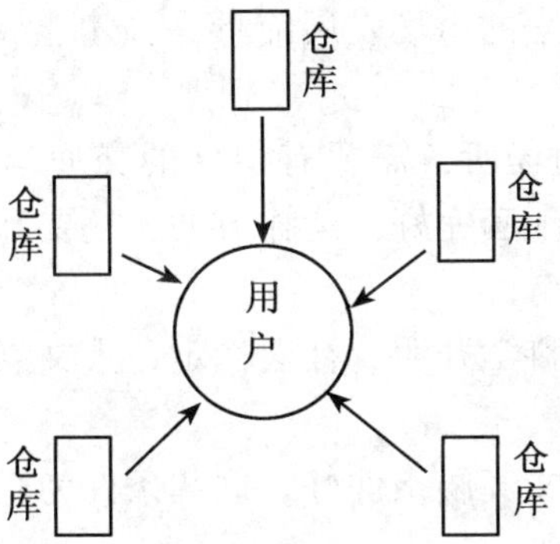

图 4-4 聚集型仓库

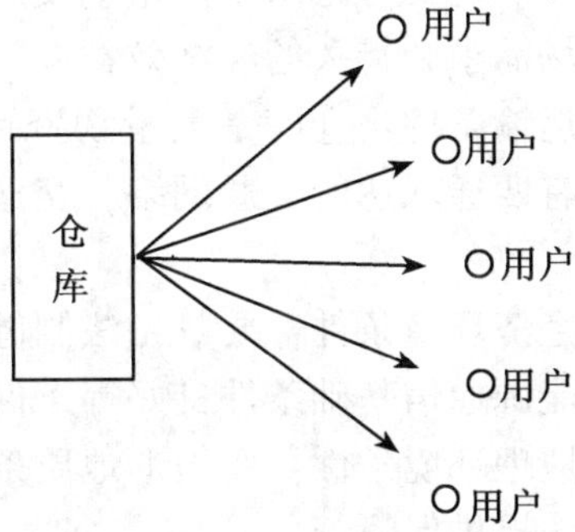

图 4-5 扇形仓库

1. 以市场定位的仓库

以市场定位的仓库，其仓库布置靠近用户区，属于辐射型仓库布局，通常用来向周围客户提供物资供应。其服务的市场区域的地理面积大小取决于被要求送货的响应时间和单位运输成本。以市场定位的仓库一般由零售商、制造商与批发商共同运作或者委托第三方物流公司单独运作。

2. 以制造定位的仓库

以制造定位的仓库，其仓库布置靠近商品生产区或多家生产厂，属于吸收型布局。它向产区或多家生产厂提供物资集中储存和外运服务，可以起到各个生产厂的成品库的作用。这些企业可以不设成品库，也不需要自己亲自对外运输产品，产品生产出来以后就直接存放到集运仓库中，又由仓库向市场进行发运。这样，既提高了产品的储存发运效率，降低了物流成本，又有利于企业集中精力发展自己的核心竞争力。

3. 中间定位的仓库

以中间定位的仓库，其仓库布置既不靠近产区，也不靠近用户区，而是在其间某个位置。这个“其间位置”，通常是交通运输的中转枢纽位置。仓库布置在运输中转枢纽位置，实际上起到一种“因势利导”的作用。因为产品从产区到用户区，必须要经过这个中转点中转，在中转点进行卸货、暂存，再重新组配分别装运到各个用户区。因此，可在这里设置一个仓库，直接进行货物的集散。这个仓库由于处在交通枢纽位置，道路既通向用户区，又通向产区，所以为货物的集散提供了更大的方便。

二、仓库选址

在宏观物流网络基本确定以后，就要具体为每个仓库选择合适的地址。仓库的选址直接关系到企业对顾客的服务水平和服务质量，也关系到企业仓库的设置成本和物流运作成本，影响企业的销售量及经济效益。因此，仓库选址工作非常重要，必须非常认真和谨慎。

仓库具体地址的选择要综合考虑一些因素，主要是微观因素，即局部市场条件、交通运输条件、政治经济条件、自然地理条件以及成本条件等。

局部市场条件：即客户需求条件。要考虑顾客需求量的大小，选择市场需求量大的位置建立仓库。还要考虑未来的市场发展前景，未来的市场发展前景好，才能够保证仓库有持久的市场需求和持久的经济效益。

交通运输条件：仓库是大量物资运输集散的场所，需要有很好的交通运输条件做保证。需要有四通八达的交通网络，交通基础设施配套完好，运输方便，还要和大物流系统衔接配套。

政治经济环境条件：要具备法制健全、管理科学开明、社会稳定、人文素质好、经济发展快、能源通信基础条件良好等条件。

自然地理环境条件：要地形地质条件好、水文气候条件好。这些条件为仓库建设以及将来的运作提供保障。

成本条件：包括仓库设置成本和将来仓库的运行成本。设置成本，是指仓库的建造成本或者租用仓库的成本。自建仓库，最好前期做到四通一平（通路、通电、通水、通气，地平），土方量小。租用仓库，最好租金便宜。运行成本希望将来有关运行的税费低等。

除以上条件外，还要考虑符合宏观生产力布局和城市发展规划的要求。

三、仓库内部规划与设计

（一）仓库内部规划的步骤

库区规划的步骤，一般是首先进行总体规划，然后进行具体规划，最后进行规划调整、确定最终规划。总体规划的基本任务，是将整个库区划分为若干个功能区片，形成整个库区的基本功能结构区，并大致确定位置关系。具体规划的任务就是对各个功能区片进行详细具体地规划。规划调整是根据具体规划的需要修改总体规划，再根据总体规划的需要修改具体规划，这样反复多次，达到最后互相协调，形成最后的库区规划方案。

1. 总体规划

总体规划的任务，是根据外部环境和整个仓库的地质地形和保管条件以及需要保管的物资的保管特性，把整个库区划分为几个大区，布置好主生产区、辅助生产区、行政生活区、库内交通干道、装卸站台和绿化区以及发展规划区的大致位置，并在主生产区中安排好货场区、货棚区和库房区，基本形成整个库区的基本结构。总体规划的依据主要有以下三个：

（1）整个库区的外部环境；

（2）被储存物资的保管特性；

（3）整个库区的地质地形条件和保管条件。

库区外部环境包括外面的交通干道、市场街面、居民区、地形地理情况等，是确定大门、二门、三门等和外部的出入口，围墙、现在规划区、绿化区和未来发展规划区，确定库区基本形状、范围和大致功能区的主要依据。

关于被储存物资的保管特性。需要考虑如下问题：将来仓库希望储存什么物资品种，其保管特性如何？现有库区是否具有其保管条件？有哪些物资的保管还需要重新建立保管条件以及建立什么样的保管条件？

整个库区的地质地形条件包括硬土层、软土层、岩石层、坡地、洼地、临山、临水、向阳、背阴、顺风、背风、温度、湿度等。不同的地质地形条件，适合储存保管的物资品种也不同。

根据以上三条将现在规划区划分为若干功能区片，例如货场区、货棚区、库房区、交通干道、装卸站台、辅助生产区、行政生活区、绿化区等，并按将被储存物资的保管特性分别规划它们适合的储存区，从而形成整个库区的基本结构。

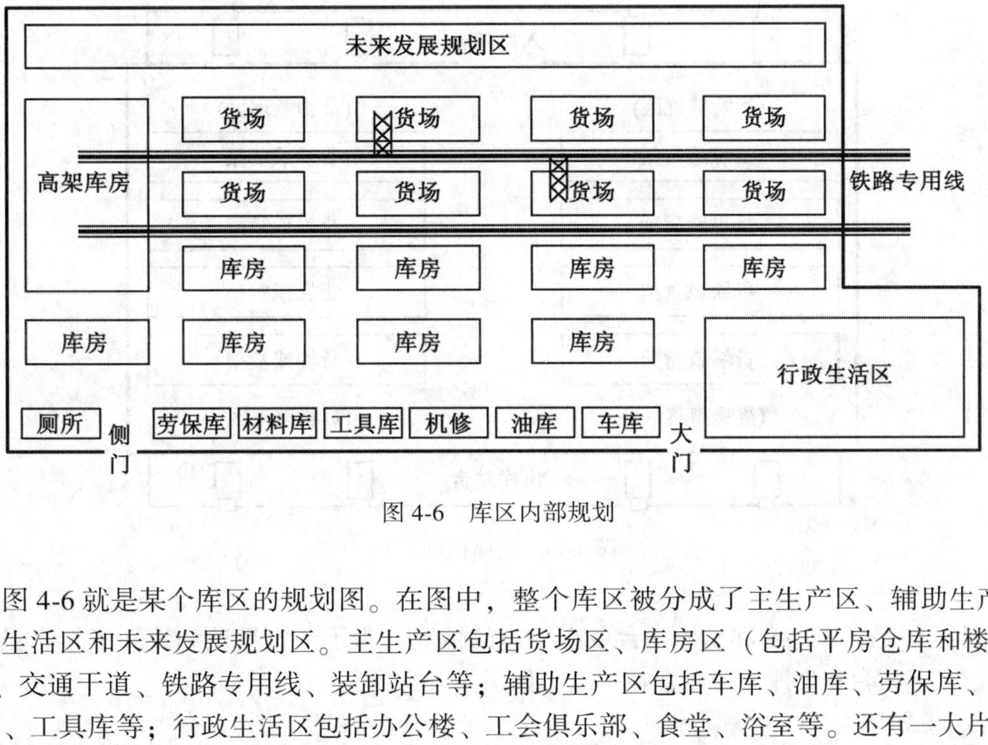

图 4-6　库区内部规划

图 4-6 就是某个库区的规划图。在图中，整个库区被分成了主生产区、辅助生产区、行政生活区和未来发展规划区。主生产区包括货场区、库房区（包括平房仓库和楼房仓库）、交通干道、铁路专用线、装卸站台等；辅助生产区包括车库、油库、劳保库、机修车间、工具库等；行政生活区包括办公楼、工会俱乐部、食堂、浴室等。还有一大片未来发展规划区，为未来的发展留有余地。还对有关间隙区进行绿化，形成绿化区。这种规划可以给我们的规划提供参考思路。

2. 具体规划

具体规划是对每个大区进行详细规划，根据总体规划的布局，确定每个大区中的具体布置安排，包括货场、库房具体的存货安排。

具体规划时，要依据：

（1）总体规划所分配给本区的面积和形状；

（2）本区相应的地质地形条件和物资保管条件；

（3）待储存物品的类型、性质、数量、堆放方式、保管特性以及库存周转速率。

依据上面三条确定本区货物存储品种系列、货场库房及其中货垛货架货位布置、库内交通道、装卸搬运机械和装卸搬运系统、入库站台、出库站台、检验区、保管员办公室等。

具体规划时，要尽量达到以下目标：

（1）充分有效利用面积，并留有发展余地；

（2）满足被储存物资品种、数量保管的需要；

（3）品种之间相对独立、品种系列排列有序；

（4）品种之间不互相产生保管冲突；

（5）检查、搬运和入出库作业方便。

图 4-7 给出了某个仓库的规划方案。

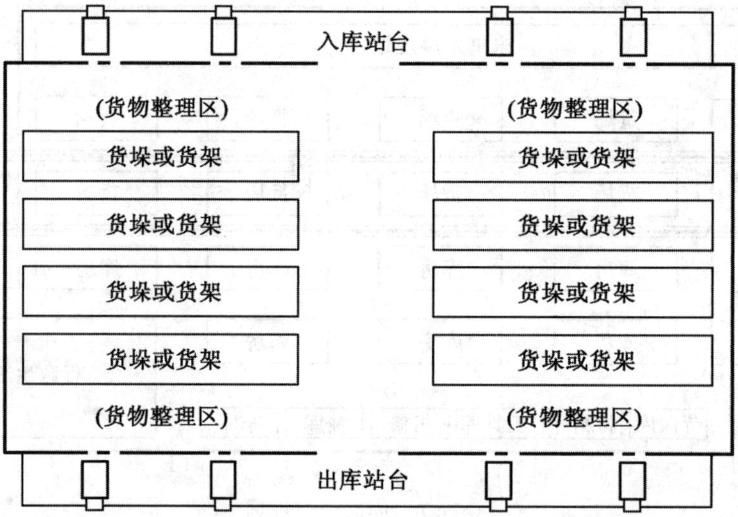

图 4-7a 仓库内部规划

图 4-7a 是入库站台和出库站台各在一边的情况。为了节省场地和装卸工作人员，也可以把入库站台和出库站台布置在一起，如图 4-7b 所示。

3. 规划调整

规划调整是结合具体规划的情况，对大区规划进行调整，使之与各区的具体规划互相适应协调，形成最后的库区规划方案。

如果具体规划时发现面积不够，或者面积有多，保管条件不适合等，就再回到总体规划，进行总体规划调整。总体规划调整后再回到具体规划，这样根据需要反复多次，达到总体规划与具体规划协调统一，从而形成最后的仓库内部规划方案。

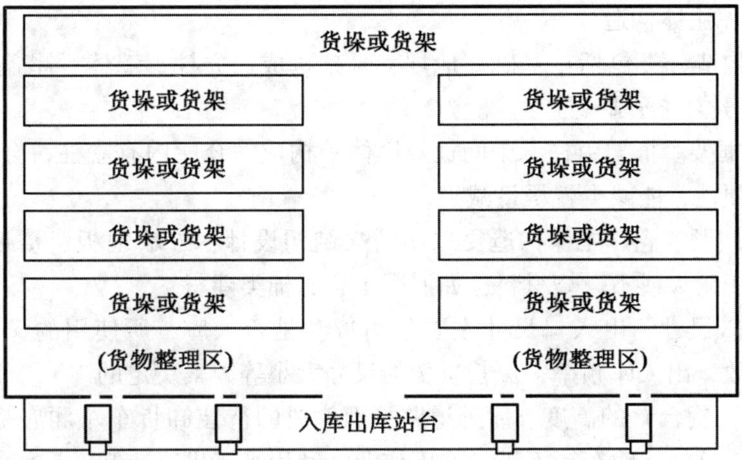

图 4-7b 仓库内部规划

（二）仓库内部规划的主要内容

1. 仓库建筑物主要参数的确定

仓库建筑物主要参数是指仓库建筑物的长宽比、高度、层数、占地面积、梁间距、容积、容许库容量、站台、库房门窗尺寸等。

（1）仓库长度和宽度的确定。在库房面积一定的情况下，只要确定长度或宽度一个变量，另一变量随即确定。仓库库房的宽度一般用跨度表示，通常可根据储存货物堆码形式、库内道路、装卸方法、理货方法以及是否需要中间柱等方面决定库房跨度。仓库库房的长宽比可在参考表 4-1 的基础上，按照《建筑统一模数制》进行调整。《建筑统一模数制》是协调各种建筑尺寸的基本标准，以 M_0 表示 100mm。同时根据需要又规定出扩大模数和分模数，构成模数数列。

当库房跨度≤18m 时，其跨度应采用 $30M_0$（3m）的整数倍；当跨度>18m时，应采用 $60M_0$（6m）的整数倍。因此库房的跨度一般为 6m、9m、12m、15m、18m、24m、30m。库房的长度应为柱距的整数倍，库房的柱距应采用 $60M_0$（6m）或其整数倍。

表 4-1 仓库建筑长宽比

仓库面积（m^2）	宽度：长度
<500	1：2~1：3
500~1000	1：3~1：5
1000~2000	1：5~1：6

（2）仓库层数的确定。在土地十分充裕的条件下，从建筑费用、装卸效率、地面利用率等方面衡量，以建筑平房仓库为最好；若土地不十分充裕，则可采用两层或多层仓库。

（3）仓库高度（或层高、梁下高度）的确定。仓库高度取决于库房的类型、储存货物的品种和作业方式等因素。层高或梁下高度应根据托盘堆码高度、托盘货架高度、叉车及运输设备等扬程来研究决定。平房仓库高度一般应采用 $3M_0$（300mm）的倍数；如库内安装桥式起重机，其地面至走行轨道顶面的高度应为 $6M_0$（600mm）的倍数。

2. 确定仓库主体构造

仓库主体构造分类包括：基础、地坪、骨架构成、立柱、墙体、屋盖、楼板、地面、窗、出入口、房檐、通风装置等。

（1）仓库框架。框架由柱、中间柱及墙体等构成。仓库内有立柱，会影响仓库容量、装卸作业的方便性，能减少就尽量减少。

（2）防火问题。仓库主体构造要采用防火结构设计，外墙地板、楼板、门窗必须是防火结构，使用耐火或不燃烧材料，如混凝土、石棉类建材。

（3）出入口尺寸。出入口尺寸主要是由货车是否入库，所使用的叉车种类、尺寸、技术参数、台数、出入库频率，保管货物的尺寸大小等因素决定的。

（4）站台（货台）的高度。库外道路平面停放的待装卸货车车厢底板高度尺寸应与库内地面平齐。这样运输车辆不进入仓库作业，利用叉车进行装卸搬运作业十分方便。

3. 仓储面积及参数的确定

仓储面积是反映仓库规模和仓储能力的重要因素。仓库面积包括三个不同的概念：

（1）建筑面积。是指仓库建筑所占的平面面积，是建筑物勒脚以内建筑物水平平面面积的总和。建筑面积，包括了使用面积、辅助面积和结构面积。多层的建筑物，其建筑面积为各层面积的总和。

（2）使用面积。是指仓库建筑物内可供使用的净面积，一般是建筑面积扣除外墙、库内立柱、间隔墙等所剩余的面积。

（3）实用面积。是指仓库内实际存放物品所占的面积，包括货垛、货架等所占面积的总和。

实用面积与使用面积的关系可用下面的式子描述：

$$实用面积=使用面积\times面积利用系数$$

其中面积利用系数，就是实用面积占使用面积的比率。

知道仓库的实用面积，就可以求出仓库的额定储量：

$$仓库额定储量=实用面积\times物资单位面积额定储量$$

物资单位面积额定储量一般取决于物资的品种，还取决于物资的堆码方式。具体数字可以查物资管理手册。例如，方圆扁钢，如果用堆垛或格架存放，每平方米额定储量为2. 9~4. 2 吨，如果用货架存放，额定储量为每平方米 4. 5~5. 0 吨。

如果一个仓库有多个品种储存，则仓库的总额定储量就等于各个品种额定储量之和。

同样可以反过来，根据仓库的额定储量，也可以求出仓库所需要的实用面积、使用面积和建筑面积。

4. 仓库附属设施、设备

仓库的主要设施、设备的配置要根据仓库的功能、存储对象、要求条件等来确定，见表 4-2。

表 4-2　　仓储功能与设备类型

功能要求	设 备 类 型
存货、取货	货架、叉车、堆垛机械、起重运输机械等
分拣、配货	分拣机、托盘、搬运车、传输机械等
验货、养护	检验仪表、工具、养护设施等
防火、防盗	温度监视器、防火报警器、监视器、防盗报警设施等
流通加工	所需的作业机械、工具等
控制、管理	计算机及辅助设备等
配套设施	站台（货台）、轨道、道路、场地等

（1）保管设备。在库内堆放要保管的货物时，通常采用的方法有：地面散堆法、平托盘分层堆码法、框架托盘分层堆放法、货架散放法、托盘在货架放置法。其中，后两种放置法都需用货架。货架的种类很多，例如，普通货架就有货物直放货架、托盘货架。后者是将平托盘放在货架上，这种存货方法有利于仓库作业的机械化。

（2）分拣装置、装卸搬运设备。许多仓库都有机械化、电子化的货物分拣设置，以及进行机械化作业的各种叉车、专用设备和工具。因此，仓库设计、布置要与分拣装置、装卸搬运设备的配置、安装与作业方法及所需面积等相互协调。

第三节　仓储作业流程管理

一、仓储作业概述

仓储管理的一个非常重要的内容就是仓储作业管理。仓储作业是完成仓库物资储存、入库、出库以及流通加工等不可缺少的手段。可以说，没有仓储作业，就没有仓库的一切。

仓储作业是一个系统，它是由各个环节、作业单位协调配合，共同完成的。仓储作业流程的管理不但包括具体作业实际流程的管理，还包括作业信息流程的管理，即管理信息系统。本节将从这几个方面来讨论仓储作业流程管理。

整个仓储作业，包括进货入库、储存保管和出库发送三个阶段。三个阶段互相衔接，共同实现仓库的所有功能。商品入库是前提，商品出库是目的。前者是仓储作业的开始，是商品储存保管工作的条件；后者是仓储作业的结束，是商品储存保管工作的完成，是仓储目的的实现。而储存保管则是为了保持商品的使用价值不变，衔接供需，实现商品时间位置的转移。仓储工作的最根本的目的，就是满足用户对商品的需要。

仓储作业流程如图 4-8 所示。

二、入库管理

商品入库一般经过接运、验收两个阶段。

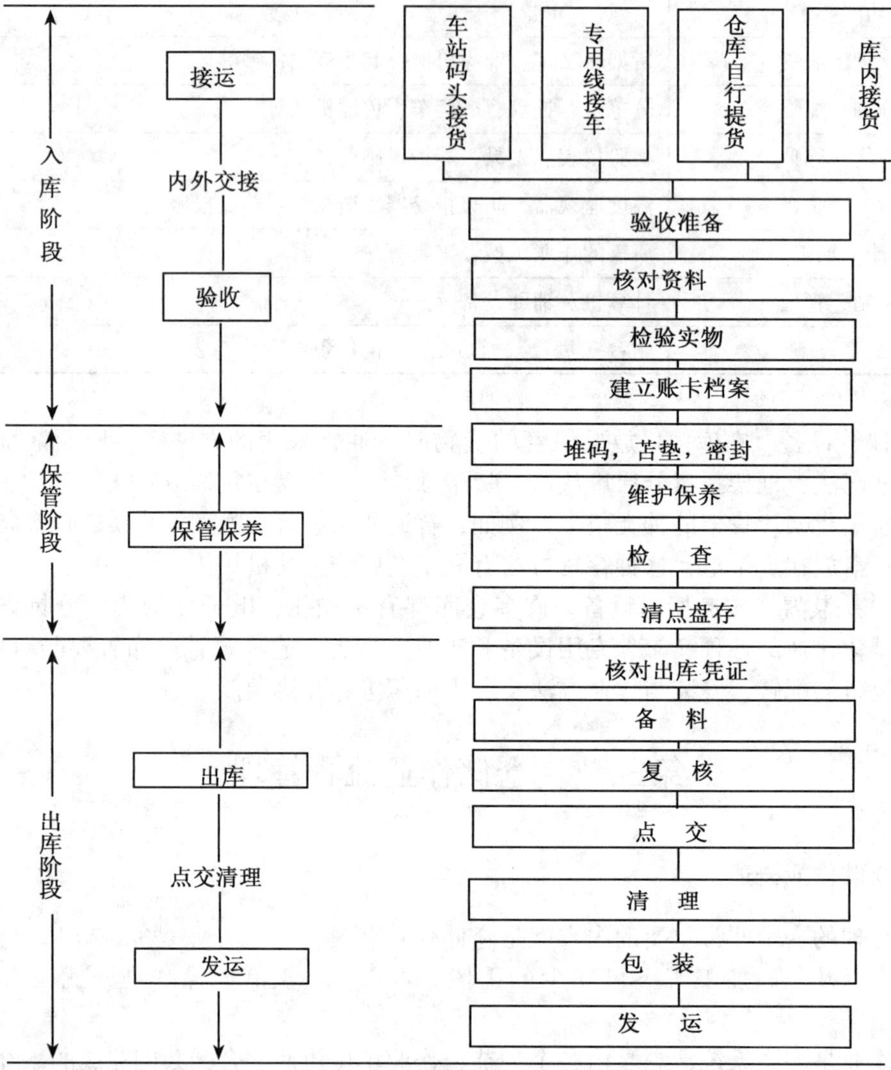

图 4-8 仓储作业流程

接运是将货物从供应商或者运输商手中接受货物的过程。交接完毕后，货物正式转入仓库中。

接运有专用线接车、车站码头接货、仓库自行提货和库内接货四种方式。

无论采用何种方式，接运的基本任务都是一样，即确认清收货物的数量和质量，处理好事故责任，做好商务记录，办好交接手续。

接运到的货物要进行卸载、分类（分标记）、点验、签发入库凭证、入库堆码、登记入账等一系列作业。对这些作业活动要进行合理安排和组织，尤其要做好以下几项工作：

（一）入库前的准备工作

做好入库前的准备，是保证商品入库快而不乱的重要条件。入库准备一般包括：(1) 仓位准备，即根据商品的性能、数量、体积、重量等确定商品堆放地点，并进行清理、消毒等工作；(2) 接货人员、设备等物质准备；(3) 作业操作顺序的安排，即根据商品入库的数量、时间、品种做好接货、验收、搬运、堆码等各环节的协调配合；(4) 在机器操作条件下，要事先安排好定人、定机的作业序列。

（二）核对资料

核对资料，就是要核对合同、发票、运单、货物清单、质量证明、产品说明书等。主要是确认供货商、运输商以及入库商品品种、规格和质量，只有单据齐全无误，方可接受货物。

（三）检验实物

检验实物是指对入库的商品按规定的程序和手续进行数量和质量的检验。

1. 数量检验

商品运到后，收货人员要按商品入库单清点商品数量。商品数量的计量分计数与计重两种。计数可采取大数点收、逐件计总或集中堆码点数等方法。计重的商品若需要验收净重，可根据商品包装的具体情况，采用扣除平均皮重或除皮核实两种方法。

2. 质量检验

质量检验是指鉴定商品的质量指标是否符合规定，分感官鉴定和理化鉴定两种方法。理化鉴定一般由技术检验部门进行取样测定。感官鉴定一般由仓库保管员在验收商品时凭感官检查商品的包装、外观等，如检查商品有无破损、渗漏、污染、变形、干裂及沉淀、混淆、霉烂等异常现象。

3. 商品检验方式

商品的检验方式有全验和抽验两种。全验主要是数量的全验，在批量小、规格尺寸和包装不整齐以及严格验收质量时采用。它需要较多的人力、物力和时间，但可以保证验收质量。抽验是在批量大、规格尺寸和包装尺寸整齐、商品质量信誉较高以及验收条件有限的情况下，特别是进行商品的理化性能检验时，通常采用的方式。近年来，商品质量的提高和数理统计学的发展，为抽验方式提供了物质条件和理论根据。现在，商品检验方式一般由供货方和接货方通过签订协议或合同加以规定。

4. 验收中发生的问题的处理

为了准确划分存储单位、运输部门的职责和保证入库商品的质量，对验收中出现的问题要严格按照制度规定处理。

(1) 商品入库凭证不齐或不符时，仓库有权拒收或要求重办入库凭证，将所到商品另行堆放，暂作待验处理。

(2) 当验收中发现商品质量不符合规定时，应立即会同交货单位或有关人员作出详细记录，将有问题商品单独存放，同时采取必要措施防止扩大损失，并迅速通知有关单位到现场查看，共同协商，及时作出处理。

(3) 在数量检查中，计数商品一般不允许有短缺。对计重商品所发生的损益，凡在规定标准以内的，仓库可按实际数量验收入库；超过规定标准的，应会同交货人员作出记录，分清责任，及时处理。

（4）在验收中对有索赔期的商品，应及时检验，发现问题时必须按照规定的手续，在规定的期限内，向有关部门提出索赔要求。否则，责任部门对所形成的损失将不予受理。

（四）建立账、卡、档案

实物检验中，会产生原始记录，如磅码单、入库验收单等，根据这些原始记录，建立入库台账、货卡和物资档案。入库台账，又叫物资保管台账，是按品种分页记录的物资品种入库、出库流水明细账。货卡是一种类似明细账的卡片，挂在货垛或货架上，记录入库出库的流水记录，供保管员巡视清点时方便地查看货品变动情况。档案是物资与所有供应商、运输商有关的单据、凭证、质量说明书等的集合。建立了账卡档案，入库阶段结束。

三、物资保管保养

物资入库完毕，就进入了物资保管保养阶段。物资保管保养最主要的工作就是要维持储存物资的使用价值。为此，首先要弄清物资产生数量、质量变化的原因，才能对症下药，采取合适的应对保管措施。

（一）物资产生质量或数量变化的原因

在储存期间，质量变化主要由以下因素引起：第一，储存操作。储存保管作业可能发生突发性碰撞、磨损、冲击、混合等情况，致使被储物品质量迅速发生变化。第二，储存时间。储存期越长，质量缓慢变化的聚集越大，最终可能引起质量指标的改变。第三，储存环境和保管条件。物资储存环境不当，保管条件不合适，会使货物产生物理、化学或生物变化，从而导致质量或数量的变化。

1. 物理变化

物理变化通常包括以下几种：

（1）物理存在状态的变化。这种变化有挥发、溶化、熔融三种类型。

（2）渗漏变化。液态及气态物资，由于储存条件不当，如密封不善、包装破损，会逐渐造成数量损失。外界的某些物资渗漏到包装和仓库中，也会造成内部物资的损失。有些固态物资挥发或溶化后，也会发生渗漏损失。

（3）串味变化。有吸附特性的物品在储存期间吸附了有味气体或液体，会失去或降低使用价值。这一变化通常发生于生活资料中，如粮食、茶叶、糕点等。

（4）破损变化。是指物资在储存过程中受外力作用而造成形体的破坏，如破碎、掉边、折角等。

（5）变形。是指在储存期间由于外力或其他作用（如温度、湿度等）造成储存物物理形态、尺寸的改变，如弯曲、压扁、折扭、变形等。

2. 化学变化

在储存期间，物质内部或不同物质之间发生化学反应，改变原物质的微观状态，形成不同于原物质的新物质，也会使使用价值发生变化，造成损失。化学变化主要有以下几种：

（1）分解与水解。是指在光、热、湿等外界因素影响下，因储存物资内部的组成成分发生变化而造成损失。

（2）水化。是指由于水的直接作用或与潮湿空气接触，发生化学反应而形成与原性质不同的新物质，从而造成损失。

（3）锈蚀。金属材料制品在潮湿环境中或接触各种化学物质，会发生化学反应或电化学反应，形成各种金属氧化物或盐类，影响物资质量，造成损失。

（4）老化。高分子材料在温度、湿度、空气、光线等外界因素联合作用下，会使化学结构逐渐改变并最终改变原有性能和质量，如强度和耐久性下降、发粘、性脆、龟裂等。

（5）化合。是指存储物之间发生化学反应，或储存物与环境中其他物质发生化学反应而生成新物质。

（6）聚合。是指在适宜的温度及其他条件下，存储物内部的低分子化合物聚合为高分子化合物，从而改变了原有质量。

3. 生化变化

在储存期间，有机体受外界生物的影响，发生如霉变、发酵、腐败等生物变化，也会引起使用价值的严重变化。

此外，由于鼠类、害虫、蚁类等生物侵入，也会造成储存物的损失。

4. 价值变化

在储存期间，物资在价值方面还可能发生呆滞损失和时间价值损失。

（1）呆滞损失。是指由于储存的时间过长，虽然原物资的使用价值并未变化，但社会需求发生了变化，从而使该物资的效用降低，无法按原价值继续在社会上流通，形成了长期聚积在储存领域的呆滞物资。这些物资最终要进行降低价格处理或报废处理，所形成的损失为呆滞损失。

（2）时间价值损失。物资储存实际上也是货币储存的一种形式。储存时间越长，利息支付越多，资金的机会投资损失越大。这是储存时不可忽视的损失。

（二）物资保管保养的基本要求和方法

物资保管保养，是通过一定的储存环境和保管条件，采用具体技术措施，保持物资数量质量不变的全部工作。

对物资保管保养的基本要求是：保质；保量；保安全；保急需；仓库规划化；存放系列化；保养经常化。

物资保管保养要做好以下几项工作：

1. 配分和堆码苫垫

配分，就是要把所进的货物合理分配到合适的货位，包括货位规划和分拣。

货位规划，就是要在仓库整体规划的基础上，具体安排货物的存放货位。因为仓库中存放的货物出出进进，是动态变化的，货位的存满和取空也是随时变化的，所以每次新到货物都有一个货位选择和调整的问题。货位的选择和调整，主要考虑五个因素：

（1）服从仓库整体布置规划和存放系列化原则；

（2）考虑现有货位的闲空情况；

（3）考虑该种物品的周转速率；

(4) 先进先出（或者后进先出）原则；

(5) 方便作业原则。

确定好货位以后，就要将待入库存放的货物流进行分拣和入位。分拣，可以是人工分拣，也可以是自动分拣。自动分拣，可以是传输线自动识别、自动分拣、自动入位，也可以是智能叉车自动识别、自动分拣、自动入位。

配分完毕，就要做好堆码苫垫。堆码苫垫就是要妥善堆码，安全、合理、可靠地存放。堆码苫垫的基本要求是：

(1) 合理。即货垛的宽度、高度、垛间距等要合理；

(2) 牢固。即货垛垫脚、格架、桩柱、层间堆码以及篷盖等都要结实可靠；

(3) 定量。即做到“五五”堆码、过目成数，便于清点；

(4) 整齐。即外观整齐好看；

(5) 节省。即提高空间利用率，节省空间，节省搬运强度；

(6) 方便。即方便搬运作业、方便清点。

2. 维护保养

维护保养是经常性的工作，主要包括温度和湿度调节控制、通风、去潮、去湿、去污染、清洁卫生、防虫、防暑、防盗、防火、货垛货架维护，等等。维护保养的目的就是维持合适的保管条件和保管安全，维持被保管物资的使用价值。对已经发生变质损坏的物资，要采取各种救治措施，防止损失的扩大。救治措施有除锈、破损修复、晾晒等。

3. 检查

经常巡查，及时发现问题并消除隐患。

4. 清点盘存

要及时、准确地掌握库存物资的数量和质量，把握库存物资的保管期。

四、出库管理

商品发货业务是根据业务部门开出的商品出库凭证，按其所列的商品编号、名称、规格、牌号、数量等项目组织商品出库。

(一) 商品出库方式

送货与自提是两种基本的发货方式。此外，还有取样、移仓、过户等。送货制是存货方（或销售方）预先给仓库送来发货凭证，仓库按凭证备货，做好待运准备，然后运输部门持托运单到仓库提货。提货制是购货方持发货凭证自带运输工具到仓库提货。

(二) 商品出库作业

商品出库作业包括发货前准备和商品发放。发货前准备一般包括：原件商品的包装整理；零星商品的组配、备货和包装；机具用品和组装场地准备、劳动力的组织安排等。商品出库作业流程的一般程序是：核单→记账→配货→复核→发货。

核单：即审核商品出库凭证。主要查看出库商品的调拨单、提货单中的仓库名称是否有错；印鉴是否齐全、相符；商品的品名、编号、规格、数量是否有误；时限是否逾期等。

记账：记账员根据单据上所列各项，对照登入商品保管账，并将商品货位编号及结存数量批注在商品出库凭证上，交保管员查对备货。

配货：按出库凭证的品名规格核对并注销实物账或卡片，然后按其配货，并将配好的出库商品集中到理货场所复核。

复核：由专职或兼职复核员按照出库凭证，对商品的品名、编号、规格、计量单位、数量逐一进行再一次核对。这是防止错差事故的关键所在，凡未经复核人员签名（或盖章），商品不准出库。确认无误以后，记账消卡。

发货（点交、清理、包装、发运）：由仓库发货人员按单将商品交付给提货或承运人员，办清交接，划清责任，然后包装、发运，最后清理场地。

第四节　储存合理化管理

所谓储存合理化就是建立合适的储存条件，对合适的储存品种进行合适的库存管理的综合性系统工程。储存合理化具体包括储存品种结构合理化、储存数量合理化、储存时间合理化、储存条件合理化。

一、储存品种结构合理化

储存品种结构合理化，就是要有一个合理的库存品种建构。有了好的储存场所和储存条件，不应什么品种都往里面存，一定要选择那些符合市场需要、适销对路的品种，而且品种还要成配套，使规格、花色、档次相适应，保证库存品种都能够在不太长的时间内销售出去，不会因为卖不出去而成为“死库存”。

二、储存数量合理化

储存数量合理化，就是要控制合适的库存数量。库存数量不能太少，太少了会造成缺货，影响生产或销售；但也不能太多，太多了就会占用资金，增加保管费用和库存风险。库存数量一定要合适。库存管理工作的核心就是要进行库存控制，详见本书第五章。

三、储存时间合理化

储存时间合理化，就是合理控制存储时间。储存时间不能太长，超过额定储存期，产品就失去了原有的使用价值而成为次品和废品。储存数量合理化，还不能够完全保证所有品种都不超过额定储存期，一定要认真执行“先进先出”原则，保证各个产品都能够正常流转，提高库存周转率和库容利用率。

实行“先进先出”常采用的办法有：

（1）将周转快的物资随机存放在便于存储之处，以加快周转，减少劳动消耗。

（2）采用贯通式货架系统。货架每层采用贯通的通道，从一端存入物品，从另一端取出物品，物品在通道中自行按先后顺序出库，不会出现遗漏越位。

(3)“双仓法”储存。给每种被储物资都准备两个仓位或货位，轮换进行存取，规定一个货位用完再用另一个货位，则可以保证实现“先进先出”。这种方法在管理上比较简单，适合于资金占用量不大、经常使用而又无需进行重点管理的物资。

提高仓容利用率常采用的办法有：

（1）提高库存周转率。使物资快进快出，加快周转，这是提高仓容利用率的最佳途径。

（2）采取高垛的方法，增加储存的高度。采用高层货架仓库、集装箱等堆存方法大大增加储存高度。

（3）缩小库内通道宽度以增加储存有效面积。采用窄巷道式货架，配以轨道装卸车辆，以减少车辆运行宽度要求；采用侧叉车、推拉式叉车，以减少叉车转弯所需的宽度。同时，减少库内通道数量以增加储存有效面积。

四、储存条件合理化

储存条件合理化，主要是要建立起一个完善合理的保管场所和条件。仓库的地质地形条件，温度、湿度、通风、光照、能源条件，防火、防盗、安全条件，仓储规划布局、保管规章制度等全面合理化。采用以下一些措施是必要的：

1. 采用计算机仓储管理系统

计算机管理可以实现各个品种迅速有效的进销存数量管理、有效的储存定位管理，能节省寻找、存放、取出的时间，节省不少物化劳动及活劳动，而且能防止差错，减少空位的准备量，提高储存系统的利用率。尤其对于存储品种多、数量大的大型仓库而言，计算机管理已经成了必不可少的手段。

2. 实行 ABC 分类管理

详见本书第五章。

3. 采用有效的监测清点方式

对储存物资数量和质量的监测是科学库存控制的重要内容。监测清点的有效方式主要有：

（1）“五五化”堆码。这是我国手工管理中采用的一种科学方法。储存物堆垛时，以“五”为基本计数单位，堆成总量为“五”的倍数的垛形。堆码后，有经验者可过目成数，大大加快了人工点数的速度，且差错少。即使在信息经济时代，也不可避免有一些临时的存储需求。另外，临时仓库、开发前期的用料准备仓库和由于各种原因暂时无法建立计算机管理系统的仓库，都需要对人工管理实行科学化。

（2）光电识别系统。在货位上设置光电识别装置，该装置对存储物进行扫描，并将准确数目自动显示出来。它不需人工清点就能准确掌握库存的实有数量。

（3）电子计算机监控系统。用电子计算机指示存取，可以防止人工存取所造成的差错。如果在存储物上采用条形码识别技术，使识别计数和计算机联结，每存取一件物品时，识别装置自动识别条形码并将其输入计算机，计算机会自动作出存取记录。这样只需查询计算机，就可了解所存物品的准确情况。

4. 采用现代储存保养技术

例如采用自动存取技术、自动识别技术、自动分拣技术和计算机管理控制技术等。

5. 采用集装单元化技术

集装单元化技术，即采用集装箱、集装袋、托盘等集装单元进行一体化运储装备的技术。这种技术通过物流活动的系统管理，使储存、运输、包装、装卸实现了一体化，不但使储存实现合理化，更重要的是促使整个物流系统实现合理化。

第五节 仓储工作经济技术指标

在仓储管理中，为评价和控制仓储工作的数量和质量，制定了一系列的技术经济指标，主要有以下 10 个。

1. 吞吐量

吞吐量包括吞量和吐量，是总入库量和总出库量的和。

$$\text{吞吐量}=\text{总入库量}+\text{总出库量}\ (\text{吨/期})$$

吞吐量反映仓储工作强度，并影响和决定其他指标。其大小取决于装卸设备能力、场地面积和劳动力数量等。

2. 库存量

库存量指库存物资的数量。库存量有即时库存量和平均库存量两个概念。即时库存量是指某一个时刻的库存量。由于仓库货物进进出出，即时库存量是随时变化的，所以通常所说的库存量，都是指平均库存量。常用的平均库存量有月平均库存量和年平均库存量。对于库存消耗均匀变化的情况，有：

$$\text{月平均库存量}=\frac{\text{月初库存量}+\text{月末库存量}}{2}$$

$$\text{年平均库存量}=\frac{\text{各月平均库存量之和}}{12}$$

对于库存消耗不均匀变化的情况，有：

$$\text{月平均库存量}=\frac{\text{当月中每天库存量之和}}{\text{当月所包含的天数}}$$

3. 库存物资周转率

库存物资周转率反映了库存物资周转的速度。

$$\text{库存物资周转率}=\frac{\text{期内物资出库量}}{\text{期内平均库存量}}$$

库存物资周转率取决于仓库的出库量和期内平均库存量。出库量越大，库存周转率越高，经济效益越好。

4. 储运质量

储运质量包括收发质量、装卸搬运质量、保管质量等。

收发质量：

$$\text{收发差错率}=\frac{\text{期内收发差错量}}{\text{期内吞吐量}}$$

$$\text{收发正确率}=1-\frac{\text{期内收发差错量}}{\text{期内吞吐量}}=\frac{\text{期内收发正确量}}{\text{期内吞吐量}}$$

装卸搬运质量：

$$\text{装卸搬运损失率}=\frac{\text{装卸搬运损失量}}{\text{期内吞吐量}}$$

$$装卸搬运质量=1-\frac{装卸搬运损失量}{期内吞吐量}$$

保管质量：

$$物资保管损耗率=\frac{期内损坏、变质、损失量}{期内平均库存量}$$

$$物资保管完好率=1-\frac{期内损坏、变质、损失量}{期内平均库存量}$$

$$业务赔偿费率=\frac{业务赔偿费之和}{期内仓储业务收入}\times100\%$$

其中，期内仓储业务收入为仓储费和进出库费之和。

5. 仓容利用率

仓容利用率，包括仓库面积利用率和仓库容积利用率，它们都反映仓库的利用情况。

$$仓库面积利用率=\frac{库房、货场、实际占用面积}{库房、货场总占地面积}\times100\%$$

$$仓容利用率=\frac{库房、货场、实际储存量}{库房、货场总的储存能力}\times100\%$$

式中，库房（货场）储存能力=某类物资仓容定额×实用面积。

6. 收发时间

仓库收发货物的基本要求是尽量做到快收、快发、快验收。

验收时间：指从入库、入库通知单或入库验收单及有关资料到齐之日起到物资验收完毕之日止的时间长度。

发运时间：包括整车发运时间和零担发运时间。

整车发运时间：从批准给车计划之日起到上车发出之日止的时间长度。

零担发运时间：从物资调拨单到库之日起到物资发出之日止的时间长度。

装卸时间：货运列车在专用线上的平均停留时间。

7. 设备情况

设备情况主要考核设备的完好情况和设备的利用情况。前者用设备完好率来考核，后者用设备利用率（包括设备载荷利用率和设备时间利用率）来考核。

$$设备完好率=\frac{完好台日}{总台日}\times100\%$$

其中：总台日为总台数乘以每台日数（不论其技术状况如何，除节假日）；完好台日为设备状况良好、能随时参加作业的台日。

$$设备载荷利用率=\frac{设备实际载荷量}{设备额定载荷量}\times100\%$$

$$设备时间利用率=\frac{设备实际工作时间}{设备额定工作时间}\times100\%$$

8. 全员劳动生产率

全员劳动生产率，反映全体员工劳动生产的数量的多少。

$$全员劳动生产率=\frac{期内吞吐量}{期内全员平均人数}$$

式中：每月全员平均人数等于月内每天实际人数之和除以该月日历天数；每年全员平均人数等于年内各月平均人数之和除以12。

9. 储运成本

储运成本是反映仓库储运工作成本的指标，可以用总成本表示，也可以用单位吞吐量平均作业成本来表示。前者是绝对指标，后者是相对指标。

总成本等于仓库中所有各项成本的总和。

$$单位吞吐量平均作业成本=\frac{期内总成本}{期内吞吐量}\text{（元/吨）}$$

10. 利润

利润是仓库总收入与总成本之差，反映仓库企业的经济效益。仓库应当尽量降低储运总成本，增加收入，以提高经济效益。

$$利润=总收入-总支出$$

本章小结

本章从仓库的类型和基本功能入手，介绍了仓库作业的基本原理，从仓库的选择标准、数量决策、仓库布局以及仓库的规模决策等方面详细介绍了仓储管理决策的主要内容，最后讨论了仓库管理系统技术、仓库的基本作业流程以及储存合理化的方法。

本章思考题

1. 仓库管理决策的主要内容有哪些？
2. 讨论并说明建立一个仓库在经济上的合理性。
3. 根据你所熟悉的某一个物流系统，讨论仓库应具备的功能有哪些。
4. 比较自用仓库和公共仓库的异同点。
5. 你认为实现仓储物流优化应当做好哪些工作？
6. 你觉得库区与货位规划有什么意义？

本章习题

【案例分析】

京东“亚洲一号”

京东“亚洲一号”是京东立志将自动化运营中心打造成亚洲范围内B2C行业建筑规

模最大、自动化程度最高的现代化运营中心的项目。京东计划在北京、上海、广州、西安、沈阳、成都、武汉等地投资新建“亚洲一号”，构建覆盖全国的自营现代化运营体系。2012年，京东商城率先在华东区筹建第一座集商品暂存、订单处理、分拣配送功能于一体的电子商务运营中心，即位于上海嘉定区的“亚洲一号”，来支撑和推动公司华东区的业务发展。

上海“亚洲一号”建筑面积接近10万平方米，仓储高度达24米。京东按照快件的大小，将仓库分为大件库、中件库和小件库。上海“亚洲一号”就是一个中件库，快件尺寸在30~60厘米，商品在整个立体化存储、拣选、包装、输送、分拣等环节均大规模应用自动化设备、机器人、智能管理系统等，使得自动化程度可达90%。其中，自动化立体仓库系统是“亚洲一号”的镇仓之宝，它有32个巷道，6.5万个托盘，存储效率是普通存储的5倍。该系统囊括了货到人系统、巷道堆垛机、输送系统、自动控制系统和库存信息管理系统等。

货到人系统：用于对纸箱、周转箱等容器进行自动化存取、搬运并可实现货物到人的拣选技术。

AS/RS系统：自动化立体仓库系统，高密度存储形式，能够充分利用存储空间。

交叉带分拣机系统：高速自动化分拣系统，适用于中、小件型的包裹分拣，配合全自动供包形式，最大化降低人员投入，提高分拣效率。

AGV系统：自动引导小车（AGV），替代了人工模式的搬运重物和重复常规的物料搬运工作，能够和机器人、自动化立体仓库等联合作业。

阁楼货架系统：一种充分利用空间的由钢结构搭建而成的多层货架系统，员工在巷道内拣货。“亚洲一号”的部分项目中，采用四层阁楼货架系统，增加了可用拣选面积，同时最大化利用了存储空间。

输送系统：各物流中心内使用了大量的输送线以减少货物搬运量，减轻人员的劳动强度，提升自动化水平。

商品到库时，工人只需将货物放到机器托盘上，机器就会自动将货物摆放到仓储区指定位置。仓储区分为12层，每层都有一名工作人员。当收到订单时，工作人员会根据指示将指定的商品从货架取下，扫码后放到传送带上。接下来，商品会通过传送带来到打包区，并自动分配到空闲的工位。工作人员扫描包裹，然后机器打印出物流信息及发票，打包就完成了。打包好的商品会重新回到传送带上，被送至分拣系统。系统通过扫描识别包裹上的配送地点，会将包裹传送至相对应的货道，然后由工作人员运走进行发货。

如今，京东的“亚洲一号”已经从上海的1座扩展到上海、广州、武汉等八大城市共9座。“青出于蓝而胜于蓝”，新建成的“亚洲一号”从运营能力上来说都比上海的略胜一筹。目前，上海“亚洲一号”的单台分拣机的分拣效率最高可达27000件/小时，而昆山“亚洲一号”自动分拣系统的分拣能力超过40000件/小时，整个分拣中心日分拣能力超过100万件。

接下来，京东会在仓库中不断加大机器人的使用，从而提高整个运营效率。在江苏昆山，京东物流已经投入使用了全球首个最大、最完整的全流程无人分拣中心。其场内自动化设备覆盖率达到 100%，分拣能力也已达到 9000 件/小时。

京东物流还计划在全国 30 多个核心城市陆续建造“亚洲一号”，实现对全国七大区域的覆盖。

（资料来源：亿邦动力网- 电子商务新闻门户：https：//www. ebrun. com/）

1. 简述京东“亚洲一号”仓库的仓储作业流程。
2. 京东“亚洲一号”仓库体现了哪些仓储合理化管理措施。

第五章 库存管理

库存管理是物流管理中非常重要的活动。所谓库存管理，就是对库存物资的管理。主要包括库存业务管理、库存物资品种数量的管理、库存成本管理和库存量的控制管理。本章主要从这几个方面来讨论库存管理问题，重点是库存控制管理，库存管理的核心问题就是库存控制。

第一节 库存与库存管理概述

一、库存概述

1. 库存的概念

所谓库存，就是库存物资。凡是处在储存状态的物资，都可以称做库存物资，简称库存。但是在有些情况下，人们在谈话中也常把库存物资的数量简称为库存。

所谓储存状态，有比较广泛的含义。它包括处在仓库中的物资，无论是长时期的储存，还是临时性的储存，都是库存。即使没有处在仓库中，只要它是处在储存状态，无论是长期的，还是短期的、临时的，都可以称做库存。例如零售商店里货架上的存货，或者工厂里机床旁边还来不及加工完的工件的临时性堆放，也都可以称做库存。

2. 库存的分类

库存按性质分，可以分为两大类，一类是储备库存，另一类是周转库存。

储备库存是为备战备荒、防备意外事故而储备的库存，平时不动用，到出现灾害、战争或意外事故时才动用。这种库存要保质保量、长期足额储存。因此这种库存不存在库存控制的问题。这种库存物资的管理，完全可以看成是一种仓储管理。

周转库存是为了生产或流通的进行、在生产或流通的各个环节上暂存待用的临时性储备，它们不断地投入生产和销售，又不断地补充进来，这样不断地周转储存，因此叫周转库存。这种库存是保证生产和流通顺利进行的条件，但是又占用流动资金、增加成本，所以对这种库存要特别重视。所谓库存控制，也就是要对这种库存实行库存量的控制。本章的库存管理主要是针对周转库存的管理。

库存按所处领域分，可以分为生产库存和流通库存。生产库存是指处在生产过程中为生产的各个环节顺利进行提供物资准备的库存，包括原材料库存、零配件库存、在制品库存等。流通库存是指处在流通过程中准备用于批发、零售等销售的库存，主要包括生产企业的成品库存、流通企业的批发库存、零售库存等。

3. 库存的二重性

库存具有二重性。一方面库存是生产和生活的前提条件，没有库存，人们就不可能维持正常的生产和生活；另一方面，库存又是生产和生活的负担：库存是一种资金的占用，要花费资金成本，还要负担库存物资的保管费用，还要承担库存损失和库存风险。因此，库存不能没有，但是也不能够多，而且是越少越好。

二、库存管理概述

1. 库存管理的概念

所谓库存管理，就是对于库存物资的管理。

库存管理与仓储管理既有区别又有联系。一般仓储管理主要是对仓库和仓储作业的管理，库存管理主要是对库存物资的管理。但是二者又是紧密联系的。仓储作业管理中的具体内容都落实到库存物资上，都是结合库存物资而进行的。所以也有人把库存管理包含在仓储管理之中，作为仓储管理的一个内容。我们这里把库存管理单独分开来讨论，主要讨论库存业务管理、库存物资品种数量的管理、库存成本管理和库存量的控制管理。

2. 库存管理的宗旨

库存管理的宗旨或目标，主要有两个：一是保障供应，二是降低成本。首先是保障供应，不缺货。仓库的根本任务，就是要能够满足需求者的需求。无论是生产、流通还是消费，都离不开库存物资，仓库的第一任务就是要保障供应。

要做到保障供应，有一个很简单的办法，那就是保证大量库存。但是这样做，就必然需要占用很多库存资金，需要大的仓库，还需要保管维护，因而也就增大了经营成本，给企业造成大的负担。因此，库存管理不应当采用这样的办法，而应该千方百计降低成本。也就是说，仓库管理的任务，就是要通过科学而巧妙地运作，做到既保障供应，又降低成本。而要把这两个互相矛盾的目标都达到，不是那么容易的，因此就需要科学的库存管理。

3. 周转库存特别需要库存管理

为什么要特别对周转库存进行库存管理呢？因为周转库存，或者是处在生产企业，或者是处在流通企业，这两种企业都是以通过向社会提供自己的产品或服务来获取利润求得生存和发展的，成本、效率问题是他们获取利润最关键的问题。而周转库存正是企业成本效率问题中最重要的一环。周转库存是为了满足企业生产或流通的需求，而这种需求的满足需要适时、适量，如果不能适时、适量地供应，会对企业造成损害。具体表现如下：

（1）库存物资占用了企业的资金。这不但造成企业资金的困难，影响正常的经营活动的开展，而且要花费资金的使用成本——银行利息。这个贷款利息远远高于存款利息，而且是浮动的。例如如果库存资金 100 万元，贷款利息率按每年 10%计算，则一年的利息就是 10 万元。

（2）增加了保管费用。库存需要租用或占用仓库面积，需要派保管员保管、维护，耗费保管用具用料、水电费、办公费、保管人员工资等，这些都构成保管费用。

（3）增加了库存风险和库存损耗。库存物资有可能因过时被淘汰，变成死库存、积压品或废品，这是风险损失。即使没有风险，库存物资在保管过程中也有可能出现损坏、变质而造成损失，这是正常的保管损失。

以上三个方面，都是超时超量的周转库存所带来的损害。由于通常企业采购进货都是分批次的，所以这种按批次进货与企业持续变动的需求二者之间存在着时间、空间、品种、数量等方面的矛盾和差距，必然导致周转库存出现高库存与高缺货并存的局面，从而给企业带来损害。这种损害的大小，就取决于对周转库存管理的水平。这就是周转库存特别要加强库存管理的原因。

4. 库存管理的核心在于库存控制

周转库存的全部意义就是满足企业适时适量的物资需要。而不适时、适量的库存就是企业受损害的根源。它或者造成缺货，影响企业正常经营；或者造成高库存，给企业增加成本，降低利润，降低企业的市场竞争能力。因此，库存管理的全部意义，就在于适时适量。而要做到适时适量，就要进行库存控制，因此，库存管理的核心问题就是库存控制。

第二节 库存品种数量管理

库存管理的基本工作和首要任务是对库存物资的品种和数量进行管理。

库存品种数量管理的基本内容，就是要建立起库存物资类别品种的体系结构，弄清楚仓库中究竟存放了哪些品种，这些品种可以分成哪些大类、哪些小类，各个大类、各个小类的规格、性能、价值、特点、存放特性、保管要求，存放地点和存放数量等。因此品种数量管理，实际上包括了品种管理、大类管理、小类管理、物资编码、ABC 分类等。这些管理都是库存管理最基础的工作，它为科学的重点管理法、货位规划、存放系列化、计算机信息管理以及库存控制管理等的实施提供了必要的前提条件。

品种数量管理主要是要做大量的调查、登记、统计、整理的工作，把已经存放在本仓库或将来准备存放在本仓库的所有品种、规格、数量、特性、价值、存放特性、保管要求等都弄清楚，并且按照一些特征将它们归类，使之系列化、标准化。在这样的基础上再进行物资编码和 ABC 分类。

对于这些调查、整理、统计的工作，本节不再作详细讨论，本节主要讨论物资编码和 ABC 分类两种管理的方法。

一、物资编码

所谓物资编码，就是在对库存物资的品种、类别、规格、性能等进行调查、统计、整理的基础上，形成物资类别品种体系，并进行系统化的统一编码标识的工作。最基本的物资编码是组合序列码，是用 0、1、2、3、4、5、6、7、8、9 共 10 个数字，有必要的话还加上 A、B、C、D…Z 等 26 个英文字母，按大类、小类、品种、规格等层次结构、每一层又按顺序序列依次编号形成的编码。这种编码的好处是简单方便，而且具有可扩充性，比较适合一般的计算机信息管理系统进行查询和统计，缺点是不好记。但是一般也不需要人们记住，只要计算机能记住，可以连同品名规格一起显示给人们看就行了。物资编码建立起来以后，库存物资品种类别的完整体系就形成了，可用于品种类别的管理。

物资的另一种编码，就是条形码。条形码实际上是组合序列码的物理化和电子化的表现形式。其原理还是组合序列码，但不是用数字显示，而是不同宽度的线条组合，用不同宽度的线条来表示数字。这种宽度的差别，用肉眼难以识别，但用专用的光电识别器可以很方便地识别。而且光电识别器能够把识别的信号变成电信号直接输入计算机，省去了大量人工输入的工作，非常方便，因此，已经被广泛使用。

二、ABC 分类

一个仓库，物资品种成千上万，限于人力物力，不可能都实行同等程度的精心管理，也没有必要，应当实行重点管理。

在实践中人们发现，库存物资有的销售快，有的销售慢，有的价钱高，有的价钱低。在很多情况下，少数几个品种物资的销售额却占了总销售额的绝大部分，而占库存品种绝大多数的物资销售金额只占一小部分。在这种情况下，可以将那些品种很少，而销售金额很大的物资归为一类，实行重点管理；而把那些品种数多但销售金额很少的物资分为一类，实行一般管理，其余再分成一类。具体见图 5-1。

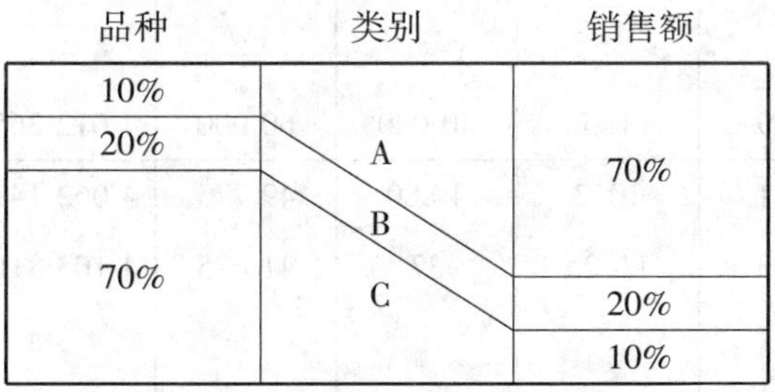

图 5-1　ABC 分类原理示意图

这样实行重点管理，一方面，品种少，容易管理；另一方面，其销售额高，管好后有利于经济效益的提高。

ABC 分类步骤：

（1）为确定 ABC 分类，首先要进行统计分析，选定一个合适的统计期：

①比较靠近当前；

②销售比较正常（处于正常情况）。

（2）分别统计出所有各种物资在该统计期中的销售量、单价和销售额，并对每种物资制作一张 ABC 分析卡，填上品名、编号、单价、销售数量、销售金额（见图 5-2）。

ABC 分析卡		
（品名）	（编号）	
单价	销售数量	销售金额

图 5-2　ABC 分析卡

（3）将 ABC 分析卡按销售额由大到小的顺序排队，并按此顺序号对各物资进行物料编号。

（4）制作 ABC 分析表（见表 5-1）、ABC 分类图（见图 5-3）。

表 5-1　**ABC 分析表**

物料编号	品种（%）	累计品种（%）	单价（元/件）	销售量（件）	销售额（元）	销售累计（元）	销售累计（%）	分类
1	2. 22	2. 22	480	3 280	1 833 600	1 833 600		
2	2. 22	4. 44	470	1 680	789 600	2 623 200	66. 8	A
3	2. 22	6. 70	200	1 060	212 000	2 835 200		
4	2. 22	8. 90	8	23 750	190 000	3 025 200		
5	2. 22	11. 1	29	6 000	174 000	3 199 200		
6	2. 22	13. 3	45	3 820	171 900	3 371 100	88. 6	B
⋮		⋮	⋮	⋮	⋮	⋮		
13	2. 22	28. 9	1. 5	40 000	60 000	4 012 365		
14	2. 22	31. 1	10. 2	4 880	49 776	4 062 141		
15	2. 22	33. 3	11. 25	37	41 675	4 103 816	100	C
⋮		⋮	⋮	⋮	⋮	⋮		
44	2. 22	97. 8	1. 2	1 838	1 606	4 527 607		
45	2. 22	100	1. 0	1 060	1 606	4 529 213		

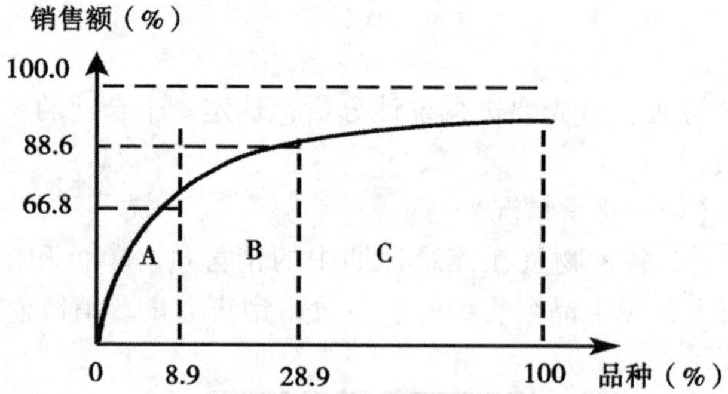

图 5-3　ABC 分类图

利用 ABC 分类法，可以对库存物资进行分类，并实行重点管理。这样做能够把有限的资源进行最合理的分配，既保证了对少数品种的有效管理，从而保证了绝大部分的效益，又能够照顾到一般。

ABC 分类法的思想原理，可以用到很多方面去。在各种不同情况下，采用不同的分类标准，总可以将对象分为 A、B、C 三类，实行不同的重点管理。

第三节　库存业务管理

库存业务，是指仓库中的物资进、出、存的业务。但是不要把库存业务看成只是仓库里才有的业务。有些地方，没有仓库，但其所进行的业务也可以看成是库存业务。例如一个商店，一个工厂，甚至一个企业，只要它们从事购进物资加以处理然后再输出物资这样一类进、出、存业务，都可以看成是一个仓库模型，它们所进行的业务，也可以看成是一种库存业务。

从经营者的角度看，库存业务就是一种经营业务，是通过库存来进行经营的业务。例如一个商店，就是从事购进物资、储存起来并进行销售的典型经营业务。一个工厂，通过对购进物资进行处理，再销售出去，也是一种经营业务。

强调经营，主要是要讲究效益和成本，讲究通过科学管理来获取利润。从这个角度出发，认真研究库存业务，才能管理好库存业务。

一、库存经营过程

一个完整的物资库存经营过程，包括以下四个过程：

（1）订货过程：所谓订货过程，是指从发出订货单之日起，到出差去参加订货并且订货成交为止所经历的过程。它是一个商流过程，即通过订货成交、签订合同、支付货款，从而取得物资的所有权。经过订货过程，公司在名义上的库存量将增加。

（2）进货过程：所谓进货过程，是指从订货成交之日起，到把货物从对方仓库运到自己仓库并将货物入库为止的过程。它是一个物流过程。通过进货过程，仓库的实际库存量会增加。

（3）保管过程：所谓保管过程，是指从货物入库之日起，到该货物出库之日为止的时间间隔。这个过程也是一个物流过程。保管过程不会使仓库库存量发生变化（不考虑库存损失）。

（4）销售出库过程：所谓销售出库过程，是指从货物点交到货物出库发运为止的过程。它既是一个商流过程，也是一个物流过程。通过销售出库过程，物资库存量无论在名义上还是在实际上都会减少。

以上四个过程，总体来说，就是物资的进、出、存过程，或者叫做进、销、存过程。由以上四个过程可以看出，订货进货过程使库存量增加，销售过程使库存量减少，而保管过程库存量保持不变。所以为了达到对库存量的控制，既可以通过控制销售过程，也可以通过控制订货进货过程。而控制销售过程意味着控制人们的消费，除非是紧缺物资，一般不会选择这样的控制方式。在市场经济条件下，一般选择根据人们的需要情况来控制订货进货过程，从而达到对库存量实行控制的目的。

二、经营方式

在库存控制理论中，经营者的经营方式被分成三种：

（1）不允许缺货：即用户的所有需求都能由仓库实行现货供应，不能缺货。不允许缺货，就意味着整个物资供应期间，库存量不能等于或小于0，仓库里总是有现货供应用户。生产企业大多属于这种情况，仓库里不能缺货，缺货就会造成停产。

（2）可以缺货：即允许不保证对用户的现货供应。用户来买货，仓库中有现货，就供应，没有现货就不供应，不会实行欠账供应。缺货，就意味着整个物资供应期间，库存量可以等于0。商店就属于这种情况。顾客来买货，商店有货就卖，没有货就不卖，不太在意缺货。

（3）实行补货：所谓补货，就是当用户来买货时，仓库中没有现货供应，但是却不丧失这次销售机会，实行欠账供应，答应马上进货，待进货后马上予以补货。补货，就意味着整个物资供应期间，库存量能够等于0，也能够小于0，也就是说仓库里有现货就供应用户，没有现货也供应，实行欠账供应，并采取赶紧进货的措施，待进货后再补货给用户，消除所欠的账。这种经营模式，是一些精明的企业所喜欢采用的模式。在极端情况下，可以实现无库存经营：经营者所做的工作，就是每天到处收集补货订单，收集到一定数量的订单后，一起拿到供应商处采购订货，然后要求供应商将货物直接运送给各个用户。

这三种经营方式，其进货方式不外乎以下两种：

（1）瞬时到货方式：即将一次所订货物一次全部到货补充库存，进货过程不需要花时间（或可忽略），也就是即订即到，一次到货。这里所谓不要花时间，是指不要花一个单位以上的时间，在一个单位时间以内到货，就都算瞬时到货。所谓单位时间，是指在整个问题计算中需求量所采用的时间单位。如果问题是以日需求量为单位进行考虑的话，则时间单位就是天，如果以月需求量为单位进行考虑的话，则时间单位就是月。一般如果进货的距离比较近，一个单位时间可以运回，都可以算做瞬时到货。

（2）持时到货：是指一次所订货物按一定的进货速率逐渐进货，整个订货进货过程需要持续一段时间，最起码要花一个以上单位时间。一般路途比较远，时间需要一个以上的单位时间的进货，都可以算做持时到货。

这些不同的经营方式，其库存经营过程都是相同的，都同样具有订货、进货、储存保管和销售出库四种业务过程。但是每种经营方式的经营者具体处理这四个过程的策略却不一样，特别是库存控制的策略不完全一样，这样就形成了各种不同的库存管理模型，也就是我们后面要讨论的库存管理模型体系。

第四节 库存成本管理

讨论库存控制的模型，首先要从库存成本谈起，因为库存管理的目的就是为了降低成本。本节主要讨论库存成本的构成和库存成本管理的思路。

一、库存成本的构成

在整个库存经营过程中，会发生各种各样的费用。主要有以下几种：

（一）订货费

所谓订货费，是指订货过程中发生的与订货有关的全部费用，包括差旅费、订货手续费、通信费、招待费以及订货人员有关费用。

订货费用的特点是，在一次订货中，订货费用与订货量的多少无关。若干次订货的总订货费用与订货次数有关，订货次数越多，总订货费用越多。例如，设一次订货费为 c_0，且每次订货费都相等，如在 T 期间内共订了 n 次货，则 T 期间内的总费用 C_0 可表示为：

$$C_0 = nc_0$$

如 T 期间内的总需求量 D 是一个确定不变的值，则 T 期间内的平均订货费 $\overline{C_0}$ 的大小与订货批量成反比：

$$\overline{C_0} = \frac{C_0}{T} = \frac{n\,c_0}{D/R} = \frac{R}{Q_0} \cdot c_0 \tag{5-1}$$

上式中，R 为 T 期间内的单位时间内的平均需求量，也就是需求速率。Q_0 是平均每一次的订货量，即订货批量。

由式（5-1）可知，当 T 期间内的总需求量 D 确定不变时，单位时间内的平均订货费用 $\overline{C_0}$ 与订货批量成反比。

（二）保管费

所谓保管费，是指在保管过程中为保管物资所花费的全部费用，包括：入、出库时的装卸、搬运、堆码、检验费用；保管用具用料费用；仓库房租、水电费；保管人员有关费用；保管过程中的货损货差；保管物资资金的银行利息等。

保管费用的特点：保管费用与被保管物资的数量的多少和保管时间的长短有关。被保管的物资的数量越多，保管的时间越长，所承担的保管费用也就越高。

设单位物资单位时间的保管费为 c_1，平均库存量为 $\overline{Q}$，则 T 期间内平均单位时间内的平均保管费用 $\overline{C_1}$ 为：

$$\overline{C_1} = \overline{Q} \cdot c_1$$

上式中，平均库存量 $\overline{Q}$ 的确定，针对不同的库存状态有不同的求法：

（1）如瞬时到货，即所订货物立刻全部到达，订货进货不需要一个单位以上的时间，即每次订货批量为 Q_0，则平均库存量为 $Q_0/2$，因而 T 期间内的平均保管费用 $\overline{C_1}$ 为：

$$\overline{C_1} = \frac{Q_0}{2} \cdot c_1$$

可见平均保管费 $\overline{C_1}$ 与订货批量成正比。

这里 c_1 的单位是单位物资单位时间的保管费用，$\overline{C_1}$ 是平均单位时间的保管费用。由这个式子可以看出，一次订货量太高，将导致库存量的增加，从而也导致平均保管费用的增加，所以要注意选择合适的订货批量。

（2）如持时到货，即订货进货需要一个单位以上的时间，库存量是渐渐增加的，设 p 为进货速率，R 为出库速率，则在进货期间的库存增长速率为 $p-R$，设每次订货批量为 Q_0，则平均库存量为：

$$\overline{Q_1} = \frac{Q_0}{2} \cdot \frac{p-R}{p}$$

因而 T 期间内的平均保管费用 $\overline{C_1}$ 为：

$$\overline{C_1}=\frac{Q_0}{2}\cdot\frac{p-R}{p}\cdot c_1$$

（3）在一般情况下，$\overline{Q}$ 可以用下式计算：

$$\overline{Q}=\frac{\sum Q_i}{n}$$

（三）缺货费

所谓缺货，就是当用户来买货时，仓库因为没有现货供应而丧失了这次销售机会。在这种情况下，仓库中有货就销售，没有货物就不销售。库存量可以降到零。

缺货会造成缺货损失，也就是缺货费用。缺货费用对不同的对象是不同的。

对仓库来说，轻则丧失了销售机会，因而丧失了销售赢利的机会，重则误了合同，遭受罚款，更重则失去了用户，失去竞争能力，从而失去市场。

对用户来说，轻则多花些差旅费到别处去买，重则停工待料、停产改产。

在具体情况下，缺货费可能与下面三个因素有关：

（1）与缺货量有关；

（2）与缺货次数有关；

（3）与缺货时间有关。

当缺货费用与缺货量、缺货次数有关时，单位时间的平均缺货费用 $\overline{C_2}$ 可以用下式计算：

$$\overline{C_2}=\frac{\overline{R}}{Q_0}\cdot c_2$$

当缺货费用既与缺货量有关，又与缺货时间有关时，单位时间的平均缺货费用 $\overline{C_2}$ 可以用下式计算：

$$\overline{C_2}=\overline{Q_2}\cdot c_2$$

上面两个公式中，$\overline{Q_2}$ 是期间内的平均缺货量，c_2 是单位物资单位时间的缺货费或者是单次的缺货费，Q_0 是订货批量，$\overline{R}$ 是需求速率即单位时间的销售量。

（四）补货费

所谓补货，就是当用户来买货时，仓库没有现货供应，但不丧失销售机会，而是要求用户仍然在这里订货，进行欠账经营，答应马上进货，待进货后，马上补货给用户。所以在补货情况下，在欠账阶段，库存量可以下降到负值，在进货后的补货阶段，库存由负值再上升到正值。

这种情况，在用户不是急需的情况下是可能实现的，例如计划预订货，老客户订货等。但为了实现补货，往往会发生补货费用。例如为了吸引顾客，需要花费招待费、感情费、回扣费，或是提供优惠服务、优惠价格等。

在具体情况下，补货费可能有三种情况：

（1）与补货量有关；

（2）与补货次数有关；

（3）与补货时间有关。

当补货费用既与补货量有关，又与补货时间有关时，单位时间的平均补货费用$\overline{C_4}$可以用下式计算：

$$\overline{C_4}=\overline{Q_4}\cdot c_4$$

当补货费用只与补货量、补货次数有关时，单位时间的平均补货费用$\overline{C_4}$可以用下式计算：

$$\overline{C_4}=\frac{\overline{R}}{Q_0}\cdot c_4$$

上面两个公式中，$\overline{C_4}$是期间内的平均补货量，c_4 是单位物资单位时间的补货费或者是单次的补货费，Q_0 是订货批量，$\overline{R}$ 是单位时间的销售量即需求速率。

（五）进货费与购买费

所谓进货费，就是进货途中为进货所花费的全部费用，即运杂费，包括运费、包装费、装卸费、租赁费、延时费、货损货差等。所谓购买费，即所购买物资的原价。它们的特点是当订货的数量、订货的地点确定以后，总的购买费和总的进货费就是确定不变的，不会随着进货批量变化而变化。也就是说，进货费与购买费都与订货批量无关。我们把这种与订货批量无关的费用称为固定费用，而把那些与订货批量有关的费用称为可变费用。因此，进货费与购买费是固定费用，而订货费、保管费、缺货费、补货费是可变费用。

设单位物资的进货费为 c_3，单价为 K，订货批量为 Q_0，则总进货费与购买费 C_3 为：$C_3=(c_3+K)\ Q_0$，如为简单起见，用 K 表示固定费用（包括单位物资的购买费和进货费，下同），则 C_3 可表示为：$C_3=KQ_0$，而单位时间内的平均固定费用$\overline{C_3}$为：

$$\overline{C_3}=\frac{KQ_0}{T}=K\overline{R}$$

（六）总费用

所谓总费用，即各项费用的总和。在缺货情况下可以表示为：

$$C=C_0+C_1+C_2+C_3$$

在补货情况下可以表示为：$C=C_0+C_1+C_3+C_4$

注意，在缺货情况下不能补货，在补货情况下不能缺货。而单位时间平均总费用可以表示为：

$$\overline{C}=\overline{C_0}+\overline{C_1}+\overline{C_2}+\overline{C_3}\ （缺货）$$

$$\overline{C}=\overline{C_0}+\overline{C_1}+\overline{C_4}+\overline{C_3}\ （补货）$$

其中缺货和补货是互相排斥的，发生缺货时就不会发生补货，发生补货时就不会发生缺货，缺货和补货不可能同时发生。具体情况可以归纳为四种类型：

（1）不允许缺货的情况，可以发生订货费、保管费、进货费和购买费，但不会发生缺货费和补货费；

（2）缺货的情况，可以发生订货费、进货费和购买费。在不缺货期间发生保管费，在缺货期间发生缺货费，但不会发生补货费；

（3）补货的情况，可以发生订货费、进货费和购买费。在不补货期间发生保管费，在补货期间发生补货费，但不会发生缺货费；

（4）在一个长过程中，有时实行缺货，有时实行补货。这次实行缺货，下次实行补货。这时六种费用都发生。

二、库存成本管理的思路

1. 建立起物流成本管理会计制度

现实中要实行库存成本管理，首先就要建立物流管理会计制度，进行物流成本核算。把订货费、保管费、缺货费、补货费、购买费、进货费等分别进行定义、记录和核算。这是一项基础工作，有很重要的意义。只有有记录、有数据，才能够计算，有了计算结果，才能够知道大小、好坏，才能够进行管理。只有把物流管理会计制度建立起来，才能够更好地进行物流优化管理工作，因而也才能够搞好库存管理工作。

由于我国长期沿用传统的会计制度，接受物流的概念比较晚，因此现在还没有建立起物流管理会计制度。这个工作要达到全国统一规范，还需要一些时日，但是各个企业先自行搞起来，逐步探索，取得经验，在成熟以后，再推向全国。

2. 把物流总费用最省作为库存成本管理的指导思想

库存管理涉及订货、进货、储存保管、销售出库四个环节，每个环节涉及不同的费用，这些费用还涉及企业中不同的部门。因此，库存成本管理是一个系统工程，需要协调进行。各种费用之间有一个科学的比例，达到这个比例会使总费用最省。例如，订货费与保管费之间就需要协调，这就取决于订货批量与订货批次的关系。订货批次多了，订货费用会升高；订货批量大了，保管费用会升高。只有取一个适当的比例，才会使得订货费用与保管费用平衡，才能使得总费用最省。而要使得订货费用与保管费用平衡，就要制定适当的订货策略，也就是要进行科学的物流管理。

物流总费用最省要求每一个单项费用都不可以任意自由发生。每个单项费用都应当实现局部优化，取最小的费用。只有每一个单项费用都取最小费用，总费用也才能够最小，库存系统才能够达到最优化。

3. 建立定期的库存成本统计分析制度

在建立物流管理会计制度的基础上，应当定期地对库存成本进行统计分析，一般一个月一次。到了月末，把本月发生的各项成本统计出来，并且求出总成本，然后进行分析。分析的方法与一般财务分析一样。主要包括：（1）成本时间比较分析：本月与上月比较，今年与去年同期比较，看变化趋势，分析原因；（2）成本空间比较分析：各个部门、各个班组、各个项目发生的费用比较，看各个单位的管理水平、管理措施。经过比较分析，找出经验和教训，制订下一个月的改进措施。

4. 零库存指导思想

作为一个生产企业，要想最大地降低库存成本，最好的办法就是树立零库存思想。实现零库存的根本途径就是实施准时化作业，例如准时化采购、准时化生产、准时化配送、准时化销售等。准时化的思想，就是只在需要的时候，把所需要的品种、数量，送到需要的地点，不晚送，也不早送，不少送，也不多送，送去的个个都是合格品。这样做可以最大限度地消灭浪费，实现零库存（表 5-2），实现在生产过程中基本上没有积压的原材料和半成品，这不仅大大降低了生产过程中的库存及资金的积压，还提高了相关生产活动的管理效率。

表 5-2　**实施零库存管理对物流成本的影响**

零库存实施的环节	优点和效益	难点和成本
采购环节（准时制采购）	将原材料库存降到最低甚至零；减少原材料库存占用资金和优化应付账款；库存管理成本降低（包括仓库费用、人员费用、呆滞库存等）	●能够实现企业准时制采购 ●小批量供应、运输或配送频率高，物流成本高 ●须和供应商即时交流信息，信息化投入大 ●采用供应商管理库存（VMI）方式实现零库存，因企业计划、市场变化和产品更新等因素会造成供应商产品积压与报废，影响长久合作的关系
生产环节（准时制生产）	将生产环节中的在制品和半成品降到最低；减少在制品和半成品库存占用资金	●生产设备柔性较大，且更新时投资成本较大 ●生产管理模式的改变（看板管理、轮动管理） ●生产作业软件管理系统的投入大
物流配送环节（准时制配送和协同物流）	在物流和运输中做到一体化协同运作，减少中间仓储和搬运等环节，可将物流成本控制在最低水平	●在物流和运输中做到一体化协同运作，减少中间仓储和搬运等环节，需要在各协作厂商间建立信息交换平台 ●需要物流和配送实际网络的配套和建设
销售环节（准时制销售）	按"真实的"订单生产，"消灭"成品库存，或销售预测准确，尽量降低成品库存甚至为零，从而减少其占用资金和优化应收账款回款；规避成品因市场变化和产品升级换代而产生的降价风险；降低库存管理成本（包括仓库与人员费用、呆滞库存等）	●按订单生产的销售模式，会造成客户等待、交货时间的延后，会丧失某些商业机会；并且直销模式需建立强大的订单处理和客户服务系统 ●按预测生产的销售模式，对销售终端（不是批发商等中间环节，而是零售商的门店等）的数据采集和分析要求极高，以求预测数据尽量接近实际，而这方面的技术和管理成本是巨大的 ●小批量、多频率销售，会造成较高的运输或配送等物流成本

第五节 库存控制管理

库存管理的核心是库存控制管理。它直接关系到库存的成本和效益，是企业大幅度提高物流运作效率和企业经济效益的最重要的途径。

库存控制系统可以从微观和宏观两个方面进行设计。微观方面主要包括订货点库存控制系统和准时化同步供应系统。宏观方面主要包括供应链物流、第三方物流和电子商务物流等联合集成库存管理系统。这一节主要讨论前者，后者将在本书下编讨论。

一、订货点库存控制系统

订货点库存控制是一个庞大的系统，它一般可以分成20个模型（详见附录二）。它总的来说可以归结为两大系统，一个是定量订货系统，一个是定期订货系统。它们可以适用于随机型库存，也可以适用于确定型库存。它们有一个共同的原理，就是根据用户需求量的大小情况，制订一个订货进货策略。即通过控制订货进货过程，达到控制库存水平，既满足用户需要、又使得库存总费用最小的目的。因此这些库存控制方法，都是基于订货进货的库存控制方法。所以又叫做订货策略。它们主要都是解决与订货有关的三个问题：

（1）什么时候订货？即订货点、订货时机；

（2）订多少？即订货批量；

（3）如何实施？即订货法，如何操作。

（一）定量订货系统

所谓定量订货系统，就是预先确定一个订货点和订货批量，随时检查库存，当库存下降到订货点时就发出订货，订货批量取经济订货批量。

其原理如图5-4所示。假设实施订货点控制技术之前，已确定好了订货点为 Q_K、订货量为 Q^*。其中 Q_K 由两部分构成，一部分是安全库存 Q_S，另一部分是提前期平均需求量 $\overline{D}_L$，$Q_S=Q_K-\overline{D}_L$，或 $Q_K=Q_S+\overline{D}_L$。在系统开始运转时，从0时刻开始，每天检查库存，

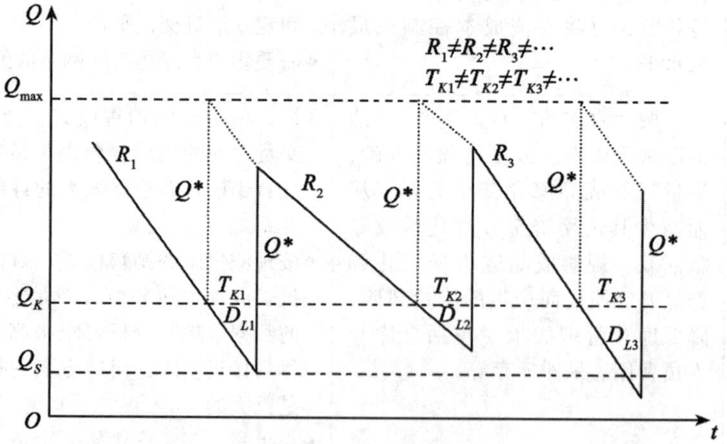

图5-4 定量订货法原理图

假设在第一个周期，随着销售的进行，库存量以 R_1 的速度下降，当库存下降到 Q_K（1 点）时，就发出订货，订货批量为 Q^*。随后进入订货进货提前期 T_{K1}。提前期 T_{K1} 结束时，消耗掉的库存物资数量为 D_{L1}，库存水平下降到最低。这时所订货物批量 Q^* 到达，实际库存量一下上升一个 Q^*，达到高库存，然后进入第二个周期的销售。假设第二个周期的销售速率为 R_2，库存下降到 Q_K（2 点）时，又发出订货，订货批量为 Q^*。随后进入第二个订货进货提前期 T_{K2}。提前期 T_{K2} 结束时，消耗掉的库存物资数量为 D_{L2}，使库存水平又下降到最低。这时新订的货物批量 Q^* 到达，实际库存量一下又上升一个 Q^*，又达到高库存，然后进入第三个周期的销售。这样不断循环下去。这里假设是随机型，也就是假设 $R_1 \neq R_2 \neq R_3 \neq \cdots$，$T_{K1} \neq T_{K2} \neq T_{K3} \neq \cdots$，因而提前期需求量 $D_{L1} \neq D_{L2} \neq D_{L3} \neq \cdots$，各个提前期需求量进行平均就是 $\overline{D}_L$。

当然也可以是确定型的情况，这时，$R_1 = R_2 = R_3 = \cdots$，$T_{K1} = T_{K2} = T_{K3} = \cdots$，因而提前期需求量 $D_{L1} = D_{L2} = D_{L3} = \cdots$，各个提前期需求量的平均值 D_{LP} 等于每个提前期的需求量 D_L。

系统运行的结果是，由于控制了订货点和订货量，所以就控制了最高库存水平。名义最高库存（虚线表示）Q_{max} 不会超过 Q_K+Q^*，实际最高库存平均不会超过 $Q_K+Q^*-\overline{D}_L$。

系统运行对于用户需求的满足水平主要决定于安全库存量大小的设置。根据库存满足率 p 的大小，来设计安全库存的数量。p 越大，安全库存越高，则库存满足水平也越高。

以上就是定量订货法原理。这个订货策略，其核心是要解决三个问题：第一确定订货点；第二确定订货批量；第三确定如何实施。下面来具体介绍。

1. 订货点怎么确定

订货点就是发出订货的时机。在定量订货法中，是把发出订货时仓库里该品种还保有的实际库存量叫做订货点。订货点是一个决策变量，是直接控制库存水平的一个关键变量。

显然，订货点不能取得太高，也不能太低。如果太高，就会出现订货物资订回来了，而原有的库存物资还没有卖完的现象，致使库存太高；订货点如果太低，就会出现订货物资还没订回来，旧的库存物资就卖光了的现象，造成缺货。那么合适的订货点应该取多少呢？

订货点的大小取决于两个因素：

（1）销售速率（对供应者来说，是供应速率，下同）。也就是销售的快慢，用单位时间内的平均销售量 R 来描述。显然，销售速率越高，则订货点应该越高。

（2）订货提前期。所谓订货提前期，就是指从发出订货到所订货物运回并入库所需要的时间长度，用 T_K 来描述。显然，T_K 越大，订货点就越高。T_K 的大小，取决于路途的远近和运输工具运输速度的快慢。按照已有的销售速率在订货提前期内将有一定的销售量，我们把这个销售量叫做订货提前期销售量，或简称为订货提前期需求量，用 D_L 表示。显然有：

$$“D_L” = “R” \cdot “T_K”$$

这里之所以都加上引号是表示 D_L、R、T_K 在这里都只具有概念意义，它们各自都可能是随机变量或确定变量，在数值上具体表达式可能不同。

提前期需求量 D_L 与订货提前期 T_K 以及销售速率 R 的关系如图 5-5 所示。可以看出，合适的订货点大小应当取刚好等于提前期需求量的值。即如果用 Q_K 来表示订货点，则有：$Q_K=D_L=R\cdot T_K$。

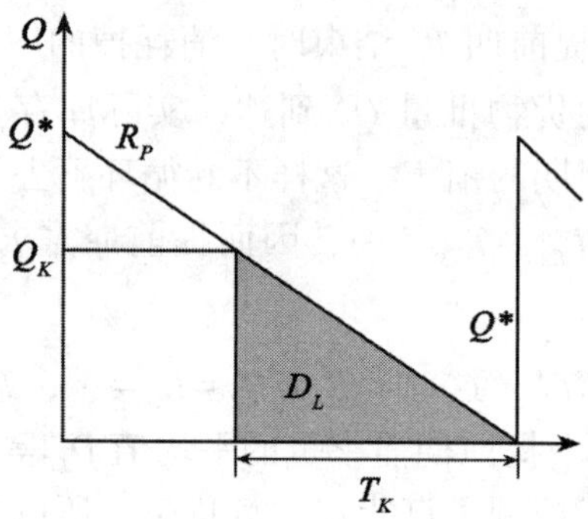

图 5-5 订货点的概念

这是一个概念性的计算方法，针对具体的情况模型，各自有具体的表达形式。在正态分布的需求情况下，有：

$$Q_K=\overline{D_L}+Q_S=\overline{D_L}+\alpha\cdot\sigma_D$$
$$=\overline{R}\cdot\overline{T_K}+\alpha\cdot\sqrt{\overline{T_K}\cdot\sigma_R^{\ 2}+\overline{R}^2\cdot\sigma_T^{\ 2}} \tag{5-2}$$

我们称 Q_S 为安全库存量。它是在平均提前期需求量$\overline{D_L}$之上附加的一个保险裕量。它在数值上等于标准偏差 σ_D 的“个数”，这个“个数”就是安全系数 α。α 越大，则安全库存量 Q_S 也越大。安全系数究竟取多大，要由缺货率 q，或者库存满足率 P 来确定。所谓缺货率，即缺货水平，是指实际发生的提前期需求量 D_L 超过某一个额定库存量 Q_K 的累计概率，用 q 表示：

$$q=P\ \{D_L>Q_K\}$$

而库存满足率，是指由库存物资现货供应满足用户需求的程度，也称服务率，或服务水平，记为 p。它在数值上等于实际发生的提前期需求量小于等于额定库存量 Q_K 的累计概率：

$$p=P\ \{D_L\leqslant Q_K\}$$

而且有：

$$p+q=1$$

也就是说，缺货率和库存满足率是互补的。它们又和安全系数是一一对应的，而安全系数又和安全库存量是一一对应的。所以安全系数 α、缺货率 q、库存满足率 p 和安全库存量 Q_S 都是一一对应的，知道 α，或 q、或 p 都可以知道 Q_S。例如，当安全系数 $\alpha=0$ 时，$p=0.50$，$q=0.50$，$Q_S=0\times\sigma_D=0$；$\alpha=1$ 时，$p=0.84$，$q=0.16$，$Q_S=1\times\sigma_D=\sigma_D$；$\alpha=2$ 时，$p=0.977$，$q=0.023$，$Q_S=2\times\sigma_D=2\sigma_D$ 等。人们把这种对应关系整理成一个表，叫做安全

系数表，见表5-3。

这样，如果知道 q 或 p，就可以由安全系数表查出 α，根据安全系数 α 和标准偏差 σ_D，就可以由式（5-2）求出相应的安全库存量 Q_S。

在式（5-2）中，$\overline{D_L}$ 和 σ_D 是订货提前期需求量 D_L 的平均值和标准偏差，$\overline{R}$ 和 σ_R、$\overline{T_K}$ 和 σ_T 分别是需求速率 R 和订货提前期 T_K 的平均值和标准偏差。

表5-3　**主要安全系数表**

α	0.0	0.13	0.26	0.39	0.54
p	0.5	0.55	0.6	0.65	0.70
q	0.5	0.45	0.4	0.35	0.30
α	0.68	0.84	1.00	1.04	1.28
p	0.75	0.80	0.84	0.85	0.90
q	0.25	0.20	0.16	0.15	0.10
α	1.65	1.75	1.88	2.00	2.05
p	0.95	0.96	0.97	0.977	0.98
q	0.05	0.04	0.03	0.023	0.02
α	2.33	2.40	3.00	3.08	3.09
p	0.99	0.992	0.9987	0.9999	1.0000
q	0.01	0.008	0.0013	0.0001	0.0000

根据式（5-2）就可以求出在正态分布下的订货点。

式（5-2）可以简单地理解为订货点由两部分构成：一部分是平均的提前期需求量，另一部分是安全库存量。安全库存量也可以简单地用日平均需求量乘以安全天数来计算。

在非正态分布的需求情况下，

$$Q_K = D_L \big|_{P\{D_L \leqslant Q_K\} = p}$$

也就是说，非正态分布下的订货点等于订货提前期需求量小于等于订货点的累计概率等于给定的服务率 p 时的那个提前期需求量。

2. 订货批量如何确定

所谓订货批量，就是一次订货所订的物资数量。订货批量也是不能随意确定的，因为订货批量的高低，直接影响库存量的高低，也直接影响物资的供应满足程度。订货批量太大，虽然可以较充分满足用户需要，但会使库存量过高，成本升高；订货批量太小，库存量虽然可以降下来，但不一定能保证满足用户需要。所以订货批量也要合适。决定订货批量的大小，要考虑哪些因素呢？

主要考虑两个因素：

（1）需求速率 $\overline{R}$。需求速率越高，说明用户的需要量大，订货批量也应该大。

（2）经营费用的高低。经营费用的高低，对订货批量也有影响。

在确定订货批量时，需要综合考虑发生的各种费用，根据使总费用最省的原则来确定经济订货批量 Q^*。

不同的模型中，考虑的库存费用种类不一样，所以订货批量的大小也不一样。例如在不允许缺货、瞬时到货的模型中，经济订货批量 Q^* 可以表示为：

$$Q^* = \sqrt{\frac{2c_0R}{c_1}}$$

它取决于单次订货费用 c_0 和单位物资单位时间的保管费用 c_1，还取决于单位时间内的需求量 R。

在随机型的模型中，订货批量也都可以采用这个公式计算。

3. 如何实施

定量订货法的实施步骤，可以分成以下三步：

（1）确定订货点和订货批量；

（2）库存管理人员或销售人员每天检查库存；

（3）当库存量下降到订货点时，就发出订货。订货量取一个经济订货批量。

运用定量订货法时还要注意它的运用环境和条件。不是什么情况下都可以运用定量订货法的。定量订货法适用于以下几种情况：

（1）它只适用于订货不受限制的情况。即什么时候想订货就能订到货，想到哪里订货就能到哪里订到货的情况。也就是说，它只适用于物资资源供应充足、供大于求、自由流通的市场。

（2）它的直接运用只适用于订购单一品种的情况。如果要实行几个品种联合订购，则还要进行灵活处理才行。

（3）它适用于确定型需求，也适用于随机型需求。对于不同的需求类型，可以导出具体的运用形式，但它们的运用原理都是相同的。

（4）它一般多用于 C 类物资，这类物质的特点是：品种多而价值低廉，实行固定批量订货。

（二）定期订货系统

定期订货系统的原理，是预先确定一个订货周期 T^* 和一个最高库存量 Q_{max}，周期性地检查库存，发出订货。订货批量的大小应使得订货后的“名义”库存量达到额定的最高库存量 Q_{max}。定期订货系统的运行模型如图 5-6 所示。

在系统运行以前，先确定好订货周期，假设为 T，再确定好仓库库存控制的最高库存量，假设为 Q_{max}。库存销售按正常规律进行。假设在时间轴的 0 点开始运行定期订货法，这时检查库存量，库存水平在 1 点，库存量假设为 Q_{K1}，则发出订货，订货量取 Q_{K1} 与 Q_{max} 的差值，即第一次的订货量 $Q_1 = Q_{max} - Q_{K1}$。随后进入第一个订货提前期 T_{K1}，提前期结束，所订 Q_1 的货物到达，实际库存一下升高 Q_1，到达高库存。然后进入第二个周期的销售，销售仍然按正常规律进行，销售过程中可以不管库存量的变化。待经过一个订货周期 T，到了按订货周期该订货的日子，又检查库存量，假设这时（2 点）的库存量为 Q_{K2}，

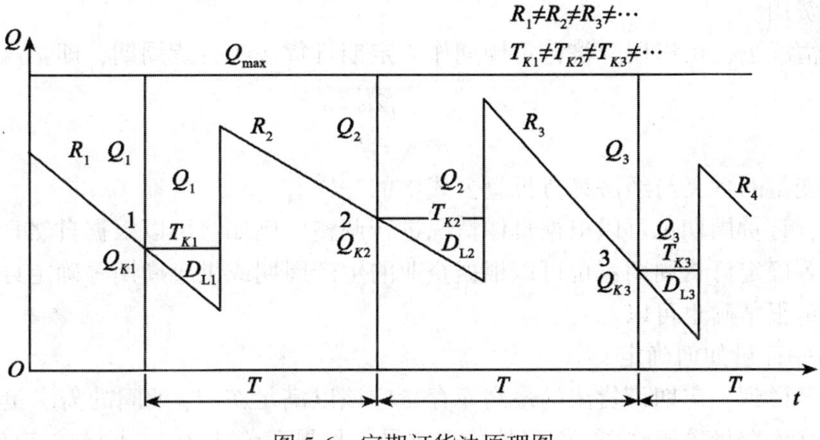

图 5-6　定期订货法原理图

就又发出订货量 Q_2，Q_2 的大小等于 Q_{K2} 与 Q_{max} 的差值。随后进入第二个订货提前期 T_{K2}，T_{K2}结束，所订货物 Q_2 到达，将实际库存量又一下提高到高库存。随后进入第三个销售周期。到了下一个订货日，又检查库存、发出订货。这样继续下去。

为什么这样操作能达到既控制了库存量又保证满足用户需要的目的呢？

控制库存量是很明显的。整个运行过程的最高库存量不会超过 Q_{max}。实际上，刚订货时，包括订货量在内的“名义”库存量最高就是 Q_{max}，待经过一个订货提前期销售，所订货物实际到达，实际最高库存量比 Q_{max} 还少一个提前期平均需求量，等于 $Q_{max}-\overline{D}_L$。所以 Q_{max} 实际上就是最高库存量的控制线，它是定期订货法用以控制库存量的一个关键性的控制参数。

定期订货法在保证满足用户需求方面的方法原理是与定量订货法不同的。定量订货法是以提前期用户需求量为依据的，制定策略的目的是保证提前期内用户需求量的满足，它的决策参数 Q_K 只能按一定满足程度来保证满足提前期内用户的需求量。定期订货法不是以满足提前期内的用户需求量为目的的，而是以满足订货周期内的需求量和提前期内用户的需求量为目的的，即是以满足 $T+T_K$ 期间的用户总需求量为目的的。它是根据 $T+T_K$ 期间的用户总需求量为依据来确定 Q_{max} 的。因为 $T+T_K$ 期间的总需求量是随机变化的，所以是一个随机变量。其值由两部分构成，一部分是 $T+T_K$ 期间的平均需求量，另外一部分是为预防随机性延误而设置的安全库存量。而安全库存量的大小是根据一定的库存满足率而设置的。库存满足率越高，则安全库存量越多，Q_{max} 也越大，库存满足程度也越高。

实施定期订货法要解决四个问题：

1. 订货周期如何确定

定期订货法中，订货周期决定了订货时机，也就是定期订货法的订货点。订货周期，就是订货间隔期。它与定量订货法的订货间隔期不同，定量订货法的订货间隔期互相可能不等，而定期订货法的订货间隔期都互相相等。订货间隔期的长短，直接决定了最高库存量的大小，也就是决定了仓库的库存水平的高低，因而决定了库存费用的大小。所以订货周期不能太长，太长了，就会使库存水平过高，也不能太短，太短了，订货批次太多，就会增加订货费用。

在一般情况下，可以用经济订货周期作为定期订货法的订货周期，即：

$$T^* = \sqrt{\frac{2c_0}{c_1 R}}$$

式中的变量的含义与经济订货批量公式中的一样。

实际上，订货周期也可以根据具体情况进行调整。例如：可以根据自然日历习惯，如月、季、年等确定订货周期；也可以根据企业的生产周期或供应周期等确定订货周期。也就是说不一定很精确也可以。

2. 最高库存量如何确定

前面已经说到，定期订货法的最高库存量应该以满足 $T+T_K$ 期间的需求量为依据。也就是说，最高库存量等于 $T+T_K$ 期间的总需求量。如果我们用 D_{T+T_K} 来描述 $T+T_K$ 期间的需求量，则有：

$$Q_{\max} = \text{“}D_{T+T_K}\text{”}$$

因为 D_{T+T_K} 一般也是随机变量，所以也存在一个“分布”问题。和定量订货法中的 D_L 一样，我们也把它分成正态分布和其他分布两类。

对于正态分布，最高库存量等于平均 D_{T+T_K} 需求量，加上安全库存量 Q_S：

$$Q_{\max} = \overline{D_{T+T_K}} + Q_S = \overline{D_{T+T_K}} + \alpha \cdot \sigma_D$$

这是用 D_{T+T_K} 来描述的式子。和定量订货法中的 D_L 一样，D_{T+T_K} 也可以用 R 和 T_K 来描述：

$$Q_{\max} = \overline{R} \cdot (T+\overline{T_K}) + \alpha \cdot \sqrt{(T+\overline{T_K})\ \sigma_R^{\ 2} + \overline{R}^2 \cdot \sigma_T^{\ 2}}$$

它们都和 D_L 的情况相似，只是这里用 $T+\overline{T_K}$ 代替了那里的 T_K 而已。

对于非正态分布，$Q_{\max}$ 的求法也类似于定量订货法中的 Q_K 的求法，$Q_{\max}$ 等于某一个 D_{T+T_K} 值，在这个 D_{T+T_K} 点，其累计概率不小于给定的库存满足率：

$$Q_{\max} = D_{T+T_K} \mid_{P\{D_{T+T_K} \leqslant Q_{\max}\} = p}$$

根据给定的库存满足率 p 到给定的 D_{T+T_K} 的累计概率分布表中去查对应的 D_{T+T_K}，就可以得出 $Q_{\max}$。

3. 订货批量如何确定

定期订货法没有固定不变的订货批量，每个周期的订货批量的大小都是由当时实际库存量的大小确定的，等于当时的实际库存量与最高库存量的差值。这里所谓“实际库存量”，严格地说，是指检查库存时仓库所实际具有的能够用于销售供应的全部物资的数量。它不光包括当时的存于仓库中的物资数量 Q_K，也包括已订而未到的物资数量 I 和已经售出而尚未发货的物资数量 B。Q_K、I、B 都是订货时检查库存而实际得到的数据，每次检查得到的值可能不一样，所以每次的订货批量也不一样。第 i 次检查库存发出订货的数量 Q_i 可以表示为：

$$Q_i = Q_{\max} - Q_{K_i} - I_i + B_i$$

4. 如何实施

定期订货法具体实施时，首先要进行需求分析、经营方式分析、控制方法分析等。在确定要用定期订货法时，就要分析、确定决策参数 $Q_{\max}$ 和 T。然后在具体运行时，每隔一个订货周期 T 检查库存，发出订货。每次的订货批量都是使得订货后的名义库存量达到 $Q_{\max}$。

定期订货法适用于以下几种情况：

（1）它的直接运用只适用于订购单一品种的情况。但是稍加处理，也可以用于几个品种联合订购的情况。

（2）它适用于随机型需求，也适用于确定型需求。对于不同的需求类型，可以导出具体的运用形式，但它们的运用原理都是相同的。

（3）它一般多用于 A 类物资，即品种少而价值高，比较重要的物资。

下面举例说明。

[例 1] 某金属公司销售钢材，过去 12 周每周销售的钢材分别是 162、173、167、180、181、172、170、168、167、174、170 和 168 吨。如果它们服从正态分布，订货进货提前期为 1 周，一次订货费用为 200 元，1 吨钢材保管 1 周需要保管费 10 元。要求库存满足率达到 90%。那么要实行定量订货法控制，应该怎样进行操作？

这里，需求速率是一个随机变量，订货提前期是一个常量。为了计算订货点，先要对 R 和 T_K 进行处理。

R 的平均值：$\overline{R} = \dfrac{\sum_{i=1}^{12} R_i}{12} = 171$

R 的标准偏差：$\sigma_R = \sqrt{\dfrac{\sum_{i=1}^{12}(R_i - \overline{R})^2}{12}} = 5.23$

所以 R 服从以 171 为平均值、5.23 为标准偏差的正态分布：

$$R \sim N\ (171,\ 5.23)$$

订货提前期是常数：$T_K = 1$。再由库存满足率 $p = 0.9$，查安全系数表得 $\alpha = 1.28$。

所以订货点：$Q_K = \overline{D_L} + \alpha\sigma_D = T_K\overline{R} + \alpha\sqrt{T_K} \cdot \sigma_R$

$= 1 \times 171 + 1.28 \times \sqrt{1} \times 5.23$

$= 177.69$

订货批量：$Q^* = \sqrt{\dfrac{2c_0\overline{R}}{c_1}} = \sqrt{\dfrac{2 \times 200 \times 171}{10}} = 82.3$

所以具体实施定量订货法，就是随时检查库存，当库存量下降到 177.69 吨时，就发出订货，订货批量取 82.7 吨。当然，在实际工作中，不一定要那么精确，可以根据实际情况作一些必要的调整。

[例 2] 某商场以前各个月的电视机销售量是随机变化的，大概服从正态分布，平均值为 50 台，变化范围为±10 台。电视机订货进货提前期的长度也服从正态分布，平均值

为5天，变化范围为±1天，商场希望库存满足率达到95%，则商场实施定量订货法的订货点应取多少为好？

这个例子给出的情况是 R 和 T_K 都是随机变量，而且都服从正态分布。R 的平均值是50台/月，标准偏差为10台/月，T_K 的平均值是5天，标准偏差为1天。也就是：$R \sim N(50,10)$（台/月），$T_K \sim N(5,1)$ 天。R 和 T_K 的时间单位不一致，要化成一致。把 R 化成以天为单位：

$$R \sim N\left(\frac{50}{30}, \frac{10}{\sqrt{30}}\right) = N(1.67, 1.8)\text{（台/天）}$$

注意，化标准偏差不是除以30，而是除以 $\sqrt{30}$。

要求库存满足率大于95%，由安全系数表可以查出 $\alpha = 1.65$，就可以求出定量订货法的订货点 Q_K：

$$\begin{aligned} Q_K &= \overline{T_K} \cdot \overline{R} + \alpha \cdot \sqrt{\overline{T_K}\sigma_R^2 + \overline{R}^2\sigma_T^2} \\ &= 5 \times 1.67 + 1.65 \times \sqrt{5 \times 1.8^2 + 1.67^2 \times 1^2} \\ &= 15.54 \end{aligned}$$

［**例3**］某公司为了制定定量订货法订货策略，特意统计了某种物资的订货提前期的销售量。发现它服从正态分布，平均值为100吨，标准偏差为20吨。订货提前期平均为10天。如果一次订货费为100元，每吨物资保管1天需要1元。要保证库存满足率不小于84%，其定量订货法应当如何操作？

这个公司这种物资的订货提前期需求量服从正态分布，即：

$$D_L \sim N(100, 20)\text{吨/期}$$

库存满足率要达到84%，也就是其安全系数 $\alpha = 1$。所以订货点 Q_K 为：

$$Q_K = \overline{D_L} + \alpha \cdot \sigma_D = 100 + 1 \times 20 = 120$$

其订货提前期平均为10天，而平均提前期需求量为100吨，即平均每天需求10吨。又因为平均每吨物资每天的保管费为1元，一次订货费为100元。所以其订货批量为：

$$Q^* = \sqrt{\frac{2c_0\overline{R}}{c_1}} = \sqrt{\frac{2 \times 100 \times 10}{1}} = 44.7$$

表 5-4

D_L	$P(D_L)$	p
30	0.025	0.025
40	0.100	0.125
50	0.200	0.325
60	0.350	0.675
70	0.200	0.875
80	0.100	0.975
90	0.025	1.000
Σ	1.000	

［**例4**］某公司面对的提前期需求量的概率分布如表5-4所示，如要求库存满足率不小于85%，则订货点应取多少？安全库存量应设置为多少？

首先，根据表中给出的概率表，求出累计概率。写于 p 所在的列中。这个累计概率就是各个提前期需求量的库存满足率。由表查出累计概率 p 不小于85%所对应的提前期需求量 D_L 就可以得出订货点 Q_K。

$Q_K = D_L \mid_{P\{D_L \leq Q_K\} = 0.85} = 70$，订货点应取70。

要求安全库存量，则由于 $\overline{Q_L} = \sum D_L \cdot P(D_L) = 60$，由 $Q_K = D_L + Q_S$ 得：

$$Q_S = D_K - Q_K = 70 - 60 = 10$$

[例 5] 某公司为实施定期订货法策略对他的某个商品的销售量进行了分析研究。发现用户需求服从正态分布。过去 9 个月的销售量分别是：11、13、12、15、14、16、18、17、19 吨。他们如果组织资源进货，则订货提前期为 1 个月，一次订货费为 30 元，1 吨物资一个月的保管费为 1 元。如果要求库存满足率达到 90%，根据这些情况应当如何制定定期订货法策略？又在实施定期订货法策略后，第一次订货检查时，发现现有库存量为 21 吨，已订而未到的物资 5 吨，已经售出但尚未提货的物资 3 吨，问第一次订货时应该订多少？

由题可以得到如下信息：$R \sim N(\overline{R}, \sigma_R)$，$T_K = 1$（月），为常数。$C_0 = 30$ 元，$c_1 = 1$ 元/吨月，$p = 0.9$。第一次检查结果：$Q_{ki} = 21$ 吨，$I_i = 5$ 吨，$B_i = 3$ 吨（$i = 1$）。

要求定期订货法策略和第一次订货量，先求需求速率的平均值和标准偏差：

$$\overline{R} = \frac{\sum R_i}{9} = 15(\text{吨}/\text{月})$$

$$\sigma_R = \sqrt{\frac{\sum_i (R_i - \overline{R})}{9}} = 1.8$$

再求订货周期 T：$T^* = \sqrt{\dfrac{2c_0}{c_1 R}} = 2$（月）

由于 $p = 0.9$ 时，$\alpha = 1.28$，所以：

$$Q_{\max} = \overline{R} \cdot (T + \overline{T_K}) + \alpha \cdot \sqrt{(T + \overline{T_K})\ \sigma_R{}^2 + \overline{R}^2 \cdot \sigma_T{}^2} = 49$$

因此具体的定期订货法策略是，设置订货周期 T 为 2 个月，最高库存量 $Q_{\max}$ 为 49 吨。周期性地检查库存，发出订货。确定订货量的大小，使得订货以后的名义库存量达到 $Q_{\max}$。所以第一次检查库存发出订货量为：

$$Q_i = Q_{\max} - Q_{ki} - I_i + B_i = 49 - 21 - 5 + 3 = 26\ (\text{吨})$$

（三）*库存控制方法在确定型库存中的应用*

以上库存控制方法公式，无论是对随机型库存还是确定型库存都是适用的。

所谓随机型库存，指 R 和 T_K 的取值至少有一个是随机变化的，因而 D_L 也是随机变化的，σ_R、σ_T 或 σ_D 不全等于零。

所谓确定型库存，指 R 和 T_K 的取值都是固定不变的，σ_R、σ_T 或 σ_D 都等于零。这时库存控制的方法公式就变得非常简单。

1. 不允许缺货、瞬时到货的确定型库存（其模型如图 5-7 所示）

其定量订货法的公式变成：

$$Q_K = D_L = T_K R$$

$$Q^* = EOQ = \sqrt{\frac{2c_0 R}{c_1}}$$

其定期订货法的公式变成：

$$Q_{\max} = D_{T+T_K} = (T + T_K)\ R$$

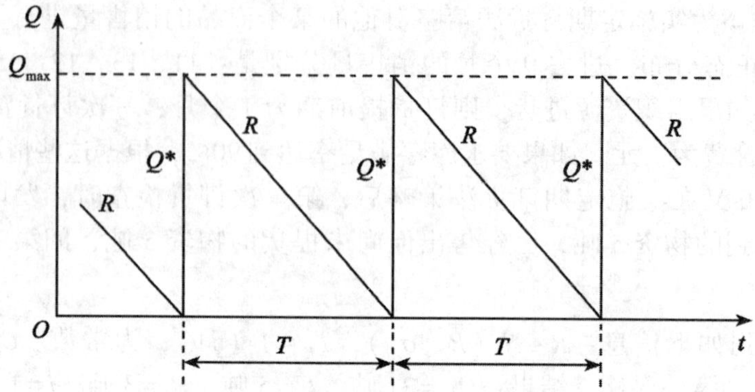

图 5-7 不允许缺货、瞬时到货的确定型库存模型

$$Q_i = Q_{max} - Q_{ki} - I_i + B_i$$

$$T = \sqrt{\frac{2c_0}{c_1 R}}$$

[例 1] 某商场的面包大约平均每天能够销售 20 公斤。面包的保管费用为平均每公斤每天 5 元，面包一次订购费为 200 元。问：如果采用定量订货法，则订货点和订货量取多少？如果采用定期订货法，则订货周期和最高库存分别为多少？如果采用定期定量法，则应该怎样操作？

依题意，$R = 20$ 公斤/天，$C_0 = 200$ 元，$c_1 = 5$ 元/公斤·天

因为是瞬时到货，即订货进货不需要时间，$T_K = 0$。所以：

定量订货法：

$$Q_K = R \cdot T_K = 0，\ Q^* = \sqrt{\frac{2c_0 R}{c_1}} = \sqrt{\frac{2 \times 200 \times 20}{5}} = 40$$

定期订货法：

$$T^* = \sqrt{\frac{2c_0}{c_1 R}} = \sqrt{\frac{2 \times 200}{5 \times 20}} = 2，\ Q_{max} = R \cdot (T + T_K) = 40$$

定期定量订货法：

$$T^* = \sqrt{\frac{2c_0}{c_1 R}} = \sqrt{\frac{2 \times 200}{5 \times 20}} = 2，\ Q_{max} = R \cdot (T + T_K) = 40，$$

$$Q_K = R \cdot T_K = 0，\ Q^* = \sqrt{\frac{2c_0 R}{c_1}} = \sqrt{\frac{2 \times 200 \times 20}{5}} = 40$$

2. 不允许缺货、持时到货的确定型库存（其模型如图 5-8 所示）

持时到货，是指订货进货需要花费时间，订货进货提前期 $T_K > 0$。在订货进货提前期内，边进货，边销售，且进货速率 p 大于销售速率 R，实际库存增长速率也大于 0，即 $p - R > 0$。由于边进货边销售，实际库存减少，其定量订货法的公式就变成：

$$Q_K = R \cdot T_K$$

$$Q^*=\sqrt{\frac{2c_0R}{c_1\left(1-\frac{R}{p}\right)}}$$

其定期订货法的公式就变成：

$$Q_{\max}=D_{T+T_K}=(T+T_K)R$$

$$Q_i=Q_{\max}-Q_{K_i}-I_i+B_i$$

$$T^*=\sqrt{\frac{2c_0}{c_1R}\cdot\frac{p}{p-R}}$$

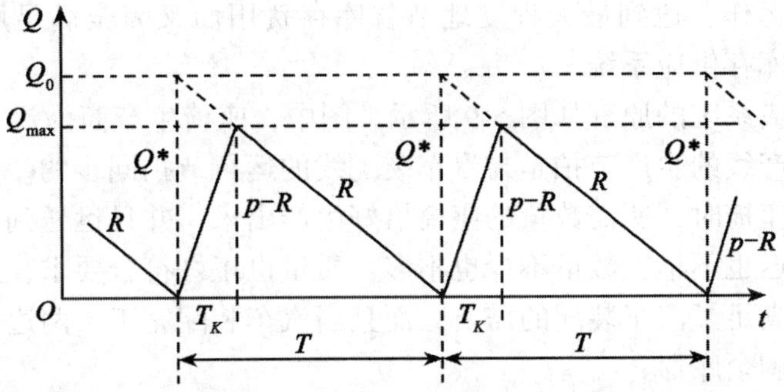

图 5-8　不允许缺货、持时到货的确定型库存模型

［**例 2**］如果［例 1］中的商场实行持时到货、不允许缺货，且进货速率为每天 50 公斤。商场平均每天销售 20 公斤。面包的保管费用为平均每公斤每天 5 元，面包一次订购费为 200 元。问：如果采用定量订货法，则订货点和订货量取多少？如果采用定期订货法，则订货周期和最高库存分别为多少？

定量订货法：

$$Q^*=\sqrt{\frac{2c_0R}{c_1\left(1-\frac{R}{p}\right)}}=\sqrt{\frac{2\times200\times20}{5\times\left(1-\frac{20}{50}\right)}}=52$$

$$T_K=\frac{Q^*}{p}=\frac{52}{50}=1$$

$$Q_K=R\cdot T_K=20\times1=20$$

即随时检查库存，当库存下降到 20 公斤时，就发出订货，订货批量为 52 公斤。

定期订货法：

$$T^*=\sqrt{\frac{2c_0}{c_1R}\cdot\frac{p}{p-R}}=\sqrt{\frac{2\times200\times50}{5\times20\times(50-20)}}=2.6$$

$$Q_{额定最高库存}=(T^*+T_K)R=\left(T^*+\frac{RT^*}{p}\right)R=(2.6+1)\times20=72$$

实际最高库存 $Q_{\max}=RT^*\cdot\left(1-\frac{R}{p}\right)=20\times2.6\times\left(1-\frac{20}{50}\right)=31.2$

即预先设定订货周期 2.6 天，额定最高库存为 72 公斤。每到订货周期点检查库存，发出订货，以每天 50 公斤的到货速率持时到货，订货批量等于当时的实际库存与额定最高库存 72 公斤之差。

二、其他库存控制系统

（一）准时化同步供应系统

准时化，即 JIT（Just in Time）的基本思路，就是追求“在合适的时候，把合适的品种，以合适的数量，送到合适的地点”。准时化同步供货系统，其实质就是追求最大程度地消除浪费而又恰好满足用户需要的供货理念。实行这样的订货策略，会使得供方和需方都能够实现零库存运作，达到最大程度地节省库存费用而又完全满足用户需求的理想境界，因此也叫做零库存供应系统。

准时化同步供应系统的原理如图 5-9 所示。图中，座椅生产商为汽车装配商同步生产供应座椅。座椅生产线的生产节拍是与汽车装配线的运行节拍同步的。当汽车装配线的座椅装配点需要装配座椅时，所需数量的座椅恰好生产出来，并且运送到了汽车装配线的座椅装配点。时间不迟也不早，数量不少也不多，质量也正好符合要求，送达地点也正好是需求地点。这不但满足了汽车装配的需要，而且当汽车装配完工，两边生产线的座椅的库存量都是零，没有剩余库存。

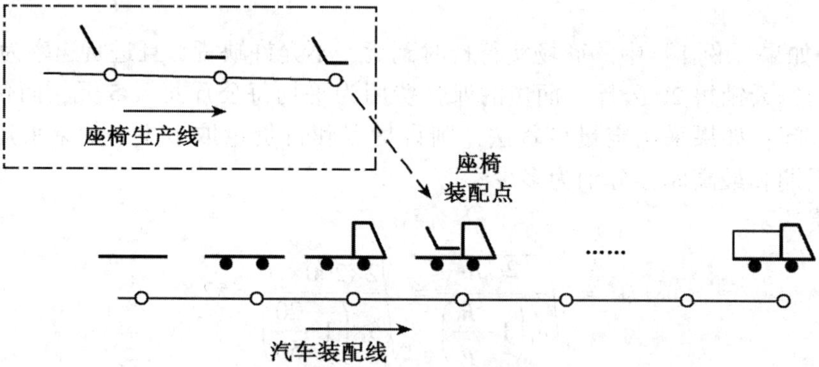

图 5-9 准时化同步供货示意图

准时供应法能够实现最理想的库存控制，即零库存。但是实施这种库存控制方法，需要具备一些条件，例如要求供应和需求的速度均匀稳定，同步供应商之间空间距离不能够太远等。因此它一般只适用于均匀稳定生产的生产企业，而不太适合那种需求速度波动很大的社会流通领域。

准时化的思想在经济和优化领域是一种具有积极意义的思想，运用于很多领域。在物流学中，运用于 JIT 计划、JIT 采购、JIT 配送等方面。

（二）计算机模拟库存控制系统

即采用蒙特卡罗模拟法，用计算机处理模仿实际的物资销售的业务过程。

已知需求速率和前置期长度的随机分布，将实际业务过程中随机变化的日销售量通过计算机随机数随机取销售量来实现，而将实际业务过程中订货前置期的变化也通过计算机随机数随机取前置期长度来实现。由计算机随机数取得的日销售量和前置期长度就可以计算出该次前置期的销售量。这样重复 N 次，就可以得到 N 个前置期销售量（即需求量）。这 N 个前置期需求量中，有的是相同的，有的是不同的，按从小到大的顺序依次统计出其中互不相同的需求量，并统计出它们相应发生的频数，由此求出各自的概率分布。由此概率分布求出对应的累计概率。该累计概率就是相应的前置期需求量的库存满足率。这样根据给定的库存满足率就可以求出订货点。另外，再根据 C_0、C_1 和 R 求出 Q^*，还可以根据 C_0、C_1、R 和 Q^*，求出 C^*。这样就求出了定量订货法的所有参数，实现了定量订货控制。

例如，如果已知提前期 T_K 和日需求量 R 的概率分布，如表5-5（各第1、2列）所示，则可以求出它们的累计概率（各第3列）和相应的随机数范围（各第4列）。模拟过程可见表5-6。

表5-5　**蒙特卡罗模拟法例题**

T_K（天）	f（T_K）	P（T_K）	RND（T_K）	R（吨/天）	f（R）	P（R）	RND（R）
1	0.1	0.1	0~9	10	0.1	0.1	0~9
2	0.2	0.3	10~29	11	0.2	0.3	10~29
3	0.4	0.7	30~69	12	0.4	0.7	30~69
4	0.2	0.9	70~89	13	0.2	0.9	70~89
5	0.1	1.0	90~99	14	0.1	1.0	90~99

表5-6　**蒙特卡罗模拟法原理**

模拟序号	由 RND（T_K）选定 T_K		取 T_K 个 R 值相加得到 D_L 值			D_L 发生次数
	RND（T_K）	T_K（天）	RND（R）	R（吨/天）	D_L	S（D_L）
1	12	2	5	10		
			28	11	21	S（21）=1
2	65	3	8	10		
			35	12		
			95	13	35	S（35）=1
3	9	1	70	13	13	S（13）=1
4	25	2	9	10		
			11	11	21	S（21）=2
⋮				⋮		
100	2	1	99	14	14	S（14）=⋯

模拟过程如下，首先由计算机产生随机数，根据随机数落在提前期随机数范围 RND

（T_K）而选定提前期数字 T_K，接着连续由计算机产生 T_K 个随机数，根据随机数落在日需求量 R 的随机数范围 RND（R）分别取出 T_K 个 R 值，这 T_K 个 R 值相加，就是这一个提前期的需求量 D_L。这样模拟一次就可以得到一个 D_L 值，模拟 N 次，就可以得到 N 个 D_L 值。这 N 个 D_L 值的大小可能互不相同，也可能互相相同。每一个数值出来时，分别由计数器给它们记录出现的次数$S(D_L)$。这样通过模拟，就得到了 D_L 和它们出现的频次 S（D_L）。按 D_L 从小到大的顺序排列，就可以求出累计概率 P（D_L），P（D_L）就是对应于以这个 D_L 为订货点 Q_K 时的满足率。这样就可以求出任何一个可能的满足率 p 下的订货点 Q_K。

另外，由 D_L 和 S（D_L）还可以求出 D_L 的平均值，由 Q_K 和 D_L 的平均值可以求出安全库存量 Q_S，还可以由 C_0、C_1 求出 Q^*、C^*。

以上就是服务率的定量订货法模拟。同样还有已知服务率的定期订货法模拟、已知缺货、补货的定量订货法、定期订货法模拟，详见附录。

本章小结

库存管理是物流管理的核心内容之一。本章讨论了库存的概念、分类和二重性，论述了库存管理的概念和宗旨，强调库存管理的核心在于库存控制管理、周转库存要加强库存管理，并阐述了库存管理的演进。然后分别介绍了库存品种数量管理、库存业务管理、库存成本管理以及库存控制管理的内容。本章的重点在于库存控制管理，通过理论分析和一些例题演示说明了库存控制的方法，包括定量订货法、定期订货法和模拟法。

本章思考题

1. 什么叫周转库存、储备库存？周转库存与储备库存有什么区别？
2. 库存管理的内容应当包括哪些？
3. 什么叫库存品种数量管理？库存品种数量管理的方法有哪些？
4. 基本的库存控制方法有哪些？它们共同的原理是什么？
5. 定量订货法和定期订货法各适用于什么情况？它们各有什么特点、优点和缺点？

本章习题

1. 某机电设备公司本月仓储费用实际支出为 6 000 元。各类物资储存情况如下：

机械类：月初储存量 6 000 000 元，月末储存量为 0；

轴承类：月初储存量 3 000 000 元，月末储存量为 1 000 000 元；

其他类：月初储存量 2 000 000 元，月末储存量为 0。

求出各类物资应摊的仓储费用。

2. 企业某种产品下年度采购总量为 1 800 吨，需求比较均衡，储存费用为每吨每月 30 元，订购费用为一次 160 元，保险库存天数为 4 天。求该种产品下年度的经常库存定额、最高库存量和最低库存量。

3. 某企业经销中档时装。时装一般有很强的季节性，根据以往经验本季度未能售出的时装一般只能以三折（零售价的 30%）甩卖，或者在仓库中堆放一年直至下年同一季度（因为仓储成本过高，所以该公司一般不选用此种做法）。现该公司准备订购一批夏装，进货价为每件 450 元，零售价为每件 998 元，对该种时装的市场情况的分析见表 5-7。

表 5-7

预计销量	出现的概率
100	0.1
150	0.2
200	0.3
250	0.2
300	0.1
350	0.1

请问：如果你是该公司经理，你会订购多少件该款式夏装？为什么？

4. 某企业经销电源插座。预计年需求量为 1 250 箱，每次的订购成本为 50 元，每箱插座的价值为 800 元，库存持有成本为每年 30%。根据 EOQ 模型，最佳订货批量应该是多少箱？

5. 某公司某种物资的前置期需求量服从正态分布，均值 $D_L=200$ 件，标准偏差 $\delta_D=60$ 件，如果服务率从 85%提高到 95%，请问库存量的变化为多少？

6. 已知 $D_L \sim N$（100，20）件，要求缺货率不大于 5%，求其定量订货法的订货点和安全库存量。如果平均前置期长为 10 天，每天每件的保管费为 0.10 元。一次订货费 1.00 元，其订货量应取多少为好？

7. 已知某 C 类物资的前置期需求量 D_L 的概率分布（见表 5-8）。要求库存满足率大于 85%，求定量订货法的订货点 Q_K 和安全库存量 Q_S。如果一次订货费为 200 元，1 吨物资平均前置期保管费为 10 元，求订货批量 Q^*。

表 5-8

D_L（吨）	F（D_L）
100	0.025
110	0.100
120	0.150
130	0.350
140	0.675
150	0.875
160	0.975
170	1.000

8. 某商品的月需求量服从均值为 10，标准偏差为 2（吨/月）的正态分布。订货前置期为 0.5 月，若订货周期为 1 个月，要求库存满足率达到 95%，求定期订货法的订货策略。

若某次订货盘存时，当时的实际库存量为 15 吨，已订而未到的量为 2 吨，已售出而未发货的量为 1 吨，这次应该订多少？

9. 设某种 A 类物资的销售速率和订货前置期均服从正态分布。$R \sim N$（100，20）吨/月，$T_K \sim N$（30，10）天，要求库存满足率达到 90%。其一次订货费为 100 元，每吨物资的月保管费为 10 元，求其订货策略。

10. 设某种 A 类物资的销售速率服从正态分布。$R \sim N$（15，1.8）吨/月，$T_K=1$ 月，$c_0=30$ 元，$c_1=1$ 元/吨、月，要求库存满足率达到 90%。求其订货策略。

第六章 运 输 管 理

运输是物流管理的重要内容之一。运输成本通常是物流成本中最大的单项成本。本章重点介绍物流管理过程中的运输管理问题，其中包括运输的功能、原理、各种运输方式的特点以及有效运输管理等方面的内容。

第一节 运输功能和原理

一、运输的概念

运输是指利用运输工具和运输设施，实现物资长距离空间位置转移的活动。这里，运输工具主要是指“车”，如汽车、火车、轮船、飞机等；运输设施主要是指“路”，如公路、铁路、水路、航空路线、土路等。“车”、“路”、“长距离”、“空间位置转移”是运输定义的四个关键词。

之所以要把“长距离”作为运输定义的关键词，主要是为了把运输和搬运区别开来。搬运也是一种空间位置转移的活动，但它是短距离的空间位置转移。而运输是长距离的空间位置转移。

还要把运输和配送区别开来。配送也是利用运输工具和运输设施进行长距离空间位置转移的活动。因此，配送也是一种运输，但是它是一种特殊的、具体的运输方式，而一般的运输活动则包括多种多样的运输方式。

企业需要很多运输活动，主要包括原材料的购进运输和产成品的分销运输两种类型。购进运输是从供应商处把所采购的原材料、零配件、设备、工具等运进来，供应企业的生产需要；分销运输是把企业的产成品运出去，供应到社会的各个市场，满足社会对企业产成品的需要。

二、运输的功能

运输最基本的功能就是通过运输手段将货物从供应地转移到需求地，实现物资的空间位置转移，从而满足需求地用户对物资的需求，创造物资的“空间效用”，保障需求地用户的生产或生活正常进行。

国外有经济学家在讨论运输与生产力布局的关系时指出，运输是社会生产力的组成部分，同时也是物质资料生产的一般必要条件，它对生产配置和社会劳动生产率的水平有着巨大的影响。现代大生产要求按时供应大量的原料、燃料和材料，并从生产地输出成品到消费区去。为了完成这个任务，就必须要有发达的运输。我国运输经济学家方举也曾指出，“交通运输是社会生产必具的一般条件，是整个经济的主要基础。生产、分配、交换和消费，必须通过运输的纽带才能得到有机的结合。生产的社会化程度越高，商品经济越发达，生产对流通的依赖性愈大，运输在再生产中的作用愈重要。”可以说，运输是物流的核心业务，是物流运作与管理不可缺少的一环。

运输还有一个辅助功能，就是对运输物资实现短时间位置转移、创造物资的“时间效用”的功能。因为运输货物需要时间，特别是长途运输需要更长的时间，在这个过程中，运输工具就是货物的储存保管室，能够避免物品被损坏或丢失，这实际上创造了物品的“时间效用”。在采购运输中，采购员往往利用这个时间效用，精心计算购进启运时间，使得购进到达时间正好是物品的需用时间，这样运到的物品直接上消费点，从而避免了仓库占用和货物保管。

三、物流运输的基本原理

指导运输管理和营运的两条基本原理分别是规模经济和距离经济。

1. 规模经济

运输的规模经济，就是对同一单运输而言，运输量越大越经济。运输量指运输的物资数量，也指运输的距离数量。运输数量越多，运输里程越长，就越经济，越有效益。其原因是：同一单运输的固定成本（车、路）是一定的，规模越大，固定成本就可以在更大的范围内分摊，单位物资单位里程分摊的固定成本就越少，因而越经济；另外，规模越大，车辆的装载越多，车辆的利用率越高，装卸搬运设备的利用率就越高，工作效率也越高，有的规模运输还可享受运价折扣，因而就越有效益。例如，整车运输的每单位成本低于零担货运；铁路或水路运输的单位物资成本要低于汽车和飞机。因此，运输管理一个很重要的原理，就是要尽量扩大运输规模，获取规模经济效益。

2. 距离经济

运输的距离经济，就是对一个有给定起迄点的运输任务而言，如果起迄点之间有多条路径，则选择的运输路径越短越经济。其原因是可变费用消耗量最小。因此运输管理的另一个重要原理，就是尽量选择可变费用消耗量最小的路径，也叫做最短路径原理。

第二节　运 输 方 式

不同运输方式的服务质量、技术性能、方便程度、管理水平，会影响不同层次物流系统对运输方式的选择。因此，物流管理者必须了解各种运输方式及其特点，才能作出正确的选择。

一、基本运输方式及其特点

各种运输服务都是围绕着五种基本的运输方式展开的，即公路运输、铁路运输、水路运输、航空运输和管道运输。它们各自有不同的特点。

（一）公路运输

公路运输在所有的运输方式中是影响面最为广泛的一种，其优势在于：

（1）全运程速度快。公路运输可以实现“门到门”运输，可以减少旅客转换运输工具所需要的等待时间与步行时间，对于限时运送货物，或为适应市场临时急需货物运输，公路运输服务优于其他运输工具。特别是对于短途、高价值产品运输，其整个运输过程，较任何其他运输工具都更为迅速、方便。

（2）运用灵活。公路运输富于灵活性，可随时调拨，不受时间限制，可随处停靠，富于弹性和适应性。

（3）受地形气候限制小。汽车在路上行驶，可以逢山过山，不受地形限制。遇恶劣气候，较飞机、船舶受影响小。

但是，公路运输也存在很多不足，其表现主要有：

（1）载运量小。汽车载运量，从客运角度，小到三四人，大到数十人；从货运考虑，普通可载运 3~5 吨，即使使用全拖车，也不过数十吨，无法与铁路或轮船的庞大容量相比。

（2）安全性差。公路运输，由于车种复杂，路况不良，以及驾驶人员的疏忽等因素，交通事故较多，安全性较差。

因此，公路运输适合于短距离、小批量的运输。

（二）铁路运输

铁路运输具有一些其他运输工具不能取代的优点，主要有：

（1）运量大、运价低廉且运距长。铁路运输采用大功率机车牵引列车运行，可承担长距离、大运输量的运输任务，而且由于列车运行阻力小，能源消耗量低，所以系统价格低廉。

（2）行驶具有自动控制性。铁路运输具有专用路权，在列车行驶上具有高度导向性，可以采用列车自动控制方式控制列车运行，以达到车辆自动驾驶的目的。目前最先进的列车已经可以通过高科技电脑的控制，使列车的运行达到全面自动化，甚至无人驾驶，从而大大提高运输安全，减轻司机劳动强度。

（3）有效使用土地。铁路运输以客、货车组成的列车为基本单元，可以在有限的土地上进行大量的运输，因此，较之公路可以节省大量的土地，使土地资源达到最有效的利用。

（4）污染性较低。铁路的污染性较公路低。如在噪音方面，铁路所带来的噪音污染，不仅比公路低，而且是间断性的。

（5）受气候限制小。铁路运输具有高度的导向性，只要行车设施无损坏，在任何气候条件下，如下雨、冰雪，列车均可安全行驶，受气候因素限制很小，所以铁路是营运最可靠的运输方式。

但是铁路运输系统也有其缺点，如资本密集、固定资产庞大、设备不易维修、战时容易遭破坏等。对于物流管理来说，其缺点主要表现在以下方面：

（1）货损较高。铁路运输可能因为列车行驶时的震动或货物装卸不当，造成所承载货物的损坏，而且运输过程需要经多次中转，也容易导致货物损坏、遗失。铁路运输的货损比例远高于公路运输，所以一些货主不敢将高价值的货物交由铁路承运。

(2) 营运缺乏弹性。公路运输灵活，可以随货源或客源所在地而变更营运路线，但铁路不行，所以容易产生空车回送现象，从而造成营运成本的增加。

由于受到现代公路运输的竞争，铁路运输不得不持续改革营运技术与管理方法，以求满足现代社会的运输需求。

(三) 水路运输

水路运输，即利用船舶航行于水域，完成旅客与货物运送的经济活动。在各种运输方式中，水路运输是最便宜的运输方式，但运输速度最慢，其具体特征如下：

(1) 运输量大。船舶货舱的比例比其他运输工具都大。以国际最大的超巨型油轮而言，其每次载运原油的数量可以高达56万吨，而最大的集装箱船每次可装载20ft集装箱4 000TEU。

(2) 能源消耗低。据测量，运输1吨货物至同样距离，水运所消耗的能源最小。

(3) 单位运输成本低。水运的运输成本约为铁路运输的1/25~1/20，公路运输的1/100。因此，水运（尤其是海运）是最低廉的运输方式，适于运输费用负担能力较弱的原材料及大宗物资的运输。

(4) 续航能力大。商船出航，所携带的燃料、粮食及淡水，可历时数十日，绝非其他运输方式可比。而且商船具有独立生活所需的种种设备，如发电设备、制造淡水设备、储藏大量粮食的粮仓、油槽等，能独立生活。

但是，水路运输受气候和商港限制，可及性低。商船航行于海上，遇暴风雨需及时躲避；遇大雾需按避碰章程处理，以防损害，这些都是气候对水路运输的限制。另外，商船到达商港，会因港湾水深或装卸设备的缺乏，而限制商船的入港与作业。再者，水路运输的可及性不高，往往需要地面运输系统的配合才能完成客、货运输过程。

(四) 航空运输

航空运输的特征主要表现在以下几个方面：

(1) 速度快。这是航空运输的最大优势，现代喷气式客机，巡航速度为800~900公里/小时，比汽车、货车快5~10倍，比轮船快20~30倍，而且距离越长，航空运输所能节约的时间越多，快速的特点也越显著。

(2) 不受地形限制，机动性大。飞机在空中飞行，受陆地地形因素限制很少，受航线条件限制的程度也远比汽车运输、铁路运输和水运小得多。它可以将地面上任何距离的两个地方连接起来，可以定期或不定期飞行。尤其对于灾区的救援、供应，对于边远地区的急救等紧急任务，航空运输已成为必不可少的手段。

(3) 舒适、安全。喷气式客机的巡航高度在10 000米左右，飞行不受低空气流的影响，平稳舒适。现代民航客机的客舱宽敞，噪声小，机内有供膳、视听等设施，旅客乘坐的舒适程度较高。由于科学技术的进步和民航客机适航性的严格要求，航空运输的安全性比以往已大大提高。

(4) 适用范围广泛、用途广。飞机，尤其是直升机，不但可供客货运输，而且还可以用于邮政、农业、渔业、林业、救济、工程、警务、气象、旅游观光和军事。

(5) 基本建设周期短、投资少。要发展航空运输，从设备条件上讲，只要添置飞机和修建机场就可基本满足。这与修建铁路和公路相比，建设周期短、占地少、投资省、收效快。据计算，在相距1 000公里的两个城市间建立交通线，若载客能力相同，修建铁路的投资是开辟航线的1.6倍。铁路修建周期为5~7年，而开辟航线只需2年。

同时，航空运输也有其不利的方面：

（1）航空运输具有国际性。航空事业属于环球多国籍的运输行业，具有跨国服务的特性，故需考虑国际化服务与合作。例如，天空开放和代码共享。

（2）航空运输载运量小、成本高。由于受飞机机舱容积制约，航空运输载运量小，运载成本和运价比地面运输高。

（3）受气象条件限制。航空运输工具在空中飞行，受气象条件限制较大，飞机的航期和安全常受影响。

（4）航空运输造成的噪声污染比较严重。

由于航空运输具有快速、机动的特点，可以为旅客节省大量时间，为货主加速资金周转，所以，在客运和进出口贸易中，尤其是在运输贵重物品、精密仪器、鲜活物资等方面，起着越来越大的作用。

（五）管道运输

管道运输是使用管道输送流体货物的一种运输方式，所输送的货物主要有油品（原油和成品油）、天然气（包括油田伴生气）、煤浆以及其他矿浆。管道运输是随着石油开发而兴起的，并随着石油、天然气等流体燃料需求量的增长而发展。

用管道运输，不同于用车、船舶、飞机等运输货物，管道是静止的，它通过输送设备（如泵、压缩机等）驱动货物，使之通过管道流向目的地。因此，管道的运输特性是：

（1）运量大。一条管径720毫米的管道，可年输易凝高粘原油2 000万吨以上，相当于一条铁路的运量；一条1 220毫米的管道，年输量可达1亿吨以上。

（2）永久性占用土地少，易选取捷径缩短运距。管道多埋于地下，埋入地下部分一般占管道总长度的95%以上，永久占用土地少，管道可以从河流、湖泊乃至海洋的水下穿过，也可以翻越高山，横越沙漠，允许敷设坡度较铁路、公路大，易选取捷径缩短运距。

（3）可长期稳定运行。由于受恶劣气候条件的影响较小，可以长期连续不断地稳定运行。

（4）便于管理。便于运输管理，易于远程监控，维修量小，劳动生产率高。

（5）损耗少，安全可靠。易燃的油、气密闭于管道中，既可减少挥发损耗，又较其他运输方式安全，且系统机械故障率低。

（6）耗能低、运输费用低。每公里输送每吨轻质原油的能耗只有铁路的1/17~1/2。成品油运费仅为铁路的1/6~1/3，接近于海运，且无需装卸、包装，无空车回程问题。

（7）沿途无噪声、漏失污染少。管道运输不仅沿途无噪声，且据近10年西欧石油管道的统计，漏失污染量仅为输送量的4%。

但是管道运输不如其他运输方式灵活，承运的货物比较单一，货源减少时不能改变路线，当运输量降低较多并超出其合理运行范围时，优越性就难以发挥。因此只适于定点、量大、单向的流体运输。

以上五种运输方式的特点是物流企业在选择运输方式时的参考指标。对我国物流企业来说，在选择运输服务方式时最关注的就是运输成本问题，而各种运输方式中对运输成本影响显著的营运特性主要是运价、运输时间（速度）、货物的灭损情况（安全可靠性）以及运输方式的可得性（运输方式服务于任何给定的两个地点间的能力）。对于这几个运输特性后面我们会作专门讨论，这里为了清晰可见，特将五种运输方式的各营运特性简单地归纳汇总如下（见表6-1）。

表6-1 各种运输方式相关的营运特征

营运特性	铁路	公路	水路	航空	管道
运价	3	2	5	1	4
速度	3	2	4	1	5
可得性	2	1	4	3	5
可靠性	3	2	4	5	1
能力	2	3	1	4	5

注：排名分别按照由大到小、由高到低的顺序。

二、运输方式选择的影响因素

物流企业可以根据所需运输服务的要求，参考不同运输方式的不同营运特性，进行最优选择，使所获得的运输服务成本最低。当然，有时单靠一种运输方式无法实现最低成本，往往需要几种运输方式的组合才能实现。因此为了选择正确的运输方式降低运输成本，必须考虑以下几个因素：

（1）价格：运输服务价格就是运输货物的在途运费加上提供额外服务的所有附加费和运输端点费用。如果是使用受雇运输，运输服务的总成本就是货物在两点间运输收取的运费加上所有附加费，如保险费、装卸费、终点的送货费等。如果是自用运输，运输服务成本就是分摊到该次运输中的相关成本，如燃油成本、人工成本、维修成本、设备折旧和管理成本等费用。

不同的运输方式，其运输成本相差很大。航空运输是最昂贵的，管道运输和水上运输则是最便宜的，而公路运输又比铁路运输贵。但是这种成本比较，是使用运费收入除以所运货物的总吨数得到的比值，并不能确切地反映各种运输方式的综合效益。在实际运营中，必须根据实际运费、运输时间、货物的性质以及运输安全等进行综合比较。

（2）运输时间：运输时间通常指货物从起点运输到终点所耗费的平均时间。这个时间的长短，从两方面影响运输的费用：①货物价值由于其适用期有限可能造成损失，如水果、蔬菜等；或因为其时间价值的适用期有限而造成损失，如报纸、时装等。②货物在运输中由其价值表现的资本占用费用，对高价值货物或货运量很大的货物，可能占成本的很大部分。因此，平均运输时间是一个重要的运输服务指标。不同运输方式，提供的货物平均运输时间是不同的。有些能够提供起止点之间的直接运输服务，有些则不能。但如果要对不同运输服务进行对比，即使涉及一种以上的运输方式，也最好是用门到门运送时间来进行衡量。在考虑运输时间时，还要注意一个问题，即运输时间的变化。运输时间的变化指各种运输方式下多次运输间出现的时间变化。它是衡量运输服务的不确定性的指标。起止点相同，使用同样运输方式的每一次运输的在途时间不一定相同，因为天气、交通拥挤、中途暂停次数、合并运输所费的时间不同等都会影响在途时间。一般来说，运输时间的变化率的排序与运输时间的顺序大致相同。也就是说，铁路的运输时间变化最大，航空运输最小，公路运输介于中间。但要注意的是，如果从变化率与平均运输时间的比值来看，则航空运输最不可靠，公路运输是最可靠的。

(3) 灭失与损坏：灭失与损坏，也就是运输质量中的安全性问题。因为各承运人安全运输货物的能力不同，所以运输中灭失或损坏的记录就成为选择承运人的重要因素。承运人有义务合理速遣货物，并以恰当的审慎避免货物的灭失和损坏。但如果由于自然原因、托运人过失或承运人无法控制的其他原因造成货物的灭失和损坏，承运人可以免除责任。虽然在托运人准确陈述事实的情况下，承运人会承担给托运人造成的直接损失，但托运人应该在选择承运人之前认识到会有一定的转嫁成本。托运人承受的最严重的潜在损失是客户服务。运输延迟或运到的货物不能使用意味着给客户带来不便，或者会导致库存成本上升，或者会造成缺货或延期交货。托运人如果要进行索赔，需要花时间搜集相关证据，费周折准备适当的索赔单据，在索赔处理过程中还要占用资金，如果索赔只能通过法庭解决，可能还涉及很高的费用。显然，对承运人的索赔越少，用户对服务越满意。对可能发生的货物破损，托运人的普遍做法是增加保护性包装，而这些费用最终也一定由用户承担。

由此可见，价格、运输时间及货物的灭失和损坏，直接或间接地影响着物流运输成本。因此，在选择运输方式时，上述三个因素是物流管理首要考虑的基本因素。

三、运输方式的选择

1. 单一运输方式的选择

单一运输方式，就是选择一种运输方式提供运输服务。可以根据五种基本运输方式的特点，结合自身运输需求进行恰当的选择。

2. 多式联运的选择

多式联运就是选择使用两种以上的运输方式联合起来提供运输服务。多式联运的主要特点是在不同运输方式间自由变换运输工具，以最合理、最有效的方式实现货物运输过程。例如，将卡车上的集装箱装上飞机，或铁路车厢被拖上船等。多式联运的组合方法有很多，但在实际中，这些组合并不都是实用的，一般只有铁路与公路联运、公路或铁路与水路联运得到了较为广泛的采用。

铁路与公路联运，即公铁联运，或称驮背运输，是指在铁路平板车上载运卡车拖车，通常运距比正常的卡车运输长。它综合了卡车运输的方便、灵活与铁路长距离运输经济的特点，运费通常比单纯的卡车运输要低。这样，卡车运输公司可以延伸其服务范围，而铁路部门也能够分享到某些一般只由卡车公司单独运输的业务，同时托运人也可得以在合理价格下享受到长距离门到门服务的便捷。因此，驮背运输，即铁路公路联运成为最受欢迎的多式联运方式。

公路或铁路与水路联运，也称鱼背运输，即将卡车拖车、火车车箱或集装箱转载到驳船或船舶上进行长途运输。这种使用水路进行长途运输的方式，是最便宜的运输方式之一，在国际多式联运中应用广泛。

此外，航空与公路联运应用也较广泛，即将航空货运与卡车运输结合起来，这种方式所提供的服务和灵活性可与公路直达运输相比拟。

两种以上运输方式的连接所具有的经济潜力，使得多式联运吸引了托运人和承运人。多式联运的发展对物流计划者具有很大的利益，这种发展增加了系统设计中的可选方案，从而可以降低物流成本、改善服务。

3. 运输中间商的选择

运输中间商，一种是运输承包公司，一种是运输代理人。运输承包公司是不具有运输工具或只具有少量短途运输工具，而以办理货运业务（或兼办客运业务）为主的专业运输业务企业。采用运输承包发运货物时，可以把有关货运工作委托给运输承包公司，由他们负责办理货物运输全过程中所发生的与运输有关的事务，并与掌握运输工具的运输企业发生托运与承运的关系。特别是对于一些运输条件要求较高、货运业务手续较为繁杂，且面向千家万户的运输，更适合采用运输承包发运货物。比如零担货物的集结运输，由于零担货物批数多、重量小、发散地分散、品种复杂、形状各异、包装不统一，由运输承包公司承包此项业务，不仅可以方便货主，提高运输服务质量，还可以通过运输承包公司的货物集结过程，化零为整，提高运输效率和运输过程的安全可靠性。

运输代理人主要应用于国际货物运输业务中。国际间货物运输业务的业务范围遍布国内外广大地区，不仅涉及面广、头绪多，而且情况复杂，任何一个运输经营人都不可能亲自处理每一项具体运输业务，这就需要把不少工作委托给代理人代办。运输代理人接受委托人的委托，代办各种运输业务并按提供的劳务收取一定的报酬，即代理费、佣金或手续费。代理人一般都经营运输多年、精通业务、经验比较丰富，且熟悉各种运输手续和规章制度，与交通运输部门以及贸易、银行、保险、海关等有着广泛的联系和密切的关系，从而具有有利条件为委托人代办各种运输事项。因此委托代理人去完成一项运输业务，有时比自己亲自去处理更为有利。因为代理人熟悉当地情况，与各方面有着密切关系，比人生地疏的委托人自己去办可能更顺利，更好一些，虽然要花费一些酬金，但委托人从代理人提供的服务中可以得到补偿。因此，代理在运输业中的发展十分迅速。物流企业可以根据代理人的不同性质和范围进行选择。

4. 自用运输的选择

所谓自用运输，即使用自有的运输设备运输自有的、承租的或受托的货物的活动。比如拥有或租用火车车皮、客车汽车、货用飞机及运输船舶运输自己的，或自己承租的，或自己受托的货物等，都是自用运输。拥有自用运输设备，可以具有更大的控制力和灵活性，能够随时适应顾客的需要，这种高度的反应能力可以使企业缩短交货时间，减少库存，减少缺料的可能性，而且可以不受商业运输公司服务水平和运价的限制，并有利于改善和顾客的关系。但是自用运输有一个很大的弊端，就是运输成本较高。主要原因就是回空问题，回空成本要计入运出或运入的单程货运成本内，这样货运成本实际是单程成本的2倍。因此，企业是选择运输中间商还是选择自用运输，一定要做好成本的比较工作，选择最佳运输方式。

5. 运输方式的定量分析

上述是对各种运输方式服务选择的定性分析，除此之外，我们还需要作一定的定量分析，将指标量化，使所选择的运输方式的优劣可以一目了然。所谓的定量分析，就是对所选择的运输方式的各种指标（即影响因素）绩效进行评分，给出衡量值，然后物流管理运输部门根据各种指标的重要程度给出不同的权重，用权重乘以运输方式的绩效衡量值就得到运输方式在该评估因素中的等级，将个别因素等级累积起来就得到运输方式的总等级。如果绩效的衡量值和权重分值越高，表示绩效越好，评估指标越重要，那么总等级分值越高的运输方式越好；反之，如果绩效衡量值和权重分值越低，表示绩效越好，评估指标越重要，那么总等级分值越低的运输方式越好。

我们以选择运输中间商，或者说承运人为例来说明这种定量分析的方法（见表6-2）。这里我们选择一个3分制的评定标准，承运人绩效的评定范围从“1——绩效好”到“3——绩效差”，各评估指标的权重值范围为“1——高度重要，2——一般重要，3——低度重要”。这样，我们可以计算出表6-2中的承运人的总等级为26。按此方法，总等级分最低的，应是最佳承运人。

表6-2 **选择承运人评估标准**

评估因素	相对重要性	承运人绩效	承运人等级
成本	1	1	1
中转时间长度	3	3	9
中转时间可靠性	1	2	2
能力	2	2	4
可达性	2	2	4
安全能力	2	3	6
承运人总等级	26		

在目前的物流环境中，由于各种新运输形式的出现，各种承运方式能提供的服务和能力也在不断增长，这就使选择运输方式比过去更加复杂，评估也变得更加困难。因此物流公司必须慎重考虑许多因素，对其进行定性和定量分析以求选择最佳运输方式。

第三节 运输法规

市场经济也是法制经济，一切社会经济关系都应该靠法律来调整，运输业务也不例外。企业从事运输业务或选择承运人购买运输业务，都必须了解运输的法律和规章，才能保证运输业务高效、安全、可靠地进行，可以说运输法规是运输部门营运的指导原则。本节将从宏观上介绍我国的运输政策、运输法规及主要类型等，为运输管理提供标准和规范。

一、我国的运输政策

运输法规的制定要以运输政策为依据，运输政策是运输部门营运的最高指导原则。因此，要探讨一个国家的运输法规，必须先了解该国家的运输政策。政府依据运输政策来制定交通运输法规，再凭借运输管制法规的执行来实现其运输政策，所以运输管制法规是运输政策的一个环节，它是针对特定运输业制定的特定措施，其主要内容包括运输费率、路线、进入、退出、安全及社会保障等管制措施。

由于我国的铁路、公路、民航、水路和管道运输不归属于同一个政府部门管理，因此并未在同一部法律中进行规范。各种运输方式均有专门的政策法规，例如《铁路法》针对铁路，而《航空法》则针对民用航空。至于总体技术发展政策方面，1985 年《中国技术政策》以国家科委蓝皮书和白皮书的形式公开发表，并经国务院批准在全国实行，其中包括了能源、交通等 13 个重要领域。在有关交通运输的政策条款中，首先确定了调整运输结构、发展全国综合交通运输网和各种运输方式的联合运输，以提高全国综合运输能力的基本政策，并分别对发展铁路、公路、水运、航空和管道运输的重点、条件和它们之间的综合发展与协作问题作了规定。

二、运输法规的特点

（1）法律规范的专业性。不同运输方式，采用不同的运输工具，都有各自的客观规律和技术特点，法律的调整必须与之相适应，形成各具特色的法律制度，所以说交通运输法是一门专业性很强的法律学科。

（2）法律规范的综合性。法律规范的综合性是指调整运输关系的法律手段和方法多样化。交通运输渗透于物质生产和生活消费的各个领域，需要综合采用行政的、民事的、刑事的、经济的各种法律手段，才能达到预期的法律效果。

（3）法律规范的强制性。交通运输事业是一种公用事业，在国家的政治、经济和军事上都具有重要意义，而企业从事的运输服务也依赖于交通运输事业，国家必须予以严格管理，以保证交通运输发展的安全性、快速性和经济性。由于运输合同具有不同于一般合同的特点，在调整承运人与运输使用人的关系时，为做到既有利于运输事业的发展，又切实保护公众利益，必须采用强制性的法律规范进行约束和处理。

（4）法律规范的国际性。交通运输法的国际性是由运输业务具有国际性所决定的。国际性的特点在航空运输和远洋运输中尤为明显。

三、运输法规的类型

运输法规可分为两大类：一类是经济法规，另一类是社会法规。

(一) 经济法规

为了提供可靠的运输服务和促进经济发展，政府积极利用经济法规保护运输承运人，保证运输服务的可得性和稳定性。所谓可得性，是指承运人所提供的适当服务对于任何需要服务的企业都能很容易获得，而稳定性则意味着承运人的利润将会得到充分保障以利其长期经营下去。经济法规的内容通常包括市场进入和退出规章、费率规章、服务水平规范和补贴等。

1. 市场进入和退出规章

市场进入和退出规章的内容涵盖了运输企业从设立到退出行业的全过程。在美国，为了确保运输服务的稳定性，市场准入规章通常规定市场准入承运人的数目，每个承运人所能服务的地区，其中包括运输服务的起始地和目的地。这种限制的目的是为了控制大市场的竞争性质，同时确保小市场可获得的服务水准。与准入规章相对应的是退出限制，即为了确保适当的服务水准，经济法规规定，如果承运人离开市场会导致服务水准大幅度下降，则限制其离开市场的能力。

我国对各种运输行业的进入通常采用许可证制度。对于公路运输企业的加入《公路运输管理暂行条例》第七条规定："交通主管部门根据需要和其生产能力、经营范围、技术和经营条件情况，在三十天内提出审核意见，符合条件的发给经营许可证。"从事营运性公路运输的单位和个人如果停业，应在办理停业手续后，方可以公告停业。

凡从事营业性的水路运输，必须由交通主管部门审查批准，领取"水路运输许可证"和"船舶营业运输证"。中华人民共和国沿海、江河、湖泊以及其他通航水域的旅客、货物运输，必须由中国企业、单位或个人使用悬挂中华人民共和国国旗的船舶经营。未经中华人民共和国交通部批准，外资企业、中外合资企业、中外合作经营企业不得经营中华人民共和国沿海、江河、湖泊以及其他通航水域的旅客、货物运输。

航空运输企业的设立、变更和终止以及企业内部和外部的关系，必须符合《中华人民共和国航空法》规定的条件，并由国家有关法律调整。按照审批权限和审批程序的规定，凡经批准开办的航空运输企业，由中国民用航空局颁发经营许可证。《中华人民共和国民用航空法》第九十二条规定：设立公共航空运输企业，应当向国务院民用航空主管部门申请领取经营许可证，并依法办理工商登记，未取得经营许可证的，工商行政管理部门不得办理工商登记。第九十三条规定：设立公共航空运输企业应当具备以下条件：有符合国家规定的适应保证飞行安全要求的民用航空器；有必需的依法取得执照的航空人员；有不少于国务院规定的最低限额的注册资本；法律、行政法规规定的其他条件。第九十六条规定：公共航空运输企业申请经营定期航班运输的航线，暂停、终止经营航线，应当报经国务院民航主管部门批准。

2. 费率管制

我国对运输业的费率实行严格管制，各种运输方式的费率均有明确的运价表予以规定，运输企业被要求严格按照运价表收取运输费，并由铁道部、交通部、民航局等行政部门及其下属机构负责监督执行。除非特别批准，运输企业不得变更运价。例如，《中华人民共和国铁路法》第二十五条规定：国家铁路的旅客运输票价率和货物、包裹行李的运价率由国务院铁路主管部门拟订，报国务院批准。国家铁路的旅客、货物运输杂费的收费项目和收费标准由国务院铁路主管部门规定，国家铁路的特定运营线的运价率，由国务院铁路主管部门取得国务院物价主管部门同意后规定；地方铁路的旅客票价率、货物运价率和运输杂费的收费项目和收费标准，由省、自治区、直辖市人民政府物价主管部门会同国务院铁路主管部门授权的机构规定；兼办公共旅客、货物运输营业的专用铁路的收费项目和收费标准以及铁路专用线共用的收费标准，由省、自治区、直辖市人民政府物价主管部门规定。第二十六条规定：铁路的旅客票价、货物、包裹、行李的运价，旅客和货物运输杂费的收费项目和收费标准，必须公告，未公告的不得实施。

《中华人民共和国民用航空法》第九十七条规定：公共航空运输企业的营业收费项目，由国务院民用航空主管部门确定。国内航空运输的运价管理方法由国务院民用航空主管部门会同国务院物价主管部门制定，报国务院批准后执行。国际航空运输运价的制定按照中华人民共和国政府与外国政府签订的协定、协议的规定执行；没有协定、协议的，参照国际航空运输市场价格制定运价，报国务院民用航空主管部门批准后执行。

3. 服务水准的规范

服务水准规范的内容涵盖运输业经营的技术和服务标准。《中华人民共和国铁路法》、《铁路货物运输规程》、《铁路旅客及行李包裹运输规程》、《公路管理条例》、《汽车旅客运输规则》、《汽车货物运输规则》、《水路运输管理条例》、《水路旅客运输规则》、《水路货物运输规则》、《中华人民共和国民用航空法》、《国内旅客行李航空运输规则》、《国内航空货物运输规则》等法规对运输设备的提供、班次、时刻表、票据、运营线路等有比较明确的规定，例如在《中华人民共和国铁路法》第十三条中对铁路服务水平作出了规定，在《中华人民共和国民用航空法》第九十五条中对航空服务水平作出了规定。交通安全则有诸多交通安全规则加以规范。在我国目前的服务水准管制的规定中，有关安全、运输工具、运输业从业技术人员的考核以及运输合同条款方面的规定较多也较为详细，而对于服务的水平、次数等规定比较笼统。

4. 运输补贴

我国运输补贴分为中央财政补贴和地方财政补贴两级。中央财政补贴主要用于铁路和管道，补贴方式主要是差额式补贴，即由中央财政拨款弥补运输企业的运营亏损。前几年，我国铁路就采取此种补贴方式。地方财政补贴主要用于补贴城市公共交通，对城市公共交通运输企业包括地铁、公共汽车等进行补贴，补贴方式主要是差额式补贴。现在对运输业的一些特殊经济管制放宽了，但仍有许多经济管制措施保留下来或改变了形式，以保证运输市场的正常秩序。如价格管制放松了，但仍保留了政府的部分控制权，如把政府严格控制的固定运价制度改为规定一定的浮动上下限，允许运输业者根据市场供求的具体情况作出反应。

（二）社会法规

社会法规既涉及运输当事的双方，又涉及运输会影响到的所有其他人，包括安全管制、环境保护等，在社会法规方面各国政府的干预程度可以说一直在增加。例如，《中华人民共和国铁路法》对铁路运输企业在运输营运过程中对社会应该承担的环境保护义务作出了具体规定，即铁路运输企业应当采取措施，防止对铁路沿线环境的污染，主要包括防止大气污染、防止噪声污染、防止固体废弃物污染等。防止对铁路沿线环境的污染，既是法律赋予铁路运输企业的义务，也是实现社会可持续发展的客观要求，必须引起高度重视。

社会法规有时也带有经济含义或使用经济手段，其意图是在使运输设施充分发挥效率的同时，减少交通事故和环境污染，并促进公众生活质量真正提高。

目前，社会保障的有关立法正在完善之中，交通运输部门应根据我国运输业的具体实际，借鉴国外有益经验，健全我国运输业的社会法规，使运输企业为社会提供安全可靠的运输服务。

第四节 运输管理

为了充分发挥物流系统中的运输功能，必须对所提供的运输服务进行系统全面地管理，即运输管理。运输管理主要包括运输规划和管理决策、运输业务管理、运输成本管理等。运输规划将在下一节详细介绍，本节重点讨论运输管理的一般问题。

一、运输管理的特殊性

运输交易与一般的商品交易不同，一般的商品交易只涉及买方和卖方，而运输交易往往受到五方的影响。他们是：托运人（起始地）、收货人（目的地）、承运人、政府和公众。图 6-1 说明了上述各方的关系。

考察上述各方的作用和影响有助于我们理解运输环境的复杂性和运输决策机制的复杂性。

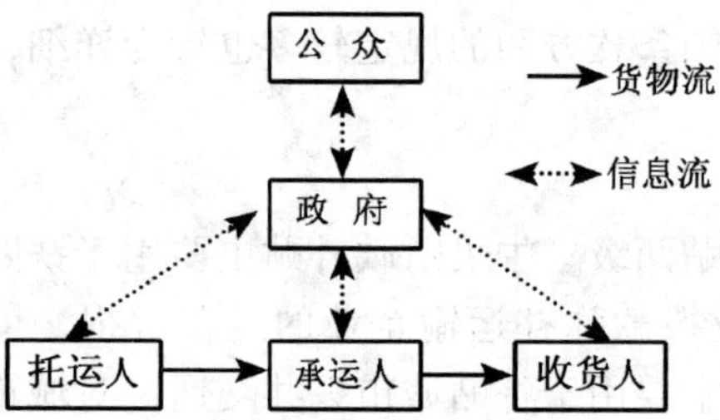

图 6-1 运输决策的参与者

托运人和收货人的共同目的，是要在规定的时间内以最低的成本将货物从起始地转移到目的地。运输服务应包括具体的提取货物和交付货物的时间、预计转移的时间、保证零灭失损坏以及精确和适时地交换装运信息和签发单证。

承运人作为中间人，他的目的与托运人和收货人多少有点区别，他期望以最低的成本完成所需的运输任务，同时获得最大的运输收入。因此，承运人希望按托运人（或收货人）愿意支付的最高费率收取运费，而使转移货物所需要的劳动、燃料和运输工具的成本保持最低，并且期望在提取和交付时间上有灵活性，以便能够使个别的装运整合成经济运输批量。

由于运输也是一种经济行业，所以政府要维持交易中的高效率水平。政府期望形成稳定而有效率的运输环境，促使经济持续增长，使产品有效地转移到全国各市场中去，并使消费者以合理的成本获得产品。为此，许多政府比一般企业更多地干预了承运人的活动，这种干预往往采取规章管制、政策促进、拥有承运人等形式。政府通过限制承运人所能服务的市场或确定他们所能收取的价格来规范他们的行为；通过支持研究开发或提供诸如公路或航空交通控制系统之类的通行权来促进承运人发展。在英、德等国家，某些承运人为政府所拥有，政府对市场、服务和费率保持绝对的控制。这种控制权使政府对地区、行业或厂商的经济成功具有举足轻重的影响。

公众是最后的参与者，关注运输的可达性、费用和效果，以及环境和安全上的标准。公众按合理价格产生对周围商品的需求并最终确定运输需求。尽管最大限度地降低成本对于消费者来说是重要的，但与环境和安全标准有关的交易代价也需要加以考虑。尽管目前在降低污染和消费安全方面已有了重大进展，但空气污染所产生的影响仍是运输的一个重大问题。既然要把降低环境风险或运输工具事故的成本转嫁到消费者身上，那么他们必然会共同参与对运输的安全作出判断和决策。

显然，各方的参与使运输关系变得很复杂，运输决策也很复杂。这种复杂性要求运输管理需要考虑多方面的因素，顾及各个方面的利益。

二、运输管理业务流程

运输环境的复杂性要求企业内部必须有一个专业的管理部门来管理运输服务，也就是运输管理部门。运输管理业务就是对企业提供的运输服务进行计划、安排、监督以及货单审查、运价和服务谈判、货损索赔的预防和处理等活动，运输管理部门就是执行这些职能的部门机构。在日常工作中，各个运输管理部门的管理业务有所不同，但一般包括以下业务程序：

（1）制定货运计划：制定货运计划的任务就是要与采购和分销或生产部门互相协调，不断监控运入和运出货物的日程，保证生产的连续进行，不能因运输而受到阻碍。另外，物资的装卸应根据有效地利用码头、站台和劳动力的原则按计划进行。运输管理应保证在时间安排上不过早或超过实际需要，否则将会因货位、车道拥挤，设备滞留和拖延而支付额外费用或罚款。

（2）选择运输公司与运输方式：运输管理工作涉及对货物运输公司及运输方式的选择问题。无论是企业自有运输资源或是购买外部运输服务，运输经理在选择运输服务时首先要考虑的是成本效益问题。如果使用自有运输资源的成本低于购买外部运输服务的成本，企业可以选择使用自有运输资源，否则应该购买外部运输服务。但无论是使用哪种运输服务方式，都要考虑许多因素。最经常考虑的因素是：

①运输时间。运输时间的长短往往是主要的选择条件。一般都愿意选一家公司直运，而不愿由几家公司联运，并力求避开拥挤的场站。但在某些情况下，当托运人和收货人都不想增加货物库存时，他们也会寻求速度慢的运输。此时，运输工具被当做活动仓库，而运输中的货物是不用花费库存费用的。

②运输时间和计划安排的一致性。有些运输任务要求符合发货计划，使托收双方都能预计到货时间。这对严格按进度进行装配的行业，或在收货人希望能满足生产实际需要而只保有小量库存的情况下，都是决定性的因素。为按时到货，一些运输经理宁愿选择速度较慢的或花钱较多的但十分可靠的运输公司，而不选择速度较快但只有少部分货物能按时到达的运输公司。研究表明，成本和运输时间的准确性已成为选择运输公司和运输方式时

所要考虑的主要因素。

③运价。这是一个重要的选择因素。在同等服务水平情况下，人们愿意选择运价低的公司。当然除了运价低，还应该使包括运费在内的总费用最低。

④设备可利用性。当获取运输服务或运输工具比较困难时，货主们往往根据其提供货运工具的能力来选择运输公司。例如，由于铁路车辆的专用化，货主往往根据铁路公司所能提供的专用车辆数量选择运输公司或分配运输量。

⑤货差与货损。发生货差货损的相对次数以及处理索赔的快慢和赔偿金的比例，也在运输公司的选择中起着一定的作用。货主多愿选择历来货差货损少的运输公司，而在这方面声誉不佳的运输公司往往遭到货主的拒绝。

⑥互惠合作。货主经常使用购买他们货物的运输公司，这通常是指采购运输设备和其他生产资料，这有利于双方互惠互利，有利于取得有关运输公司的服务和设备信息，运输公司也乐意协商运价和改进服务。

（3）安排运输服务工作：安排运输服务工作要与相关车辆调配人员取得联系，由他们安排空车或电话通知汽车货运公司当地的调度人员。在这两种情况下，都应向运输公司人员通报货主的姓名和接货地点、货物重量，有时还需知道货物体积、类别和到站情况，以便车辆一送到就可开始各项装货作业。这些工作步骤通常根据预先制定的货运计划进行，它包括指定人员、安排装货、货物固定、货物衬垫、办理有关文件手续和其他工作。

（4）发运/货运跟踪：这类业务工作包括连续跟踪货运过程和在必要时提醒运输公司中途改变运输路线。有些货主通过计算机网络直接与运输公司的货运系统联网。这样，每天都可得到货主的所有车辆和货物位置的报告。发运/货运跟踪对托运人和收货人都具有重要意义，据此他们能根据货运进程或出现的问题来计划他们的生产和接运。

（5）验货/确定运费：验货是为一次货运确定适当运费的过程。托运人在运输公司填写货单前会同承运人验货，这样可以避免或减少超收或少收运费情况的发生。

（6）审验/付费：审验是指检查货单的计费是否准确。这项工作在运输公司提出货单或付费后进行。一些企业由本单位审核，有的则在付费后再请外部顾问完成这项工作。货单一般要经运输部门核实再交给负责支付的部门。

（7）延期/滞留：延期费是由于装卸超过规定的时间而使运输工具耽搁，由运输公司向托运人或收货人收取的费用。滞留为铁路运输企业的用语，概念相同。运输经理一般要负责对延期和滞留进行监控、管理和付费。运输经理必须在装卸和人力成本与设备延期费用之间权衡比较，作出决策。

（8）索赔：运输公司在货运过程中，可能发生货差和货损。运输经理要负责办理索赔，以补偿部分或全部损失。此外，还要处理货单多收运费等事宜。

（9）自用货车和汽车车队的管理：在一些企业中，运输经理还要负责对自用货车和汽车车队的管理。为此，需要做好协调和管理工作，以降低车队成本和提供优质服务。

（10）运输预算管理：运输预算管理是防止财政超支的一项重要工作。运输经理应随时掌握现在和未来的各项活动及其开支，并与原定计划相对照。例如能源费用的上涨使大多数试图在计划预算内运营的运输经理都遇到了难题。今后，费用的上涨还会使成本和预算问题越来越复杂化。

总之，为了完成运输管理任务，运输经理必须熟悉上述业务程序，在选择运输服务时，运用总成本分析方法进行全面权衡比较，把存货量、顾客服务、生产和其他费用考虑在内，选择总成本最低的运输服务。

三、运输成本管理

运输成本是承运人和托运人十分关心的问题。运价最低不一定是最佳的选择，最佳选择的根本依据应该是运输过程的总成本最低。综合考虑运输过程中的各种因素，目的就是为了选择总运输成本最低的运输服务，因此，成本管理是运输管理中的关键工作。以下是运输成本的构成。

（1）变动成本：变动成本是指在一段时间内，由于运输工具投入使用所发生的费用。开动运输工具要花费劳动力、燃料、维修保管费等，运输数量越多，运输路程越长，费用就越高。这些随运输数量、里程而变动的费用，就是变动成本。变动成本包含承运人运输每一票货物有关的直接费用，如劳动成本、燃料费用和维修保养费用等。一般说来，期望承运人能维持营运而又要求他按低于其变动成本来收取运费，那是不可能的，运输费率至少必须弥补变动成本，通常按照每公里或每单位重量多少成本来计算。

（2）固定成本：固定成本是指在短期内不随运输水平的变化而变化成本。它主要包括运输基础设施，例如铁路、站台、通道、机器设备等的建造设立成本以及管理系统费用（诸如端点站或管理部门之类的费用）。这些成本不受营运量的直接影响，因此叫做固定成本。这些成本费用必须通过营运而得到补偿，例如由上述按每票货计算的变动成本的贡献率（contributions）来弥补。

（3）联合成本：联合成本是指决定提供某种特定的运输服务而产生的不可避免的费用，例如运输返回的空车费用等。承运人将货物从A运往B，则从B至A空车返回发生的费用就是从A至B运输的联合成本。这种联合成本要么必须由最初从A至B的运输弥补，要么必须找一位有回程货的托运人以得到弥补。联合成本对于运输收费有很大的影响，因为承运人索要的运价中必须包括隐含的联合成本。

上述成本结构是承运人在向托运人索要运费时必须考虑的主要成本。必须定期地对其进行评估，以确保运输费率的精确性和盈利性。

第五节 运输规划

一、物资运输规划概述

物资运输规划，是物资运输计划和调度人员制定运输计划的科学方法。它的基本内容就是根据给定的运输任务确定如何从多个供应点通过运输网络将货物最经济地运输到多个用户。

（一）物资运输规划问题的一般模型

设要从 m 个生产厂分别将货物运输到 n 个用户，从第 i 个生产厂运输到第 j 个用户的运量 X_{ij} 既要满足供应厂的可供量 a_i（$i=1, 2, \cdots, m$）的条件，又要满足用户需求量 b_j

($j=1, 2, \cdots, n$) 的条件。物资运输规划问题的一般模型为：

$$\min F = \sum_{i=1}^{m} \sum_{j=1}^{n} C_{ij} X_{ij}$$

$$\sum_{j=1}^{n} X_{ij} = a_i \quad (i = 1, 2, \cdots, m)$$

$$\sum_{i=1}^{m} X_{ij} = b_j \quad (j = 1, 2, \cdots, n)$$

$$X_{ij} \geqslant 0$$

解题步骤：

(1) 建立初始运输表格。所谓初始运输表格就是包含所有源点和所有汇点，并且源、汇点间的运价系数齐全、供需平衡的单纯形表格。当 $\sum_i a_i \neq \sum_j b_j$ 时，要设立虚源和虚汇，化为平衡模型。如果源点和汇点之间有多条路径，应该取其中的最短路径为运价系数。

(2) 用最小元素法求初始解。在初始运输表格中，依次优先从最小的运价系数的格开始，分配由源量和汇量允许的最大的调运量，直到所有的源量分配完毕、所有的汇量都得到满足为止。填上解的这些格称做基本格，它们的个数应当有$m+n-1$个。

(3) 对求出的解进行位势法检验。先由基本格根据 $c_{ij}=u_i+v_j$ 的关系，求行位势 u_i 和列位势 v_j，然后判断非基本格单纯形系数 $z_{ij}=c_{ij}-u_i-v_j$ 是否不小于零，如果所有的单纯形系数都不小于零，则得到最优解，退出。否则，进入下一步。

(4) 对解进行回路法调整。以单纯形系数 z_{ij} 负值最大的基本格为起点，向左右前后前进，碰到基本格拐弯，构造出闭合回路，并在各顶点依次标注“+”号和“-”号。然后从标注“-”号的各格中找最小的调运量作为调整量，并在回路中将所有带“-”号的格的调运量分别减去这个调整量（这时消除了一个基本格）、将所有带“+”号的格的调运量依次加上这个调整量（这时添加了起点一个基本格），就得到一个改进解。然后转到(3)。

[例 1] 多分支多闭合回路运输网络图如图 6-2 所示，求调运方案。

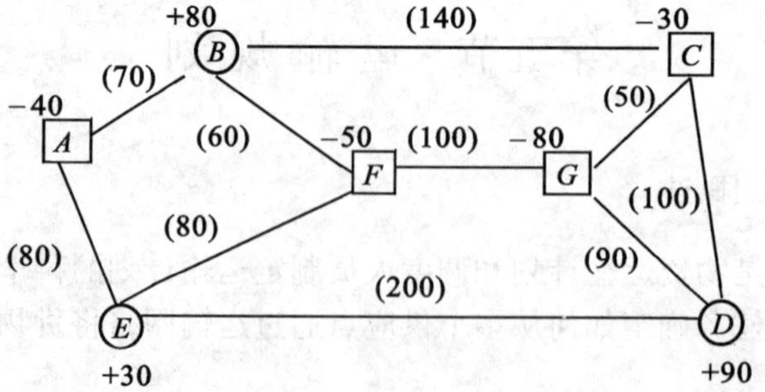

图 6-2 多闭合回路运输网络图

解：第一步，先根据运输网络图建立初始运输表格，如表 6-3。表中的最左一列和最右一列分别是源点和对应的源量 a_i，最上一行和最下一行分别是汇点和对应的汇量 b_j，中间主体部分的每一格左上角带半括弧的数字都是相应源点到相应汇点的运价系数 c_{ij}，并且总源量等于总汇量，供需平衡。

表 6-3

	A	C	F	G	源量 a_i
B	70)	140)	60)	160)	80
D	280)	100)	190)	90)	90
E	80)	230)	80)	180)	30
汇量 b_j	40	30	50	80	

第二步，用最小元素法求初始解：

首先，最小元素为 60，对应由 B 到 F 的运量，对应的源量是 80、汇量是 50，所以允许分配的最大调运量是 50，填入该格中，得到一个基本格。这样，F 列已得到满足，后面不能够再填了。

接着，在剩下的各格中，找最小元素，为 70。对应由 B 运到 A，对应的源量还剩 30（虽然原来是 80，但已经分配 F 点 50）、汇量 40，所以允许的最大调运量是 30。并且 B 行已得到满足，以后不能够再填了。同样，依次填上其他各个基本格，到所有源量分配完、所有汇量都得到满足，共得到 $m+n-1=3+4-1=6$（个）。见表 6-4。

表 6-4

	A	C	F	G	源量 a_i
B	70) 30	140)	60) 50	160)	80
D	280)	100) 10	190)	90) 80	90
F	80) 10	230) 20	80)	180)	30
汇量 b_j	40	30	50	80	

第三步，位势法检验：

先由基本格根据 $c_{ij}=u_i+v_j$ 的关系，求行位势 u_i 和列位势 v_j：

假设 $u_1=0$，由 $c_{11}=u_1+v_1=70$，得 $v_1=70$，由 $c_{13}=u_1+v_3=60$，得 $v_3=60$；

再由 $v_1=70$，$c_{31}=u_3+v_1=80$，得 $u_3=10$；

再由 $u_3=10$，$c_{32}=u_3+v_2=230$，得 $v_2=220$；

再由 $v_2=220$，$c_{22}=u_2+v_2=100$，得 $u_2=-120$；

再由 $u_2=-120$，$c_{24}=u_2+v_4=90$，得 $v_4=210$。

这样就求出了所有的行位势和列位势：

$u_1=0$，$u_2=-120$，$u_3=10$，$v_1=70$，$v_2=220$，$v_3=60$，$v_4=210$

再由行位势 u_i 和列位势 v_j 根据公式 $z_{ij}=c_{ij}-u_i-v_j$，判断非基本格的单纯形系数 z_{ij} 是否大于等于 0。因为：

$$z_{12}=c_{12}-u_1-v_2=140-0-220=-80;$$
$$z_{14}=c_{14}-u_1-v_4=160-0-210=-50;$$
$$z_{21}=c_{21}-u_2-v_1=280+120-70=330;$$
$$z_{23}=c_{23}-u_2-v_3=190+120-60=250;$$
$$z_{33}=c_{33}-u_3-v_3=80-10-60=10;$$
$$z_{34}=c_{34}-u_3-v_4=180-10-210=-40。$$

从中发现，负值最大的是 z_{12}，对应 B 与 C 的交点格。

第四步，回路法调整：以负值最大的 B 与 C 交点格为起点，遇基本格拐弯构造闭合回路，并依次填上“+”号和“-”号（见表 6-5）。以负顶角中最小的数字为调整量(20)，在各个顶角分别加上或减去这个调整量，得到一个新的解（见表 6-6）。

表 6-5

	A	*C*	*F*	*G*	源量 a_i
B	70) 30 −	140) +	60) 50	160)	80
D	280)	100) 10	190)	90) 80	90
E	80) + 10	230) − 20	80)	180)	30
源量 b_j	40	30	50	80	

表 6-6

	A	*C*	*F*	*G*	源量 a_i
B	70) 10	140) 20	60) 50	160)	80
D	280)	100) 10	190)	90) 80	90
E	80) 30	230)	80)	180)	30
汇量 b_j	40	30	50	80	

再返回第三步检验。先求行位势和列位势，再求单纯形系数，发现所有的非基本格单纯形系数都大于或等于 0，这个解就是满意解，即调运方案如下（见图6-3）：

由 B 点发出 80：$X_{BA}=10$，$X_{BC}=20$，$X_{BF}=50$；

由 D 点发出 90：$X_{DC}=10$，$X_{DG}=80$；

由 E 点发出 30：$X_{EA}=30$；

A 点总共收到 40：$X_{BA}=10$，$X_{EA}=30$；

C 点总共收到 30：$X_{BC}=20$，$X_{DC}=10$；

F 点总共收到 50：$X_{BF}=50$；

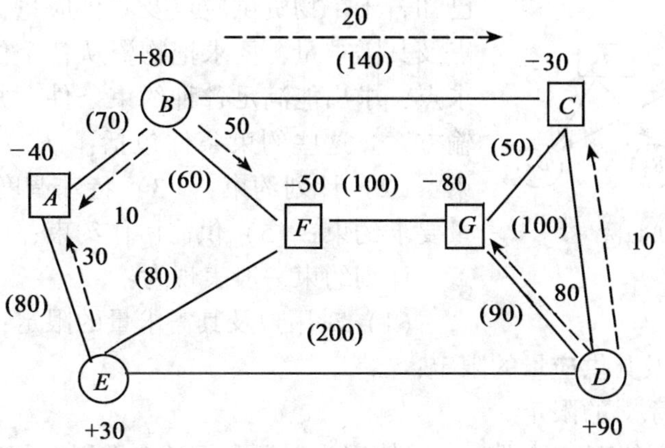

图 6-3 多闭合回路调运方案图

G 点总共收到 80：$X_{DG}=80$。

（二）调运约束

实际制定运输计划时，要考虑各种约束条件。这些约束条件有：

（1）计划约束：指根据国家经济发展计划和供需矛盾情况而制定的物资分配计划。

（2）特殊调度约束：指为满足特殊用户需求量而进行的物资调度约束。这些特殊用户一般是关系国计民生的重点项目或者紧急项目等。

（3）用户质量要求的约束：用户根据产品质量需要选定供应厂商。

（4）供需协作约束：供需双方已经结成了互惠互利的供需关系。

（5）订货发货起点约束：选订货起点和发货起点二者中较高者。

（6）运力约束：指运输路段上运输能力的限制条件。它具有方向性。

（三）调运问题的几点说明

（1）合理调运问题的解法，就是解决有以上调运约束条件的运输问题。

（2）都是解单一品种，或者虽然不是同一品种，但可以转换成单一品种。

（3）资源量的确定：等于可供调运的数量，或者经过计划处理的量。

（4）需求量的确定：等于实际需求的数量，或者经过计划处理的量。

（5）源和汇数目的处理：为减少运算处理工作量，应尽量减少源和汇的数目。

（6）运价系数的确定：运价系数取为单位物资的全程运费，在同样的运输方式条件下，也可以取为运输路程或运输时间。

（四）调运模型分类

调运模型可以分成直达调运和中转调运两大类。直达调运包括单一品种调运和同类多品种调运两小类，中转调运又包括经中转仓库中转、经任意网点中转和运力约束三小类。下面分别说明。

二、直达调运

直达调运就是从生产厂家直接运到用户的调运，如图 6-4 所示。直达调运问题一般是

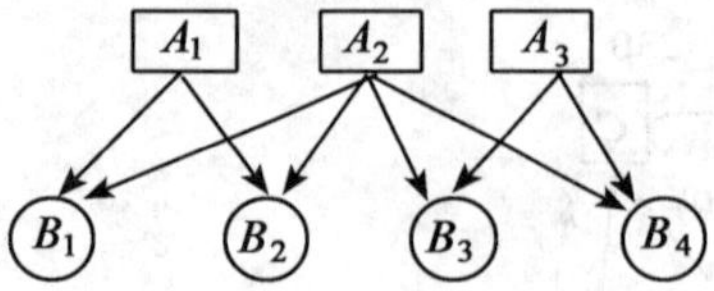

图 6-4 直达调运

已知若干个物资供应点及其供应量，也已知若干个需求点及其需求量，要求把物资从各个供应点运送到各个需求点，求出能满足各种约束条件，并使总运费最省的运输方案。这些约束条件包括：（1）供应量、需求量约束；（2）计划约束；（3）特殊调度约束；（4）用户质量要求约束；（5）供需协作约束；（6）运力约束等。

计划约束一般表现为：

（1）对用户及其需求量的限定；

（2）对供应点及其供应量的限定；

（3）对供需关系对的限定。

调运模型对计划约束的处理，一般体现为对源和汇的个数以及相应的供应量或需求量的限定处理。这时可能要设立虚源或虚汇。

特殊调度约束、供需协作约束一般体现为对供需关系对及其供需量的限定。

用户质量要求约束一般体现为用户对供应厂家的选择和供应量的限定。其中有两种常见情况：

（1）用户限定从某供应厂家的进货不小于某个数量；

（2）用户限定从某供应厂家的进货不大于某个数量。

对于前一种情况，一般把该用户 B_j 及其需求量 b_j 分成两部分：一部分用 B_j' 表示，它是有质量要求的用户，其需求的数量 b_j'，它只从限定供应点进货（其相应运价系数取实际运价系数），不从其他供应点进货（其相应运价系数取 M）；另一部分用 B_j'' 表示，它是非质量要求的用户，其需求数量 $b_j''=b_j-b_j'$，它可以从包括限定供应点在内的所有供应点进货，它与各点的运价系数都取实际运价系数。

对于后一种情况，一般也把该用户 B_j 及其需求量分成 b_j 两部分：一部分用 B_j'' 表示，它是非质量要求的用户，其需求的数量 $b_j''=b_j-b_j'$，B_j'' 只从限定供应点以外的各点进货（它与限定点的运价系数取 M，而与其他各点的运价系数取实际运价系数）；另一部分用 B_j' 表示，它是有质量要求的用户，其需求数量 b_j'。B_j' 从包括限定供应点在内的所有各点进货（其相应运价系数都取实际运价系数）。

［例 2］ 仍然以例 1 为例（见表 6-7），加上以下约束：

表 6-7

	B_1	B_2	B_3	B_4	a_i
A_1	2)	11)	3)	4)	6
A_2	10)	3)	5)	9)	5
A_3	7)	8)	1)	2)	2
b_j	8	2	5	2	

（1）计划约束：B_1 和 B_3 的需求量各减少 2；

（2）特殊调度约束：B_4 从 A_1 的进货不得少于 1；

（3）供需协作约束：B_1 从 A_3 进货 1；

（4）用户质量要求约束：B_1 从 A_1 的进货不超过 3。

求合理调运方案。

解：（1）根据计划约束，B_1、B_3 的需求量各减少 2，此时总供应量等于 6+2+3+2=13，总需求量等于 6+5+2=13。供需平衡，不需要设立虚源虚汇。

（2）根据特殊调度约束，B_4 从 A_1 的进货不得少于 1，把 B_4 分成 B_4' 和 B_4'' 两部分，B_4' 只从 A_1 进货 $b_4'=1$，B_4'' 从包括 A_1 在内的所有供应厂家进货 $b_4''=b_4-b_4'=2-1=1$。

（3）根据供需协作约束，B_1 应从 A_3 进货 1，也将 B_1 分成 B_1' 和 B_1'' 两部分，$b_1'=1$，只从 A_3 进货。$b_1''=b_1-b_1'=6-1=5$。

（4）根据用户质量要求约束，B_1 从 A_1 进货不超过 3，这时只能把 B''_1 分成 B''_1 和 B'''_1 两部分，B''_1 从 A_1 以外各厂进货，$b''_1=5-3=2$，$b'''_1=3$，B'''_1 从包括 A_1 在内的各厂进货 3。

这样得到如表 6-8 所示的初始调运表格。

表 6-8

	B'_1	B''_1	B'''_1	B_2	B_3	B_4'	B_4''	a_i
A_1	M)	M)	2) 3	11)	3) 1	4) 1	4) 1	6
A_2	M)	10) 2	10)	3) 2	5) 1	9)	M)	5
A_3	7) 1	7)	7)	8)	1) 1	2)	M)	2
b_j	1	2	3	2	3	1	1	

三、中转调运

（一）经中转仓库中转

所谓中转调运，就是由供应点经过中转仓库到用户的运输（见图 6-5）。

中转调运问题的处理，就是要对中转仓库进行数学上的处理，达到把中转调运问题转化成直达调运问题求解的目的。

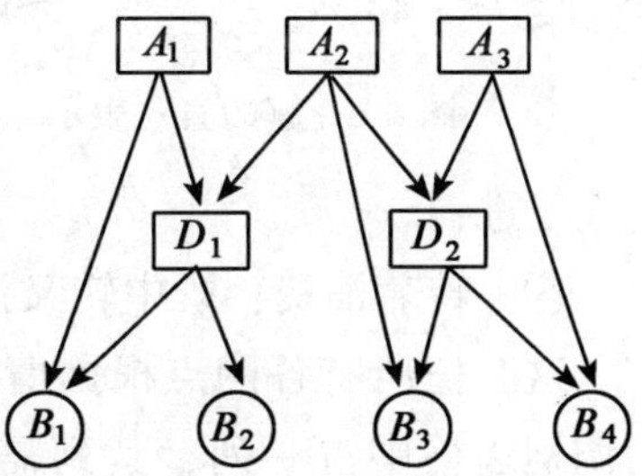

图 6-5　中转调运

中转仓库可以进行如下处理：

把中转仓库既看成是用户（因为它们也像一般用户一样，也要由供应点进货），也看成是供应点（因为它们也像一般供应点一样，也向用户供应货物）。在初始调运表格中，它们占一行又一列。其行资源量等于其列资源量，等于该仓库的中转量 d_k，等于仓库吞吐量的一半。

［**例 3**］已知生产厂集 $\{A\}=\{A_1, A_2, A_3, A_4\}=$

{200, 120, 140, 60}（万吨），用户集 {B} = {B_1, B_2, B_3, B_4} = {100, 120, 160, 140}（万吨），中转仓库集 {D} = {D_1, D_2} = {180, 120}（万吨）。要求 A_1 供给 B_4 的质量不低于 B_4 需求量的 50%，不允许仓库之间的转运，求合理调运方案。

解：与直达调运一样，要对调运约束进行处理：把 B_4 分成两部分 B_4' 和 B_4''，仓库之间运价系数取 M，中转仓库占一行又一列。得初始调运表格如表 6-9 所示。

表 6-9

	D_1	D_2	B_1	B_2	B_3	B_4'	B_4''	B_{ai}
A_1	7)	9)	16) 10	8) 120	29)	24)	24) 70	200
A_2	3.5)	5)	13)	40)	10) 120	19)	M)	120
A_3	10) 0	1) 100	14)	11)	23)	12) 40	M)	140
A_4	2)	5) 20	24)	28)	16) 40	30)	M)	60
D_1	0) 180	M)	17.5)	7)	18)	14)	M)	180
D_2	M)	0)	8) 90	12)	9)	7) 30	M)	120
b_j	180	120	100	120	160	70	70	820

解初始调运表格，可以得到最优解。其最优解可以直观地表示，如图 6-6 所示。

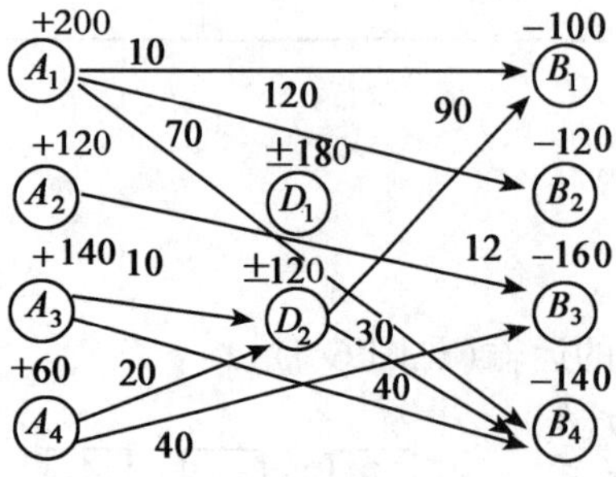

图 6-6 解的直观表示

（二）经任意网点中转

一个运输网络是由若干网点构成的，物资运输可能经过其中任意网点中转。这些网点的性质可能有以下几种情况：

①纯生产厂：提供资源，有出无进；

②纯消费厂：需要资源，有进有出；

③纯中转点：货物只是经过，有进有出，其出等于进；

④中转兼生产：既中转又提供，有进有出，其出大于进；

⑤中转兼消费：既中转又消费，有进有出，其出小于进。

这时把所有各网点根据情况视为供应点和用户，凡是有进货者都看成是汇点，在初始调运表格中占一列，其列需求量等于其进货量；凡是有出货物者都看成是源点，在初始调运表格中占一行，其行资源量等于其列需求量（如果有的话）加上其自身的供应量（如果有的话）或减去其自身的消费量（如果有的话），构成直达调运初始表格进行求解。

具体来说可以分成四步：

①为每个纯生产厂规定一行，其行资源量等于它所能提供的资源量；

②为每个纯消费厂规定一列，其列资源量等于它所需要的资源量；

③为每个中转点（包括纯中转、中转兼生产、中转兼消费）规定一行又一列，其列需要量等于整个系统的总资源量，其行资源量等于其列需求量（加上其自身提供的资源量或减去其自身的消费量）；

④相关点的运价系数取实际值，无关点取 M，自身对自身取 0。

[**例 4**] 已知条件如图 6-7 所示，求调运方案。

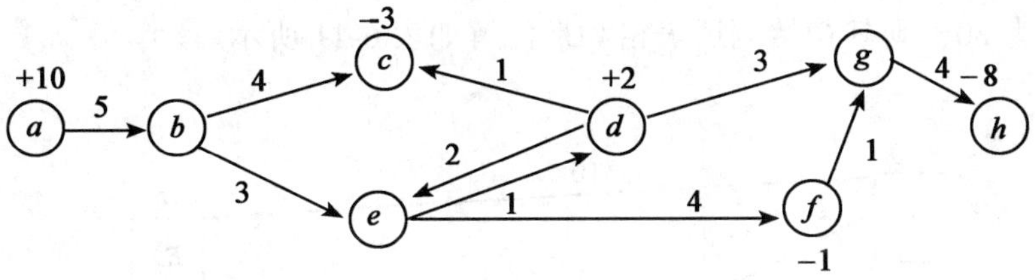

图 6-7

解：调运方案见表 6-10。

表 6-10

	c	h	b	g	e	d	f	a_i
a			5) 10					10
b	4) 3		0) 2		3) 7			12
g		4) 8		0) 4				12
e					0) 5	1) 6	4) 1	12
d				3) 8		0) 6		14
f							0) 11	11
b_j	3	8	12	12	12	12	12	

（三）运力约束

1. 运力约束的概念

所谓运力约束，是指交通网络路段上运输能力的限制，与路段的设计规模有关，也与运输工具的品种数量有关，还与物资品种有关。

运力约束一般有方向性，用箭头线表示，并且有起点和终点，但也可能是双向的，这

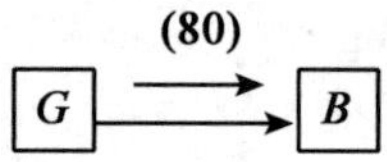

图 6-8

时没有箭头。如图 6-8 所示。

2. 运力约束处理原理

在有运力约束的情况下，运力约束的处理就是要限制它所在路段的起始端点。可以这样处理：将运力约束段的起始端点分成两部分。一部分专司运力约束，其资源量等于其需求量，其运价系数取实际运价系数；另一部分专司该点的其余功能，按一般原则设置其资源量和需求量，它在运力约束段的运价系数取 M，其余则取实际运价系数。用与前节经任意网点中转调运同样的方法建立起初调运表格求解。

［**例 5**］有运输网络如图 6-9 所示。假设 G—B_1 路段上有运力约束，由 G 指向 B_1，运输通过量限制为 80，则其初始调运表格和最优解如表 6-11 所示。

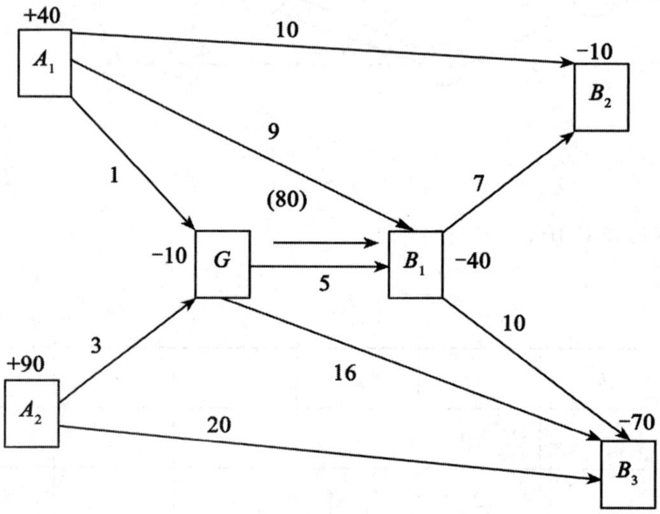

图 6-9

表 6-11

	G_1	G_2	B_1	B_2	B_3	a_i
A_1	1) 80	1) 30	9)	10) 10		40
A_2	3)	3) 10			20)	90
G_1	0)	0)	5) 80		16)	80
G_2	0)	0) 90	M		16) 30	120
B_1			0) 50	7)	10) 40	90
b_j	80	130	130	10	70	340

第六节　运输规划的图上作业法

一、图上作业法概述

（一）图上作业法类型

上一节的运输规划方法需要建立数学模型进行比较复杂的计算。一般用于比较大型的运输网络系统。对于比较简单的运输网络，也可以用一种比较简单直观的计划方法，叫做图上作业法。

图上作业法，就是直接运用交通路线图进行规划分析而得出运输方案的方法。这种方法比较直观简单，适用于一些比较简单的综合运输问题，主要有：

（1）无分支不闭合线路问题；

（2）有分支不闭合线路问题；

（3）无分支闭合线路问题。

（二）图上作业法步骤

图上作业法的基本步骤是：

第一步：画交通路线图。即把与所有的源点（发货点）、汇点（收货点）相连的运输线路按相对位置关系大致成比例地画出来，标出每段线路的长度（置于括弧内，要统一单位）、源点的源量（发货量）和汇点的汇量（收货量）。源量用带“+”号的数字表示，汇量用带“-”号的数字表示。

第二步：制订初始调运方案。所有的调运方案都是要把所有源点的源量分别分配去满足各个汇点的汇量，直到所有的源量都已发出、所有的汇量都得到满足为止（这里都是假设总源量等于总汇量，供需正好平衡。如果供需不平衡，则事前要做平衡处理）。得到的调运方案都包括两个流向：正向流和反向流，都用带数字（运量，不带括弧）的虚线箭头表示。正向逆向这样确定，即面向路段运输行进方向，把流量箭头分别画在路段右侧，指向行进方向。

第三步：方案合理性检验。方案的合理性的判断依据是：所有的源量都填平了所有的汇量，且没有任何一段出现交错重叠的迂回流。（在闭合回路的情况下，是否形成迂回流可以这样判断：正向流和反向流的流程长度都不超过总流程的一半，就是没有形成迂回流）。如果经检验，没有形成迂回流，就得出一个合理方案，工作结束。否则，进入下一步。

第四步：方案调整。如果经检验，形成了迂回流，就要进行调整，直到把所有的迂回流去掉为止。在闭合回路的情况下，通常用甩段法把它变成非闭合回路处理，如果正向流或反向流的流程大于总流程的一半，形成局部迂回，就在大于总流程一半的那个流（例如，假设是正向流）当中，找其中最小的调运量作为调整量进行调整：本流向（如根据假设，这里应是正向流）各路段流量都减这个调整量，对方流向（如根据假设，这里应是反向流）各路段都加上这个调整量。就得到一个改进方案，转第三步。

二、图上作业法例解

下面通过例子来说明。

（一）无分支不闭合运输回路

[**例1**] 无分支不闭合运输线路如图6-10所示，各路段里程用括弧的数字分别标注在各路段上。现在需要把源点B的50吨和E点的10吨调运到汇点A（30吨）、C（10吨）和D（20吨），求满意调运方案。

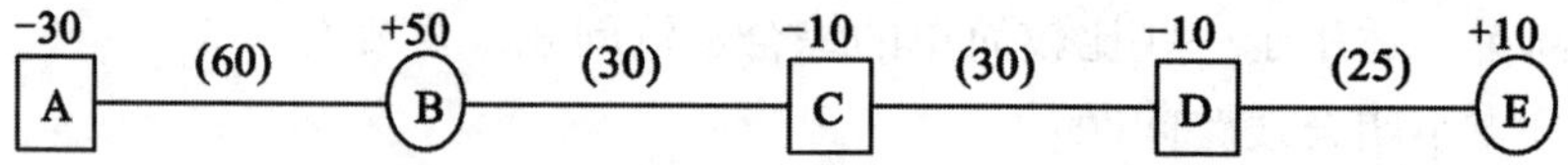

图6-10 运输线路图

解：第一步，画交通线路图，如图6-10所示。已供需平衡。

第二步，制定初始方案：关注两个源点，把它们的源量往两个方向分配，避免产生双向交叉重复运输，如图6-11所示。

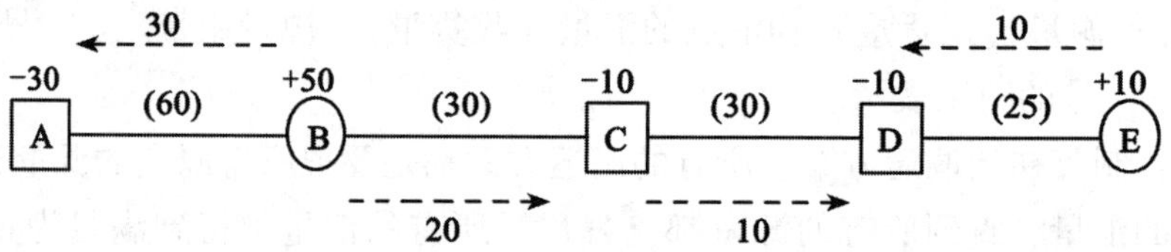

图6-11 调运方案

第三步，方案合理性检验：方案中没有迂回流，已达满意方案。即分三项任务：(1)由B点到A点调运30；(2)由E点到D点调运10；(3)由B点装载20到C点放下10后，再运到D点10。

（二）有分支不闭合运输回路

[**例2**] 有分支不闭合运输线路如图6-12所示，求调运方案。

解：对这样的有分支不闭合回路制定初始方案，一般遵循“先分支、后主干”的原则。即先满足分支，再在主干上调整。在图6-12中，先将分支GE和FE的末端源点G（20）和F（50）的源量共70先满足汇点E的需求量（60）后剩下10进入主干交接点B，使源点B的源量增至90，参与主干线AD的调整（方法同例1）。最后得到的调运方案见图6-13。

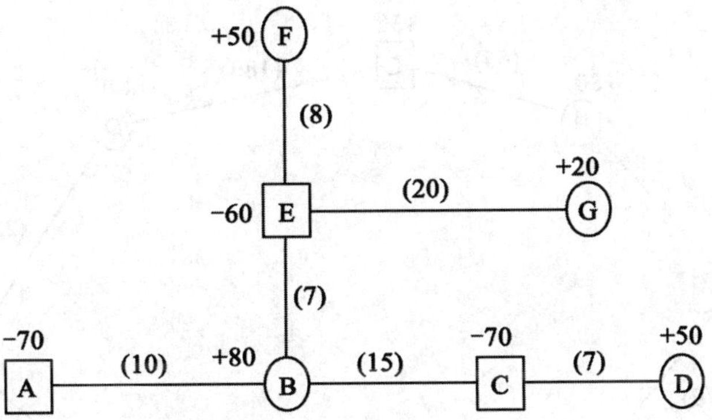

图 6-12　运输线路图

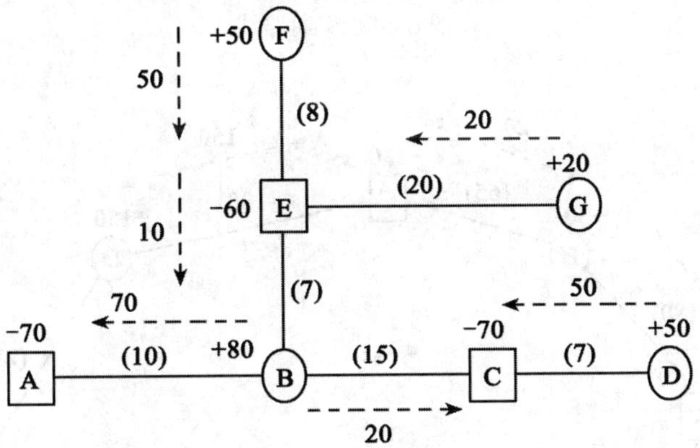

图 6-13　调运方案

（三）无分支闭合运输回路

［**例 3**］无分支闭合回路运输路线图如图 6-14 所示。求满意调运方案。

解：第一步，画交通路线图，如图 6-14 所示。

第二步，制定初始调运方案：在无分支闭合回路的情况下，制定初始方案，都采用甩断法把闭合回路变成如例 1 的非闭合回路进行考虑。甩断的路段通常取最长路段，或者两端同是源点的路段。本题选最长的 ED 路段甩断，这样就变成 DCBAHGFE 无分支非闭合路线。得初始方案如图 6-15 所示。

第三步，方案合理性检验：初始方案中，全程总流程 = 80+65+180+220+90+75+60+70 = 545+295 = 840，正向流程 = 75+70 = 145，逆向流程 = 180+65+80+60+90 = 475，大于总流程的一半，形成迂回，需要调整。

第四步，方案调整：在超长的逆向流程中，找最小的调运量（20）作为调整量，超长流程分别依次减调整量，超短流程分别依次加调整量。得改进方案，见图 6-16。

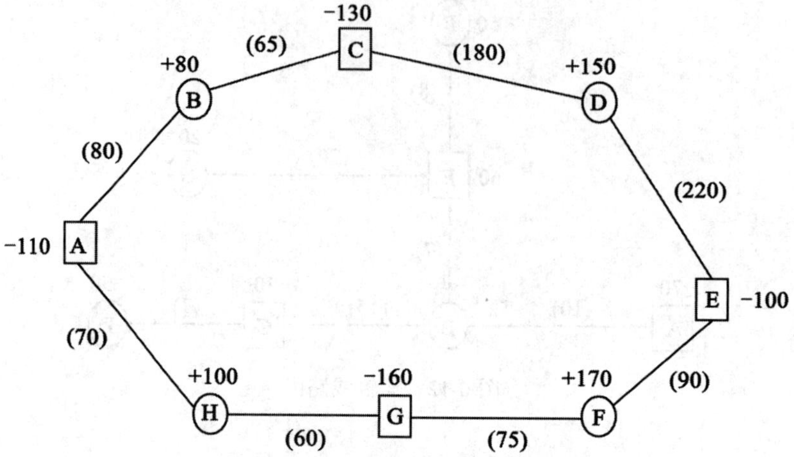

图 6-14 交通路线

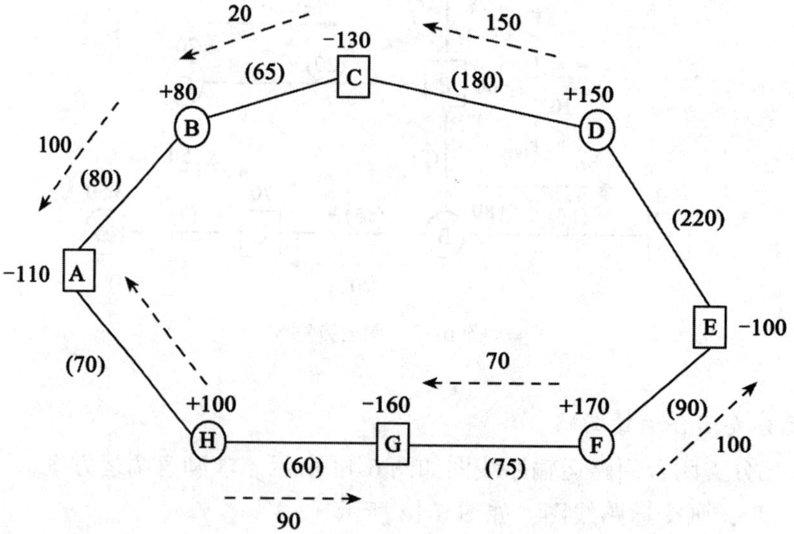

图 6-15 初始方案图

第五步，方案合理性检验：在图 6-16 的改进方案中，正向流程 = 220+75+70 = 365，逆向流程 = 80+60+90+180 = 410，均小于总流程 840 的一半（420），已达到满意方案。

本章小结

本章在考察运输管理的重要功能、运输管理的规模经济和距离经济的基本原理的基础上展开讨论。论述了我国五种基本运输方式的特点，分析了影响运输服务选择的三个主要

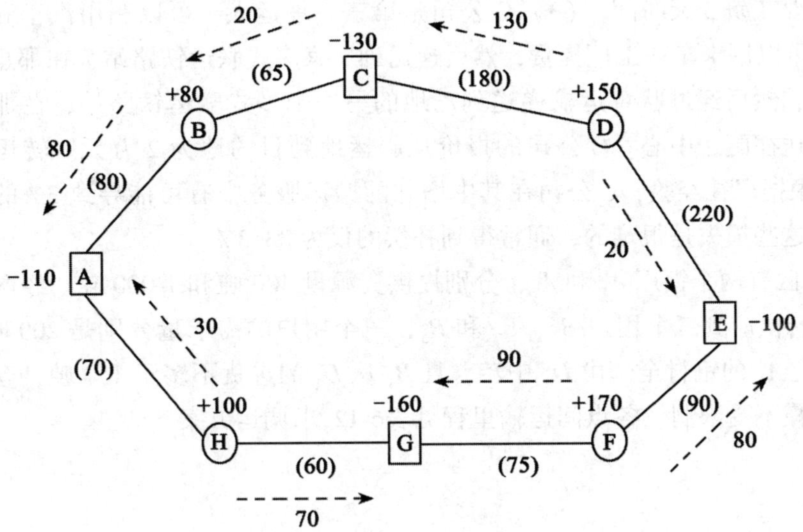

图 6-16　例 3 满意方案图

因素，即价格、运输时间和货物的灭失损坏，在此基础上进一步定性和定量地分析了运输方式的选择问题，并对我国的有关运输法规以及运输管理的相关问题进行了讨论。

本章思考题

1. 请结合实例说明运输在物流系统中发挥着什么样的功能？五种基本运输方式各有什么特点？回答在运输方式选择时主要考虑什么因素，并对这几个因素作简单分析。

2. 作为物流管理者，本着综合成本最低原则，有几种可以选择的运输方式？应如何对其进行比较选择？

3. 运输管理的目的是为了降低成本，请问完整的运输管理的业务程序是什么？运输管理中的成本结构如何？

本 章 习 题

1. 某公司从甲地向乙地某配送中心运输 150 台计算机监视器，其价值为292 500元，其转运确定的标准中转时间为 2. 5 天，如果超出标准时间，每台监视器每天的机会成本为 48 元。现有三个运输方案，请试着评估一下每一个运输方案的成本。(1) A 是一家长途卡车货运公司，可以按照合同费率，每公里 12 元来装运这批监视器。从甲地到乙地为 1 940 公里。A 公司估计它能够在 3 天内把这票货送到目的地。一辆卡车能装载 192 台监视器。(2) B 公司是一家铁路公司，能够在工厂的站台提取该票货物，然后直接送到指定地点。B公司可以按每列火车收取12 000元来装运该批货物，但是该公司在换火车时有延误，预计要花费5天时间。（3）C公司是第三方承运人，可以利用汽车和铁路两种运输。C公司可以用卡车在工厂提货，然后递送到一家多式联运铁路站，在那里拖车装到铁路平板车上，然后经过驮背运输递送到乙地的另一个多式联运铁路站，在那里拖车卸下来，用卡车送往配送中心。C公司的报价从起运地到目的地为2万元。转运时间预计为2.5天。但根据以往经验，C公司在其中增加的搬运服务中有可能导致3%的产品灭失损坏，要弥补这些损失是很难的，通常得到补偿的仅为33.3%。

2. 某地区有两个钢厂A_1和A_2，分别提供资源量400吨和1 000吨。经两个中转仓库D_1和D_2中转供应到三个用户B_1、B_2和B_3，三个用户的需求量分别是200吨、400吨和800吨。议定A_1的钢材全部由D_1中转，且B_1从D_1的进货不多于150吨，仓库间不许转运，仓库规模不受限制，各点间运输里程见表6-12，求调运方案。

表6-12

	D_1	D_2	B_1	B_2	B_3	a_i
A_1	3	5	1	7	4	400
A_2	4	4	2	3	1	1 000
D_1	0	7	3	4	5	
D_2	7	0	7	2	3	
b_j			200	400	800	

第七章 配送管理

配送是物流中一种特殊的、综合的活动形式，是商流和物流的紧密结合。本章将围绕配送的模式、流程以及配送中心的建设等方面，重点讨论配送合理化的方法以及配送中心的发展趋势。

第一节 配送概述

一、配送的概念

配送是指对局域范围内的客户进行的多客户、多品种、按时联合送货活动。配送活动是指根据一定区域范围内各个客户所需要的各个品种要求，对配送中心的库存物品进行拣选、加工、包装、分割、组配、分装上车，并按一定路线循环依次送达各个用户的物流活动。对配送的深入认识，应当掌握以下几点：

第一，配送是“配”和“送”有机结合的形式。“配”，是指配用户、配时间、配货品、配车辆、配路线。“送”，是指送货运输。

第二，配送的实质是现代送货。配送和传统送货的区别在于：(1) 一般送货可以是一种偶然的行为，而配送却是一种体制行为，是一种现代物流形式。(2) 一般送货是完全被动的服务行为，而配送则是一种有组织、有计划、高效率、提供优质服务的行为。(3) 传统送货依靠自发意识，而配送依靠现代生产力和现代物流科技。

第三，配送是以低成本、优质服务为宗旨。一辆车的多用户、多品种、按时联合配送，比多个用户各派一辆车分别直送要大大节约车辆、人力、费用，可以最大限度地降低成本。按时按量、品种配套齐全送达用户并提供各种服务，可以适时适量满足用户需要，提高服务水平。

第四，配送是一种先进的现代物流形式。它不但给供应者和需求者带来降低物流成本、享受优质服务的直接效益，而且还能为社会作出节省运输车次、缓解交通压力、减少运输污染、保护生态环境等贡献。配送不但能够保障供应、保障人们的生产和生活正常进行，而且还会使企业生产和人们生活产生革命性的变化，促进生产的发展和人们生活水平的提高。

二、配送的要素

集货、分拣、配货、配装、配送运输、送达服务以及配送加工等是配送最基本的构成单元。

（1）集货：将各个用户所需要的各种物品，按需要的品种、规格、数量，从仓库的各个货位拣选集中起来，以便进行装车配送。

（2）分拣：将集货形成的集中物品按运输车辆（每辆车都代表一定的运输路线，装载这条路线上各个用户所需要的各种物品）分开来，分别堆放到指定的装卸点。

（3）配货：将各个配送车辆所要配送的各个客户所需要的各种货品，按用户需要的品种规格、按车辆的装载容量组配起来，以便装载和配送运输。集货、分拣过程实际上包含了配货活动。

（4）配装：将所配送的客户所需的各种货品，按其配送车辆的装载容量进行装载组配。当单个客户配送数量不能达到车辆的有效运载负荷时，就要将附近不同客户所需的货物进行搭配装载以充分利用运能、运力。

（5）配送运输：是较短距离、局部区域内多客户、多品种的联合送货运输形式，一般使用汽车做运输工具。配送运输的路线是要进行特别计划组织的（详见第三节）。

（6）送达服务：不仅包括将货物送到客户手中，正式移交，还包括安装、使用以及信息咨询等方面的服务活动。

（7）配送加工：是按照配送客户的品种要求所进行的流通加工活动。它可以扩大配送品种的实用度，提高客户的满意程度，提高服务水平。

三、配送的作用

配送是现代物流发展的产物，也是市场竞争的产物。企业受利润、市场份额的驱动想方设法提高送货的服务水平，降低送货的成本，扩大市场份额，急需寻找一种方法。随着物流学的诞生，配送这个新事物一出现，就立刻引起企业的关注。于是，便出现了合理的货物配备、合理的车辆调配、合理的路线规划、合理的配装及送达这些新的内涵。这些新内涵的进一步延伸，就形成了现代社会的配送。

配送业务与运输、仓储、装卸搬运、流通加工、包装和物流信息融为一体，构成了物流系统的功能体系，其作用表现在以下几个方面：

（1）对于企业来说，配送体制有以下几个方面的作用：

①分销领域采用配送体制，可以降低物流成本、提高服务水平，从而扩大销售、提高市场份额、增强企业竞争能力。

②产成品实行配送体制，配送需要多少，就生产多少，可以实现产成品零库存，获得最大的节约和最大的效益。

③采购领域实行配送体制，可以实现企业需要多少，供应商就配送多少，什么时候需要，供应商就什么时候送货。因此企业不需要设置原材料库存，流通企业也不需要设置流通库存，都可以做到零库存经营，大大降低经营成本。

④企业零库存经营，节省下来的大量储备资金，可以改善企业的财务状况，增强企业经济实力，促进企业发展。

⑤企业实行配送体制，可以使生产体制、分销体制以及采购体制发生相应的革命性的变化，促进企业经营管理水平的提高。

（2）对于广大用户来说，配送提高了物流服务水平。配送能够按时按量、品种配套齐全地送货上门，一方面使用户免除了出差采购、运输进货等劳役之苦，简化了手续，方便了用户，节省了成本，提高了效率；另一方面保障了物资供应，保障了企业生产和流通的正常进行，满足了人们生产生活的物资需要和服务享受。

（3）配送提高了物资利用率和库存周转率。配送采用配送中心集中库存，可以利用有限仓库、有限库存为更大范围、更多客户服务，需求大、市场面广，物资利用率和库存周转率必然大大提高。还可以使仓储与配送环节建立和运用规模经济优势，使单位存货、配送和管理的总成本下降。

（4）配送完善了干线运输中心的社会物流功能体系。采用配送作业方式，可以在一定范围内，将干线、支线运输与仓储等环节统一起来，使干线输送过程及功能体系得以优化和完善，形成一个大范围物流与局部范围配送相结合的、完善的物流配送体系。

（5）配送对于整个社会和生态环境来说，也起着重要的作用。它可以节省运输车辆，缓解交通紧张状况，减少噪声、尾气排放等运输污染，为保护生态平衡、创造美好家园作出贡献。

四、配送的发展过程

配送是伴随着生产的不断发展而发展起来的。配送的发展大体上经历了三个阶段，即萌芽阶段、发育阶段和成熟阶段。

1. 萌芽阶段的配送

配送最早出现于20世纪60年代初期。在这个时期，物流活动中的一般性送货开始向备货、送货一体化方向转化。从形态上看，初期的配送只是一种粗放型、单一性的活动，其活动范围很小，规模也不大。在这个阶段，企业开展配送活动的主要目的是为了促进产品销售和提高其市场占有率。因此，配送主要是以促销手段的职能来发挥其作用的。

2. 发育阶段的配送

20世纪60年代中期，随着经济发展速度的加快，货物运输量急剧增加，商品市场竞争日趋激烈，配送在一些发达国家得到了迅速发展。在这个时期，欧美一些国家的实业界相继调整了仓库结构，组建或设立了配送组织（配送中心），普遍开展了货物配装、配载及送货上门活动。从配送形式和配送组织上看，这个时期曾实行了“共同配送”，并且建立了配送体系。

3. 成熟阶段的配送

20世纪80年代以后，配送已演变为以高新技术为支持手段的系列化、多功能的供货活动。具体表现如下：

（1）配送区域进一步扩大。实施配送制的国家已不再限于发达国家，许多发展中国家（如中国等）也按照流通社会化的要求实行了配送制，并且积极开展配送活动。

（2）劳动手段日益先进。技术不断更新是成熟阶段配送活动的一个重要特征。进入20世纪80年代以后，发达国家在开展配送活动的过程中，普遍采用了诸如自动分拣、光电识别、条形码等先进技术，并且建立了配套的体系，配备了先进的设备（如无人搬运车、分拣机等），由此大大提高了配送作业效率。

（3）配送的集约化程度明显提高。随着市场竞争日趋激烈及企业兼并速度的明显加快，配送组织的数量在逐步减少，但是其总体实力和经营规模却与日俱增，配送的集约化程度不断提高。

（4）配送方式日趋多样化。由于经济发展的外部环境发生了变化，不但配送规模和配送活动的范围明显在扩大，而且配送作业方式（或形式）也逐渐多了起来。在配送实践中，除了存在独立配送、直达配送等一般配送形式以外，人们又推出了许多新的配送方式，如“共同配送”、“即时配送”、“交货代理配送”等。

第二节 配送流程及配送形式

一、配送的基本环节

从总体上看，配送是由备货、理货和送货三个基本环节组成的，其中每个环节又包含若干项具体的活动。

（一）备货

备货是指准备货物的系列活动。它是配送的基础环节。备货应当包括筹集货物和储存货物两项具体活动。

（1）筹集货物。在不同的经济体制下，筹集货物（或者说组织货源）是由不同的行为主体去完成的。若生产企业直接进行配送，那么，筹集货物的工作自然是由企业（生产者）自己去组织的。在专业化流通体制下，筹集货物的工作会出现两种情况：其一，由提供配送服务的配送企业直接承担，一般是通过向生产企业订货或购货完成此项工作；其二，选择商流、物流分开的模式进行配送，订货、购货等筹集货物的工作通常是由货主（如生产企业）自己去做，配送组织只负责进货和集货（集中货物）等工作，货物所有权属于事主（接受配送服务的需求者）。总之，筹集货物都是由订货（或购货）、进货、集货及相关的验货、结算等一系列活动组成的。

（2）储存货物。储存货物是购货、进货活动的延续。在配送活动中，货物储存有两种表现形态：一种是暂存形态；另一种是储备（包括保险储备和周转储备）形态。暂存形态的储存，是按照分拣、配货工序要求，在理货场地储存少量货物。这种形态的货物储存是为了适应“日配”、“即时配送”需要而设置的，其数量多少对下一个环节的工作方便与否会产生很大影响，但不会影响储存活动的总体效益。储备形态的储存，是按照一定时期配送活动要求，根据货源的到货情况（到货周期）有计划地确定的，它是使配送持续运作的资源保证。如上所述，用于支持配送的货物储备有两种具体形态：周转储备和保险储备。然而，不管是哪一种形态的储备，相对来说数量都比较多。因此，货物储备合理与否，会直接影响配送的整体效益。

备货是决定配送成败与否、规模大小的最基础的环节。同时，它也是决定配送效益高低的关键环节。

（二）理货

理货是配送的一项重要内容，也是配送区别于一般送货的重要标志。理货包括货物分拣、配货和包装等经济活动。货物分拣是采用适当的方式和手段，从储存的货物中分出

（或拣选）用户所需要的货物。分拣货物一般采取两种方式来操作：一是摘取式，二是播种式。

（三）送货

送货是配送活动的核心，也是备货和理货工序的延伸。在物流活动中，组成配送活动的运输，称为“配送运输”，与通常所讲的“干线运输”是有很大区别的。在配送过程中，根据用户要求或配送对象（产品）的特点，有时需要在未配货之前先对货物进行加工，叫做流通加工，如钢材剪切、木材截锯等，以求提高配送质量，更好地满足用户需要，提高资源的利用率。

二、配送的工艺流程

配送工艺流程包括：一般流程和特殊流程。一般流程即配送活动必须经过的基本工艺流程，也是各种货物的配送活动共同具有的工艺流程。特殊流程则刚好相反，它是适应于特殊需要和特殊产品而设计、实施的工艺流程。

（一）的一般流程

配送的一般流程基本上是：进货→储存→分拣、配货→送货。每个流程的作业内容如下所述。

（1）进货。进货亦即组织货源。其方式有两种：①订货或购货；②集货或接货。前者的货物所有权属于配送主体，后者的货物所有权属于用户。

（2）储存。储存即按照用户提出的要求并依据配送计划将购到或收集到的各种货物进行检验，然后分门别类地储存在相应的设施或场所中，以备拣选和配货。储存作业一般都包括这样几道程序：运输→卸货→验收→入库→保管→出库。储存作业依产品性质、形状不同而形式各异。

（3）分拣、配货。分拣和配货是同一个工艺流程中的两项有着紧密关系的经济活动，一般采用机械化或半机械化方式操作。随着一些高新技术的广泛应用，自动化的分拣\配货系统已在很多国家的配送中心建立起来，并发挥了重要作用。

（4）送货。在送货流程中，包括这样几项活动：搬运、配装、运输和交货。其作业程序如下所示：配装→运输→交货。送货是配送的终结。

（二）配送的特殊流程

在实践中，某些有特殊性质、形状的货物，其配送活动有许多独特之处（例如，液体状态的物质资料的配送就不存在配货、配装等工序，金属材料和木材等生产资料的配送常常附加流通加工工序），据此，在配送的一般流程的基础上，又产生了配送的特殊流程。其作业程序如下所示：

（1）进货→储存→分拣→送货；

（2）进货→储存→送货；

（3）进货→加工→储存→分拣→配货→配装→送货；

（4）进货→储存→加工→储存→装配→送货。

上面各个配送流程分别为各类食品的配送流程，煤炭等散货的配送流程，木材、钢材等原材料的配送流程，机电产品中的散件、配件的配送流程。

例如，食品配送有三种工艺流程：

（1）第一种流程：在备货工序之后紧接分拣和配货等工序，中间不存在储存工序。亦即货物（食品）组织到以后基本上不存放，很快进行分拣、配货，然后快速送货。通常，保质期较短和保鲜要求较高的食品（如点心类食品、肉制品、水产品等）基本上都按照上述流程进行配送，其配送工艺流程如图 7-1 所示。

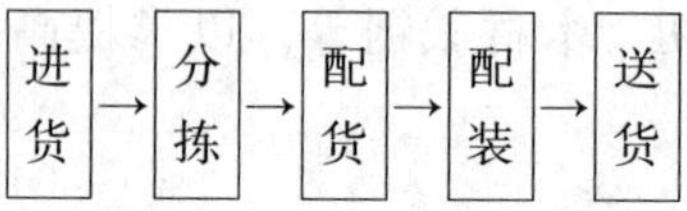

图 7-1 没有储存工序的食品配送工艺流程

（2）第二种流程：在备货作业后安插储存工序，然后依次进行配货和配装等作业。通常，保质期较长的食品主要按照上述流程进行配送。其操作程序是：大量货物组织进来以后，先要进行储存、保管，然后根据用户订单进行分拣、配货、配装，待车辆满载以后，随即向各个用户送货。这种带有储存工序的食品配送工艺流程如图 7-2 所示。

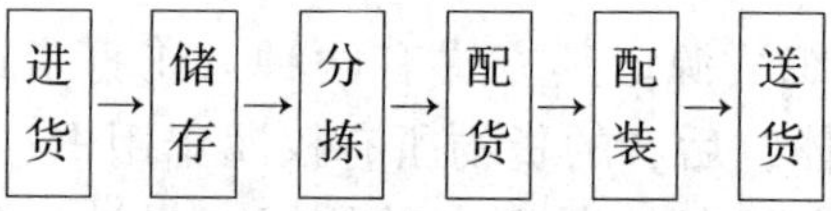

图 7-2 带有储存工序的食品配送工艺流程

（3）第三种流程：带有加工工序的配送流程。实际操作情况大体上是这样的：大量货物集中到仓库或场地以后，先进行加工，然后依次衔接储存、分拣、配货、配装和送货等工序，其配送工艺流程如图 7-3 所示。

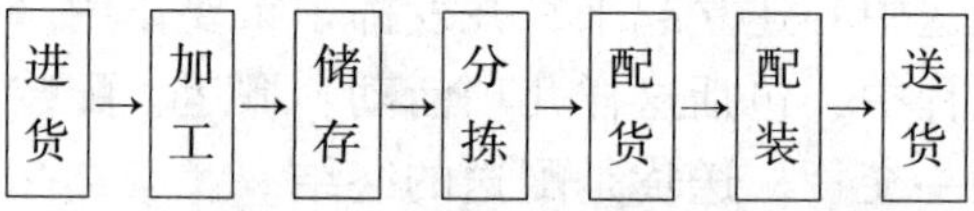

图 7-3 带有加工工序的食品配送工艺流程

鲜菜、鲜果、鲜肉和水产品等保质期短的货物配送经常选用上述包含加工工序的食品配送模式。而就加工工序的作业内容而言，主要有以下几项：分装货物（将大包装改成小包装）、货物分级分等、去杂质（如蔬菜去根、鱼类去头和内脏），配制半成品等。食品配送特别强调速度和保质，因此，在物流实践中，一般都采用定时配送、即时配送等形式向用户供货。

三、配送形式

（一）按配送对象分类

配送供给与需求的双方是由实行配送的企业和接受配送服务的用户（企业或消费者）

所构成的，有以下几种情况。

第一，企业对企业的配送：是指企业与企业之间的配送，是属于社会开放系统的企业之间的配送。作为配送需求方的企业，有两种情况：第一种是企业是最终的需求方；第二种是企业在接受配送服务之后，还要对产品进行销售，这种配送一般称为“分销配送”。

第二，企业内部配送：大多发生在巨型企业之中，有两种情况：（1）如果企业属于连锁型企业，各连锁商店经营的物品、经营方式、服务水平、价格水平相同，配送的作用是支持连锁商店经营，这种配送称为连锁型配送。连锁配送的主要优势是：在一个封闭系统中运行，随机因素的影响比较小，计划性比较强，因此容易实现低成本的、精细的配送。(2）巨型企业的内部配送。巨型企业成本控制的一个重要方法是，由高层主管统一进行采购，实行集中库存，按车间或者分厂的生产计划组织配送，这种方式是现在许多企业采用的“供应配送”。

第三,企业对消费者配送:在社会(一个大的开放系统)中所运行的配送,虽然企业可以通过会员制、贵宾制等方式锁定一部分消费者,从而采用比较容易实施的近似于连锁配送的方式,但是,在多数情况下,消费者是一个经常变换的群体,需求的随机性非常强,服务水平的要求又很高,所以这是配送供给与配送需求之间最难协调的一种类型。最典型的是和BtoC 型电子商务相配套的配送服务。

（二）按服务方式分类

1. 定时配送

定时配送是按规定时间和时间间隔进行配送。定时配送的时间由配送的供给与需求双方通过协议确认，每次配送的品种及数量可预先在协议中确定，实行计划配送，也可以在配送之前以商定的联络方式(如电话、传真、计算机网络等)通知配送品种及数量。定时配送这种服务方式,由于时间确定,对用户而言,易于根据自己的经营情况,按照最理想的时间进货,也易于安排接货力量(如人员、设备等)。对于配送企业而言,这种服务方式易于安排工作计划,有利于对多个用户实行共同配送以减少成本的投入,易于计划使用车辆和规划路线。定时配送有以下几种具体形式。

（1）小时配：即接到配送订货要求之后，在 1 小时之内将货物送达。这种方式适用于一般消费者突发的个性化需求所产生的配送要求，也经常用做配送系统中应急的配送方式。

（2）日配：即接到订货要求之后，在 24 小时之内将货物送达。日配是定时配送中实行较为广泛的方式，一般而言，日配的时间要求大体上是，上午的配送订货，下午可送达；下午的配送订货，第二天早上送达。这样就可以使用户获得在实际需要的前半天得到送货服务的保障。如果是企业用户，这可使企业的运行更加精密化。日配方式广泛而稳定的开展，使用户基本上无须保持库存，也即实现用户的“零库存”。

日配方式对下述情况特别适合：①消费者需要新鲜的食品类商品，如水果、点心、肉类、蛋类、菜蔬等。②消费者由于消费冲动产生的突发需求，如体育用品、衣物、电器等商品。③用户是许多小型商店，追求周转快，随过随售，或是连锁型商业企业和连锁型服务企业，需要采取日配形式，保证货物的鲜活程度并加速周转。④用户条件限制，不可能保持较长时期的库存，或者用户是采用“零库存”方式进行生产的生产企业。⑤由于事故、特殊情况出现了临时性需求。

（3）准时配送方式：即按照双方协议时间，准时将货物配送到用户的一种方式。这种方式和小时配、日配的主要区别在于：小时配、日配是向社会普遍承诺的配送服务方式，针对的是社会上不确定的、随机性的需求。准时配送方式则是根据用户的生产节奏，按指定的时间将货送达。这种方式比日配方式更为精密，可实现零库存。准时配送的服务方式，可以通过协议计划来确定，也可以通过看板方式来实现。准时配送方式要求有很高水平的配送系统来实施。由于用户的要求独特，因而不大可能对多用户进行周密的共同配送。这种方式适用于装配型、重复、大量生产的企业用户，这种用户所需的配送物资是重复、大量而且没有太大变化的，因而往往是一对一的配送。

（4）快递方式：是一种快速配送方式。快递服务覆盖地区较为广泛，所以，服务承诺期限按不同地域会有所变化，这种快递方式，综合利用"小时配"、"日配"等在较短时间内实现送达的方式，但不明确送达的具体时间，所以一般用做向社会广泛服务的方式，而很少用做生产企业"零库存"的配送方式。快递配送面向整个社会企业型和个人型用户。如日本的"宅急便"、美国的"联邦快递"、我国邮政系统的 EMS 快递都是运作得非常成功的快递配送企业。

2. 定量配送

定量配送是按事先协议规定的数量进行配送。这种方式数量固定，备货工作有较强的计划性，容易管理。可以按托盘、集装箱及车辆的装载能力来有效地选择配送的数量，这样既能够有效地利用托盘、集装箱等集装方式，也可做到整车配送，配送的效率较高。定量配送有利于配送服务供给企业的科学管理，对用户来讲，每次接收同等数量的货物，有利于人力、装卸机具、储存设施的配备。定量配送适合在下述领域采用：（1）用户对于库存的控制不十分严格，有一定的仓储能力，不施行"零库存"。（2）从配送中心到用户的配送路线保证程度较低，难以实现准时的要求。（3）难以对多个用户实行共同配送。只有达到一定配送批量才能使配送成本降低到供需双方能接受的水平。

3. 定时定量配送

定时定量配送是指按照规定的配送时间和配送数量进行配送。定时定量配送兼有定时、定量两种方式优点，是一种精密的配送服务方式。这种方式计划难度较大，由于适合采用的对象不多，很难实行共同配送，因而成本较高。定时定量配送方式主要在大量而且稳定生产的汽车、家用电器、机电产品的供应物流中取得了成功。

4. 定时定路线配送

定时定路线配送是指在规定的运行路线上，制定配送车辆到达的时间表，按运行时间表进行配送，用户可以按照配送企业规定的路线及规定的时间选择这种配送服务，并到指定位置及指定时间接货。采用这种方式有利于配送企业依次对多个用户实行共同配送，无需每次决定货物配装、配送路线、配车计划等问题，因此易于管理，配送成本较低。对用户而言，可以在确定的路线、确定的时间表上进行选择，有计划地安排接货力量，虽然配送路线可能与用户还有一段距离，但由于成本较低，用户也乐于接受这种服务方式。这种方式特别适合对小商业集中区的商业企业的配送。

5. 即时、应急配送

即时，应急配送是指完全按用户突然提出的配送要求随即进行配送的方式。这是对各种配送服务进行补充和完善的一种配送方式，这种配送方式主要针对用户由于事故、灾害、生产计划的突然变化等因素所产生的突发性需求。但配送服务实际成本很高，难以用做经常性的服务方式。

6. 共同配送

按照日本工业标准的解释，共同配送是“为提高物流效率，对许多企业一起进行配送”。共同配送有以下优势：降低配送成本；减少上路车辆，改善交通及环境；取得就近的优势，减少车辆行驶里程；减少配送网点及设施，节约社会财富。因此，共同配送得到广泛应用。

共同配送有以下几种具体形式：（1）由一个配送企业综合若干家用户的要求，对各个用户统筹安排，在配送时间、数量、次数、路线等诸方面作出系统的、最优的安排。（2）由若干家用户联合组织配送系统对这些用户进行配送。这种形式将分散的配送需求集中起来，达到一定规模，从而提高配送效率并且降低成本。（3）多家配送企业联合，共同划分配送区域，共同利用配送设施（如配送中心），进行一定程度的配送分工，形成一种共同协作的配送方式。

7. 加工配送

加工配送是指和流通加工相结合，经过流通加工后进行的配送。流通加工和配送相结合，使流通加工更有针对性，配送企业通过流通加工增值取得收益。这种配送方式大大提高了配送的服务水平。

第三节　配送合理化

一、配送计划

（一）配送计划概述

配送首先要做配送计划。因为配送往往涉及品种多、用户多、车辆多、各种车的载重量不同等多种因素，所以需要认真制定配送计划，实现科学组织，合理调配资源，达到既满足用户要求又使总费用最省、车辆充分利用、效益最好的目的。

配送计划方法有很多种，例如节约法、0-1 规划法、邮递员模型法等。我们这里只介绍节约法。

（二）节约法原理

节约法的原理如图 7-4 所示。如果从配送中心 A 到用户 P_1、P_2 的运输距离分别是 C_{01} 和 C_{02}，P_1 和 P_2 之间的运输距离是 C_{12}，如果不配送，则对每个用户需派一辆车来回送货。总运输距离为：

$$C = 2C_{01} + 2C_{02}$$

而如果配送，则可以只派一辆车一次给两个用户顺序送货。总运输距离为：

$$C' = C_{01} + C_{02} + C_{12}$$

二者之间的节约量为：

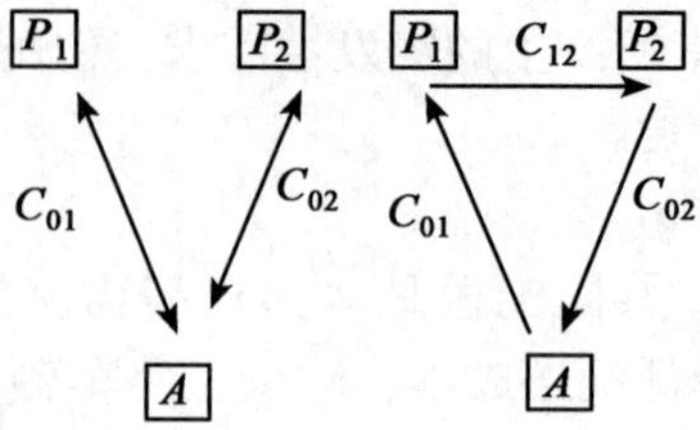

图 7-4　节约法原理

$\Delta C = C - C' = (2C_{01}+2C_{02}) - (C_{01}+C_{02}+C_{12}) = C_{01}+C_{02}-C_{12}$

如果把多个用户连在一起，则节约量更大。

如果多个用户满足假定条件：

（1）$\sum_{j=1}^{n} b_j \leqslant Q_k$；

（2）$C_{01}+C_{02}>C_{12}$，使得节约量大于 0。

则可以按节约量从大到小的顺序依次把用户连成一条回路，直到整个回路各个用户的需求量之和不超过这辆载重车的载重量，这样就组成了一条节约量最大的配送回路。然后再在剩下的用户中同样按节约量由大到小的顺序继续组织配送回路，派出车辆，这样下去一直到所有的用户都组织完毕为止，就做完了一个完整的配送计划。

（三）节约法案例

例如，某月某日，长江物流公司接受了武汉某商场给武汉市 10 个用户送货的任务单，多个品种总运量共 80 吨，各个用户的需求量见表 7-1，各用户之间的路程如图7-5所示。公司现有 10 吨车两辆、5 吨车两辆，2 吨车若干辆。需要制定配送计划。

A										
10	P_1									
12	10	P_2								
11	9	11	P_3							
13	12	10	9	P_4						
15	11	14	12	26	P_5					
13	14	12	15	25	15	P_6				
16	14	20	18	24	17	16	P_7			
17	12	18	20	23	19	17	21	P_8		
18	11	14	22	22	21	19	22	15	P_9	
20	15	16	24	21	23	18	20	17	18	P_{10}

图 7-5　各个用户之间路程（路程单位：公里）

制定配送计划的第一步，首先安排直送，对大运量用户先用专车直送，剩下的小运量用户再统一安排配送。

由图 7-5 可以看出，物流中心 A 到用户 P_1 的路程仅 10 公里，可以由一辆 10 吨车来回运送 4 次，1 天可以完成。P_1 剩下的 20 吨加上 P_2 的 10 吨可以由另一辆 10 吨车运 3 次。

表 7-1

用户	需求量（吨）
P_1	60.0
P_2	12.0
P_3	1.0
P_4	1.5
P_5	0.5
P_6	0.5
P_7	1.5
P_8	0.8
P_9	1.2
P_{10}	1.0

派一辆 10 吨车专为 P_1 用户来回运送四趟，每趟运 10 吨，来回算 20 公里。其工作量为：

10 吨×20 公里×4＝800 吨公里

第二辆 10 吨车为 P_1 送 20 吨，为 P_2 送 10 吨，来回运三次。其工作量为：

10 吨×20 公里×2+10 吨×12 公里×2＝640 吨公里

把这些大运量用户直送安排完之后，P_2 还剩下 2 吨，其余小运量各用户再安排配送，制定配送计划。

第二步，制定详细具体的配送计划。首先要求配送用户的节约量，如图7-6所示。具体组织回路时，总是从最大的节约量开始，连接用户。例如图7-6中，最大的节约量为 20，有三个 20，随便哪一个都可以，例如我们选定 P_{10} 和 P_9 的交叉点上的 20，但是这时要考虑一下它们的需求量之和（1.2+1.0）是否小于等于可用车的载重量，如果大于一辆车的载重量就不能够连，如果小于一辆车的载重量就可以连。第一辆配送车辆准备用 5 吨车，

需求	A									
2	①	$P_2$①								
1.0		12	P_3							
1.5	②	15	15②	P_4						
0.5		13	14②	2	$P_5$②					
0.5	②	13	9	1	13	$P_6$②				
1.5		8	9	5	14②	13②	P_7			
0.8	①	11	8	7	13	13	12	$P_8$①		
1.2		16①	7	9	12	12	12	20	$P_9$①	
1.0		16	7	12	12	15	16	20①	20①	P_{10}

图 7-6　各个用户之间节约量（路程单位：公里）

而 P_9 和 P_{10} 的需求量之和只有 2.2 吨，所以可以连，这样在这个格和 P_9 所在格上做一个记号，例如①（表示第 1 条回路），这就意味着把 P_9 和 P_{10} 连起来。把 P_9 和 P_{10} 连起来，

下一个连谁呢？还是选剩下的节约量最大的，在 P_{10} 所在行，还有一个 20，它在 P_{10} 和 P_8 的交叉点上，意味着 P_{10} 和 P_8 连接，需求量之和（1.2+1.0+0.8=3）小于载重量 5，可以连，在这个 20 所在格以及 P_8 所在格上做上相同的记号①，表示 P_{10} 和 P_8 连在一起了。由于车还没载满，继续连，再在剩下的里面找节约量最大的，这时注意，P_{10} 所在行已经满了，因为这一行已经有两个记号，表示它的两头都已经“牵上手”了，不能够再“牵手”了。

注意一个规则：每行每列的记号都只能有两个，也必须有两个（包括用户格和配送中心 A 所在列的格中的记号，但 A 所在列的记号可以多于两个）。这样就能够在 P_{10} 所在行以外的各个用户中找节约量最大的，为 16，表示 P_9 和 P_2“牵手”，需求量之和等于 5，可以连，在 16 所在格和 P_2 格打上相同的记号①。这时，一辆 5 吨车已经载满，这时把 P_2 和 P_8 分别与配送中心 A“牵手”（即在它们的交叉点上打上相同的记号①），就完成了一个配送回路。这个配送回路就是 $A—P_2—P_9—P_{10}—P_8—A$，用 5 吨车刚好装 5 吨货物循环送货，全路程长 61 公里，工作量为 305 吨公里。

再在剩下的用户当中按同样的方法组织第二个回路，见图 7-6 中用②标记的回路。这条回路是 $A—P_4—P_3—P_5—P_7—P_6—A$，用 5 吨车刚好装 5 吨循环送货，全长 80 公里，总工作量为 400 吨公里。

这样具体的运输计划就是：共用四辆车，其中两辆 10 吨车，两辆 5 吨车，都满载。10 吨车用于 P_1 和 P_2 的直送；5 吨车都用于配送。5 吨车中，第一辆运行路线为 $A—P_2—P_9—P_{10}—P_8—A$，第二辆运行路线为 $A—P_4—P_3—P_5—P_7—P_6—A$。总工作量为2 145吨公里。注意，这样做出来的具体配送计划可能不是惟一的，可能有几个方案。最后比较哪个方案最省，就用哪个。

二、配送合理化

1. 不合理配送的表现形式

不合理配送主要包括：

（1）资源筹措不合理，如不是多客户多品种联合送货、资源过多过少等。

（2）库存决策不合理，如没有控制库存量、库存结构和库存量不合理等。

（3）价格不合理，如配送价格过高或过低。

（4）配送与直送决策不合理，如大批量用户不直送、小批量用户不配送等。

（5）送货中运输不合理，如不联合送货，不科学计划配送路线等。

2. 合理配送的判断标志

对于配送合理与否的判断，是配送决策的重要内容。目前，国内外尚无统一的技术经济指标体系和判断方法，按一般认识，可考虑以下标志：

（1）库存标志：①库存总量降低。实行配送后库存量之和应低于实行配送前各客户库存量之和。②库存周转加快。一般总是快于原来各企业库存周转。库存标志一般是以库存储备资金计算，而不以实际物资数量计算。

（2）资金标志：①资金总量。用于资源筹措所占用的流动资金总量降低。②资金周转加快。③资金投向的改变。实行配送后，资金应当从分散投入改为集中投入，增加调控作用。

（3）成本和效益标志：由于总效益及宏观效益难以计量，在实际判断时，常以按国家政策进行经营，缴纳国家税收，配送企业及客户的微观效益来判断。

（4）供应保证标志：①缺货次数；②配送企业集中库存量；③即时配送的能力及速度。

（5）社会运力节约标志：运力使用的合理化是依靠送货运力的规划和整个配送系统的合理流程及与社会运输系统合理衔接实现的。

（6）物流合理化标志：①物流费用降低；②物流损失减少；③物流速度加快；④物流方式有效；⑤有效衔接了干线运输和末端运输；⑥物流中转次数减少；⑦采用了先进的技术手段等。物流合理化是衡量配送能力的重要标志。

3. 配送合理化的措施

配送合理化的措施主要包括：

（1）推行一定综合程度的专业化配送。通过采用专业设备、设施及操作程序，降低配送综合化的复杂程度及难度，提高配送效率，追求配送合理化。

（2）加工配送。通过流通加工和配送的有机结合，实现配送增值。同时，加工借助于配送，加工目的更明确，与客户联系更紧密，避免了盲目性。

（3）共同配送。通过联合多个企业共同配送，可以充分利用运输工具的容量，提高运输效率，以最近的路程、最低的配送成本完成配送从而追求合理化。

（4）实行双向配送。配送企业与客户建立稳定、密切的协作关系，配送企业不仅成为客户的供应代理人，而且成为客户的储存据点，甚至成为产品代销人。

（5）推行准时配送系统。配送做到准时，客户才有资源把握，才可以放心地实施低库存或零库存。准时供应配送系统是现在许多配送企业追求配送合理化的重要手段。

（6）推行即时配送。即时配送成本较高，但它是整个配送合理化的重要保证手段。此外，即时配送也是客户实行零库存的重要保证手段。

第四节　配 送 中 心

一、概述

配送中心是以从事配送业务为主的物流中心组织。配送中心的基本功能是为局部范围内的客户提供配送服务，同时还兼有储存、运输、包装、装卸、流通加工以及物流信息处理等全套物流处理的功能。配送中心为了配送的需要，特别还设有集货、配货、分拣等功能。

二、配送中心的分类

配送中心的主要类型有：

1. 专业配送中心

这种配送中心有两种：一是其配送对象、配送技术属于某一专业范畴，综合该专业的多种物资进行配送，例如多数制造业的销售配送中心。我国在无锡、石家庄、上海等地建的配送中心大多采用这一形式。二是以配送为专业化职能，基本上不从事经营的服务型配送中心。

2. 柔性配送中心

这种类型的配送中心不是向固定化、专业化方向发展，而是向能随时变化，对客户要求有较强适应性、不固定供需关系、不断发展配送客户的方向发展。

3. 供应配送中心

即专门为某个或某些客户（例如联营商店、联合公司）组织供应的配送中心。比如，为大型连锁超市组织供应的配送中心，代替零件加工厂送货的零件配送中心。我国上海地区六家造船厂的钢板配送中心也属于供应配送中心。

4. 销售配送中心

即以销售经营为目的，以配送为手段的配送中心。主要有三种类型：（1）生产企业为本身产品直接销售给消费者建立的配送中心。在国外，这种类型的配送中心很多。（2）流通企业建立的配送中心。作为经营的一种方式，流通企业建立配送中心以扩大销售。我国目前拟建的配送中心大多属于这种类型。（3）流通企业和生产企业联合的协作型配送中心。比较起来看，国外和我国配送中心的发展趋势，都是向以协作型配送中心为主的方向发展。

5. 城市配送中心

即以城市作为配送区域的配送中心。这种配送中心可直接配送到最终客户，且采用汽车进行配送。所以，这种配送中心往往和零售经营相结合，由于运距短、反应能力强，因而从事多品种、少批量、多客户的配送较有优势。日本的“仙台批发商共同配送中心”即属于这种类型。我国已建成的“北京食品配送中心”也属于这种类型。

6. 区域配送中心

即拥有比较强的辐射能力和库存能力，向省（州）际、全国乃至国际范围的客户配送货物的配送中心。这种配送中心规模较大，往往是既配送给下一级的城市配送中心，也配送给营业所、商店、批发商和企业客户。虽然也从事零星的配送，但不是主体形式。这种配送中心更像大型的物流中心，在国外十分普遍，如日本的“阪神配送中心”，美国“沃尔玛公司配送中心”、“蒙克斯帕配送中心”等就属于这种类型。

7. 储存型配送中心

即有很强储存能力的配送中心。平常利用巨大的仓库进行大量货物的储存，在客户需要的时候进行配送。我国目前拟建的配送中心，都采用集中库存形式，库存量较大，多为储存型。瑞士 Giba-Geigy 公司的配送中心拥有世界上规模居于前列的储存库，可储存 4 万个托盘；美国“赫马克配送中心”拥有一个有163 000个货位的储存区，存储量非常大。

8. 流通型配送中心

即基本上没有长期储存功能，仅以暂存或随进随出方式进行配货、送货的配送中心。这种配送中心的典型方式是：大量货物整体购进并按一定批量送出，采用大型分货机，进货时直接进入分货机传送带，分送到各客户货位或直接分送到配送用的汽车上，货物在配送中心里仅作少许停留。

9. 加工配送中心

即具有加工功能的配送中心。如我国上海六家船厂联建的船板处理配送中心等。

10. 其他配送中心

（1）按配送中心的拥有者分，有：①制造商型配送中心；②零售商型配送中心；③批发商型配送中心；④专业配送中心；⑤转运型配送中心。

（2）按配送货物种类分，有：①食品配送中心；②日用品配送中心；③医药品配送中心；④化妆品配送中心；⑤家电产品配送中心；⑥电子产品配送中心；⑦图书产品配送中心；⑧服饰产品配送中心；⑨汽车零件配送中心等。

三、配送中心系统的设计

配送中心的建设是一项规模大、投资额高、涉及面广的系统工程。要建造一个高效率、高服务水平的现代化配送中心，物流系统设计的合理性是成功的关键。

进行配送中心的总体设计要根据业务量、业务性质、内容、作业要求确定总体规模。首先需要预测物流量。要根据历年业务经营的原始数据和市场发展速度预测未来的配送需求量，根据配送需求量的大小确定配送中心的配送能力和建设规模。配送能力具体包括配送中心的收发能力、储存能力、分拣能力、配送能力等。其次，确定单位面积的作业量定额。要根据规范和经验，确定单位面积的作业量定额，从而确定各项物流活动所需的作业场所面积。最后确定配送中心的占地面积。

四、配送中心的作业流程

配送中心的作业流程要便于实现两个主要目标：一是降低企业的物流总成本；二是缩短补货时间，提供更好的服务。

1. 配送中心的一般作业流程

（1）接受并汇总订单：用户的订货单（或要货通知单）是配送中心组织全部配送业务的依据。接受配送服务的各个用户一般都要在规定的时间以前将订货单（或要货单）交给配送中心，后者则在规定的时间截止之后将各个用户的订货单进行汇总，以此来确定所要配送的货物的种类、规格、数量和配送时间等。

（2）进货：配送中心的进货流程包括以下几种作业：①订货。配送中心收到和汇总用户的订货单以后，首先要确定配送货物的种类和数量，然后要查询本系统现有库存物资中有无所需要的现货。如有现货，则转入拣选流程；如果没有，或虽然有现货但数量不足，则要及时向供应商发出订单，进行订货。有时，配送中心也根据各用户需求情况或商品销售情况以及与供货商签订的协议，提前订货，以备发货。②接货。供应商接到配送中心的订单后会根据订单的要求很快组织供货。配送中心的有关人员接到货物以后，先要在送货单上签收，继而还要准备对货物进行检验（即验收）。③验收。采取一定的手段对接收的货物进行检验。若与订货合同要求相符，则很快转入下一道工序（分拣工序）；若不符合合同要求，配送中心将详细记载差错情况，并且拒收货物。按照规定，质量不合格的商品将由供应商自行处理。④分拣。对于生产商送交来的商品，经过有关部门验收之后，配送中心的工作人员随即要按照类别、品种将其分开，分门别类地存放到指定的仓位和场地，或直接进行下一步操作——加工和选拣。⑤储存。为了保证配送活动正常运行，也为了享受价格上的优惠待遇（打折），有些配送中心常常大批量进货，继而将货物暂时储存起来。由此，在进货流程中又增加了一项储存作业。

（3）理货和配货：为了顺利、有序地出货，以及为了便于向众多的客户发送商品，配送中心一般都要对组织进来的各种货物进行整理，并依据订单要求进行组合。理货和配货乃是整个作业流程的关键环节。同时，它也是配送运动的实质性内容。从理货、配货流程的作业内容来看，它是由以下几项作业构成的：加工作业、拣选作业、包装作业、组合或配装作业。

（4）出货（或送货）：这是配送中心的末端作业，也是整个配送流程中的一个重要环节。它包括装车和送货两项经济活动。

2. 配送中心的特殊作业流程

所谓特殊作业流程是指某一类配送中心（即个别配送中心）进行配送作业时所经过的程序（或过程）。其中包括不设储存库（或储存工序）的配送工艺流程和带有加工工序的配送工艺流程等。

（1）不设储存库的作业流程：在流通实践中，有的配送中心主要从事配货和送货活动（或者说专职于配货和送货），本身不设置储存库和存货场地，而是利用设立在其他地方的“公共仓库”来补充货物。因此，在其配送作业流程中，没有储存工序。实际上，在这类配送中心内部，货物暂存和配货作业是同时进行的。一般配送生鲜食品的配送中心通常都按照这样的作业流程开展业务活动。

（2）加工型配送中心的作业流程：加工型配送中心，储存作业和加工作业占主导地位。由于流通加工多为单品种、大批量产品的加工作业，并且是按照用户的要求安排的，因此，对于加工型的配送中心来说，虽然进货量比较大，但是分类、分拣工作量并不太大。此外，因加工的产品种类较少，一般都不单独设立拣选、配货等环节。通常，加工好的产品（特别是生产资料产品）可直接运到按用户户头划定的货位区内，并且要进行包装、配货。

（3）分货型配送中心的作业流程：分货型配送中心是以中转货物为其主要职能的配送组织。在一般情况下，这类配送中心在配送货物之前都先要按照要求把单品种、大批量的货物（如不需要加工的煤炭、水泥等物资）分类，然后再将分好的货物分别配送到用户指定的接货点。其作业流程比较简单，无需拣选、配货、配装等作业程序。

第五节 物流中心与物流基地

一、物流中心的概念

物流中心是物流作业集中的场所，可以分为综合物流中心和专业物流中心。综合物流中心能够处理运输、储存、包装、装卸、流通加工等各种物流作业。专业物流中心主要处理一种物流作业。例如，运输物流中心、仓储物流中心、流通加工物流中心等。我们这里主要讨论综合物流中心。

物流中心与配送中心的关系：一般认为物流中心包括配送中心，配送中心属于物流中心，配送中心也是一种物流中心。物流中心和配送中心都是物流作业集中的场所，但是，不能够说配送中心包括物流中心。物流中心与配送中心的区别，主要在于范围不同、规模不同，功能也有所不同。物流中心主要处理大范围、长距离、大批量的物流输送问题，配送中心则主要处理局部范围、短距离、小批量的物流配送问题。

二、物流中心的作用

在现代物流体系、物流网络中，物流中心所起的作用是作为商品周转、分拣、保管、在库管理、流通加工和物流信息处理的据点，促进商品能够按照顾客的要求，获得附加价值，克服在其运动过程中所产生的时间和空间障碍。

（1）作为商品周转中心的作用：随着市场营销规模的扩大，生产地和消费地之间存在距离，而且流通渠道也越来越复杂，特别是营销服务的广泛开展，更使商品输送呈现出多频度、少量化的趋势。这样，从整个运输过程来看，就必然分化为大量商品统一输送的干线运输（输送）和都市内终端配送，这两者在输送管理的方法和手段上都有差异，如此多样、复杂的物流体系显然是生产企业自身无法完全控制和管理的。在干线运输中，如果由单个企业直接承担小规模货物运输，则会由于平均运送货物量较少而造成经济成本增加，由于运行次数频繁，容易造成过度使用道路、迂回运输、交通堵塞、环境污染等现象，也增加了社会成本。如果在干线运输的源头或厂商集散地建立物流中心，在中心内统一集中各中小型企业的货物，并加以合理组合，再实施干线运输，就既发挥了物流规模经济效益使经济成本得以降低，又有效地抑制了社会成本的上升。所以物流中心已在现代运输管理体系中作为一种商品周转中心发挥着积极的作用。

（2）作为商品分拣中心的作用：随着流通体系的不断发展和市场营销渠道的细分化，无论在商品、原材料进货方面，还是在商品发货方面，都越来越呈现出多样化、差异化的趋势。在这种状况下，商品的分拣显得日益重要，它对保证商品或物资的顺利流动、建立合理的流通网络系统具有积极的意义，而物流中心正是发挥商品分拣功能的机构。从这个意义上讲，物流中心是十分必要的。

（3）作为商品保管中心的作用：在现代经济社会中，商品的生产和消费之间由于时间、空间和其他因素的影响，往往会出现暂时的分离，物流中心为了发挥时空的调节机能和价格的调整功能，设有巨大的仓库，具备保管职能。物流中心的保管职能与企业经营战略紧密相连。

（4）作为商品在库管理中心的作用：在库管理，就是库存管理。物流中心有巨大的仓库，储存了成千上万的商品。物流中心强大的库存管理系统，能够对所有这些商品的进、销、存进行精确管理和库存控制，既保证供应，不缺货，又能够降低库存量，降低物流成本。

（5）作为流通加工中心的作用：商品从生产地到消费地往往要经过很多流通加工作业，特别是在开展共同配送后，在消费地附近需要将大批量运抵的商品进行细分、小件包装以及贴附标签、条形码等操作，这些都需要在物流中心内进行。随着流通领域中零售业的发展，物流中心的流通加工功能得到了进一步的扩充，这表现在物流中心逐渐具有蔬菜调理、食品冷冻加工、食品保鲜等食品加工站的功能。物流中心的流通加工功能已经变得越来越重要，已成为现代流通系统的必要组成部分。

（6）作为物流信息中心的作用：物流中心又是物流信息集中的场所，运输、储存、包装、装卸、流通加工业务信息、物流市场行情、价格信息、物流基础设施信息以及供应商和用户的货物信息等，都集中流向物流中心，又从物流中心流向社会。因此物流中心又起到了物流信息中心的作用。

三、物流中心的类型及功能

物流中心根据不同的标准可以划分为不同的类型。例如根据功能划分，可以分为运输中心 TC（Transfer Center）、配送中心 DC（Distribution Center）、储存中心 SC（Stock Center）、加工中心 PC（Process Center）等四种类型。运输中心不具有商品保管、在库管理等功能，而是单纯从事商品运输、周转、分拣的物流中心；配送中心拥有商品保管、在库管理等管理型功能，同时又进行商品周转、分拣业务；储存中心是单一从事商品储存保管的物流中心；加工中心是具有从事流通加工功能的物流中心。目前在发达国家，DC 的比例要占到所有物流中心的 70%以上。又例如根据不同的管理、运营主体，可以把物流中心分为厂商运营的物流中心、批发商运营的物流中心、零售商运营的物流中心。物流中心的业务与主要作业见表 7-2。

表 7-2　　物流中心的业务与主要作业

业务		主要作业
进货	商品检查	①进货商品与进货清单的核对 ·数量核对 ·质量检查（根据不同的发货方实行全品检查、部分检查和无检查） ②保管条形码的贴附（固定放货时标示货架号）
	入库准备 保管场所标示	①在流动场所置货时，输入入库商品的货架号后保管 ②在固定场所置货时，在贴附条形码的货架中保管
保管	数量管理	①检查在库数量是否适当（补充发货等） ②保持正确的账单记录（核查账单与实物是否一致）
	质量管理	把握是否存在长期滞留品
	流通加工	①按客户的要求进行包装作业 ②根据顾客要求贴附价格标签
发货	备货	①根据装箱商品和小件商品划分备货 ②备货品与客户订单核对（商品号、数量、配送对象）
	分拣包装	①根据不同配送对象分拣包装 ②发货单、运送单等单据的制作
	配车安排	①安排与发货预定数量相符的货车 ②货车需装货物的确认

四、物流基地

物流基地，也称为物流园区，是位于大城市周边，靠近交通干线的具有一定规模和综合服务功能的特定区域。在区域内，从事国内、国际物流运输或货物分发、转运业务的各类企业集中在一起，为客户提供各种相关服务。这些企业可以购买和租赁基地内的地产及各类房产（如仓库、堆场、办公室、停车场等），同时共同使用基地所提供的交通、水电、通信、餐饮、住宿等配套基础服务设施。物流基地是物流业发展到一定阶段时产生的新兴物流集散方式，物流基地在日本称为“物流团地”，在德国称为“货运村”，虽然名称不同，但各国的建设目的、服务功能是基本相同的。

物流基地的功能特性决定了物流基地大都布局在城市边缘、交通条件较好、用地充足的地方，是为吸引配送转运中心等物流企业在此集聚。物流基地在进行空间布局时还需考虑物流市场需求、地价、交通设施、劳动力成本、环境等经济、社会、自然条件因素。德国在全国范围内布置“货运村”时，主要考虑了以下四个方面因素：（1）至少可以实现两种以上运输方式连接，特别是公路和铁路两种方式；（2）选择交通枢纽中心地带，使物流基地网络与运输枢纽网络相适应；（3）经济合理性，包括较低的地价，数量充足、素质较高的劳动力等，以实现成员企业的利益追求；（4）符合环境保护与生态平衡的要求。物流基地的占地规模较大，一般以仓储、运输、加工等用地为主，同时还包括一定的与之配套的信息、咨询、综合服务等设施用地。

物流基地出现以后，产生了巨大的经济和社会效益，主要表现在：

（1）减轻了物流对城市交通的压力。物流基地最早出现在日本，20 世纪 60 年代东京在内环线外的市郊边缘带建设了四个物流基地，使进入市区的货物先集中在这里“化整为零”，然后统一分送，限制大型运输车辆进入市区；出市区的货物则集中到物流基地“集零为整”，再统一运输，提高了车辆的利用率。

（2）减小了物流对城市环境的不利影响。物流基地的建设将散布的物流中心集中于一处，有利于环境保护，这是近年来大型物流基地出现在欧洲一些城市周边地区的主要影响因素之一。

（3）提高了物流经营的规模效益。组建物流基地，将多个物流企业集中到一起，可以发挥整体优势和规模优势，实现物流企业的专业化和互补性。同时，这些企业还可以共享基础设施和配套服务设施，降低运营成本和费用支出，获得规模效益。

（4）满足了仓库建设大型化发展趋势的要求。在城市中心地区，大面积的可用于大型仓库建设的土地越来越少，必然迫使其向城市中心以外地区寻找新的发展空间，这就在一定程度上促进了集中布局的物流基地的出现。

（5）满足了货物联运发展的需求。德国“货运村”建设的一个显著特点是以其开放式的转运设施提供多种运输方式的货物转运服务。德国政府为减轻大型货车长途运输所造成的环境和生态负面影响，实现货物运输的经济性和合理性，大力推行综合运输政策，鼓励发展铁路、公路、水路、航空多式联运，充分利用综合运输体系带来的多样化便捷服务。

物流基地的出现极大地促进了日、德等国家物流企业的快速发展，根据德国权威机构的研究，未来十年，即使在日本、德国这样运输业高度发达的国家，物流基地的建设仍将处于蓬勃发展时期。在我国，物流业的发展正在起步，深圳、上海等物流业较为发达的城市对物流基地的建设已经开始了大量积极有益的理论探索和实践尝试。深圳、北京、天津等地均已规划投入巨资建设大型物流中心。

五、物流园区运作模式

根据国内外与物流园区功能相同或相当的物流基础设施开发建设的经验，中心城市物流园区在发展模式上可能的选择将有 4 种，即经济开发区模式、主体企业引导模式、工业地产商模式和综合运作模式。

1. 经济开发区模式

物流园区的经济开发区模式，是将物流园区作为一个类似于目前的工业开发区、经济开发区或高新技术开发区的项目进行有组织的开发和建设。该模式是在特定的开发规划、政策指导下，由专门设立的开发部门组织进行的经济开发项目。由于物流园区具有物流组织管理功能和经济发展功能双重特性，因此，建立在经济开发区模式基础之上的物流园区建设项目，实际上就是在新的经济发展背景下的新的经济开发区项目，而且以现代物流的发展特点、趋势和在经济发展中的地位和作用，物流园区无疑是构筑高效率的、转变增长方式与增长质量的新的经济发展体系的重要组成部分。

2. 主体企业引导模式

物流园区的重要功能是物流的组织和管理。物流企业和工业、商业企业在相对集中的场所建设和开发物流园区，是希望在规模化物流运作资源及其条件的支撑下，达到降低物流成本和提高物流经营与管理效益的目的。主体企业引导下的物流园区开发模式从利用市场进行物流资源和产业资源合理有效配置的角度，通过把利用物流技术进行企业经营和企业供应链管理中具有优势的企业引入园区，由其率先在园区开发和发展，并在宏观政策的合理引导下，逐步实现物流产业的聚集和依托物流环境进行发展的工业、商业企业的引进，达到物流园区开发和建设的目的。深圳市港口物流园区、广州市规划建设的五大物流园区、深圳 IT 产品物流基地、广东西樵纺织品物流基地、成都中汽西南汽配物流基地、浙江传化物流基地、深圳航空物流园区等都是主体企业引导模式。

3. 工业地产商模式

物流园区的工业地产商模式，是指将物流园区作为工业地产项目，通过给予开发者适应工业项目开发的适宜的土地政策、税收政策和优惠的市政配套等相关政策，由工业地产商主持进行物流园区的道路、仓库和其他物流基础设施及基础性装备的建设和投资，然后以租赁、转让或合资、合作经营的方式进行物流园区相关设施的经营和管理。目前，经济发达国家，如澳大利亚、美国、德国等国家均有此种开发模式的范例。在日本的东京、神户等经济中心城市，德国的不来梅等城市，也有类似于工业地产商开发模式的物流园区，这些物流园区由政府投资进行物流相关基础设施的建设，然后委托给一个或多个物流设施管理能力较强的企业，由其在政府制定的较为优惠的使用政策的框架下进行经营管理的变形操作方式。

4. 综合运作模式

综合运作模式是指对上述的经济开发区模式、主体企业引导模式和工业地产商模式进行混合运用的物流园区开发模式。由于物流园区项目一般具有建设规模较大和涉及经营范围较广的特点，既要求在土地、税收等政策上得到有力支持，也需要在投资方面能跟上开发建设的步伐，还要求具备园区的经营运作能力的保证，因此，单纯采用一种开发模式，往往很难达到使园区建设顺利推进的目的，必须对经济开发区模式、主体企业引导模式、工业地产商模式等进行综合运用。

本章小结

本章详细介绍了配送的含义、要素、形式及发展演变过程，另外简单介绍了配送中心的内涵、分类和各种功能。物流配送中心的规划是建设物流配送中心的基础性工作，在开展物流配送中心规划时，需要遵循动态原则、低运费原则、交通便利原则和统筹原则。物流配送中心的规划需要遵循一定的建设程序，一个物流配送中心的规划通常需要经过 3 个阶段：项目前期工作阶段、施工阶段、竣工验收及生产准备阶段。物流配送中心的规划主要包括作业功能规划、选址规划、结构规划、设施规划和信息系统规划等。物流配送中心作业的指导思想为：以客户服务为中心，做到“两好”“四块”“四统一”。物流配送中心作业的基本原则是准确、及时、经济、安全。总体上讲，物流配送中心的基本作业流程综合归纳为 7 项作业活动：①客户及订单管理；②入库作业；③理货作业；④装卸搬运作业；⑤流通加工作业；⑥出库作业；⑦配送作业。

本章思考题

1. 配送的基本环节有哪些？
2. 请举例说明某种商品的配送模式。
3. 配送中心的基本功能是什么？
4. 物流中心运营合理化的标志是什么？
5. 在配送中心的设计和分析研究中，最基本的目标是什么？

本章习题

【案例分析】

盒马鲜生的新物流

盒马鲜生，就如同它的名字一般，能够给消费者提供优质、新鲜的产品，而且这些产品还可以在极短的时间内到达消费者的手中，这便是盒马鲜生的过人之处。盒马鲜生打造的新物流，并不止于物流，而是要从商品和供应链上，重构整个零售体系。

从物流的角度来看，对盒马鲜生的研究已经成为了时下一个全新的热点。盒马鲜生在新零售范畴内的创新拓展，即盒马的综合性零售创新，已经成为了业界的新标杆。到目前为止，将盒马鲜生诸多创新中的一项拿出来，都可以嫁接到其他零售企业并加以应用。盒马鲜生基于智能化系统打造的新物流也是如此。盒马鲜生一直以来都建立有一个高效的物流配送体系，以冷链物流配送为主的整个运输体系，占据了企业中重要的位置。盒马鲜生花费了巨大成本建立起的这一完善的物流配送体系，旨在保障物流配送的品质，提高新鲜食品配送时效，确保消费者的利益。

（1）盒马鲜生物流秘密之一：业务拓展

开店，是盒马鲜生2018年的三大主要战略之一。在2018年第一季度，外界已经习惯了盒马鲜生“十店同开、八城同开”的汹涌。按照中国东中西部的地理划分，盒马鲜生已经初步完成对东部地区重要城市的覆盖、中部地区领先城市的覆盖，以及对西部地区成都、贵阳、西安的落地。这其中，上海、北京和深圳，是盒马鲜生开店的绝对重点。盒马鲜生重视供应链和商品的开发，旗下的日日鲜、自有商品开发，已经跑出一条盈利模型成熟、业务运转稳固的模式。盒马日日鲜在消费者认知中，已经建立起极高的品牌心智占有。

在业务横向拓展方面，目前盒马鲜生已经在上海、北京两地完成云超业务的上线。云超的上线，意味着盒马从盒马鲜生的生鲜餐饮业务，向精选的全品类电商业务迈出实质性一步。同时，盒马还在上海嘉定和杨浦，分别拓展了高度自动化的新餐饮模式、Office商圈上班族人群的小店餐饮模式。在业务纵向连接方面，盒马已经和浙江三江超市、福建新华都对接。在联营开店和老店数字化升级改造上，启动了盒马供应链和模式的输出。

（2）盒马鲜生物流秘密之二：新物流体系

作为新零售新物种的代表品牌，盒马物流对外强调的概念也是新物流体系。与传统模式相比，或者说与京东物流相比，盒马新物流与京东B2C最大的不同在于，京东物流体系基于从端到端的连接——从大仓到顾客。京东电商B2C模式，决定了京东物流的B2C模式，订单是其最小颗粒单位，订单服从物流路线。不同于京东或其他B2C生鲜电商，盒马的B2C自营模式中，盒马鲜生门店的FDC架构在其中起到了全链路轴心作用，即订单在从门店到顾客的近场景完成。总结来看，京东模式，从源头基地到中心大仓，是商品形态。从中心大仓到顾客，是订单形态，且订单会拆成几个快递包裹。其中，从中心大仓到顾客的零散订单，路线越长，时效和成本就会越高。而在盒马鲜生模式中，从源头基地到门店，是商品形态。从门店到顾客，是订单形态，且一个订单就是一个包裹。其中，因为从门店到顾客是3公里半径的近场景配送，零散订单的路线短，时效和成本都在可控范围内。因此，京东的物流模式，是从源头基地到中心大仓，用B2B模式走完800公里。顾客下单后，再从中心大仓，用B2C的订单模式和“211时效”，走完剩下的200公里。而盒马鲜生的新物流模式，是在门店前，用B2B模式走完997公里。在门店后，用B2C外卖模式，走完剩下的3公里。

（3）盒马鲜生物流秘密之三：门店

盒马鲜生的新物流，从源头基地到门店，中间当然也会有DC大仓。但在商品的物流状态中，门店前的商品，都是以托盘运输的集约模式，用大卡货车集中配送到门店。商品集中配送到门店之后，门店再将整个托盘的商品，一次性在门店完成收货、上架、捡货、打包、配送的五位一体动作。盒马物流以一个托盘（或者是整箱整板）一次性操作50件包裹。而京东物流则是根据订单，需要操作50次才能完成50件包裹。操作效率、运载效率和成本核算，两者的差异都很大。盒马鲜生在从DC大仓到顾客家的过程中，做外卖式的直线配送，而且物流距离短，极大地提升了物流效率，降低了物流成本。

（案例来源：①揭密盒马鲜生新物流：到底新在哪里？http：//www. linkshop. com. cn/web/archives/2018/401794. shtml. ②韩晓扬，尹红媛，陈鑫，等．新零售业态下生鲜行业的物流模式研究——以盒马鲜生为例［J］. 价值工程，2019，38（25）：162-164.）

1. 盒马鲜生的新物流模式有何特点？
2. 结合盒马鲜生新物流案例，分析生鲜电商企业在建立配送中心时应考虑哪些因素？

第八章 包装、装卸和流通加工

本章着重介绍物流过程中包装、装卸搬运、流通加工等物流环节，包括基本概念特点、分类、相关的技术、配套的装备及其使用，以及各环节的合理化等。

第一节 包 装

一、包装概述

(一) 包装的概念

所谓包装，是指为保护商品、促进销售而施加的利用包装材料器具进行的封闭性保护。

在社会再生产过程中，包装处于生产过程的末尾和物流过程的开头，既是生产的终点，又是物流的始点。作为生产的终点，包装必须根据产品性质、形状和生产工艺来进行，满足生产要求。作为物流的始点，包装完成之后，便可发挥对产品的保护作用和物流的作用，最后实现销售。现代物流研究认为，包装与物流的关系比之与生产的关系要密切得多，其作为物流始点的意义比之作为生产终点的意义要大得多。因此，包装应进入物流系统之中，这是现代物流的一个新观念。

(二) 包装的功能

(1) 保护功能：即保护物品不受损伤的功能，它体现了包装的主要目的。

①防止物品的破损变形。这就要求包装能承受在装卸、运输、保管等过程中的各种冲击、震动、颠簸、压缩、摩擦等外力的作用。

②防止物品发生化学变化，即防止物品受潮、发霉、变质、生锈等。这就要求包装能在一定程度上起到阻隔水分、潮气、光线以及空气中各种有害气体的作用，避免物品受外界不良因素的影响。

③防止有害生物对物品的影响。鼠、虫及其他有害生物对物品有很大的破坏性。包装封闭不严，会给细菌、虫类造成侵入之机，导致变质、腐败，特别是对食品危害性更大，鼠、白蚁等生物会直接吞蚀纸张、木材等物品。

④防止异物流入、污物污染、丢失、散失。

(2) 便利功能：物品包装具有便利流通、方便消费的功能，体现在以下几个方面。

①便利运输。包装起来的物品便于装载，运输途中不容易碰撞、散失和损坏。包装的规格、形状、重量与物品运输关系密切。包装尺寸与运输车辆、船、飞机等运输工具箱、仓容积的吻合性，方便了运输，提高了运输效率。

②便利装卸。物品的包装便于各种装卸、搬运机械的使用，有利于提高装卸、搬运机械的生产效率。包装的规格尺寸标准化后为集合包装提供了条件，从而能极大地提高装载效率。

③便利储存。包装为仓库内的搬运、装卸作业提供了方便；包装物本身也为物品的保管提供了方便条件，可以起到保护物品的作用；包装物的各种标志便于识别，易于存取、易于盘点，有特殊保管要求的易引起注意，为仓库的管理提供了便利；易于开包、便于重新打包的包装方式为验收提供了方便，包装的集合方法、定量性，对节约验收时间、加快验收速度也会起到十分重要的作用。

(3) 促销功能：合理的包装有利于促进商品的销售。精美的包装能够起到广告宣传的作用，唤起人们的购买欲望，促进销售。

(三) 包装的种类

1. 按照包装在流通中的作用分类

(1) 商业包装。也称销售包装，这种包装的目的是美化商品、宣传商品、促进销售。因此要求使用的包装材料在性质、形态、式样等因素方面，既要保护商品，结构造型要便于流通，还要在图案、文字、色调上能吸引消费者，包装单位适于顾客的购买量以及商店陈设的要求。在流通过程中，商品越接近顾客，越要求包装有促进销售的效果。

(2) 运输包装。是指以强化输送、保护产品为目的的包装。即要便于装卸、储存和运输，以期将商品完好无损地送达目的地和消费领域。其主要考虑的问题是抵御在储运过程中温度、湿度、紫外线、雨雪等气候和自然条件因素对商品的侵害；减缓静压力、震动、冲击、摩擦等外力对商品的作用；防止商品散漏、溢泄、挥发而造成污染；便利流通环节中装卸、搬运、保管等各项作业；提高运载工具的载重力和容积；缩短各种作业时间和提高作业效率。

2. 按包装的适用广泛性分类

(1) 专用包装。根据被包装物特点进行专门设计、专门制造，只适用于某种专用产品的包装。

(2) 通用包装。不进行专门设计、制造，而根据标准系列尺寸制造的包装，用于包装各种标准尺寸的产品。

3. 按包装容器分类

按包装容器的抗变形能力分为硬包装和软包装两类。按包装容器形状分为包装袋、包装箱、包装盒、包装瓶、包装罐等。按包装容器结构形式分为固定式包装和可拆卸折叠式包装。按包装容器使用次数分为一次性包装和多次周转包装。

4. 按包装技术分类

按包装层次及防护要求分为个装、内装、外装三类。按包装的保护技术分为防潮包装、防锈包装、防虫包装、防腐包装、防震包装、危险品包装等。

二、包装材料、容器及包装技术

(一) 包装材料

包装材料与包装功能存在着不可分割的联系，为了保证和实现物品包装的保护性、便利性等功能，常用的包装材料有：

1. 纸质包装材料

在包装材料中，纸的应用最为广泛，它的品种最多，耗量也最大。由于纸具有价格低、质地细腻均匀、耐摩擦、耐冲击、容易粘合、不受温度影响、无毒、无味、质轻、易加工、废弃物易回收、适于包装生产的机械化等特性，纸质包装在现代包装中占有重要的地位。纸作为包装材料有纸袋、瓦楞纸箱和纸箱，其中瓦楞纸箱是颇受欢迎的纸质包装材料。用瓦楞纸做的纸箱具有一定的刚性，因此有较强的抗压、抗冲击能力。但是，纸的防潮、防湿性较差，这是纸质包装材料的最大弱点。

2. 木材包装材料

木材包装是指以木板、胶合板、纤维板为原材料制成的包装。常用的有各种箱、桶、笼、托盘等。由于木材作为物品的外包装材料，具有抗压、抗震等优点，木材包装至今在包装材料中仍占有十分重要的地位。但由于木材资源有限，而且用途比较广泛，国家已采取限制使用木材的措施，作为包装材料前景不佳，使用比重也在不断下降。

3. 草制包装材料

这是比较落后的包装材料，原材料来源是各种天然生的草类植物，将这些草类植物梳理、编织成诸如草席、蒲包、草袋等包装物。草制包装由于其防水、防潮能力较差，强度很低等原因，有被淘汰的趋势。

4. 金属包装材料

把金属压制成薄片用于物品包装的材料，通常有金属圆桶、白铁内罐、储气罐、金属丝、网等。目前，在世界金属包装材料中，用量最大的是马口铁（镀锡薄钢板）和金属箔两大品种。马口铁坚固、抗腐蚀、易进行机械加工，表面容易进行涂饰和印刷，尤其用马口铁制作的容器具有防水、防潮、防污染等优点。金属箔是把金属压延成很薄的薄片，多用于食品包装，如糖果、肉类、奶油乳制品的包装等。

5. 纤维包装材料

即用各种纤维制作的袋状包装材料。天然的纤维材料有黄麻、红麻、大麻、青麻、罗布麻、棉花等；经工业加工提供的纤维材料有合成树脂、玻璃纤维等。

6. 陶瓷与玻璃包装材料

玻璃具有耐风化、不变形、耐热、耐酸、耐磨等优点，尤其适合各种液体物品的包装。陶瓷、玻璃制作的包装容器容易洗刷、消毒、灭菌，能保持良好的清洁状态。同时，它们可以回收复用，有利于包装成本的降低。然而，玻璃、陶瓷也有它们的弱点，即在超过一定的冲击力的作用下容易破碎。

7. 合成树脂包装材料

用合成树脂制作的各种塑料容器、塑料瓶、塑料袋和塑料箱等，在现代包装中所处的地位越来越重要。塑料包装材料有如下特点和优点：透明，对容器内包装的物品不必开封便一目了然；有适当的强度，可以保护商品的安全；有较好的防水、防潮、防霉等性能；有耐药剂、耐油性能；耐热、耐寒性能较好，对气候变化有一定的适应性；有较好的防污染能力，使包装的物资既安全又卫生，密封性能好等。合成树脂的品种超过千种，用于包装的主要有聚乙烯、聚丙烯、聚氯乙烯、聚苯乙烯、酚醛树脂、氨基塑料等十多种。

8. 复合包装材料

即将两种以上具有不同特性的材料复合在一起，以改进单一包装材料的性能，发挥包装材料更多的优点。常见的复合材料有三四十种，使用最广泛的是塑料与玻璃纸复合；塑料与塑料复合；金属箔与塑料复合；金属箔、塑料、玻璃纸复合；纸张与塑料的复合等。

(二) 包装容器

常用的包装容器与器具有：

1. 包装袋

包装袋为柔性包装中重要的一种，材料是挠性材料，有较高的韧性、抗拉强度和耐磨性。一般结构是筒管状结构，一端预先封死，在包装结束后再封装另一端，包装操作一般采用充填操作。包装袋一般分成下述三种类型：集装袋，盛装重量在1吨以上，适于装运颗粒状、粉状的物品。一般运输包装袋，盛装重量在0.5~100公斤，如麻袋、草袋、水泥袋等，主要包装粉状、粒状和个体小的物品。小型包装袋（或称普通包装袋），盛装重量较小的包装袋，包装范围较广，液状、粉状、块状和异型物等可采用这种包装。

上述几种包装袋中，集装袋适于运输包装，一般运输包装袋适于外包装及运输包装，小型包装袋适于内装、个装及商业包装。

2. 包装盒

包装盒介于刚性和柔性包装两者之间，包装材料有一定挠性，不易变形，有较高的抗压强度，刚性高于袋装材料。包装结构是规则几何形状的立方体，也可裁制成其他形状，如圆盒状、尖角状，一般容量较小，有开闭装置。包装操作一般采用码入或装填，然后将开闭装置闭合。包装盒整体强度不大，包装量也不大，不适合做运输包装，适合做商业包装、内包装，包装块状及各种异形物品。

3. 包装箱

包装箱是刚性包装中重要的一类，包装材料为刚性或半刚性材料，有较高强度且不易变形。包装结构和包装盒相同，只是容积、外形都大于包装盒，两者通常以10升为分界。包装操作主要为码放，然后将开闭装置闭合或将一端固定封死。包装箱整体强度较高，抗变形能力强，包装量也较大，适合做运输包装、外包装，包装范围较广，主要用于固体杂货包装。主要包装箱有以下几种：（1）瓦楞纸箱；（2）木箱，主要有木板箱、框板箱、框架箱三种；（3）塑料箱；（4）集装箱，由钢材或铝材制成的大容积物流装运设备，从包装角度看，也属一种大型包装箱，可归属于运输包装的类别之中，也是大型反复使用的周转型包装。

4. 包装瓶

包装瓶是瓶颈尺寸有较大差别的小型容器，是刚性包装中的一种，包装材料有较高的抗变形能力，刚性、韧性要求一般也较高。个别包装瓶介于刚性和柔性包装之间，瓶的形状在受外力时虽可发生一定程度变形，外力一旦撤除，仍可恢复原来瓶形。包装瓶结构是瓶颈口径远小于瓶身，且在瓶颈顶部开口。包装操作是填灌操作，然后将瓶口用瓶盖封闭。包装瓶包装量一般不大，适合美化装潢，主要做商业包装、内包装使用。主要包装液体、粉状货。包装瓶按外形可分为圆瓶、方瓶、高瓶、矮瓶、异形瓶等若干种。瓶口与瓶盖的封盖方式有螺纹式、凸耳式、齿冠式、包封式等。

5. 包装罐

包装罐是罐身各处横截面形状大致相同，罐颈短，罐颈内径比罐身内径稍小或无罐颈的一种包装容器，是刚性包装的一种。包装材料强度较高，罐体抗变形能力强。包装操作是装填操作，然后将罐口封闭。包装罐主要有三种：（1）小型包装罐，容量不大，一般是做销售包装、内包装。（2）中型包装罐，容量较大，一般做化工原材料、土特产的外包装，起运输包装作用。（3）集装罐，是典型的运输包装，适合包装液体、粉状及颗粒状物品。

(三) 包装技术

包装技术是包装活动中所采用的硬技术与软技术的总称，主要有：

1. 防震保护技术

防震包装又称缓冲包装，在各种包装方法中占有重要的地位。防震包装就是为减缓内装物受到冲击和震动，保护其免受损坏所采取的一定防护措施的包装。防震包装主要有三种方法：（1）全面防震包装方法，即内装物和外包装之间全部用防震材料填满进行防震的包装方法。（2）部分防震包装方法，即对于整体性好的产品和有内装容器的产品，仅在产品或内包装的拐角或局部地方使用防震材料进行衬垫的包装方法。（3）悬浮式防震包装方法，即对于某些贵重易损的物品，为了有效地保证在流通过程中不被损坏，外包装容器要比较坚固，然后用绳、带、弹簧等将被装物悬吊在包装容器内，使之不与包装容器发生碰撞，从而减少损坏。

2. 防破损保护技术

缓冲包装有较强的防破损能力，因而是防破损包装技术中有效的一类。此外还可以采取以下几种防破损保护技术：（1）捆扎及裹紧技术，即使杂货、散货形成一个牢固整体，以增加整体性，便于处理并防止散堆，从而减少破损。（2）集装技术，即利用集装，减少与货体的接触，从而防止破损。（3）选择高强保护材料，即通过外包装材料的高强度来防止内装物品受外力作用而破损。

3. 防锈包装技术

主要有两类：（1）防锈油防锈蚀包装技术。防锈油防锈蚀包装技术就是将金属涂封防止锈蚀的技术。用防锈油封装金属制品，要求油层要有一定厚度，油层的连续性好，涂层完整，而且不同类型的防锈油要采用不同的方法进行涂覆。（2）气相防锈包装技术，即在密封包装容器中，使用气相缓蚀剂（挥发性缓蚀剂）对金属制品进行防锈处理的技术。在密封包装容器中，气相缓蚀剂在很短的时间内挥发或升华出的缓蚀气体就能充满整个容器的每个角落和缝隙，同时吸附在金属制品的表面上，从而起到抑制大气对金属锈蚀的作用。

4. 防霉腐包装技术

在装运食品和其他有机碳水化合物物品时，物品表面可能生长霉菌，在流通过程中如遇潮湿，霉菌生长繁殖极快，甚至延伸至物品内部，使其腐烂、发霉、变质，因此要采取特别防护措施。防霉烂变质的措施，通常是采用冷冻包装、真空包装或高温灭菌方法。冷冻包装的原理是减慢细菌活动和化学变化的过程，以延长储存期，但不能完全消除食品的变质。高温杀菌法可消灭引起食品腐烂的微生物，因而在包装过程中可使用高温处理防霉。真空包装法可阻挡外界的水汽进入包装容器内，也可防止在密闭着的防潮包装内部存有潮湿空气。应该注意的是，采用真空包装法，要避免过高的真空度，以防损伤包装材料。防止运输包装内货物发霉，还可使用防霉剂。防霉剂的种类甚多，用于食品时必须选用无毒防霉剂。装有机电产品的大型封闭箱，可酌情开设通风孔或通风窗等。

5. 防虫包装技术

可在包装中放入有一定毒性和气味的驱虫药物，利用药物在包装中挥发出的气体杀灭和驱除各种害虫。常用驱虫剂有萘、对位二氯化苯、樟脑精等。也可采用真空包装、充气包装、脱氧包装等技术，使害虫无生存环境，从而防止虫害。

6. 危险品包装技术

危险品有上千种，按其危险性质，交通运输及公安消防部门规定分为十大类，即爆炸性物品、氧化剂、压缩气体和液化气体、自燃物品、遇水燃烧物品、易燃液体、易燃固体、毒害品、腐蚀性物品、放射性物品等，有些物品同时具有两种以上危险性能。

对于有毒商品的包装要明显地标明有毒的标志。防毒的主要措施是包装严密不漏、不透气。对有腐蚀性的商品，要注意商品和包装容器的材质不能发生化学变化。金属类的包装容器，要在容器壁涂上涂料，防止腐蚀性商品对容器的腐蚀。对易自燃商品的包装，宜采取特殊包装方式。对于易燃、易爆商品，包装的有效方法是采用塑料桶包装，然后将塑料桶装入铁桶或木箱中，每件净重不超过50公斤，并应有自动放气的安全阀，当桶内达到一定气压时，能自动放气。

7. 特种包装技术

(1) 充气包装，即采用二氧化碳或氮气等不活泼气体置换包装容器中空气的一种包装技术，也称为气体置换包装。

(2) 真空包装，即将物品装入气密性容器后，在容器封口之前抽成真空，使密封后的容器内基本没有空气的一种包装方法。

(3) 收缩包装，即用收缩薄膜裹包物品（或内包装件），然后对薄膜进行适当加热处理，使薄膜收缩而紧贴于物品（或内包装件）的包装技术。

(4) 拉伸包装，即由收缩包装发展而来的，依靠机械装置在常温下将弹性薄膜围绕被包装件拉伸、紧裹，并在其末端进行封合的一种包装方法。

(5) 脱氧包装，即继真空包装和充气包装之后出现的一种新型除氧包装方法，是在密封的包装容器中，使用能与氧气发生化学作用的脱氧剂与之反应，从而除去包装容器中的氧气，以达到保护内装物的目的。

三、包装标准化及合理化

1. 实行包装标准化的意义

包装标准化是对产品的包装类型、规格、容量、使用的包装材料、包装容器和结构造型、印刷标志及产品的盛入、衬垫、封装方式、名词术语、检验要求等加以统一规定，并贯彻实施的政策和技术措施。标准化是组织现代化大生产的重要手段，是推动社会生产力迅速发展的强大动力，是经济发展和科学管理的重要基础。因此实现包装的标准化具有相当重要的意义。

（1）便于提高包装生产率：实行统一的包装标准，可以简化包装的规格型号，使同种类产品的包装可以互相通用，从而使零星、分散的小批量的包装生产转变为集中的、大批量的专业生产，有利于包装生产向机械化、自动化方向发展，便于提高包装生产率。

（2）便于识别、使用和计量：由于包装标准化简化和统一了包装容器的规格和型号，所以在生产和流通过程中便于识别、使用和计量。

（3）节约包装材料，降低包装成本：包装标准化统一了包装材料、包装结构、包装规格型号的标准，在包装设计制造时可以充分而有效地使用原材料，不仅可以大量节省包装材料，而且由于包装整齐化一，堆码容易排列组合，能够提高仓库的容量和运输工具的运载量。

（4）保证包装质量，保护产品安全：包装标准中对各项质量指标作了明确的规定，有利于保证与提高包装的质量，使产品在流通中免受损失。同时包装设计合理，规格尺寸统一，便于搬运和装卸，也为货物的堆码储存提供了良好的条件。

（5）有利于产品走向国际市场：国际市场要求产品实行国际包装标准，采用国际标准包装系列，更有利于产品走向国际市场。

（6）有利于包装的回收复用：由于包装标准化使包装规格型号统一，有利于包装容器的相互通用。这样既能节省包装费用，又能够节省回送运输费用。

2. 物流中的主要包装标准

在包装标准体系中，可分为普通货物包装与危险货物包装两大部分。

鉴于危险货物性质特殊，重点考虑安全需要，在第二次世界大战后，联合国危险品运输专家委员会集各国运输经验和研究成果编纂成《危险货物运输建议》，几经修改，日臻成熟，又经各国际运输（海运、空运、铁路）组织加以实践应用，加进各自特点与要求，故已为各国政府正式接受。

普通货物则有所不同。发布一系列国际包装标准的国际标准化组织（ISO）和另一与包装关系密切的国际电工委员会（IEC），为促进全世界范围内标准化工作的发展，促进国际物资交流和互助，均以推荐形式发布ISO和IEC的标准，受到世界各国重视。发达国家不仅积极采用国际标准，而且其区域标准、行业标准与企业标准越往下的要求越高，以保持其商品的竞争能力和垄断地位。我国也制定有大量的普通货物包装标准，特别是各行业标准中对产品的包装均相当重视，提出了相应的包装要求和规定。

3. 包装合理化

包装合理化既包括包装总体的合理化，也包括包装材料、包装技术、包装方式的合理组合及运用。要做好包装合理化工作，应从以下三方面着手：

（1）防止包装不足。包装不足表现为以下几个方面：①包装强度不足。②包装材料水平不足。③包装容器的层次及容积不足。④包装成本过低，不能保证有效的包装。我国曾经进行全国包装大检查，经过统计分析，认定由于包装不足引起的损失，一年达100亿元以上。

（2）防止包装过剩。包装过剩表现为以下几个方面：①包装物强度设计过高。②包装材料选择过高。③包装技术过高。包装层次过多，包装体积过大。④包装成本过高。一方面可能使包装成本支出大大超过减少损失可能获得的效益，另一方面包装成本在商品成本中比重过高，损害了消费者利益。根据日本的调查，目前发达国家包装过剩问题很严重，在20%以上。

（3）从物流管理角度，用科学方法确定最优包装。由于物流诸因素是可变的，包装也是不断发生变化的。确定包装形式，选择包装方法，都要与物流诸因素的变化相适应。这些因素主要有：①装卸搬运。在确定包装时，必须对该种产品的装卸搬运手段、方法有所了解，使包装形式、包装方法与之相适应。②保管。在确定包装时，必须对保管的条件和方式有所了解。例如，采用高垛就要求包装有很高的强度，否则就会压坏。如果采用低垛或料架保管，包装的强度就可以相应降低，以节约资源和费用。③运输。输送工具类型、输送距离长短、道路情况如何都对包装有影响，例如道路情况比较好的短距离汽车输送，就可以采用轻便的包装。同一种产品，如果进行长距离的车船联运，就要求严密厚实的包装。

第二节　装卸搬运

一、概述

1. 装卸搬运的概念

在同一地域范围内（如车站范围、工厂范围、仓库内部等）称改变“物”的存放、支承状态的活动为装卸，称改变“物”的空间位置的活动为搬运，两者全称装卸搬运。有时候或在特定场合，单称“装卸”或单称“搬运”也包含了“装卸搬运”的完整含义。在习惯使用中，物流领域（如铁路运输）常将装卸搬运这一整体活动称做“货物装卸”；在生产领域中常称之为“物料搬运”。在实际操作中，装卸与搬运是密不可分的，因此，在物流科学中并不过分强调两者差别而是将两者作为一种活动来对待。

在物流过程中，装卸活动是不断出现和反复进行的，它出现的频率高于其他各项物流活动，每次装卸活动所消耗的人力也很多，所以装卸费用在物流成本中所占的比重也较高。以我国为例，铁路运输的始发和到达的装卸作业费大致占运费的20%左右，船运占40%左右。据我国统计，火车货运以500公里为分界点，运距超过500公里，运输在途时间多于起止的装卸时间；运距低于500公里，装卸时间则超过实际运输时间。再例如，美国与日本之间的远洋船运，一个往返需25天，其中运输时间13天，装卸时间12天。此外，进行装卸操作时往往需要接触货物，因此，这也是在物流过程中造成货物破损、散失、损耗、混合等损失的主要环节。为提高物流速度、降低物流成本、减少物流过程损耗，我们应加强对装卸搬运的组织设计和搬运机械的操作管理。

2. 装卸搬运的特点

（1）装卸搬运是附属性、伴生性的活动。装卸搬运是物流每一项活动开始及结束时必然发生的活动，因而有时被人忽视，有时被看做其他操作时不可缺少的组成部分。例如，一般而言的“汽车运输”就实际包含了相随的装卸搬运，仓库中泛指的保管活动，也含有装卸搬运活动。

(2) 装卸搬运是支持、保障性活动。装卸搬运的附属性不能理解成被动的，实际上，装卸搬运对其他物流活动有一定决定性。装卸搬运会影响其他物流活动的质量和速度，例如，装车不当会造成运输过程中的损失；卸放不当会引起货物下一步运动的困难。物流活动只有在有效的装卸搬运支持下才能实现高水平、高效率。

(3) 装卸搬运是衔接性的活动。在任何其他物流活动互相过渡时，都是以装卸搬运来衔接的，因而，装卸搬运往往成为整个物流的“瓶颈”。能否建立一个有效的物流系统，关键看这一衔接是否有效。

(4) 装卸搬运是增加物流成本的活动。尤其对于传统物流而言，物流过程中多次的装卸搬运活动，不仅延长了物流时间，而且要投入大量的活劳动和物化劳动，这些劳动不能给物流对象带来附加价值，只是增大了物流的成本。由于装卸搬运反复进行的次数多，累计成本的数量是不可忽视的。

3. 装卸搬运的管理要点

(1) 对搬运要求按不同的具体情况进行分类操作。对不同的包装单位、包装重量、包装容器来说，如散料、48 听装包装箱、60 箱托盘装以及集装箱，它们对搬运的具体要求都是不同的，所以对于搬运作业来说，应该区别不同的包装情况进行分类作业，以满足不同的搬运作业要求。

(2) 按企业搬运任务的具体要求，对搬运机械进行适当的能力配置。因为企业的搬运机械一般来说都能力有限，所以企业物流部门应根据企业物流任务的计划安排，对企业的搬运机械从整体综合的层面来进行统一的能力配置，尽量满足搬运作业的具体要求，及时有效地完成物流的搬运作业，提高搬运的作业效率，避免搬运机械滥用，造成浪费情况的发生。

(3) 推广应用组合化装卸搬运方法，提高搬运作业的效率。组合化装卸搬运方法是指在装卸搬运的作业过程中，根据不同物资的种类、性质、形状、重量来确定不同的装卸作业方式并进行组合化的装卸方法。组合化装卸具有很多优点：装卸搬运量大、作业效率高，可以大量节约装卸搬运的作业时间；能提高物资装卸搬运的灵活性与有效程度；操作单位大小一致，有利于企业搬运作业的标准化；基本实现装卸搬运的机械化、省力化，可保护物资。

二、装卸搬运方式

1. 按装卸搬运施行的物流设施、设备对象分类

依此可分为仓库装卸、铁路装卸、港口装卸、汽车装卸、飞机装卸等。仓库装卸配合出库、入库、维护保养等活动进行，并且以堆垛、上架、取货等操作为主。铁路装卸是对火车车皮的装进及卸出，特点是一次作业就需实现一车皮的装进或卸出，很少有像仓库装卸时出现的整装零卸或零装整卸的情况。港口装卸包括码头前沿的装船，也包括后方的支持性装卸搬运，有的港口装卸还采用小船在码头与大船之间“过驳”的办法，因而其装

卸的流程较为复杂，往往经过几次装卸及搬运作业才能最后实现船与陆地之间货物过渡的目的。汽车装卸一般一次装卸批量不大，由于汽车的灵活性，可以减少或根本减去搬运活动，而直接、单纯利用装卸作业达到车与物流设施之间货物过渡的目的。

2. 按装卸搬运的作业方式分类

依此可分为吊上吊下装卸、叉上叉下装卸、滚上滚下装卸、移上移下装卸、散装散卸等。吊上吊下装卸是采用各种起重机械从货物上部起吊，依靠起吊装置的垂直移动实现装卸，并在吊车运行的范围内或回转的范围内实现搬运。由于吊起及放下属于垂直运动，这种装卸方式属垂直装卸。叉上叉下装卸是采用叉车从货物底部托起货物，并依靠叉车的运动进行货物位移，搬运完全靠叉车本身，货物可不经中途落地直接放置到目的处。这种方式垂直运动不大而主要是水平运动，属水平装卸方式。滚上滚下装卸主要是指港口装卸的一种水平装卸方式，利用叉车或半挂车、汽车承载货物，连同车辆一起开上船，到达目的地后再从船上开下，称“滚上滚下”装卸。滚上滚下方式需要有专门的船舶，对码头也有不同要求，这种专门的船舶称“滚装船”。滚装方式在铁路运输领域也有采用，货运汽车或集装箱直接开上火车车皮，进行运输，到达目的地再从车皮上开下，这种方式又称为驮背运输。移上移下装卸是在两车之间（如火车和汽车）进行靠接，然后利用各种方式，不使货物垂直运动，而靠水平移动从一车辆上推移到另一车辆上。移上移下方式需要使两种车辆水平靠接，因此，对站台或车辆货台需进行改变，并配合移动工具实现这种装卸。散装散卸是对散装物进行装卸。一般从装点直到卸点，中间不再落地，这是集装卸与搬运于一体的装卸方式。

另外，装卸搬运方式还可按被装物的主要运动形式分为垂直装卸、水平装卸；按装卸搬运对象分为散件货物装卸、单件货物装卸、集装货物装卸；还可按装卸搬运特点分为连续装卸和间歇装卸。

三、装卸搬运机械的分类及其使用和管理

1. 装卸搬运机械分类

物流活动中的货物来源广，种类繁多，外形和特点各不相同，如箱装货物、袋装货物、桶装货物、散货、易燃易爆及剧毒品等。为了适应各类货物的装卸搬运和满足装卸搬运过程中各个不同环节的不同要求，各种装卸搬运机械应运而生。它们常按以下方法进行分类。

按主要用途或结构特征进行分类，可分为起重机械、连续运输机械、装卸搬运车辆、专用装卸搬运机械。其中，专用装卸搬运机械是指带专用取物装置的装卸搬运机械，如托盘专用装卸搬运机械、集装箱专用装卸搬运机械、船舶专用装卸搬运机械、分拣专用机械等。

按作业性质进行分类，可分为装卸机械、搬运机械及装卸搬运机械三类。有些机械功能比较单一，只满足装卸或搬运一个功能，这种单一作业功能的机械结构简单，专业化作业能力较强，因而作业效率高，作业成本低，但使用上受局限，并且由于其功能单一，作

业前后需要繁琐的衔接，会降低整个系统的效率。单一装卸功能的机械有手动葫芦、固定式起重机等；单一搬运功能的机械主要有各种搬运车、带式输送机等。装卸、搬运两种功能兼有的机械可将两种作业操作合二为一，因而有较好的效果。这种机械有叉车、跨运车、车站用的龙门起重机、气力装卸输送机械等。

按装卸搬运货物的种类进行分类，可分为四大类：

（1）长大笨重货物的装卸搬运机械。长大笨重货物通常指大型机电设备、各种钢材、大型钢梁、原木、混凝土构件等，具有长、大、重、结构和形状复杂的特点。这类货物的装卸搬运作业通常采用轨行式起重机和自行式起重机，轨行式起重机有龙门式起重机、桥式起重机、轨道起重机；自行式起重机有汽车起重机、轮胎起重机、履带起重机等。在长大笨重货物运量较大并且货流稳定的货场、仓库，一般配备轨行式起重机；在运量不大或作业地点经常变化的情况下，一般配备自行式起重机。

（2）散装货物的装卸搬运机械。散装货物通常是指成堆搬运不计件的货物，如煤、焦炭、沙子、白灰、矿石等。散装货物一般采用抓斗起重机、装卸机、链斗式装车机和输送机等进行机械装车；机械卸车主要用链斗式卸车机、螺旋式卸车机和抓斗起重机等。散装货物搬运主要用输送机。

（3）成件包装货物的装卸搬运机械。成件包装货物一般是指怕湿、怕晒、需要在仓库内存放并且多用棚车装运的货物，如日用百货、五金器材等。这种货物包装方式很多，主要有箱装、筐装、桶装、袋装、捆装等。该类货物一般采用叉车，并配以托盘进行装卸搬运作业，还可以使用牵引车、挂车、带式输送机等解决成件包装货物的搬运问题。

（4）集装箱货物装卸搬运机械。1t 集装箱一般选用 1t 内燃叉车或电瓶叉车作业。5t 及以上集装箱采用龙门起重机或旋转起重机进行装卸作业，还可以采用叉车、集装箱跨运车、集装箱牵引车、集装箱搬运车等。

2. 装卸搬运机械的使用和管理

随着物流现代化的不断发展，装卸搬运机械将会得到更为广泛的应用。从装卸搬运机械发展趋势来看，发展多类型的装卸搬运机械和专用装卸搬运机械来适应货物的装卸搬运作业要求是今后装卸搬运机械的发展方向。为了使用好、管理好装卸搬运机械，实现装卸搬运机械作业，可采取如下措施：

（1）全面规划，合理布局，按需配置装卸搬运机械设备。

（2）建立一套行之有效的装卸搬运机械运用、维修和管理制度，并通过采用新技术、新材料、新设备，逐步实现装卸搬运机械的系列化、标准化、通用化。

（3）建立装卸搬运技术人员队伍，配备维修力量。

（4）积极发展集装化，增大装卸搬运机械作业范围，提高机械作业比重。

（5）做好各种装卸搬运机械的配套工作，实现一机多能。

四、装卸搬运合理化

1. 防止无效装卸

无效装卸的含义是消耗必要装卸劳动之外的多余装卸劳动。具体反映在以下几个方面。

（1）过多的装卸次数。

（2）过大的包装装卸。

（3）无效物质的装卸。进入物流过程的货物，有时混杂着没有使用价值或对用户来讲使用价值不对路的各种掺杂物，如煤炭中的矸石、矿石中的水分、石灰中的未烧熟石灰及过烧石灰等，在反复装卸时，实际上对这些无效物质反复消耗劳动，因而形成无效装卸。

2. 充分利用重力和消除重力影响，减少装卸的消耗

在装卸时考虑重力因素，可以利用货物本身的重量，进行有一定落差的装卸，以减少或根本不消耗装卸的动力，这是合理化装卸的重要方式。例如，从卡车卸物时，利用卡车与地面或小搬运车之间的高度差，使用溜槽、溜板之类的简单工具，可以依靠货物本身重量，从高处自动滑到低处，无须消耗动力。

在装运时尽量消除或削弱重力的影响，也会求得减轻体力劳动及其他劳动消耗的合理性。使货物平移，从甲工具转移到乙工具上，这就能有效消除重力影响，实现合理化。

在人力装卸时，负重行走要持续抵抗重力的影响，同时还在行进，因而体力消耗很大，是出现疲劳的环节。所以，人力装卸时如果能配合简单机具，做到“持物不步行”，则可以大大减轻劳动量，做到合理化。

3. 充分利用机械，实现“规模装卸”

规模效益早已为大家所接受。在装卸时也存在规模效益问题，主要表现在一次装卸量或连续装卸量要达到充分发挥机械最优效率的水准。为了降低单位装卸工作量的成本，对装卸机械来讲，也有“规模”问题，装卸机械的能力达到一定规模，才会有最优效果。追求规模效益的方法，主要是通过各种集装实现间断装卸时一次操作的最合理装卸量，从而使单位装卸成本降低，也可以通过散装实现连续装卸的规模效益。

4. 提高“物”的装卸搬运活性

装卸搬运活性是指装卸搬运的物资进行装卸搬运作业的方便性。对于待运物品，应使之处在易于移动的状态。为提高搬运活性，应把它们整理成堆或是包装成单件放在托盘上，或是放在车上，放在输送机上。由于装卸搬运是在物流过程中反复进行的活动，因而其速度可能决定整个物流速度。如果每次装卸搬运的时间缩短，多次装卸搬运的累计效果则十分可观。因此，提高装卸搬运活性是装卸合理化的重要因素。装卸搬运活性指数分为0~4共5个等级，见表8-1。

表8-1　**装卸搬运活性指数**

搬运活性指数	货物状态描述
0级	货物杂乱地堆放在仓库或配送中心地面
1级	物质已被成捆地捆扎或集装起来
2级	货物被置于箱内，下面放有枕木或衬垫，以便于叉车或其他机械进行装卸搬运
3级	被放置于台车或起重机等装卸、搬运机械上，处于即可移动状态
4级	已被起动，处于装卸、搬运的直接作业状态

第三节 集装单元化技术

一、概述

1. 集装单元化的概念

用集装器具或采用捆扎方法，把物品组成标准规格的单元货件，或将两个以上重量轻、体积小的同种或异种货物组成重量或外形都一致的组合体，以加快装卸、搬运、储存、运输等物流活动，称为集装单元化或成组化。

集装单元化的概念源于装卸搬运方式的演进，古已有之。20世纪50年代以来，运输业的迅速发展，运输工具的大型化、高速化，使高效运输与一件件的低效率装卸成为物流过程中的突出矛盾。集装化是解决这一矛盾的最有效的途径，因而得到稳定、快速发展。目前世界各国大都采用了集装单元化技术进行物流活动。

2. 集装单元化的条件

标准化和批量化是现代化生产的两项基本原则。前者是生产社会化、机械化、自动化的前提，后者是降低生产成本的主要途径。集装单元化是这两项基本原则在物流过程中的具体运用。在现代生产中，同一产品在本企业甚至全国范围内实现了标准化和批量化，但成千上万种产品同时进入物流系统，对物流系统来说，它们是非标准化、零星的。采用集装单元化手段，使物流实现标准化和批量化，物流也就可以像生产一样实现社会化、机械化和自动化，并降低物流成本。因此，现代的集装单元化应具备三个条件：第一，通用化。即集装单元化要与物流全过程的设备与工艺相适应，不同形式的集装单元化方法之间、同一种集装单元化方法的不同规格的集装工具之间要相协调，以便在物流全过程中畅通无阻。第二，标准化。即从集装单元化术语的使用、集装工具的外形和重量、集装工具材质、性能、试验方法、装卸搬运加固规则一直到编号和标志，都必须标准化（包括国家标准和国际标准），以便进行全社会和国际间的流通和交换。第三，系统化。集装的概念不单纯是指集装工具，而是包括集装工具在内的成套物流设施、设备、工艺和管理的总和，是一个联系生产与生产、生产与消费的动态系统。

二、集装单元化分类

目前，按集装单元化的具体方式分类，主要有集装箱化、托盘化、货捆化、网袋化、框架化、滑板化和半挂车7种。

1. 集装箱化

它是以集装箱作为货物单元的一种集装化形式。集装箱的出现可以追溯到17世纪产业革命的初期，1830年英国最早应用集装箱于铁路运输。但集装箱的迅速发展和普及是在20世纪50年代以后。集装箱的运用和发展被认为是运输业的一场革命，极大地促进了国际间的货物联运。

2. 托盘化

它是以托盘作为货物单元的一种集装化形式。托盘是一种结构比较简单，但能用于机械化装卸搬运和堆存货物的集装工具。典型的托盘结构，是由两层铺板中间夹以纵梁（留有装卸叉车的叉口）或单层铺板下设纵梁（或垫块、支腿）所组成。其材料可以用木材、金属、胶合板、塑料、合成材料等。托盘是叉车出现后的产物。20 世纪 30 年代出现了叉车这一装卸工具，托盘随即作为其附属工具在工业部门应用，使货物装卸实现机械化。目前托盘被广泛应用于生产、流通、消费各个领域，成为一种应用最广泛、数量最大的物流工具。托盘化是实现物流合理化的一个重要条件。

3. 货捆化

它主要适用于木材、钢材、建材等货物流通。我国采取自货预垫和绳索预垫等简易方法，实现“三材”的货捆化。自货预垫是指装车前用货物本身（主要是木材、毛竹等）在车船底板和货层之间预垫，在车侧帮旁预隔（将货物与车帮隔开），以便卸车时套索。绳索预垫是装车前将带套扣的绳索预垫在货物下，卸车时吊钩钩住套扣即可将货物直接吊下。钢材、建材、金属制品可用瓦楞纸包覆，然后用金属线捆成集装单元，也可直接捆成货捆。

4. 网袋化

各种袋装货物适于用天然、人造或合成纤维制成的网袋实现集装化；废钢铁等坚硬货物适于用钢丝制成的网袋集装化；散货适于用各种材质的集装袋来实现集装化。网袋与集装袋的自重和容积都很小，既不占运输工具的有效容积和载重量，又便于回送。所以，网袋化是一种应用普遍的集装化形式。

5. 框架化

管件等各种易碎建材产品适于用各种集装框实现集装化；玻璃等适于用各种集装架实现集装化。集装框、集装架多采取回送的办法实现流通。

6. 滑板化

滑板是与托盘尺寸一致的带翼板（勾舌、卷边）的平板，用以承放货物组成装卸单元。与其相匹配的装卸搬运机械是带推拉器的叉车。纸箱装食品、纺织品等包装一致、比重较小的货物可以通过滑板实现集装化。

7. 半挂车

半挂车相当于一种带轮的大型集装箱，但按 ISO 定义，不属于集装箱的范畴。对铁路和水运来说，它是平板车和滚装船运输的一种集装化货物，因而被列为集装化方式之一。但对道路运输来说，它是一种运输工具。

三、集装单元装卸搬运机械的配置

1. 单元化货物装卸搬运机械的配置

单元化货物是指以托盘、捆扎和包装方式，形成便于机械装卸搬运的货物单元。对于这种货物的装卸可以采用效率较高、工作可靠的叉车，同时也可采用汽车起重机、汽车随车吊、托盘搬运车、皮带输送机、堆垛机等机械设备。不同的装卸搬运作业类型，配备时需采用不同的配置方案，如表 8-2 所示。

表 8-2 单元货物装卸搬运设备配置方案

装卸搬运作业类型	拟配装卸搬运设备	装卸搬运作业说明
库内托盘及单元货物拆码垛，箱内单元货物装卸	电瓶叉车 电动前移式叉车 三动力拆码垛机 手动拆码垛机 桥式起重机 移动式平衡起重机等	箱内小包装单元货物，可采用移动式皮带输送机进行装卸，条件受限或机械设备不足时，也可采用人力配以手铲车或其他简易机械进行装卸
库外汽车装卸 库外火车装卸 库外站台及其他集散地拆码垛	内燃叉车 前移式叉车 汽车随车吊 汽车起重机	在库外汽车装卸时，可采用固定装卸货台辅助叉车装卸作业。在火车站台装卸，可采用搭接跳板进行火车棚车或平板车装卸
库内外单元货物搬运	电瓶牵引车 混合动力牵引车 平板拖车 电动托盘搬运车 手动托盘搬运车	牵引车或搬运车可搬运单元货物出入库或直至装卸地点

2. 集装箱货物装卸搬运设备的配置

集装箱货物的装卸是以整箱为装卸搬运单元的作业，具有装卸搬运中间环节少和拆码垛作业量少的特点，有利于提高物流效率。集装箱装卸搬运作业有库内外、车站、港口、码头、货场等作业类型，其装卸搬运设备配置方案如表 8-3 所示。

表 8-3 集装箱货物装卸搬运设备配备方案

作业类型	拟配装卸搬运设备	装卸搬运作业说明
库内外装卸作业	库内桥式起重机 内燃集装箱专用叉车 汽车起重机 整体自装卸补给车	大型集装箱采用集装箱叉车或集装箱跨运车；小型集装箱采用叉车进行装卸；无专用集装箱设备，可采用相应吨位的汽车起重机辅以必要的吊具进行装卸搬运
火车站台 港口码头	龙门起重机 内燃叉车 集装箱叉车 集装箱正面吊车 整体装卸补给车	火车、汽车集装箱装卸可采用龙门起重机；无龙门起重机可采用相应集装箱叉车、集装箱正面吊车、集装箱跨运车与大吨位轮式起重机，并配备合适的吊具。小型集装箱可采用叉车装卸。港口码头集装箱船装卸可采用岸边集装箱装卸桥

续表

作业类型	拟配装卸搬运设备	装卸搬运作业说明
集装箱堆场	叉车 集装箱跨运车 双悬臂龙门起重机 运行式旋转起重机	5吨以下集装箱堆场采用叉车装卸。5吨及以上集装箱堆场，当作业量较大，货流稳定时，可采用起重能力强的双悬臂龙门起重机进行装卸；当作业量较小时，可采用运行式旋转起重机进行装卸。搬运、堆垛采用跨运车或叉车

四、集装单元化技术的经济意义

集装单元化是物流技术进步和结构创新的一项重大举措，具有重要的经济意义：第一，为装卸作业机械化、自动化创造了条件，加速了运输工具的周转，缩短了货物送达时间，从总体上提高了运输工具载重量和容积利用率。第二，节约了包装材料，减少了包装费用，同时减少了物流过程的货损、货差，保证了货物安全。第三，便于堆码，提高了仓库、货场单位面积的储存能力。第四，便于清点货件，简化了物流过程各个环节间、不同运输方式间交接手续，促进了不同运输方式之间的联合运输，实现了“门到门”的一条龙服务。第五，减轻或完全避免了污秽货物对运输工具和作业场所的污染，改善了环境。总之，对集装单元化技术的采用，使物流费用大幅度降低，同时使传统的包装方法和装卸搬运工具发生了根本变革。集装单元本身就成为包装物和运输工具，改变了过去对包装、装卸、储存、运输等各管一段的做法，综合规划和有效改善了物流机能，是物流过程中一种非常行之有效的技术。

第四节　流通加工

一、流通加工的概念

流通加工是流通过程中的加工活动，是为了方便流通、方便运输、方便储存、方便销售、方便用户以及使物资得到充分、综合利用而进行的加工活动。

流通加工和一般生产加工相比较，在加工方法、加工组织、生产管理方面无显著区别，但在加工对象、加工程度方面差别较大，其差别主要表现在：

（1）加工对象不同。流通加工的对象是进入流通过程的商品，具有商品的属性，而生产加工对象不是最终产品，而是原材料、零配件及半成品。

（2）加工内容不同。流通加工大多是简单加工，主要是解包分包、裁剪分割、组配集合、废物再生利用等。而生产加工一般是复杂加工。

（3）加工目的不同。流通加工的目的主要是为了方便流通、方便运输、方便储存、方便销售、方便用户和充分利用物资，而生产加工的目的在于创造物资的使用价值，使它们能成为人们所需要的商品。

（4）所处领域不同。流通加工处在流通领域，由流通企业完成，而生产加工处在生产领域，由生产企业完成。

二、流通加工的作用

流通加工的作用主要表现在以下几个方面：

（1）方便流通，包括方便运输、方便储存、方便销售、方便用户。例如流通加工中的集中下料，就是将生产企业直接运来的整包装、标准化产品，分割成适合用户需要的规格、尺寸或包装的物品。例如钢板裁剪，薄板厂生产出来的薄板，60 吨一卷，运输、吊装、储存都非常方便，但运到金属公司销售给用户时，有的用户只买几米，因此，为了方便销售、方便用户，就需要金属公司用切板机将钢板切割、裁剪成适合用户需要的形状尺寸，用户买回去就可以直接使用，这时钢板裁剪这种流通加工就起到了方便流通的作用。其他如钢筋或圆钢裁制成毛坯、木材锯板等都具有这样的作用。

（2）既提高了生产效益，也提高了流通效益。由于采用流通加工，生产企业可以进行标准化、整包装生产，提高了生产效率，节省了包装费用和运输费用、降低了成本；流通企业可以促进销售，增加销售收入，也提高了流通效益。

（3）不但方便了用户购买和使用，还降低了用户成本。用量小或临时需要的用户，缺乏进行高效率初级加工的能力，依靠流通加工可使用户省去用于初级加工的机器设备及人力的投资，降低了成本。目前发展较快的初级加工有：净菜加工、将水泥加工成生混凝土、将原木或板方材加工成门窗、冷拉钢筋及冲制异形零件、钢板预处理、整形、打孔等。

（4）提高了加工效率及设备利用率。由于建立了集中加工点，因此可以采用效率高、技术先进、加工量大的专用机器和设备。这样做的好处：一是提高了加工质量，二是提高了设备利用率，三是提高了加工效率。其结果是降低了加工费用及原材料成本。例如，一般的使用部门在对钢板下料时，采用气割的方法，需要留出较大的加工余量，不但出材率低，而且由于热加工容易改变钢的组织，加工质量也不好。集中加工后可采用高效率的剪切设备，在一定程度上防止了上述缺点。

（5）可以充分发挥各种输送手段的效率。流通加工环节将实物的流通分成两个阶段。一般来说由于流通加工环节设置在消费地，从生产企业到流通加工这一阶段输送距离长，可以采用船舶、火车等大运量输送手段；而从流通加工到消费环节这一阶段距离短，主要是利用汽车和其他小型车辆来配送经过流通加工后的多规格、小批量、多用户的产品。这样，可以充分发挥各种输送手段的效率，加快输送速度，节省运力运费。

（6）可实现废物再生、物资充分、综合利用，提高物资利用率。例如集中下料可以优材优用、小材大用、合理套裁，具有明显地提高原材料利用率的效果。再比如，北京、济南、丹东等城市曾对平板玻璃进行流通加工（集中裁制、开片供应），玻璃利用率从60%左右提高到85%~95%。木屑压制成木板、边角废料改制等流通加工都可以实现废物再生利用，提高物资的利用率。

（7）可改变产品功能，增加商品价值，提高收益。在流通过程中进行一些改变产品某些功能的简单加工，其作用除上述几点外还可提高产品销售的经济效益。例如，内地的许多制成品（如洋娃娃玩具、时装、轻工纺织产品、工艺美术品等）在深圳进行简单的装潢加工，改变了产品的外观，仅此一项就可使产品售价提高20%以上。流通加工可以成为提高物资附加价值的活动。

三、流通加工的类型

由于具有不同的目的和作用，流通加工的类型呈现多样化，主要有：

1. 以保存产品为主要目的的流通加工

例如，水产品、蛋产品、肉产品的保鲜、保质的冷冻加工、防腐加工等；丝、麻、棉织品的防虫、防霉加工等。如为防止金属材料的锈蚀而进行的喷漆、涂防锈油等措施，运用手工、机械或化学方法除锈；木材的防腐朽、防干裂加工；水泥的防潮、防湿加工；煤炭的防高温自燃加工等。

2. 为适应多样化需要的流通加工

为了满足客户对产品多样化的需要，同时又保证高效率的社会化大生产，可将生产出来的标准产品进行多样化的改制加工。例如，对钢材卷板的舒展、剪切加工；平板玻璃按需要规格的开片加工；木材改制成枕木、方材、板材加工等。

3. 为了方便消费、省力的流通加工

例如，根据需要将钢材定尺、定型，按要求下料；将木材制成可直接投入使用的各种型材；将水泥制成混凝土拌合料，使用时只需稍加搅拌即可使用等。

4. 为提高产品利用率的流通加工

例如，钢材的集中下料可充分进行合理下料、搭配套裁、减少边角余料，从而达到加工效率高、加工费用低的目的。

5. 为提高物流效率、降低物流损失的流通加工

例如，自行车在消费地区的装配加工可防止整车运输的低效率和高损失；造纸用木材磨成木屑的流通加工，可极大提高运输工具的装载效率；集中煅烧熟料、分散磨制水泥的流通加工，可有效地防止水泥的运输损失，减少包装费用，也可以提高运输效率；石油气的液化加工，使很难输送的气态物转变为容易输送的液态物，亦可提高物流效率。

6. 为衔接不同输送方式、使物流更加合理的流通加工

例如，散装水泥中转仓库把散装水泥装袋、将大规模散装水泥转化为小规模散装水泥的流通加工，就衔接了水泥厂大批量运输和工地小批量装运的需要。

7. 为实现配送进行的流通加工

例如，混凝土搅拌车可根据客户的要求，把沙子、水泥、石子、水等各种不同材料按比例要求装入可旋转的罐中。在配送路途中，汽车边行驶边搅拌，到达施工现场后，混凝土已经均匀搅拌好，可直接投入使用。

四、各种产品的流通加工形式

1. 水泥熟料的流通加工

在需要长途运入水泥的地区，变运入成品水泥为运进熟料这种半成品，在该地区的流

通加工点（磨细工厂）磨细，并根据当地资源和需要的情况掺入混合材料及外加剂，制成不同品种及标号的水泥供应给当地用户，这是水泥流通加工的重要形式之一。它可以省去添加剂的运力和运费，可以更好满足当地的实际需求，降低使用成本，容易以较低成本实现大批量、高效率的输送，可以大大降低水泥的输送损失，能更好地衔接产需，方便用户。

2. 机电产品的组装加工

机电设备储运困难较大，主要原因是不易进行包装，包装成本过大，并且运输装载困难，装载效率低，流通损失严重。但是这些货物有一个共同特点，即装配较简单，装配技术要求不高，装配后不需进行复杂检测及调试。所以，为解决储运问题，降低储运费用，采用半成品（部件）高容量包装出厂，在消费地拆箱组装的流通加工方式。

3. 钢板剪板及下料加工

热连轧钢板和钢带、热轧厚钢板等板材最大交货长度常可达 7~12 米，有的是成卷交货，对于使用钢板的用户来说，大型企业由于消耗批量大，可设专门的剪板及下料设备，按生产需要进行剪板。对使用量不大的多数中、小型企业，可利用钢板剪板及下料的流通加工达到使用要求。和钢板的流通加工类似的还有圆钢、型钢、线材的集中下料、线材冷拉加工等。

4. 木材的流通加工

磨制木屑、压缩输送：木材是容重轻的物质，在运输时占有相当大的容积，往往使车船满装但不能满载，同时，装车、捆扎也比较困难。从林区外送的原木中有相当一部分是造纸材，美国采取在林木生产地就地将原木磨成木屑，然后压缩使之成为容重较大、容易装运的形状，之后运至靠近消费地的造纸厂，取得了较好的效果。根据美国的经验，采取这种方法比直接运送原木节约一半的运费。

集中开木下料：在流通加工点将原木锯截成各种规格锯材，同时将碎木、碎屑集中加工成各种规格板，甚至还可以进行打眼、凿孔等初级加工。过去用户直接使用原木，不但加工复杂、加工场地大、加工设备多，更严重的是资源浪费大，木材的平均利用率不到 50%，平均出材率不到 40%。实行集中下料、按用户要求供应规格料，可以使原木利用率提高到 95%，出材率提高到 72%左右，有相当好的经济效果。

5. 煤炭及其他燃料的流通加工

除矸加工：除矸加工是以提高煤炭纯度为目的的加工形式。为了多运“纯物质”，少运矸石，充分利用运力，降低成本，可以采用除矸的流通加工排除矸石。

为管道输送煤浆进行的煤浆加工：用运输工具载运煤炭，运输中损失浪费较大，又容易发生火灾。将煤炭制成煤浆采用管道运输是一种新兴加工技术。

配煤加工：在使用地区设置集中加工点，将各种煤及一些其他发热物质，按不同配方进行掺配加工，生产出各种不同发热量的燃料，称为配煤加工。这种加工方式可以按需要发热量生产和供应燃料，防止热能浪费和“大材小用”，也防止发热量过小，不能满足使用要求。工业用煤经过配煤加工还可以起到便于计量控制、稳定生产过程的作用，在经济上和技术上都有价值。

天然气、石油气等气体的液化加工：由于气体输送、保存都比较困难，天然气及石油气往往只好就地使用，如果当地资源充足而用不完，往往就地燃烧掉造成浪费和污染。两气的输送可以采用管道，但因投资大、输送距离有限，也受到制约。在产出地将天然气或石油气压缩到临界压力之上，使之由气体变成液体，就可用容器装运，使用时机动性较强。这是目前采用较多的方式。

6. 平板玻璃的流通加工

按用户提供的图纸对平板玻璃套裁开片，向用户供应成品，用户可以将其直接安装到采光面上。这种方式的好处是：平板玻璃的利用率可由不实行套裁时的62%~65%提高到90%以上；可以实现从工厂向套裁中心运输大包装平板玻璃。这不但节约了大量包装用木材，而且可防止流通中大量破损。套裁中心按用户要求裁制有利于玻璃生产厂简化规格，搞单品种、大批量生产，这不但能提高工厂生产率，而且可以简化工厂切裁、包装等工序。现场切裁玻璃劳动强度大，废料也难以处理，搞集中套裁可以广泛采用专用设备进行裁制，废玻璃相对数量少并且易于集中处理，能够满足用户的个性化需要，提高服务水平。

7. 生鲜食品的流通加工

如冷冻加工、分选加工、精制加工、分装加工等。

8. 加工定制

企业委托外厂进行加工和改制，是弥补企业加工能力不足的一项措施，可分为带料加工和不带料加工。前者为使用单位供料，加工厂负责加工；后者为加工厂包工包料。

五、流通加工合理化

实现流通加工合理化要考虑以下几个方面的因素。

1. 加工和配送相结合

将流通加工设置在配送点中，一方面按配送的需要进行加工，另一方面加工又是配送业务流程中分货、拣货、配货之一环，加工后的产品直接投入配货作业，这就无需单独设置一个加工的中间环节，使流通加工有别于独立的生产，而使流通加工与中转流通巧妙结合在一起。同时，由于配送之前有加工，可使配送服务水平大大提高。这是当前流通加工合理化的重要形式，在煤炭、水泥等产品的流通中已表现出较大的优势。

2. 加工和配套相结合

在对配套要求较高的流通中，配套的主体来自各生产单位，但是，完全配套有时无法全部依靠现有的生产单位实现。进行适当的流通加工，可以有效促成配套，大大提高流通作为桥梁与纽带的能力。

3. 加工和合理运输相结合

流通加工能有效衔接干线运输与支线运输，促进两种运输形式的合理化。利用流通加工，在支线运输转干线运输或干线运输转支线运输必须停顿的环节，不进行一般的支转干或干转支，而是按干线或支线运输合理的要求进行适当加工，从而大大提高运输及运输转载水平。

4. 加工和合理商流相结合

通过加工有效促进销售，使商流合理化，也是流通加工合理化的考虑方向之一。加工和配送的结合，通过加工提高了配送水平，强化了销售，是加工与合理商流相结合的一个成功的例证。

此外，通过简单改变包装加工，形成方便的购买量，通过组装加工消除用户使用前进行组装、调试的困难，都是有效地促进商流的例子。

5. 加工和节约相结合

节约能源、节约设备、节约人力、节约耗费是流通加工合理化重要的考虑因素，也是目前我国设置流通加工、考虑其合理化的较普遍形式。

对于流通加工合理化的最终判断，是看其是否能实现社会效益和企业本身的效益，而且是否取得了最优效益。流通加工企业与一般生产企业的一个重要的不同点，是流通加工企业更应树立社会效益第一的观念。如果只是追求企业的微观效益，不适当地进行加工，甚至与生产企业争利，这就有违流通加工的初衷，或者其本身已不属于流通加工范畴。

本章小结

本章所介绍的物流过程中包装、装卸搬运及流通加工等各项功能，能更好地满足客户需求的多样化和个性化，对于增加物流附加价值，加快物流速度，降低物流成本，都有重要意义。因此，应树立正确的包装观念，使之符合规模经济与标准化等要求；装卸搬运必须进行具体的分类操作与适当的机械能力配置，以实现合理化；流通加工管理应立足于满足顾客各方面需求，提供完备的加工服务；大力运用先进的集装单元化技术。

本章思考题

1. 分析为何企业物流管理中的辅助环节——包装、装卸搬运和流通加工总是难以达到企业规模经济所要达到的目标，企业如何在这些环节中实现高效率的任务衔接？
2. 流通加工的必要性及其意义是什么？
3. 试分析不合理的流通加工方式有哪些，如何实现流通加工的合理化？
4. 为有效地支持企业的物流活动，包装作业应如何操作？
5. 搬运如何实现合理化与适当的管理，以便利其他物流作业？
6. 你如何理解集装单元化技术在物流活动中的重要意义？

本章习题

【案例分析】

中健之康医药打造“物联网+医药”供应链

在生产线上就给药品贴上电子标签，所有与药品生产、流通、库存、销售、消费有关的信息全部写入电子标签，通过电子标签将信息汇聚到互联网平台上，一头连接生产厂家、一头连接销售终端——这就是南京三宝科技和南京医药合资成立中健之康医药供应链管理公司的运作思路。新公司虽尚未正式运营，但可以肯定的是，其新颖的商业模式，将给整个医药供应链带来颠覆性的变革。

变化之一：传感器密布，确保药品质量安全

模式：药品在生产环节已被贴上电子标签，这张小小的标签，记录着原材料、生产厂商、温湿度要求、质保期、运输流通过程、销售与消费过程等一系列的信息，这些信息通过互联网汇聚到医药流通平台上，可以进行实时处理。

影响：药品属于“金贵”的产品，不仅对生产环境要求高，对于物流仓储的条件也很“敏感”。国内发生的一起疫苗案件，就是因为在运输过程中遭遇停电，导致药品变质。

在药品的仓储运输过程中，安装温湿度传感器，可以敏锐感知环境信息，一旦环境发生变化就自动报警。同时由于所有药品都贴有标识身份的电子标签，系统能在第一时间掌握信息，及时“截住”问题药的流动。

变化之二：打造“直供”平台，斩断药价虚高利益链

模式：南京三宝科技和南京医药合资搭建的医药物流平台，连接了制药企业和终端。这个平台上集成了医药生产企业成本信息、药品价格信息以及医院处方信息。用药单位可与制药企业直接沟通，省去了医药代理商、医药代表等若干中间环节，也省去了药品中转仓库，药品的流通成本可以降低50%以上。

影响：流通环节一层层加价，给医生高额回扣，这是当前药品流通中不可回避的问题。前不久，国内曝光的芦荟片出厂价15.5元，经过多个流通环节之后，卖到患者手中，价格已经高达213元。

有了医药物联网平台，省去了中间环节，实际也就斩断了利益链，冲击了加价空间。如果这种模式在全国推广开来，阳光采购、阳光监管也就自然形成，国内的药品价格将大幅下滑。

变化之三：全过程监控，问题药无处藏身

模式：打在药盒上的电子标签，每一个代码都有唯一性，在物流的每一个环节，都会有相应的信息写入，实现对在产、在库、在途、在用、在售、在监管“六在环节”的可视全程追踪溯源，包括在哪辆物流车上、运到了哪个药店或者医院，库存多少，一目了

然。与全程监管相配套的是，一旦发现芯片中的信息被篡改或者作假，那么这一交易方将被锁死，无法在物流平台上运营，相当于被驱逐出了市场。

影响：一旦发现了某种正在流通中的药品具有某种隐患，在物联网技术运用成熟的国外，可以实现2小时之内将所有药品收回，杜绝进入消费者的手中。

在国内建立这种全过程的监控之后，在使用环节中发现问题药，可以快速截留尚在途中的所有同类药品。此外，消费者也可以通过手机来读写这盒药品的信息，了解其生产、流通过程中的全部信息，放心购买。

（资料来源：改编自搜狐网“医药物联网新模式诞生 将颠覆传统医药流通模式”：https：//health. sohu. com/20100604/n272564385. shtml）

1. 物联网的出现，对包装、装卸搬运和流通等物流管理的辅助环节都产生了影响，对此你有何启发？

2. 从文中可以看出，物联网提高了物流管理的辅助环节的运作效率，它体现了物流管理的哪些原理？

第九章　物流网点布局

在构建物流系统的空间结构时，会遇到物流网点布局的问题。物流网点布局决定了物流网络的结构和物流系统的永久的运行方式和运行成本，可以说是百年大计。物流网络的布局问题要考虑适合物流市场的结构、符合宏观生产力布局、交通方便、总的构建成本和运行成本小等因素。物流网点布局可以分为一元网点布局和多元网点布局。物流网点布局方法主要有模拟法、评分法、解析法。

第一节　物流网点布局概述

一、案例：某机电公司的物流网点布局

某机电公司是一个国有大型机电设备公司，计划占领武汉市场。他们首先在武汉市七个区每个区各设立了一个营业点，可以分别在各区进行市场营销和销售开票等工作。现在考虑开设物流网点，大致有三种意见：

第一种意见是一个营业点建一个仓库，这样每个营业点可以独立进行经营销售，管理方便，顾客就近提货也比较方便。但是，这种方案的设立费用高，以平均每个仓库投资50万元计算，六个仓库（总公司现在已有一个仓库）要投资300万元。这还只是设立费用，另外还有运行费用。每个仓库运行时，需要10个工作人员，每个人的工资加上办公费用、劳保福利费等平均每人每年10万元，新增六个仓库每年就要600万元的运行费用。而且仓库多了，分散库存量大，库存资金占用也就多，库存风险也就大，分散订货、分散运输的损失也就大。

第二种意见是不增建仓库，把原来的仓库加大，全市共用一个仓库。由各个营业点分别销售，总公司统一订货、统一运输、统一储存、统一配送。这个方案只要新增仓库设立费用50万元，新增5名仓库工作人员，主要承担配送工作，每年增加运行费用50万元，这样就可以减少库存资金占用，减少库存量，降低库存风险，提高库存物资利用率，提高资金利用率和资金周转率，还可以节省订货成本和运输成本等。但是，由于市区范围太大，因此这种方案的缺点一是送货路程长，送货成本高，二是送货响应慢，影响了顾客购买的积极性。

第三种意见就是采取折中的办法，分别在武昌和汉阳各新建一个仓库。再加上汉口原来的仓库，全公司共用三个仓库对全市实行供货，按长江、汉水自然分成的三个大区分别按大区组织供货和配送。还是总公司统一订货、统一运输、统一储存，但是各个营业点分别销售、分大区配送。这种方案的优势在于，新增设立费用和设立后的运行费用不太高；

配送车辆在大区内运行，不用过桥（由于过桥车辆多、堵车现象多，很费时间），所以大大缩短了运输距离、缩短了送货响应时间。分三个仓库储存，库存物资利用率比较高，库存资金占用和库存风险也不高，资金周转率、利用率也比较令人满意。

该公司经过反复讨论，分析比较，认为第三种方案比较好。

二、物流网点的概念

像这个公司所处理的问题，就是一个物流网点布局的问题。所谓物流网点，就是物流网络的结点。本章所讨论的物流网点，主要是指储运仓库、流通仓库、中转仓库等。这样的物流网点的特点是：

（1）物流网点是大批量物资储运、集散的场所。仓库一旦建立，就会面对整个地区的各个企业开展储运业务，将有很多企业的物资在这里储运：从各地运到这里来，或从这里运出去。

（2）物流网点是物流作业活动的种类和工作量集中的地方。大量物资在物流网点集散，要储存、要装卸、要搬运、要运进运出、要包装、要流通加工、要有信息处理等活动，所以几乎所有的物流活动都会在这里发生，工作量特别大。因此，往往有比较齐全的专业化、技术化物流设施、设备和器具，有专业化的物流队伍。

（3）设施设立费用高，需要较大的投资。物流网点一般是一个比较大型的仓库，有的还有比较多的起重、装卸设备，有的甚至还有专用铁路线。因此，建立一个仓库，需要少则几十万元，多则几千万元、几亿元的投资。

（4）运行费用高，而且运行时间持续长远。仓库一旦建成，就必然有大量的物资在这里集散，有很多的物流作业在这里进行，需要相当数量的人、机器、设备和物料消耗，因此会发生很高的运行费用。

（5）关系整个地区有关企业的利益，关系到本地区的经济发展。储运仓库一旦建成并投入使用，就必然牵涉到本地区各个企业和单位的利益。如果运行成本高，则会给各个企业带来负担，给地区经济的发展造成负面影响；如果运行成本低，就会给各个企业带来效益，给本地区经济发展带来好处。

（6）关系到本地生态环境。一个仓库建在这里，每天必然有运货的汽车进进出出，汽车尾气、噪声、灰尘等必然破坏生态环境，造成环境污染，并且车流堵塞、交通拥挤、混乱等也给人们生活、工作带来不便。

三、物流网点布局的概念、内容和目标

所谓物流网点布局，是以物流系统和社会的经济效益为目标，用系统的理论和系统工程方法，综合考虑物资的供需状况、运输条件、自然环境等因素，对物流网点的数量、位置、规模、供货范围、直达供货和中转供货的比例等进行研究和设计，建立一个有效率的物流网络系统，达到费用低、服务好、效益高的目的。

物流网点布局的内容具体包括：

（1）区域内网点数目的设计；

（2）区域内网点位置的设计；

（3）区域内网点规模的设计；

（4）区域内各网点的供货范围的设计；

（5）区域内各网点的进货渠道和进货方式（中转直达）的设计。

物流网点布局是一个典型的物流系统工程，需要运用系统理论和系统工程的方法，达到物流系统的目标，建立起一个有效率的物流系统。物流系统的主要目标是：

（1）服务好。能够最大限度地满足社会各个企业的需要，为发展社会经济、提高社会经济效益作出贡献，这就要求物流网点建设要符合国家的宏观生产力布局、符合国家经济发展规划，对各个企业具有优越的地理位置关系，能够方便有效地为企业服务。

（2）费用省。物流系统运作综合成本低，总费用最省。这里所谓总费用最省，是指网点生命周期总费用最省。网点生命周期费用包括网点设立费用和网点运行费用。网点设立费用，指网点从设计到施工建设，再到建成基础设施、购置机器设备，一直到投入运行的全过程所花的总费用，其中主要部分是施工建设的费用。运行费用，主要是网点投入运行以后所投入的人力、物力等费用。例如人员的工资、福利、办公费用以及能源、设备、材料等的消耗费用。

（3）效益高。所谓效益高，既包括经济效益高，也包括社会效益高。在获得好的经济效益的同时，还要注意防止噪声、尾气、交通拥挤混乱等现象，做到保护自然生态环境，不骚扰居民生活，不增添交通负担等。

四、物流网点布局应考虑的因素

具体的物流网点布局，一般可以分为地区选择和地点选择两步。地区选择，主要考虑宏观布局，确定网点应该设多少个，分别设在什么地区；地点选择，主要是确定在被选定的地区中，物流网点应该设几个，具体设在什么地方，这个时候主要考虑微观因素，例如地质、市场、交通、环境、能源等。

具体说来，地区选择应考虑的因素有：

（1）符合国家的宏观生产力布局和经济发展规划；

（2）地区经济发展水平与市场前景良好，有比较充足的物流需求量；

（3）与大物流系统网络接轨配套；

（4）交通基础设施比较齐全、配套，运输方便；

（5）能源、信息、市场、法制等基础条件好；

（6）还要考虑竞争态势和自己的实力情况，如果在这些地区有很强的竞争对手，则要根据自己的实力来确定是勇敢挑战还是采取回避策略。

地点选择应考虑的因素有：

（1）符合当地经济发展规划和城市发展规划；

（2）周围有一大批企业可能成为自己的客户，市场前景良好，有比较充足的物流需求量；

（3）与大物流系统网络接轨配套；

（4）交通基础设施比较齐全、配套，运输方便；

（5）电力、煤气、水源、通讯设施、安全设施、市场法制等基础条件好；

（6）地质条件好；

（7）地势平坦、土方量小，避免占用农田耕地；

（8）一般不在市中心区，不在居民区，不影响居民生活，不增添交通干道压力。

五、物流网点布局的类型

物流网点布局按网点数目的多少可以分成两类：第一类是一元网点布局：整个地区就只设立一个物流网点。这是一种最简单的情况，模型方法原理和计算都比较简单。第二类是多元网点布局：在一个区域中要设立多个物流网点。这种情况比较复杂，建立的模型和计算过程都相对复杂一些。在实际生活中，这两种情况都有，像我们前面举的案例中，就是要建立三个物流网点。

六、物流网点布局的方法

模拟法：主要通过模拟模型求解。模拟模型一般能够给出地理位置关系的概念，有些能够进行定量化的计算分析，有些则不能够进行定量化的计算分析，而是采取专家评分的方式来选定方案。

解析法：解析法主要是一种数学方法，主要通过建立数学模型求解，其解一般可以得到一个比较精确的定量解。由于它一般是作了一些理想化的假设以后得出的结果，但实际情况却比较复杂，所以得出的结果还要根据实际情况作一些相应的调整才能够实施。

实用性方法（启发式方法）：这是一种针对实际情况，综合运用各种方法进行处理而形成的比较实用的物流网点布局方法。

七、物流网点布局步骤

第一步：通过宏观经济和发展规划研究，选择网点布局的地区。一般要根据本地区的经济发展状况和物资供需状况，走访有关经济计划部门和城市规划部门，根据整个物流系统的规划和长远发展规划，确定物流网点布局的被选地区、网点覆盖范围和大致规模。

第二步：在被选地区中，通过详细的调查分析，根据地质、市场、交通、环境、能源等因素确定一些可能设置为网点的备选地址。

第三步：以备选地址资料为依据，建立物流网点布局模型。这种模型可以是数学模型，也可以是模拟模型。模拟模型可以是物理模拟模型，也可以是几何模拟模型。而数学模型一般是根据各个网点的位置、里程、物流量和单位运杂费以及一些约束条件建立起来的一个总费用模型，以此求出使得总费用最省的物流网点布局方案。

第四步：根据模型分析、计算、逐步优化，求出最优的物流网点地址、规模、供货范围、直达供货和中转供货的比例等，从而确定最优的网点布局方案。

第五步：将确定的物流网点布局方案写成可行性分析报告，交有关决策部门审批通过和实施。

第二节　一元网点布局

一元网点布局，就是在给定区域只寻找一个网点的网点布局方法。这是一种最简单的网点布局方法。注意，这是在选择地区的工作已经做完、地区已经选定的情况下，在选定的地区中选择网点地址所采用的方法。

由于在一个区域中只设立一个网点，所以网点布局的问题只归结为寻找一个网点的最佳位置。因为仓库的规模、供货的范围已经确定了：仓库规模应该等于整个区域所有物流企业所能够提供的物流量；供货范围也就包括整个区域的所有企业。一元网点布局的方法有很多种，这一节我们介绍三种，即模拟法、评分法、解析法。

一、模拟法

模拟法是通过建立物理模型或几何模型来形成网点布局方案、寻找仓库设置点的方法。由于所用的模拟模型不同，模拟法也有很多种。我们这里介绍两种：一种叫做物流位图法，一种叫做重心法。

（一）物流位图法

物流位图是模拟地理或流体力学中的“位势”的概念。例如在地理学中，一座山丘，从侧面看，它是有一定高度、一定形状的一座山。但是从山顶上方往下看，就看不出其高度差别来。这时，如果需要表示出其高度，例如要在纸面上画出地形图，就要用到位图的概念。例如一座山的位图可以表示成如图 9-1 所示。

在图 9-1 中，每一条封闭的线都是一条等位线，一条线上的每一点的高度都一样，例如都是 100 米。线的形状就是这座山具有同一高度的点连接起来的图样形状。山上不同高度的点连接起来就形成了不同的等位线，例如 200 米线、300 米线等。由外往里越来越高，把很多这样的等位线画出来，就可以从平面上很清楚地看出山的高度和形状。

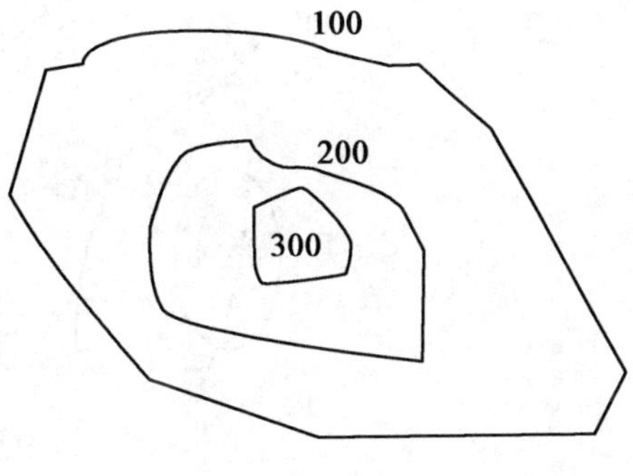

图 9-1　位图

在流体力学当中，也用到了流位的概念。处在一个高坡上的一个水源，不断地冒出水来，沿着山坡往低处流。由于各处的坡度不一样，水的流速、流量也就不一样，所以经过相同的时间，水所漫及的距离也就不一样。从同一个水源出发各自沿不同方向流动，经过相同时间这些水所漫及到达的点也构成一条流位线。这条流位线反映了山坡上各点的水的流畅度。同一个水源的水，具有同样的势能，但是由于山坡各处的坡度不一样，对水的阻力也不一样，因而同样势能的水流的距离也就不一样。所以水的这种等流位线，反映了山坡的不同坡度对水的阻力程度，也可以看成是水流的等成本线或者等效益线。

物流也可以看成是一种流体。它从同一个物资仓库“物流源”出发，流向周围各个地方。因为各处的路途地理条件不一样，途中的收费情况不一样，所以相同的成本所走过的里程也就不一样。这些相同的成本所能够到达的点，就构成了一条等成本曲线（或者是一条等效益曲线，下同）。不同的成本就可以得到不同的等成本曲线。每一个物流源都有多条等成本曲线，它们共同构成这一个物流源对应于这个经济区域环境的一束等成本曲线。

每一个物流源对于这个经济区域环境都有一束等成本曲线。不同的物流源在同一个经济区域环境中的等成本曲线束必然相交（图 9-2）。在这无数的交点中，各点到各物流源的成本之和 $F=F_A+F_B+F_C$ 是互不相同的。在其中选择总成本最小的点作为物流网点，在这个地方建一个仓库，则各个物流源到这个仓库的储运总成本最小。所以这一点是作为物流网点最合适的点。例如图 9-2 中的 P 点到各点的成本分别为：到 A 为 30，到 B 为 15，到 C 为 40，其总成本为：30+15+40=85，总成本最小，可以作为物流网点的设置点。

这一种物流源，可以是储运仓库、流通仓库，也可以是企业。它们可以不断进行物资输出。可以是“源”，也可以是“汇”，可以源源不断地接受物资。

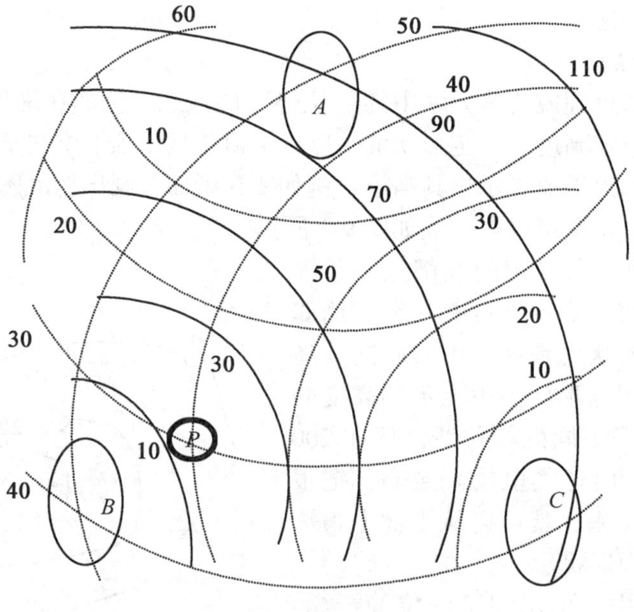

图 9-2 物流位图法

这种物流位图分析法，只适用于对于同种运输方式的比较，尤其适合都是汽车运输的情况。如果是不同运输方式，物流成本虽然也可以相加，但没有直接可比性，所以不好运用。

这种方式如果要严格计算出许多点的总成本值，也是很麻烦的。首先要求出物流位图的数学表达，然后把各束位图的数学表达式联立求解，才能够得到精确的计算值。这当中，一是求位图的数学表达式很难，有的甚至求不出来；二是即使求出了数学表达式，联立求解出平面上无限多个点的对应值也是很麻烦的。

另外，这种方法还假设平面上的无限多个点的坐标是已知的，而这个假设是不现实的。在实际生活中，我们也不必知道所有的点，我们只要关注几个点就行了。这几个点就是可能的物流网点备选地址。其他的绝大多数的点或者是没有市场，或者是没有交通，根本不可能成为物流网点被选地址，所以不必去考虑。

因此，物流位图分析法的真正的用法，是运用模型提供一种思路，把定性和定量结合起来，以定性为主。定量分析的目的是为定性分析提供思路，定性分析的结果用定量分析去检验。例如，我们从图 9-2 的模型图可以看出，物流网点应该靠近 B 点。于是可在 B 点附近选几个可能点，分别计算这几个点到 A 点、B 点、C 点的成本的总和，看哪个点总成本最小，把它选定为物流网点就可以了。这样做，不仅可以大大减少计算工作量，也具有实际意义。所以，一般不去进行严格的计算，也不需要求出非常精确的解。因为那些精确解的点，在实际生活中不一定可行，甚至不可能成为物流网点。

（二）重心法

重心法是另外一种模拟法。它是运用力学原理来分析物流学问题。

我们知道，在力学中有个重心问题，任何物体都有质量，有质量的物体，必然有重量，有重量的物体必然有重心。由多个质点组成的一个系统也必然有它的重心。如果用一根杆子撑住这个重心，则这个质点系统所组成的平面就能够保持平衡。重心的特点在于，其质量等于所有各个质点质量的总和，其重力矩等于各个质点重力矩之和。

受此启发，我们也可以把一片经济区域中的多个企业看成是平面上的多个质点，而把质点系统的重心作为物流网点。于是我们可以建立起一个力学模型，如图 9-3 所示。

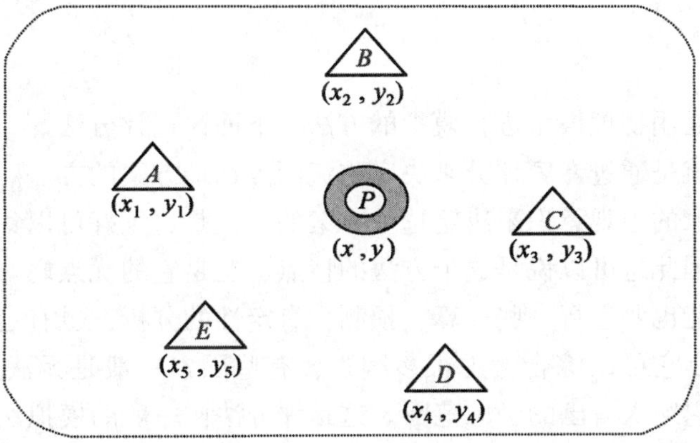

图 9-3　重心法模型

在图 9-3 中，设在平面上有 A、B、C、D、E 等 n 个企业。

设第 i 个企业的坐标是 (x_i, y_i)，$i=1, 2, \cdots, n$，它所具有的物流量为 w_i，单位物资的单位里程的运费为 c_i，设物流网点的坐标为 (x, y)，则根据重心的原理，有下面的等式存在：

$$x \cdot \sum_{i=1}^{n} c_i w_i = \sum_{i=1}^{n} c_i w_i x_i$$

$$y \cdot \sum_{i=1}^{n} c_i w_i = \sum_{i=1}^{n} c_i w_i y_i \tag{9-1}$$

由式（9-1）可以求出物流网点的坐标值：

$$x = \frac{\sum_{i=1}^{n} c_i w_i x_i}{\sum_{i=1}^{n} c_i w_i}, \qquad y = \frac{\sum_{i=1}^{n} c_i w_i y_i}{\sum_{i=1}^{n} c_i w_i} \tag{9-2}$$

这里要注意的是：

物流量都是 w_i 在一定时间内的统计数（或者计划数），不是每一次的物流量。各个企业都在相同时间内进行统计，统计时间一般以一年为宜。c_i 是平均单位物资单位里程的运费。每个点的坐标都应是在同一个坐标系表示的。平面上有无数个点，我们只关心有限的几个点，只要求出它们的相对位置关系就行了，数值也不必那么精确。我们可以利用地图，大致测量得出各个点的坐标值。甚至我们用自己画出的草图，从横竖两个方向标出各个企业之间的相对位置，就可以得到坐标。

计算的结果，x 和 y 都可能得到一个精确值。其实也不必要那么精确。一座建筑物的位置误差几十米、几百米，无关紧要。重要的是相互位置关系。位置坐标确定以后，实际施工时，可能还要对实际的位置进行调整。这种调整的结果也不至于对物流优化产生影响。

二、评分法

上面讨论的都是用物理模型进行模拟的方法。下面讨论评分法。

所谓评分法，就是通过专家评分来决定物流网点选址方案的方法。评分法带有较重的主观色彩，是靠专家的主观意识来决定选址方案的。但是这正好可以集中吸收各个专家的宝贵经验和知识，因此这可以说是这个方法的特点，也是它的优点之一。而且每个专家在评分时，他自己可能也要进行一些计算、预测，有定性的分析，也有定量分析。评分法的另外一个优点，就是它可以综合考虑很多因素，有些因素一般是无法用数学模型来描述的，而人则可以把它纳入自己的考虑范围。这是评分法比一般的模拟法、解析法优越的地方。另外，评分法比较简单、比较现实。正因为如此，评分法在企业中有较大的实用性。我们很多的选址工作，往往都是自觉或不自觉地采用这种方法的原理进行的。

实施评分法，最重要的是抓好以下几个环节：

（1）对于物流市场的了解。要对物流市场的情况做出充分调查和预测，确定物流需求量及其发展前景，确定物流基础设施及其发展前景，并对物流市场的竞争者及其实力情况做充分的调查了解。要通过调查分析，认识市场的机遇和挑战。为制定物流网点决策提供重要的支持信息，由它可以确定要不要增建物流网点、要建什么样的物流网点、物流网点的选址和规模等。

（2）对于物流网点任务、目标的认识。要对物流企业建设物流网点所要达到的目标、任务、可能性进行充分的了解和分析。物流企业希望这个配送中心做多大？是一次到位、还是分阶段发展？物流功能达到什么程度？企业的实力如何？要通过调查分析，掌握项目的目标和任务、了解企业的优势和劣势。

（3）物色专家：为了做好选址工作，要聘请一定数量的专家。靠这些专家出主意、想办法。这些专家，需要包括各个方面的专家。例如：物流专家，在物流策划和规划、知识和技术方面能够提供信息支持和帮助；技术专家，在物流网点的设计建设方面提供信息支持和帮助；管理专家，例如政府主管部门和企业领导等，在宏观和微观管理方面提供信息支持和帮助；实际业务工作人员，例如仓库保管员、配送人员、市场运作人员等，他们根据实际业务的操作特点和市场特点能够对物流网点提供信息支持和帮助。这些人组成一个工作小组，或者叫专家小组。人数的多少根据情况定。

（4）制订初步方案：在这个区域当中，根据对市场、交通、地质、环境条件等的深入调查，确定几个可以作为物流网点的备选地址，把它们一一列出来。每一个点就是一个备选方案。每一个方案写出详细说明，包括地址、周围环境状况、特色、长处、短处、成本、效益、投资回收期等具体数据，最后在地图上详细标明。初步方案的制订，可以由专家小组负责，也可以由企业拟订，交专家小组审议确定，或者两者结合起来确定。在审定初步方案的过程中，对于一些有希望但是觉得还不太完善的方案，可以做一些修改、完善或改进工作，使每一个方案本身都优化到比较满意的程度。

（5）确定评价指标体系：评价指标体系是作为评价方案好坏的判别标准，一定要根据需要认真制定。最主要的评价标准有：

①有没有市场？即其周围有没有物流业务需求？业务需求量有多大？最好有调查统计数据。

②有没有市场潜力？即在未来几年内，有没有进一步增长的物流业务需求？发展的前景、速度如何？

③符不符合政府发展规划或者城市发展规划？

④能不能较好地满足当地市场需求？

⑤有没有较好的交通运输条件和配套设施？

⑥有没有较好的能源和通信基础设施条件？

⑦有没有合适的地质地理条件？

⑧会不会妨碍居民生活、破坏生态环境、加剧交通紧张？

⑨设立费用有多大？

⑩要不要特别增加运行费用？要增加多少？

⑪预期投资多大？

⑫预期收益如何？预期投资回收期有多长？等等。

评价指标最好有一个量化标准。因为数值的大小是最公平的，评价也是最方便的。有些指标本身就是量化的，例如物流业务需求量、设立成本、投资额、投资回收期等。有些指标是不好量化的，例如是否符合城市规划，基础设施条件、地质地理条件如何等，这些指标也要尽量制定评价量化指标。例如符合条件得 1 分，不符合得 0 分等。评价指标体系的制定，由企业和专家小组协商完成。

这些评价指标并不是同等重要的。为了评价的方便，可以给每个评价指标设立一个权值。越重要的指标，权值越高。权值的确定，可以有多种方法。例如：

①平均法：每个专家自主给出权值，再把各个专家的权值进行平均；

②正交矩阵法：把各个指标按顺序排列并标号，然后按标号顺序构成一个正交矩阵，在交叉点上进行两两对比，重要的给 2 分、不重要的给 0 分，同等重要的给 1 分。这样求出每个指标的分数之和，就是它的权值（WF）。如表 9-1 就给出了一个六个指标的正交矩阵。

表 9-1 **六个指标的正交矩阵评价表**

	1	2	3	4	5	6	WF
1. 现有物流量		0	2	0	1	1	4
2. 发展前景	2		2	2	2	2	10
3. 交通状况	0	0		1	0	1	2
4. 基础条件	1	0	1		2	1	5
5. 设立成本	1	0	2	0		1	4
6. 投资回收期	1	0	1	1	1		4

（6）用评价指标体系和给定的权值对各个初步方案进行评分。通常把方案的详细说明与评价指标体系的详细说明交给专家，把方案评分表也交给专家，要专家根据方案和评价指标填写方案评分表，如表 9-2 所示。

表 9-2 **方案评分表**

	WF	方案 1		方案 2		方案 3		理由说明
		评分	得分	评分	得分	评分	得分	
1. 现有物流量	4	1	4	2	8	3	12	
2. 发展前景	10	1	10	2	20	3	30	
3. 交通状况	2	2	4	1	2	3	6	
4. 基础条件	5	2	10	1	5	3	15	
5. 设立成本	4	3	12	1	4	2	8	
6. 投资回收期	4	1	4	2	8	3	12	
方案得分合计		44		47		83		
特别说明：								

（7）统计分析，求出最佳选址方案。把各个专家的评分表收齐，进行统计，求出每个方案的平均分。对最后所得到的平均分进行分析。如果不满意，还可以进行补充说明，再发给各个专家重新评分。如果满意，则选其中得分最高的方案，就是最优方案。

三、解析法

解析法是主要通过建立数学模型并进行计算以求得最优方案的方法。一般可以分为基于成本的模型和基于效益的模型。基于成本的模型，主要考虑总成本最小；基于效益的模型，主要考虑总效益最大。它们在考虑的因素上不同，但在数学处理方法上没有本质的差别，一般以研究成本为主。解析法根据所用的数学方法来分，可以分为算术运算法、微分法和规划法。算术运算法，主要是用初等数学加减乘除的运算方法；微分法主要用高等数学微分积分的计算方法；规划法主要是运用运筹学线性规划、运输规划、非线性规划、动态规划、整数规划等运算方法。由于方法很多，这里不可能一一详细讨论，只讨论两种简单的方法。

（一）算术运算法

这是一种最简单、最常用的方法。它只要通过简单的加减乘除就够了。最主要用于总成本的计算比较来选择方案。

总成本可以分成几种情况，一般是用总费用表示。但是在有些情况下，也可以用运输路程表示，也可以用运输时间表示，也可以用与网点之间的距离表示。

用运输路程表示，就是求出各个备选地址运输到达各个客户企业单向最短路程之和。设在一个区域中，有 m 个物流网点备选地址。整个区域中有 n 个客户企业。从物流网点 A_i（$i=1，2，\cdots，m$）到客户企业 B_j（$j=1，2，\cdots，n$）的单项最短运输里程为 x_{ij}，则 A_i 区域中各个客户企业的最短运输里程的总和 S_i 为：

$$S_i = \sum_{j=1}^{n} x_{ij} \quad (i = 1，2，\cdots，m) \tag{9-3}$$

m 个方案就有 m 个 S 值。在这 m 个 S 值中选择 S 值最小的作为物流网点选址的最佳方案。

用运输路程表示成本的适用条件是：

（1）各个备选地址都在同一个地区，面对相同的客户群；

（2）都采用相同的运输方式，例如都是汽车运输；

（3）各个客户的物流量大致相等，或者差别不是特别大；

（4）同一地区内单位吨公里的运价一样。

这就是最短里程法。这个方法的好处是可以面对具体的交通道路来算出现实存在的真实运输里程，比较合理。

类似地，还有最短运输时间法和最小距离法。最短运输时间法，就是考虑物流网点到各个客户企业的最短运输时间之和，即网点到各个客户的总运输时间。同样可以用式（9-3）进行计算，不过这时 x 和 S 都是时间，谁的总运输时间最小，谁的方案最好。最小距离法是考虑物流网点到各个客户的直线距离之和，也就是考虑物流网点挨近客户群的程度，即谁挨得最近，谁的位置最优。同样可以用式（9-3）进行计算，不过这时 x 和 S 都是直线距离。

（二）微分法

微分法是一种运用高等数学的解析方法。它一般建立起一个数学模型，然后运用微分来求出使得总成本最小或者总效益最大的物流网点方案。

例如，假设要在一个区域中设立一个物流配送中心 P 向周围 n 个企业送货。设第 i 个企业的坐标是（x_i，y_i）（$i=1$，2，…，n），它所具有的物流量为 w_i，单位物资的全程的运费为 c_i，设物流配送中心的坐标为（x，y），则物流配送中心的总物流费用 F 为：

$$F=\sum_{i=1}^{n} c_i w_i\left[(x-x_i)^2+(y-y_i)^2\right]^{1/2} \tag{9-4}$$

这就是一个总物流费用的数学模型。其中方括弧的二分之一次方部分就是物流配送中心到客户 i 的直线距离。求出使得总费用 F 最小的 x、y 值，就求出了物流网点的最佳方案。为此，对式（9-4）求偏导数，并令偏导数等于 0，得：

$$\begin{cases}\dfrac{\partial F}{\partial x}=\displaystyle\sum_{i=1}^{n}\frac{c_i w_i(x-x_i)}{\left[(x-x_i)^2+(y-y_i)^2\right]^{1/2}}=0\\[2ex]\dfrac{\partial F}{\partial y}=\displaystyle\sum_{i=1}^{n}\frac{c_i w_i(y-y_i)}{\left[(x-x_i)^2+(y-y_i)^2\right]^{1/2}}=0\end{cases} \tag{9-5}$$

解式（9-5），得出 x 和 y：

$$x=\frac{\displaystyle\sum_{i=1}^{n}\frac{c_i w_i x_i}{\left[(x-x_i)^2+(y-y_i)^2\right]^{1/2}}}{\displaystyle\sum_{i=1}^{n}\frac{c_i w_i}{\left[(x-x_i)^2+(y-y_i)^2\right]^{1/2}}}\qquad y=\frac{\displaystyle\sum_{i=1}^{n}\frac{c_i w_i y_i}{\left[(x-x_i)^2+(y-y_i)^2\right]^{1/2}}}{\displaystyle\sum_{i=1}^{n}\frac{c_i w_i}{\left[(x-x_i)^2+(y-y_i)^2\right]^{1/2}}} \tag{9-6}$$

在式（9-6）中，等号两边都含待求变量 x 和 y，不容易直接求解出 x 和 y 的值。需要用迭代法来求。所谓迭代法，就是将 x 和 y 的任意一组可能值作为初始解（x^0，y^0）代入等号右边的 x 和 y，求出等号左边的 x 和 y 值，作为一级迭代解（x^1，y^1）。如果（x^1，y^1）不等于（x^0，y^0），则再把（x^1，y^1）代入等号右边的 x 和 y，求出等号左边的 x 和 y 值，作为二级迭代解（x^2，y^2）……依此类推，一直到最后（x^n，y^n）等于（x^{n-1}，y^{n-1}）为止，这个时候（x^n，y^n）就是物流配送中心的最佳位置值。

初始解的确定，原则上可以取任意可行值。不管它们取什么值，迭代到最后，总会收敛到一个相同的值。但是，初始值的好坏，将直接影响迭代次数的多少。初始值选得好，迭代几次就可以求出收敛的最优解；初始值选得不好，迭代很多次还得不到收敛解。我们为了减少迭代次数，一般以前面所求出的重心坐标值作为初始解：

$$x^0=\frac{\sum_{i=1}^{n} c_i w_i x_i}{\sum_{i=1}^{n} c_i w_i},\qquad y^0=\frac{\sum_{i=1}^{n} c_i w_i y_i}{\sum_{i=1}^{n} c_i w_i} \tag{9-7}$$

这种迭代法的工作人工计算比较繁琐，所以最好采用计算机来算。

以上就是微分法的原理，下面通过一个实例进行计算。

例如在一个区域中有五个企业 A、B、C、D 和 E，它们各自的坐标、物流量和单位吨公里运价如表 9-3 所示。现在要在该区域设立一个配送中心，如果要求总物流费用最省，则配送中心应该建在何处为好？

表 9-3　**五个企业的资料**

企　业	*A*	*B*	*C*	*D*	*E*
坐标（x_i，y_i）（公里）	（3，8）	（8，2）	（2，5）	（6，4）	（8，8）
物流量 w_i（吨）	2 000	3 000	2 500	1 000	1 500
运价 c_i（元/吨公里）	0.5	0.5	0.75	0.75	0.75

因为要求总物流费用最省，所以可以用式（9-4）所表示的物流模型。因而最佳配送中心位置可以用式（9-6）求解。现在用迭代法求解。求出的各级迭代解见表9-4。由表 9-4 可以看出，第 30 次迭代解（4.91，5.06）与第 29 次迭代解（4.91，5.06）相等。因此，最优的配送中心地址坐标就是（4.91，5.06）。

表 9-4　**迭代求解结果**

迭代次数	X^K	Y^K	总运费
0	5.16	5.18	215 000
1	5.04	5.06	214 310
2	4.99	5.03	214 270
3	4.97	5.03	214 260
4	4.95	5.04	214 250
⋮	⋮	⋮	⋮
29	4.91	5.06	214 250
30	4.91	5.06	214 250

第三节　多元网点布局

一、多元网点布局概述

多元网点布局就是在一个区域中设置几个物流网点。设置的基本目标仍然是服务好、费用省和不破坏生态环境。设置的具体内容就是要确定几个物流网点的数量、位置、规模、供货范围以及直达和中转的比例。多元网点布局的方法仍然有模拟法、评分法和解析法。这里不再重复前节已经讲过的方法，而是着重介绍一种比较简单又比较常用的运输规划法。这里，也是假定选择地区的工作已经完成，我们只在已经选定的地区中，具体确定几个物流网点的地址规模等。

二、运输规划法

1. 运输规划法原理

运输规划的基本思想，就是在一片经济区域中，已知有多个生产厂商、有多个用户，也已经有了多个中转仓库（物流网点）的备选地址，并且知道了各个用户的需求量、各个生产厂商的供应量，以及供应点、中转点、需求点相互之间的运输成本，物流企业需要经过这些备选地址把生产厂商的供应物资调运到它们各自的用户。要求选择最合适的中转仓库的位置和规模，使得整个调运系统的总物流费用最省。

这样的问题一般要建立起一个运输规划模型来求解。假设这个经济区域中，有 A_1，A_2，…，A_m 等 m 个生产厂，每个厂的供应量为 a_i（$i=1, 2, \cdots, m$），有 B_1，B_2，…，B_n 等 n 个用户，每个用户的需求量为 b_j（$j=1, 2, \cdots, n$），有 D_1，D_2，…，D_q 等 q 个中转仓库备选点，每个中转仓库备选点的吞吐量为 $2d_k$（$k=1, 2, \cdots, q$），其中 d_k 是吞吐量的一半，即吞量（入库量），或吐量（出库量），对于一个中转仓库来说，其吞量等于吐量，等于吞吐量的一半。我们用 A 表示这个区域中的生产厂集，用 B 表示这个区域中的用户集，用 D 表示这个区域中的中转仓库备选点集，用 C_{ij}、C_{ik}、C_{kj}分别表示从各个生产厂到各个用户、从各个生产厂到各个中转点、从各个中转点到各个用户单位物资的全程运价系数，用 X_{ij}、X_{ik}、X_{kj}分别表示从各个生产厂到各个用户、从各个生产厂到各个中转点、从各个中转点到各个用户单位物资的运量，则可以建立起如下的运输规划模型：

$$\min F = \sum_{i=1}^{m}\sum_{j=1}^{n} C_{ij}X_{ij} + \sum_{i=1}^{m}\sum_{k=1}^{q} C_{ik}X_{ik} + \sum_{k=1}^{q}\sum_{j=1}^{n} C_{kj}X_{kj} \tag{9-8}$$

$$\begin{aligned}
&\sum_{j=1}^{n} X_{ij} + \sum_{k=1}^{q} X_{ik} = a_i \qquad (i=1, 2, \cdots, m)\\
&\sum_{i=1}^{m} X_{ij} + \sum_{k=1}^{q} X_{kj} = b_j \qquad (j=1, 2, \cdots, n)\\
&\sum_{i=1}^{m} X_{ik} + \sum_{j=1}^{n} X_{kj} = 2d_k \qquad (k=1, 2, \cdots, q)
\end{aligned} \tag{9-9}$$

X_{ij}、X_{ik}、X_{kj}均大于等于 0。运价系数 C_{ij}、C_{ik}、C_{kj}的含义是单位物资在两个企业之间的全程运杂费，单位是（元/吨）。如果在同一个地区、使用同样的运输方式，而且运价统一的话，则运价系数也可以用两个企业之间的运输里程或运输时间来代表。

解这个模型，就可以求出各个运量 X_{ij}、X_{ik}、X_{kj}。解模型的方法，最简单的一般是表上作业法。

2. 运输规划法步骤

一般分成以下几步：

第一步，将约束条件进行处理，再根据已知条件建立起初始调运表格。所谓初始调运表格，就是包含所有生产厂、所有用户、所有中转点信息，满足约束条件、满足供需平衡条件的单纯形运算表格。

第二步，求初始解。所谓初始解，就是能够满足约束条件的可行解，但不一定是满足目标函数的最优解。求初始解最常用的方法是最小元素法、西北角法和Vogel法。

第三步，位势法检验。即由初始解的基本格求出行位势和列位势，再用行位势和列位势以及非基本格的运价系数对非基本格进行检验，看非基本格的单纯形系数（$C_{ij}-U_i-V_j$）是否小于0。如果没有小于0的非基本格，则已经达到最优解，运算完毕，退出。如果有小于0的非基本格，则转下一步——回路法检验。

第四步，回路法检验。选负得最多的非基本格作为调整对象，以它为一个顶点，从它出发，碰到基本格就拐弯，最后构成一个包含它在内的闭合回路。在闭合回路中，把相邻的基本格的运量（或者运量的一部分）调整到该非基本格，使它变为基本格，使回路中的另一个基本格变成非基本格，这样形成一个新的迭代解。转第三步。这样一直到最后，求出最优解。

3. 用运输规划法进行网点布局的步骤

用运输规划法进行物流网点布局通常可以采取以下几个步骤：

第一步，调查收集区域中有关的生产厂商、它们的用户的信息，包括供应量、需求量、运量、价格、里程、约束条件等。

第二步，调查收集区域中可能作为中转仓库的备选点，确定它们可能提供的吞吐量以及它和生产厂、用户等的位置关系。选择备选点的目的，是为了进行初步筛选，把其他大量明显不可能成为物流网点的地址筛选掉，大大减轻数学模型的计算量，增加模型的优化速度。

第三步，约束条件处理，建立运输规划模型初始调运表格。

第四步，解运输规划模型，求出最优值。

第五步，对最优解的结果进行分析，看看物流网点备选点是否合适？如果合适，则原来的备选点就是最优的网点地址，运行结束。如果不满意，转下一步。

第六步，对物流网点备选点进行调整改变，转第四步。

4. 用运输规划法进行网点布局的例子

例：设在一个区域中，有四个生产厂A_1、A_2、A_3、A_4，它们能够提供的供应量分别为200万、120万、140万、60万吨。也有四个用户B_1、B_2、B_3、B_4，需求量分别为100万、120万、160万、140万吨。为了调运方便，在这个区域内拟设两个中转仓库D_1、D_2，吞吐量分别为360万吨和240万吨。其间单位物资全程运价如表9-5所示。如果要求A_1供给B_4的量不低于B_4需求量的一半，不允许仓库之间转运，求合理调运方案。

根据已知条件：

$$A=(A_1,\ A_2,\ A_3,\ A_4)=(200,\ 120,\ 140,\ 60)\text{ 万吨}$$
$$B=(B_1,\ B_2,\ B_3,\ B_4)=(100,\ 120,\ 160,\ 140)\text{ 万吨}$$
$$D=(D_1,\ D_2)=(180,\ 120)\text{ 万吨}$$

再进行约束条件处理：由于题目要求A_1供给B_4的量不低于B_4需求量的一半，所以将B_4的需求量分成两部分，一部分将一半（70吨）直接转从A_1进货，不从其他地方进货，用B_4'来描述，另一半可以从包括A_1在内的所有地方进货，用用户B_4''来描述，这样将B_4分成两个用户共同来描述。又由于题目要求不允许仓库之间转运，为此，将仓库之

间的运价系数设成 M 就可以了。

根据约束条件处理的结果，又根据已知条件，就可以建立初始调运表格，见表 9-5。解这个运输规划模型，就得到最优解，如表中大字号数字。系统的总成本为：10×16+120×8+70×24+120×10+0×10+100×1+40×12+20×5+40×16+90×8+30×7+0×180＝6 250

表 9-5 运输规划求解表

	D_1	D_2	B_1	B_2	B_3	B_4'	B_4''	a_i
A_1	7)	9)	16) 10	8) 120	29)	24) 70	24)	200
A_2	3.5)	5)	13)	40)	10) 120	M)	19)	120
A_3	10) 0	1) 100	14)	11)	23)	M)	12) 40	140
A_4	2)	5) 20	24)	28)	16) 40	M)	30)	60
D_1	0) 180	M)	17.5)	7)	18)	M)	14)	180
D_2	M)	0)	8) 90	12)	9)	M)	7) 30	120
b_j	180	120	100	120	160	70	70	820

为了进行网点布局分析，就要对表中的最优解进行分析。而为了分析方便，我们把解的实际结果画成如图 9-4 所示的直观形式。

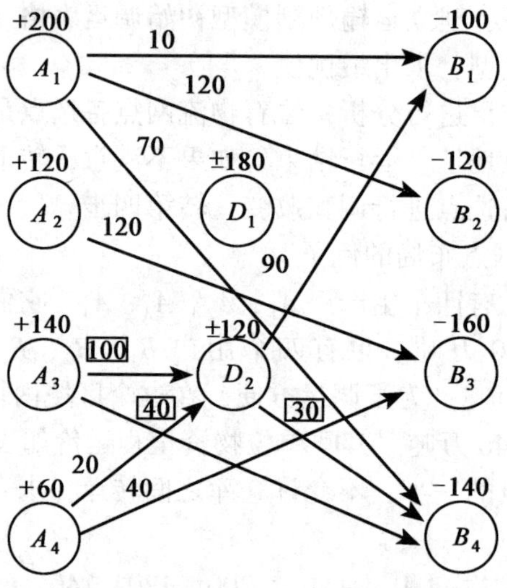

图 9-4 表 9-5 解的直观描述

由图 9-4 可以看出，各个生产厂的发出和各个用户的到货都没有问题，都满足了供应量和需求量的约束条件，A_1 供给 B_4 的量为 70 吨，不低于 B_4 需求量的一半，仓库 D_1 和 D_2 之间没有转运，这些都符合约束条件，解的结果是正确的。

但是我们看到：

（1）仓库 D_1 完全闲置。既没有调入，也没有发出。这说明这个仓库位置不合理、运输成本太高，所以分摊不到调运量。因此，这个仓库没有用，应该删去。

（2）仓库 D_2 已经充分利用。因为它的吞吐量设计为 240，而实际分配的结果，它调入 120（$A_3$100、$A_4$20），发出 120（$B_1$90、$B_4$30）。因此这个仓库已经得到充分利用，而且已经达到了饱和吞吐量。

（3）进一步分析还可以看出，仓库 D_2 由于规模限制，已经影响了物流优化的程度。为此我们研究从 A_3 到 B_4 的调运结果。从 A_3 到 B_4 的调运有两个途径：

①直接从 A_3 到 B_4 的运输：直达运输 40 万吨；

②从 A_3 经 D_2 到 B_4 的运输：中转运输 30 万吨；

由表 9-5 可以看出：从 A_3 到 B_4 的直达运价系数 $C_{34}=12$，而经 D_2 的中转费用为：$C_{32}+C_{24}=1+7=8$，很明显，中转运费比直达运费要低。为什么不能让 A_3 发更多的运量经 D_2 中转运到 B_4 呢？就是因为 D_2 的吞吐量受限制的缘故。因此为了提高物流优化程度，D_2 的规模还应该扩大。

由以上分析，我们就得到了中转仓库地址改进的方案：

（1）删除 D_1；

（2）原址扩大 D_2。

那么 D_2 应该扩大到多大呢？为了得到 D_2 毫不受限制的正确规模，可以把 D_1 删除以后，让 D_2 的规模松弛到等于整个系统的总资源量，即等于 520（200+120+140+60），再进行一次运输规划计算，最后得出的有效调运量 200（90+40+70，松弛过多的 320 闲置在运价系数为 0 的格中，不影响调运结果），就是 D_2 毫不受限制的正确规模。计算的结果见表 9-6。在新的设置下，系统的总成本为：$10\times16+120\times8+70\times24+120\times10+1\times140+60\times5+90\times8+40\times9+70\times7+0\times320=6\,010$，比以前节省 240 万元。

表 9-6　**网点地址规模改进运算表**

	D_2	B_1	B_2	B_3	B_4'	B_4''	a_i
A_1	9)	16) 10	8) 120	29)	24) 70	24)	200
A_2	5)	13)	40)	10) 120	*M*)	19)	120
A_3	1) 140	14)	11)	23)	*M*)	12)	140
A_4	5) 60	24)	28)	16)	*M*)	30)	60
D_2	0) 320	8) 90	12)	9) 40	*M*)	7) 70	520
b_j	520	100	120	160	70	70	820

这样我们就得到了整个系统最佳的物流网点的选址方案。整个系统最佳的选址方案是，建一个仓库，地址取原 D_2 的备选地址，吞吐量取 400（2×200）。接受 A_3 和 A_4 的货物，送往 B_1、B_3 和 B_4。其直观描述如图 9-5。新系统下的总运输成本6 010万元，比以前节省 240 万元，物流优化效果显著。

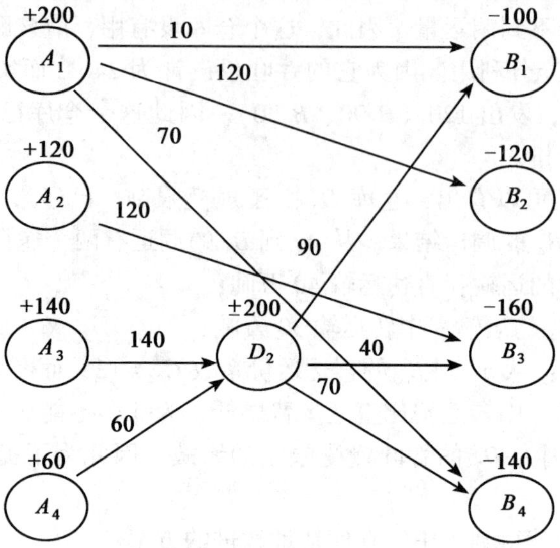

图 9-5　表 9-6 解的直观描述

第四节　几种特殊的物流网点布局方法

本节介绍一些实用性方法。这是专门针对一些特定的情况设计的一些方法。

一、灵活配置法

灵活配置法（CFLP，Capacitated Facility Location Problem）主要是针对一大片具有若干企业的经济区域，欲在这些企业中找几个企业设立其为物资储运仓库，分别为其周围的企业进行物资储运服务，并研究这些仓库点位置如何确定、供货范围如何确定等问题。由于这种储运仓库的位置可以在区域当中的各个企业中灵活选择，因此称为灵活配置法。

1. 灵活配置法的原理

灵活配置法的目的，是要在整个区域一大群企业中选择几个作为物资储运仓库的备选设置点，既要覆盖各个企业、为各个企业服务，又要使物流总费用最小。其基本思路是，先将整个区域所有有关企业分成几个范围，每个范围任意选定一个企业作为仓库设置点，各个仓库点合起来构成一个初始方案。然后以这个方案的各个企业作为源点，其他企业作为汇点，解运输规划问题，求出各源点的供货范围。然后分别在各个供货范围内寻找能使范围总费用最小的新的仓库位置点。各个新仓库点就构成一个新的仓库设置方案。比较新方案和旧方案的总费用，如果新方案与旧方案相同，或者新方案的总费用不小于旧方案，则说明旧方案已经达到最优，工作结束。否则，以新方案代替旧方案，回到前面一步继续同样的工作，直到找到的新方案与旧方案相同，或者新方案的总费用不小于旧方案的总费用为止，则旧方案就是最优方案。

2. 灵活配置法的方法步骤

第一步，制定仓库初始方案 D_k^0：将整个区域各个相关企业分成 q 个小区域，每个区域选择一个点作为仓库，得初始方案 D_k^0（$k=1, 2, \cdots, q$）。

第二步，求 D_k^0 中的各个仓库的供货范围：由 D_k^0 中的各个仓库为源点、其他企业为汇点，构造直达运输模型，求出供货范围 P_k 以及以 D_k^0 为供货点时各个供货范围的物流总费用 F_k^0 以及整个区域的总费用 $F^0\left(F^0=\sum\limits_{k=1}^{q} F_k^0\right)$。

第三步，在每个 P_k 的区域中依次试以各个点作为供货点寻找费用更小的新的仓库替代点，构造新方案 D_k^1，并求得 D_k^1 方案的总费用 F^1。

在 P_k 中以点 i 作为仓库，其余点 j 作为用户计算区域的总物流费用 $F_{k,i}$：

$$F_{k,\ i}=\sum_{j \in P_{k,\ i}} C_{ij} X_{ij}+F_k \qquad (k=1,\ 2,\ \cdots,\ q,\ j \in P_{k,\ i})$$

式中 F_k 为第 k 个仓库的设立费用。

而 $F_k^1=\min\ \{F_{k,i}\}$

D_k^1 总费用 F^1 为：$F^1=\sum\limits_{k=1}^{q} F_k^1$

第四步，比较 D_k^1 和 D_k^0、F^1 和 F^0。如果 D_k^1 和 D_k^0 相同（收敛）或者 F^1 不小于 F^0，则 D_k^0 即为所求。如果 D_k^1 和 D_k^0 不相同而且 F^1 小于 F^0，则用 D_k^1 代替 D_k^0，转第二步继续运算。

3. 例题

如图 9-6 所示，一个经济区域中有 12 个企业，其物流需求量和相互之间的路程都标注在图上。现在需要在它们当中选三个作为仓库设置点，每个仓库的设立费用为 10 万元、规模为 13 个单位（即吞吐量为 26 个单位）。求总费用最省的选址方案。

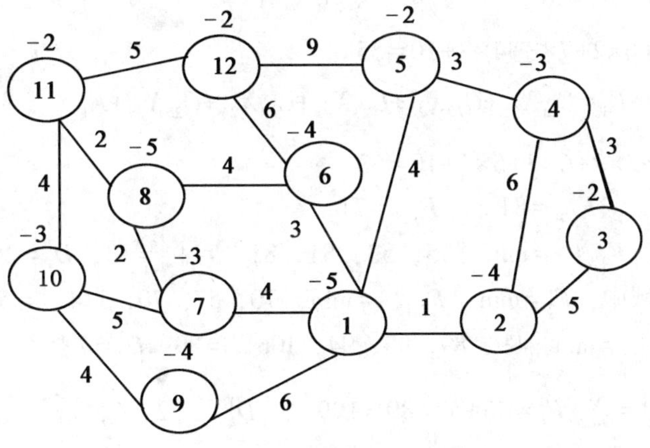

图 9-6

（1）由定性分析，选定初始方案为：$D_k^0=\{4,\ 6,\ 9\}$。

（2）以 $D_k^0=\{4,\ 6,\ 9\}$ 为源点，其他企业为客户，建立直达调运模型求出各自的供货范围区域（见表 9-7）以及方案 D_k^0 的总费用 F^0。

表 9-7 **求供货范围的直达调运表格**

	1	2	3	4	5	6	7	8	9	10	11	12	a_i
4	7) 2	6) 4	3) 2	0) 3	3) 2	10)	11)	14)	13)	16)	15)	11)	13
6	3) 2	4)	9)	10)	7)	0) 4	6)	4) 5	9)	10)	6)	6) 2	13
9	6) 1	7)	12)	13)	10)	9)	9) 3	10)	0) 4	4) 3	8) 2	13)	13
b_j	5	4	2	3	2	4	3	5	4	3	2	2	39

由表 9-7，求得各个供货区域：

$P_1=\{1,2,3,4,5\}$

$P_2=\{1,6,8,12\}$

$P_3=\{1,7,9,10,11\}$

$F_1^0=7\times5+6\times4+2\times3+3\times0+3\times2+10=81$

$F_2^0=3\times5+4\times0+5\times4+2\times6+10=57$

$F_3^0=5\times6+3\times9+4\times0+3\times4+2\times8+10=95$

$$F^0=\sum_{k=1}^{3}F_k^0=F_1^0+F_2^0+F_3^0=81+57+95=233$$

（3）在各个供货区域，寻找范围内新的总运输费用最省的点。为此，在各个范围中，逐个试以每一个点为供货点，求出范围总费用。在 k 区域中，以点 i 为供货点的范围总费用为：

$$F_{k,i}=\sum_{j\in P_{k,i}}C_{ij}X_{ij}+F_k \qquad (k=1,2,\cdots,q,\ j\in P_{k,i})$$

例如，在 P_1 区域中，分别以 1、2、3、4、5 点为供货点的区域范围总费用分别为：

$$F_{1,1}=\sum_{j\in P_{k,i}}C_{1j}X_{1j}+F_1=C_{11}X_{11}+C_{12}X_{12}+C_{13}X_{13}+C_{14}X_{14}+C_{15}X_{15}+F_1$$
$$=0\times5+1\times4+6\times2+7\times3+4\times2+10=55$$

$$F_{1,2}=\sum_{j\in P_{k,i}}C_{2j}X_{2j}+F_1=C_{21}X_{21}+C_{22}X_{22}+C_{23}X_{23}+C_{24}X_{24}+C_{25}X_{25}+F_1$$
$$=1\times5+0\times4+5\times2+6\times3+5\times2+10=53$$

同理：$F_{1,3}=81$　　$F_{1,4}=81$　　$F_{1,5}=71$

所以：$F_1^1=\min\{F_{1,i}\}=\min\{55,53,81,81,71\}=53$，$D_1^1=2$

同理，在 P_2 区域中，$F_2^1=\min\{F_{2,i}\}=\min\{70,57,70,114\}=57$，$D_2^1=6$。在 P_3 区域中，$F_3^1=\min\{F_{3,i}\}=\min\{89,89,95,94,106\}=89$，$D_3^1=7$。

这样，求得：$F^1=\sum_{k=1}^{q}F_k^1=53+57+89=199$　　$D_k^1=\{2,6,7\}$

（4）比较 D_k^1 和 D_k^0、F^1 和 F^0。因为 D_k^1 和 D_k^0 不同而且 F^1 小于 F^0，所以要用 D_k^1 代替 D_k^0，返回（2），再继续计算：

先用 $D_k^0=\{2,6,7\}$ 作源点，做运输规划（见表 9-8）得出供货范围：

$P_1=\{1,2,3,4\}$

$P_2=\{1,5,6,9,12\}$

$P_3=\{7,\ 8,\ 9,\ 10,\ 11\}$

在每个供货区域中，寻找新的使得区域费用最小的点和新的总费用（见表 9-9）。

$$D_k^1=\{1,\ 2,\ 8\},\ F^1=\sum_{k=1}^{q}F_k^1=43+72+38=153$$

因为 D_k^1 和 D_k^0 不同而且 F^1 小于 F^0，所以要用 D_k^1 代替 D_k^0，再返回（2），再继续计算（计算结果见表 9-10）。

由表 9-10 可以看出，虽然 F^1 小于 F^0，但是 $D_k^1=D_k^0=\{1,\ 2,\ 8\}$，已经收敛，所以已经达到最优解，工作结束。$D_k=\{1,\ 2,\ 8\}$，$F=152$。

表 9-8　　**求供货范围的直达调运表格**

	1	2	3	4	5	6	7	8	9	10	11	12	a_i
2	1) 5	0) 4	5) 2	6) 3	5)	4)	5)	7)	7)	10)	9)	10)	13
6	3) 0	4)	9)	10)	7) 2	0) 4	6)	4)	9) 4	10)	6)	6) 2	13
7	4)	5)	10)	11)	8)	6)	0) 3	2) 5	9) 0	5) 3	4) 2	9)	13
b_j	5	4	2	3	2	4	3	5	4	3	2	2	39

表 9-9　　**各点费用计算结果**

$P_1=\{1,\ 2,\ 3,\ 4\}$	$P_2=\{1,\ 5,\ 6,\ 9,\ 12\}$	$P_3=\{7,\ 8,\ 10,\ 11\}$
$F_{1,1}=47$ $F_{1,2}=43$ $F_{1,3}=69$ $F_{1,4}=75$	$F_{2,1}=72$ $F_{2,5}=116$ $F_{2,6}=87$ $F_{2,9}=126$ $F_{2,12}=157$	$F_{3,7}=43$ $F_{3,8}=38$ $F_{3,10}=63$ $F_{3,11}=54$
$F_1^1=F_{1,2}=43$	$F_2^1=F_{2,1}=72$	$F_3^1=F_{3,8}=38$
$F^1=F_1^1+F_2^1+F_3^1=43+72+38=153$，$D_k^1=\{1,\ 2,\ 8\}$		

表 9-10　　**各点费用计算结果**

$P_1=\{1,\ 5,\ 9,\ 12\}$	$P_2=\{2,\ 3,\ 4,\ 6\}$	$P_3=\{7,\ 8,\ 10,\ 11\}$
$F_{1,1}=60$ $F_{1,5}=80$ $F_{1,9}=90$ $F_{1,12}=125$	$F_{2,2}=54$ $F_{2,3}=75$ $F_{2,4}=80$ $F_{2,6}=74$	$F_{3,7}=43$ $F_{3,8}=38$ $F_{3,10}=83$ $F_{3,11}=44$
$F_1^1=F_{1,1}=60$	$F_2^1=F_{2,2}=54$	$F_3^1=F_{3,8}=38$
$F^1=F_1^1+F_2^1+F_3^1=60+54+38=152$，$D_k^1=\{1,\ 2,\ 8\}$		

二、保莫法（Baumol-Wolk 法）

上面讨论的网点布局方法，主要考虑了两种费用：一种是仓库的设立费用，即修建仓库的投资费用；另一种就是运行费用。而运行费用主要考虑了物流运输有关费用，对仓储费用基本上还没有考虑。仓储费用是指仓库投入运行后，仓库的装卸、搬运、保管等所花费的费用。我们下面讨论的方法——保莫法，对此算是一种补充。

1. 原理

保莫法就是在考虑运行费用时，既考虑运行过程中的运输费用，也考虑仓储费用而进行网点布局的方法。仓储费用可以是线性函数，也可以是非线性函数。而保莫法是专门针对仓储费用函数是非线性函数的情况下的一种处理方法。

设第 k 个仓库的仓储费用为 S_k，规模为 d_k，则针对下面的非线性函数关系：

$$S_k = \mu_k \sqrt{d_k} \tag{9-10}$$

可以用它的边际费用 C_k 来描述在一定规模 d_k 下的仓储费用：

$$C_k = \frac{\mathrm{d}S_k}{\mathrm{d}d_k} = \frac{\mu_k}{2\sqrt{d_k}} \tag{9-11}$$

式中，μ_k 为第 k 个仓库的比例常数。

由于在一定规模 d 下，边际费用 C 是一个确定的值，所以可以把它作为这个规模下的仓储费用。并且可以把它和这个规模下运行的运输费用相加，共同构成这个规模下仓库的运行费用。

例如考虑从生产厂 i 经过仓库 k 再到用户 j 的运输，其运行费用 C_{ikj}可写成：

$$C_{ikj} = \min\ (C_{ik}+C_k+C_{kj}) \qquad k=1,\ 2,\ \cdots,\ q \tag{9-12}$$

式中，C_{ik}为从生产厂 i 到仓库 k 的单位物资全程运费，C_{kj}为从仓库 k 到用户 j 的全程运费，C_k 为仓库 k 的边际费用。

以这样的综合运行费用作为运价系数，可以将非线性的中转调运问题转化为线性的直达调运问题。解直达调运问题，就可以求出使 C_{ikj}最小的仓库 k，从而求出总费用最省的仓库方案。

2. 步骤

设已有一个仓库初始位置方案 D_k^0（$k=1,2,\cdots,q$），需要从生产厂集 A 将物资调运到用户集 B，其相互间的运输费用 C_{ik}和 C_{kj}以及供应量 a_i、需求量 b_j 都已知，则可以按以下的步骤进行：

（1）令仓库的规模 d_k 为无穷大，从而由公式（9-10）可知边际费用 C_k 为 0，则由式（9-11）可知运行费用 C_{ikj}：

$$C_{ikj} = \min\ (C_{ik}+C_k+C_{kj}) = \min\ (C_{ik}+C_{kj})$$

解直达调运问题，求出各个仓库 D_k^0 的调运量 d_k^0、仓储费用 S_k^0 和相应的边际费用 C_k^0。

（2）迭代求解：将 C_k^0 加入到运行费用中去，形成新的运价系数，再解直达调运问题，求出新的各个仓库 D_k^1 的调运量 d_k^1、仓储费用 S_k^1 和相应的边际费用 C_k^1。

（3）比较 D_k^1 是否等于 D_k^0、且 d_k^1 是否等于 d_k^0，如果是，则 D_k^0 即为所求，工作结束。

如果不是，则由 d_k^1 求出仓储费用 S_k^1 和相应的边际费用 C_k^1，将 D_k^1 替换 D_k^0、d_k^1 替换 d_k^0、C_k^1 替换 C_k^0，返回（2）继续计算。

其逻辑框图见图 9-7。

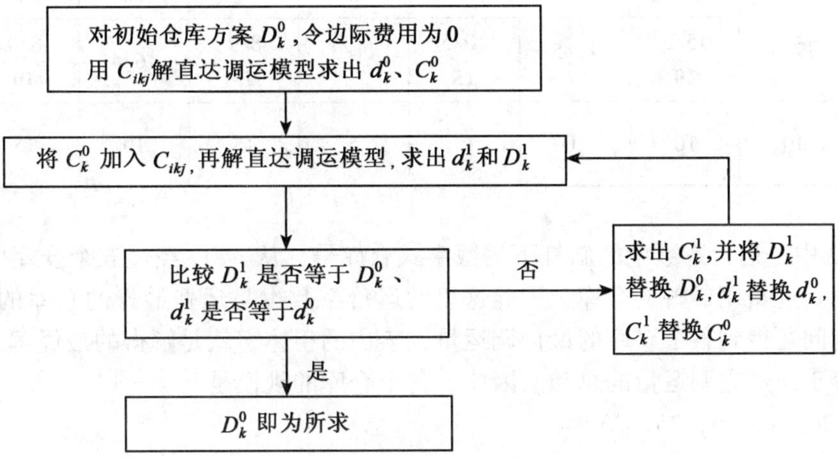

图 9-7　保莫法原理图

3. 例题

已知有两个生产厂 $\{A_1, A_2\}$，经五个中转仓库 D_k^0 运到八个用户。供应量、需求量、运价系数见表 9-11，仓库与规模的函数关系是非线性关系：$S_k = \mu_k \sqrt{d_k}$，($k=1, 2, 3, 4, 5$)，$\mu_k = \{75, 80, 75, 80, 70\}$，综合考虑仓储费用和运输费用，求费用最省的仓库设置方案。

表 9-11　　　　　　　　　　　　保莫法例题

	D_1	D_2	D_3	D_4	D_5	B_1	B_2	B_3	B_4	B_5	B_6	B_7	B_8	a_i
A_1	7	7	8	12	11									40
A_2	14	12	9	6	8									50
D_1						6	11	3	8	5	10	11	11	
D_2						14	16	8	9	4	7	4	4	
D_3						10	11	3	5	2	5	9	5	
D_4						15	13	9	6	7	2	10	2	
D_5						9	7	3	2	6	5	12	8	
b_j						10	10	10	15	5	15	10	15	

解：令各个仓库边际费用等于 0，运价系数 C_{ikj} 取 min（$C_{ik} + C_{kj}$）。建立直达调运表 9-12。

表 9-12　　保莫法例题计算表 1

	B_1	B_2	B_3	B_4	B_5	B_6	B_7	B_8	a_i
A_1	13/1 **10**	18/5	10/1 **10**	13/5	10/3 **5**	13/3	11/2 **10**	11/2 **5**	40
A_2	17/5	15/5 **10**	11/5	10/5 **15**	11/3	8/4 **15**	16/4	8/4 **10**	50
b_j	10	10	10	15	5	15	10	15	

表 9-12 中，运价系数中的斜杠下的数字式仓库号，从 i 到 j 经过五个仓库中的任意一个都可以到。选费用最省的仓库，因此这里的运价系数也是运费最省的仓库的运价系数。解运输规划问题得到各个仓库的最佳调运量，表中的粗体字就是解得的最优解，则各仓库的规模就等于通过它调运量的总和。因此，各个仓库的规模是：

$d_k^1 = \{20, 15, 5, 25, 25\}$

$D_k^1 = \{D_1, D_2, D_3, D_4, D_5\}$

根据 d_k^1 和边际费用的公式（9-10），可以算出各个仓库的仓储边际费用 C_k^1：

$C_k^1 = \{8, 10, 17, 8, 7\}$

比较 D_k^1 和 D_k^0、d_k^1 和 d_k^0 知道，D_k^1 虽然等于 D_k^0，但是 d_k^1 不等于 d_k^0，所以将 D_k^1 变为 D_k^0、d_k^1 变为 d_k^0、C_k^1 变为 C_k^0，将 C_k^0 加入到运价系数 C_{ikj} 中再进行直达调运运算（见表 9-13）。

表 9-13　　保莫法例题计算表 2

	B_1	B_2	B_3	B_4	B_5	B_6	B_7	B_8	a_i
A_1	21/1 **10**	25/5	18/1 **10**	20/5 **5**	20/1 **5**	22/4	21/2 **10**	21/2	40
A_2	24/5	22/5 **10**	18/5	17/5 **10**	21/3	16/4 **15**	24/4	16/4 **15**	50
b_j	10	10	10	15	5	15	10	15	

由表 9-13 可以得出：

$d_k^1 = \{25, 10, 30, 25\}$

$D_k^1 = \{D_1, D_2, D_4, D_5\}$

$C_k^1 = \{8, 13, 7, 7\}$

比较 D_k^1 和 D_k^0、d_k^1 和 d_k^0 知道，D_k^1 不等于 D_k^0、d_k^1 不等于 d_k^0，所以将 D_k^1 变为 D_k^0、d_k^1 变为 d_k^0、C_k^0 变为 C_k^1，将 C_k^0 加入到运价系数 C_{ikj} 中再进行直达调运运算（见表 9-14）。

表 9-14 **保莫法例题计算表 3**

	B_1	B_2	B_3	B_4	B_5	B_6	B_7	B_8	a_i
A_1	20/1 **10**	25/5	18/1 **10**	20/5 **5**	20/1 **5**	21/4	24/2 **10**	21/4	40
A_2	24/5	22/5 **10**	18/5	17/5 **10**	20/4	15/4 **15**	23/4	15/4 **15**	50
b_j	10	10	10	15	5	15	10	15	

由表 9-14 可以得出：

$d_k^1 = \{25, 10, 30, 25\}$

$D_k^1 = \{D_1, D_2, D_4, D_5\}$

比较 D_k^1 和 D_k^0、d_k^1 和 d_k^0 知道，D_k^1 等于 D_k^0、d_k^1 等于 d_k^0，所以结果收敛。因此 $D_k^0 = \{D_1, D_2, D_4, D_5\}$ 就是最优方案。

以上就是保莫法运用的全过程。

本章小结

本章讲述了物流网点布局问题。物流网点的布局问题要考虑适合物流市场的结构、符合宏观生产力布局、交通方便、总的设立成本和运行成本小等因素。物流网点布局可以分为一元网点布局和多元网点布局，物流网点布局方法主要有模拟法、评分法、解析法等。我们通过例题详细讲述了各种网点布局方法。

从实用性来说，本章所讲的几个方法都比较实用，特别是评分法、运输规划法、灵活配置法和保莫法。评分法的最大优点就是可以综合考虑各种因素，并且加进了很多专家的经验和知识，做出来的方案比较符合客观实际。而一些解析方法，包括运输规划法、灵活配置法、保莫法一般都只考虑费用的因素，相对比较呆板。评分法如果在考虑成本因素等方面，也结合运用一些解析法进行分析，就更好了。

运输规划法、灵活配置法、保莫法也各有其特点。具体问题可以根据具体情况采用合适的方法进行分析。

还有一些方法，例如整数规划、动态规划、网络图法等，也可以用来进行网点布局，由于比较复杂，本章没有进行讨论。

本章思考题

1. 说明网点布局的重要性。
2. 为什么网点布局要分为地区选择和地点选择两部分？地区选择应该考虑哪些因素？地点选择应该考虑哪些因素？
3. 有哪些网点布局方法？

4. 为什么评分法比较适用于企业进行网点布局？
5. 用运输规划法进行网点布局应该分为哪些步骤？
6. 灵活配置法的原理如何？
7. 保莫法的原理如何？
8. 比较一下运输规划法、灵活配置法和保莫法之间的特点和应用范围。

本章习题

1. 如图 9-8 所示，生产厂想在其他 11 个用户区选两个地点建立两个配送中心。在以下三种情况下，选择最合适的配送中心选址方案。

（1）只考虑运输费用最省；

（2）考虑运输费用和设立费用（每个配送中心的设立费用都为 20 万元）；

（3）考虑运输费用和仓储成本的非线性变化 $S_k=\mu_k\sqrt{d_k}$，$k=1$，2，$\mu_k=\{15, 20\}$。

2. 在图 9-8 所示的模型中，如果用评分法进行网点布局，你觉得应该怎样做？要考虑哪些因素？

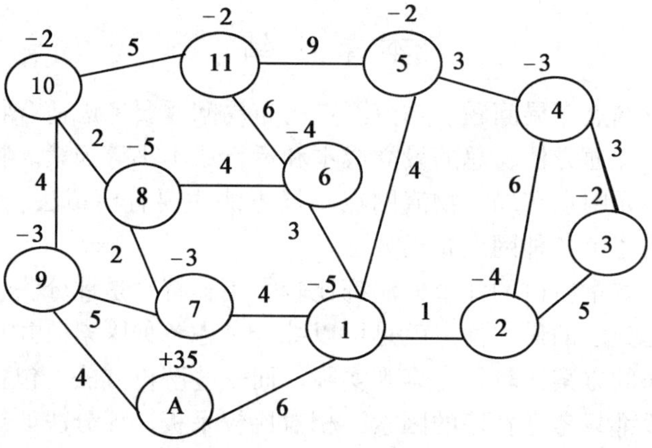

图 9-8 习题 1、习题 2 图

第十章　生产物流管理

本章主要研究企业内部的生产物流管理。第一节主要说明企业生产系统是一个物流系统，讨论企业生产物流系统的内容、特点、职能和作用。第二、三节分别讨论企业生产物流管理的两种重要技术——MRP 技术和 JIT 技术。

第一节　企业生产系统也是一个物流系统

一、企业生产系统概述

企业生产系统是企业大系统中的一个子系统，是支撑企业生产过程运行的物质基础，生产系统由系统的硬件和软件两部分组成。生产系统的硬件通常是指生产机器设备、工具器具、生产场地、厂房、运输车辆、通信设施等，它构成生产系统的物质形式。生产系统的软件指的是生产组织形式、人员配备要求、工作制度、运行方式以及管理上的各种规章制度。

生产过程是一个通过劳动把一定的资源转化为产品或服务的过程，这个过程同时也是价值增值的过程。生产过程的运行，除需要生产系统的支撑外，同时还受社会环境的制约，特别是市场需求、社会经济发展水平、政府有关的政策法规等。需要指出的是，生产过程的输出，不仅指有形的实物产品，还包括无形的产品——服务。

狭义的生产过程是指产品生产过程，是对原材料进行加工，使之转化为成品的一系列生产活动的运行过程。广义的生产过程包括企业生产过程和社会生产过程。企业生产过程包含基本生产、辅助生产、生产技术设备和生产服务等企业范围内各种生产活动协调配合的运行过程。社会生产过程是指从原材料开采到冶炼、加工、运输、储存，在全社会范围内各行各业分工协作制造产品的运行过程。

产品生产过程由一系列生产环节组成，一般包含加工制造过程、检验过程、运输过程和停歇过程等。产品生产过程是企业生产过程的核心部分。

二、企业生产系统也是一个物流系统

企业的生产系统实质上也是一个物流系统。企业的生产系统是用来支撑生产过程的，而产品生产过程是企业生产系统的核心部分。产品的生产过程就是一个典型的物流过程，它是企业物流系统的主要组成部分，同时它也导致其他的企业物流，如供应物流、销售物流和回收、废弃物流等。

例如，汽车装配生产线（见图 10-1）就既是一个生产系统，也是一个物流系统。这

条生产线把车桥、发动机、车轮、变速箱、车厢等装配成一辆汽车，因此它是汽车的生产系统。但是，从物流的角度看，它又是一个物流系统：按一定节拍运行前进的装配线传送带，载着汽车的骨架前行，经过各个装配工序，依次装配上发动机、车轮、变速箱、车厢等各个部件，最后变成一辆完整的汽车，下线后进入成品库暂存待售。

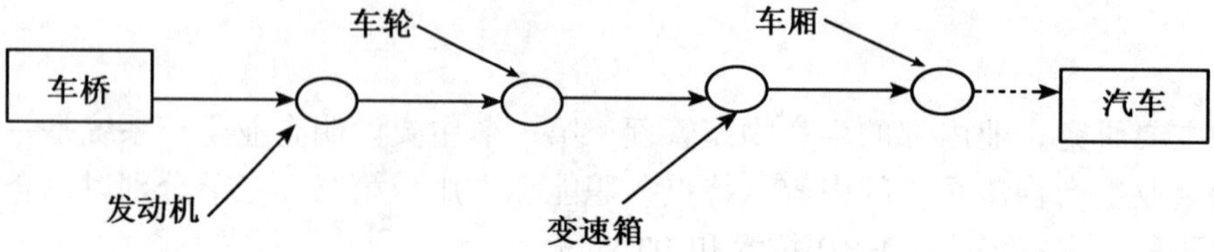

图 10-1 汽车装配线物流示意图

又例如，各个车间也是一个物流系统，如发动机车间（见图 10-2）：加工发动机的机壳、主轴、齿轮等部件的各个生产流水线并行运作，都分别由原材料库输入原材料，然后沿各自的流水线一道一道工序地前进，依次进行加工，最后在流水线的末端被加工成一个完整的部件，这些部件再装配成发动机。

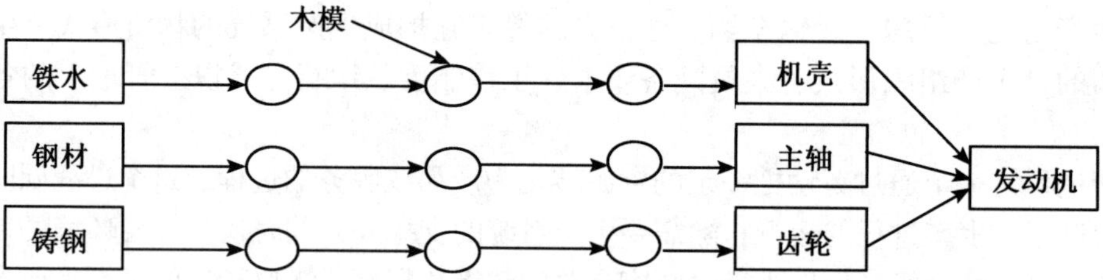

图 10-2 发动机车间物流示意图

从以上内容可以看出，生产过程就是一个物流过程，生产系统也就是一个物流系统。生产物流和生产流程同步，是从原材料购进开始直到产成品发送为止的全过程的物流活动。原材料、半成品等按照工艺流程在各个加工点之间不停地移动、转移，形成了生产物流。如生产物流中断，生产过程也将随之停顿。

生产物流最基本的职能，就是创造物资的形质效用。虽然生产物流也创造空间效用、时间效用，但那是为生产服务的，是为保障生产顺利进行服务的。因此，生产物流系统最突出、最本质的功能是创造物资的形质效用，创造为需求者所需要的物资的形状和性质，以满足需求者的需要。

企业内部的生产物流系统还导致了企业外部的供应物流系统和分销物流系统。生产物流系统是分销物流系统的“源泉”，分销物流系统则是生产物流系统的延续。企业生产物流系统又是企业供应物流系统的“汇归”，也是企业供应物流系统在企业内的延续。而供应物流和分销物流都属于社会物流，因此可以说，企业生产物流系统是社会物流系统在企业内部的延续和表现形式。

生产过程需要原材料或者零部件。原材料只能通过采购获得，有些零部件也得通过采购获得。这就形成了企业的供应物流。供应物流是企业生产系统正常运行的首要前提。“巧妇难为无米之炊”，没有供应物流，再完美的生产系统也会成为无源之水。

生产过程的最终产品应当是满足社会需求的，所以最终产品必须销售给社会，这就形成了企业的销售物流。通过销售物流，企业得以回收资金，进行再生产活动。销售物流的效果关系到企业的存在价值是否被社会承认，也是企业生产系统是否有必要性的体现。

生产过程除了直接导致供应物流和分销物流之外，还直接和间接导致废弃物物流和回收物流。在生产加工的过程中，总是会或多或少地产生一些废弃物，如边角料、包装材料等。这些废弃物如果不及时清理干净，会给生产系统带来很多问题，甚至会引发安全事故。因此，必须根据实际需要进行收集、分类、加工、包装、搬运、储存，并分门别类地分送到专门的处理场所进行处理，这就是废弃物物流。此外，生产过程中不合格品的返修、退货或者周转使用的包装容器从社会返回到企业也形成了回收物流。

由此可见，企业的生产系统也是一个物流系统。它是社会物流系统在企业内部的延续和表现形式。企业生产物流系统的基本功能是创造物资的形质效用，为社会物流提供具有用户所需要的物资的形状性质。

第二节 MRP 的原理与应用

在企业生产物流系统中，有很多的物流作业技术和物流管理技术。MRP（Material Requirement Planning，物料需求计划；Manufacturing Resources Planning，制造资源计划）技术是其中的一种。

一、MRP 的产生过程

在 MRP 问世之前，库存计划通常采用订货点法。但是订货点法只能保证稳定均衡消耗情况下不出现短缺，不能保证消耗多变情况下不出现短缺，也无法起到降低库存的作用。1965 年美国的 J. A. 奥列基博士（Dr. Joseph A. Orlicky）提出独立需求和相关需求的概念，并指出订货点法只适用于独立需求物资。由于市场需求是经常变化的，对各种物料的需求也是时刻在变化，这其中既有独立性的需求，也有相关性的需求。不出现短缺和降低库存是生产中遇到的两个互相矛盾的目标，而且增加库存并不一定就能保证所有物料不出现短缺。正是为了解决这个矛盾，美国生产管理和计算机应用专家 Oliver W. Wight 与 George W. Plosh 首先提出了物料需求计划 MRP。IBM 公司首先在计算机上实现了 MRP 处理。随后，MRP 经历了一个由基本 MRP 到闭环 MRP，再到 MRPⅡ、然后再到 MRPⅢ的发展过程。

二、基本 MRP 的原理

基本 MRP 的原理是，由主生产进度计划（MPS）和主产品的层次结构逐层逐个地求出产品所有零部件的出产时间、出产数量。如果是自己加工，就形成了加工任务单。如果是向外采购，就形成了采购任务单。因此，MRP 的基本任务是：

（1）从最终产品的生产计划（独立需求）导出相关物料（原材料、零部件等）的需求量和需求时间（相关需求）；

（2）根据物料需求时间和生产（订货）周期确定其开始生产（订货）的时间。

MRP 的基本任务是编制零件的生产计划和采购计划。然而，要正确编制零件计划，首先必须落实产品的出产进度计划，用 MRPⅡ的术语就是主生产计划（Master Production Schedule，MPS），这是 MRP 展开的依据。MRP 还需要知道产品的零件结构，即物料清单（Bill of Materials，BOM），才能把主生产计划展开成零件计划。同时，还必须知道所需物料的库存数量才能准确计算出零件的采购数量。

由此可见，基本 MRP 的依据是：主生产计划（MPS），物料清单（BOM），库存信息。它们之间的逻辑流程关系如图 10-3 所示。

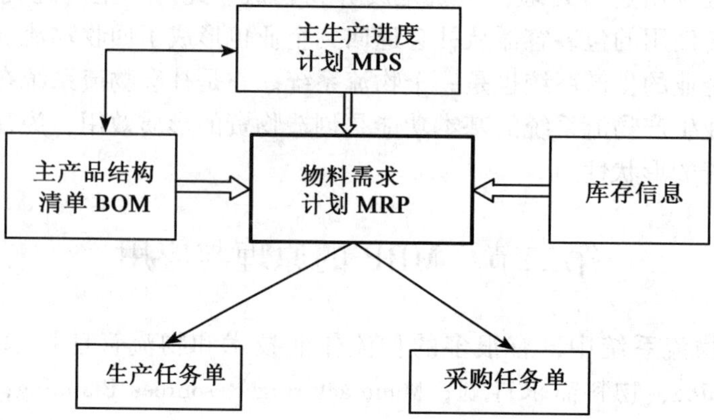

图 10-3 基本 MRP 逻辑图

主生产计划（Master Production Schedule，简称 MPS），是确定每一具体的最终产品在每一具体时间段内生产数量的计划。这里的最终产品是指对于企业来说最终完成、要出厂的完成品，它要具体到产品的品种、型号。这里的具体时间段，通常是以周为单位，在有些情况下，也可以是日、旬、月。主生产计划详细规定生产什么、什么时段应该产出，它是独立需求计划。主生产计划根据客户合同和市场预测，把经营计划或生产大纲中的产品系列具体化，使之成为展开物料需求计划的主要依据，起到了从综合计划向具体计划过渡的承上启下作用。主生产计划通常情况下就是主产品的独立需求计划，它是根据用户对主产品的订单所确定的需求时间、需求数量，确定主产品的出产时间、出产数量，例如表 10-1 就是主产品 A 的出产计划表。

表 10-1 **主产品 A 的出产计划表 MPS**

项目：A（0 级）	周次							
提前期：1	1	2	3	4	5	6	7	8
计划出产数量	25	15	20		60		15	

有了主产品出产计划，我们下面的任务就是要完成这个主产品的出产计划。但是，主产品是由零部件装配而成的，所以，我们必须弄清楚主产品由哪些零部件构成，哪些零部件要自制，哪些零部件要外购，自制时，生产提前期是多少（多长时间可以生产出来），外购时，采购提前期是多少（多长时间可以采购回来）。把这些资料表示出来的文件，就是主产品结构与物料清单文件，见图 10-4。图中主产品 A 由 2 个 B 和 1 个 C 构成，而 1 个 B 由 1 个 D 和 1 个 C 构成。图中，L 表示生产或采购提前期，例如生产 1 个 A 要 1 周，采购零件 C 要 3 周。图中旁边标注的 n 为结构层次：主产品层次 $n=0$，主产品的一级零部件 $n=1$，二级零部件 $n=2$，依次类推。注意，如果一个零部件在几个层次中都出现，则应该统一把它放在其所处的最下面一层，如图 10-4（b）中的零件 C。

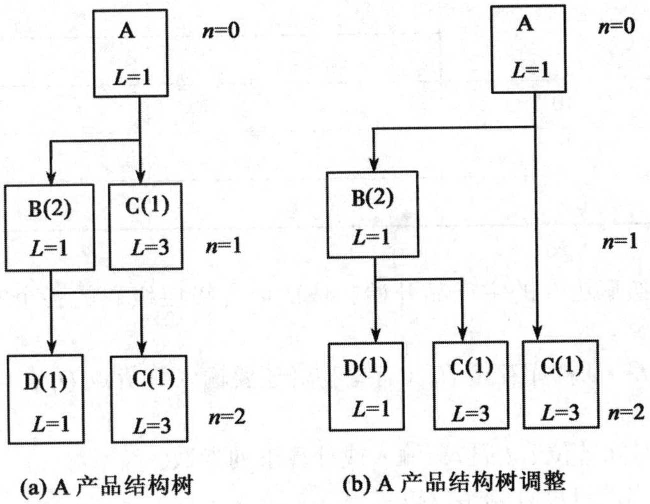

图 10-4　主产品结构文件 BOM

库存文件，也叫库存状态文件。它包括以下几项：

（1）期初库存量，也就是在制定新的 MRP 计划时仓库的实际库存余额，即现有库存量，既包括主产品，也包括零部件。它们将在本期计划中用于生产主产品。

（2）计划到货量，即在制定新的 MRP 计划时的购进在途（已经发出了采购，还没有采购回来，但是预计会在新计划期间到货）或者在生产中（已经投产，还没有完成生产，但是预计会在新计划期间完成生产）的物资数量，既包括主产品，也包括零部件。主产品 A 及其零部件的库存文件如表 10-2 所示。

根据这三个文件，MRP 软件可以计算出各个零部件的投产计划和采购计划。

MRP 整个处理过程可以用图 10-5 表示。整个处理过程可以分成以下几步：

（1）准备：在运行 MRP 之前，要做好以下几个方面的准备工作：

①确定计划期和时间单位。例如，计划期可以取 2 个月（8 周）。

②确认主产品出产进度计划 MPS，它被表示成主产品各周的出产量，如表10-1所示。

③确认主产品的结构文件 BOM，它被表示成具有层级结构的树形图。由主产品（0

级）开始，逐层分解成零部件，直到最后分解到最低层（设为 n 级）——初级原材料或外购零配件为止，如图 10-4（b）所示。

④准备好主产品及其所有零部件的库存文件，包括各自的期初库存量 H_0，计划到货量 $S(t)$，如表 10-2 所示。

表 10-2 **库存文件**

品名	期初库存量 H_0	计划到货量 $S(t)$	
		到货时间	到货数量
A	20	1	10
		3	15
		5	40
		7	50
B	10	1	10
C		1	70
D	5	1	10

（2）首先从层级码为 0 的主产品开始，依次取各级层级码的各个零部件，进行如下处理：

①输入提前期 L、期初库存量 H_0（有些物资还要输入订货点 Q_K、订货批量 Q_0、安全库存量 Q_S 等）。

②对于每一个时间单位 t（周），输入或计算下列参数：

a. 输入或计算出产进度计划 $G(t)$；

b. 输入计划到货量 $S(t)$；

c. 计算计划库存量 $H(t)$：$H(t)= H(t-1)+S(t)-G(t)$；

d. 求出净需求量 $N(t)$：当 $H(t)<0$ 而 $H(t-1)<0$ 时，$N(t)=|H(t)-H(t-1)|$；当 $H(t)<0$ 而 $H(t-1)\geqslant 0$ 时，$N(t)=|H(t)|$；当 $H(t)\geqslant 0$ 时，$N(t)=0$。

e. 计算计划接受订货量 $P(t)$：$P(t)=N(t)$；

f. 计算并输出计划发出订货量 $R(t-L)$：$R(t-L)=P(t)$。

③输出计划发出订货量 $R(t-L)$。这是每一个零部件发出的订货单，包括订货数量、订货时间，包括交各车间加工制造的生产任务单，也包括交采购部门采购的采购订货单。它们按时间整理起来就是一个物料订货计划，也就是一个物料需求计划。

下面通过例子来说明。

例如，主产品 A 的出产进度计划 MPS 如表 10-1 所示、结构文件 BOM 如图10-4所示、库存文件如表 10-2 所示，做未来 8 周的 MRP 物料需求计划。

先从层级码为 0 的主产品 A 算起。其提前期为 1 周，期初库存量为 20。根据其 $G(t)$、$S(t)$ 进行 MRP 运算的结果如表 10-3 所示。

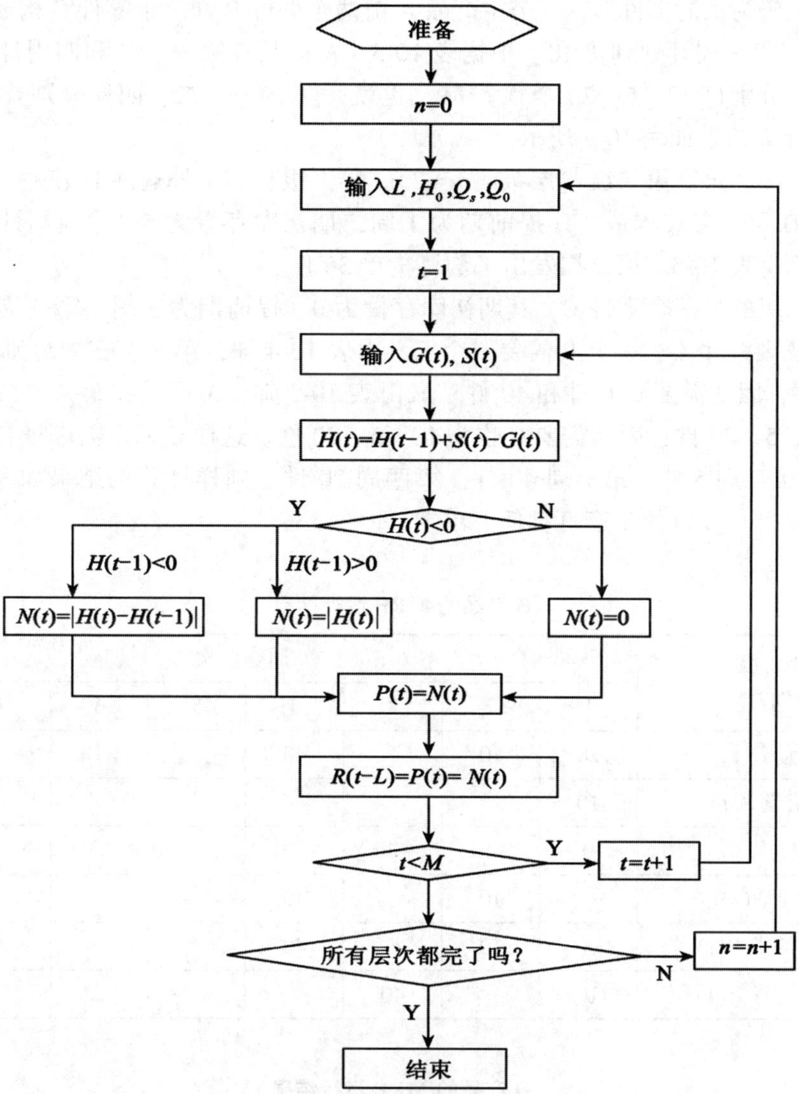

图 10-5　MRP 处理逻辑

表 10-3　**主产品 A 的 0 级 MRP 处理表**

项目:A(0级)		周	次						
提前期:1		1	2	3	4	5	6	7	8
总需要量 $G(t)$		25	15	20		60		15	
计划到货量 $S(t)$		10		15		40		50	
库存量 $H(t)$	20	5	-10	-15	-15	-35	-35	0	0
净需要量 $N(t)$		0	10	5	0	20	0	0	0
计划接受订货 $P(t)$			10	5		20			
计划发出订货 $R(t)$		10	5		20				

再算层级码为 1 的部件 B。一个主产品 A 由两个部件 B 和一个零件 C 构成。B 的期初库存量为 10，第一周计划到货 10。根据表 10-3，A 产品在第一、二和四周计划发出生产订货任务单，分别订 10、5、20 个 A 产品，也就是要在一、二、四周分别要 20、10、40 个 B 部件。计算结果如表 10-4 所示。

算完第一级，再算第二级（层级码 $n=2$）。第二级有一个外购件 D 和一个零件 C。一个 B 由一个 D 和一个 C 构成。D 提前期为 1 周，期初库存量为 5，第一周计划到货量为 10，同样计算得表 10-5。第二周发出采购订货单 35 件。

再算第二级的另一个零件 C。其期初库存量为 0，提前期为 3 周。第一周计划到货量 70。一个 A 需要一个 C、一个 B 需要一个 C。由表 10-4 知，第一、三周分别需要 B 部件 10 件和 40 件，因此需要 C10 件和 40 件。又由表 10-3 知，A 产品在第一、二、四周分别发出订货 10、5、20 件，因而需要 C 也为 10、5、20 件。这样 C 的总需求量合起来为：第一周 20 件，第二周 5 件，第三周 40 件，第四周 20 件。同样计算的结果如表 10-6 所示。第一周就要发出 C 零件的生产订货任务单 15 件。

表 10-4　　**B 产品的 MRP 运行结果**

项目：B（1 级） 提前期：1		周次							
		1	2	3	4	5	6	7	8
总需要量 $G(t)$		20	10		40				
计划到货量 $S(t)$		10							
库存量 $H(t)$	10	0	−10	−10	−50				
净需要量 $N(t)$			10		40				
计划接受订货 $P(t)$			10		40				
计划发出订货 $R(t)$		10		40					

表 10-5　　**D 产品的 MRP 运行结果**

项目：D（2 级） 提前期：1		周次							
		1	2	3	4	5	6	7	8
总需要量 $G(t)$		10		40					
计划到货量 $S(t)$		10							
库存量 $H(t)$	5	5	−5	−35	−35	−35	−35	−35	−35
净需要量 $N(t)$				35					
计划接受订货 $P(t)$				35					
计划发出订货 $R(t)$			35						

表 10-6　　**C 产品的 MRP 运行结果**

项目:C(1 级) 提前期:3		周次 1	2	3	4	5	6	7	8
总需要量 $G(t)$		20	5	40	20				
计划到货量 $S(t)$		70							
库存量 $H(t)$	0	50	45	5	−15	−15	−15	−15	−15
净需要量 $N(t)$					15				
计划接受订货 $P(t)$					15				
计划发出订货 $R(t)$		15							

根据以上的运行，可以得出为按计划出产产品 A 而需要的物料订货计划，或者物料需求计划，如表 10-7 所示。

表 10-7　　**主产品 A 物料需求计划**

物料	周次 1	2	3	4	5	6	7	8
B	10		40					
C	15							
D		35						

三、闭环 MRP 的原理

1. 闭环 MRP 的原理与结构

20 世纪 60 年代的基本 MRP 能根据有关数据计算出相关物料需求的准确时间与数量，但它还不够完善，其主要缺陷是没有考虑到生产企业现有的生产能力和采购有关条件的约束。因此，计算出来的物料需求有可能因设备和工时的不足而没有能力生产，或者因原料的不足而无法生产。MRP 系统的正常运行，需要有一个现实可行的主生产计划，它除了要反映市场需求和合同订单以外，还必须满足企业的生产能力约束条件。因此，除了要编制资源需求计划外，还要制定能力需求计划（CRP），同各个工作中心的能力进行平衡。同时，基本 MRP 也缺乏根据计划实施情况的反馈信息对计划进行调整的功能。

正是为了解决以上问题，MRP 系统在 20 世纪 70 年代发展为闭环 MRP 系统。闭环 MRP 系统除了物料需求计划外，还将生产能力需求计划、车间作业计划和采购作业计划也全部纳入 MRP，形成一个封闭的系统，称为闭环 MRP，如图 10-6 所示。因此，闭环 MRP 成为一个完整的生产计划与控制系统。

2. 能力需求计划（Capacity Requirement Planning，CRP）

在闭环 MRP 系统中，把关键工作中心的负荷平衡称为资源需求计划，或称为粗能力计划，它的计划对象为独立需求件，主要面向的是主生产计划；把全部工作中心的负荷平

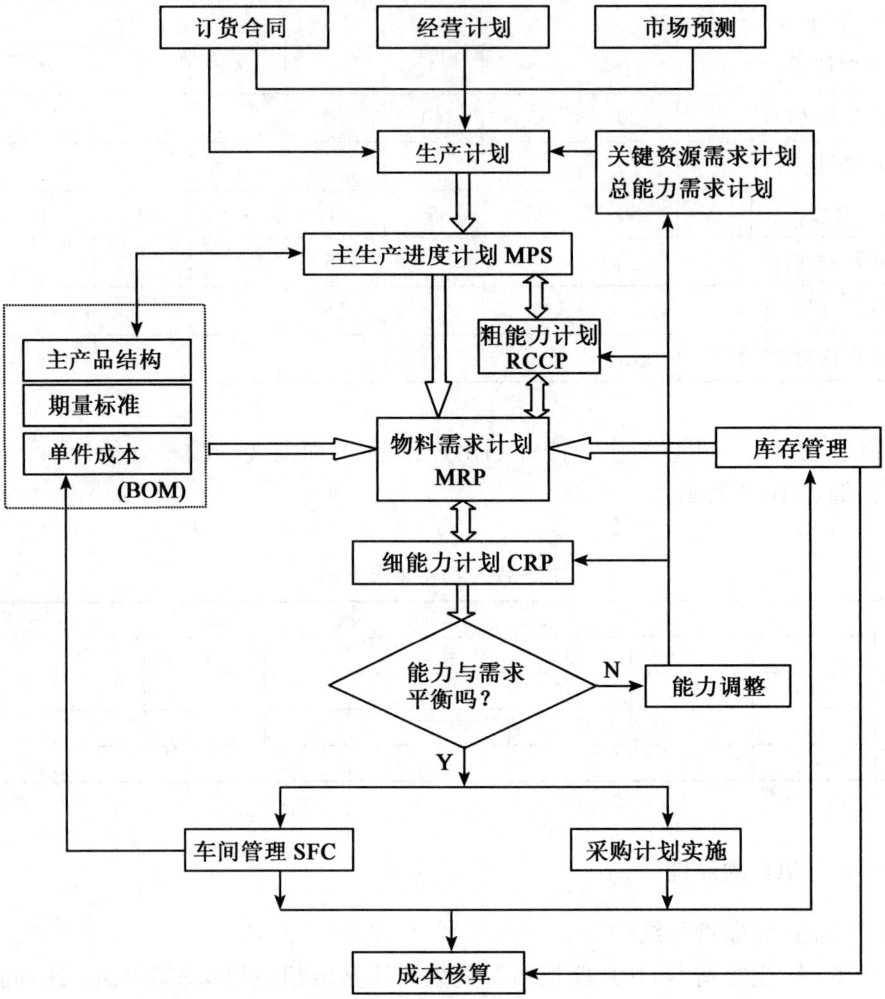

图 10-6 闭环 MRP 逻辑流程图

衡称为能力需求计划，或称为细能力计划，而它的计划对象为相关需求件，主要面向的是车间。由于 MRP 和 MPS 之间存在内在的联系，所以资源需求计划与能力需求计划之间也是一脉相承的，而后者正是在前者的基础上进行计算的。

能力需求计划的依据主要有以下几个因素：

（1）工作中心：它是各种生产或加工能力单元和成本计算单元的统称。对工作中心，都统一用工时来量化其能力的大小。

（2）工作日历：它是用于编制计划的特殊形式的日历，它是由普通日历除去每周双休日、假日、停工和其他不生产的日子，并将日期表示为顺序形式而形成的。

（3）工艺路线：它是一种反映制造某项“物料”加工方法及加工次序的文件。它说明加工和装配的工序顺序，每道工序使用的工作中心，各项时间定额，外协工序的时间和费用等。

3. 由 MRP 输出的零部件作业计划

闭环 MRP 的基本目标是满足客户和市场的需求，因此在编制计划时，总是先不考虑能力约束而优先保证计划需求，然后再进行能力计划。经过多次反复运算，调整核实，才转入下一个阶段。能力需求计划的运算过程就是把物料需求计划订单换算成能力需求数量，生成能力需求报表。能力需求计划的计算逻辑过程可用图 10-7 来表示。

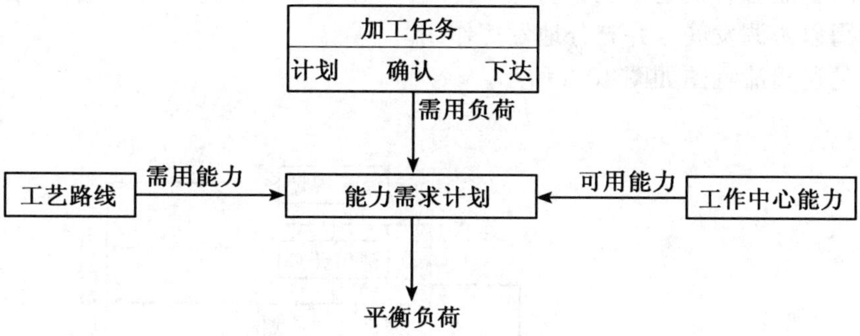

图 10-7 能力需求计划报表生成过程

在计划时段中也有可能出现能力需求超负荷或低负荷的情况。闭环 MRP 能力计划通常是通过报表的形式（直方图是常用工具）向计划人员报告，但是并不进行能力负荷的自动平衡，这个工作由计划人员人工完成。

各工作中心能力与负荷需求基本平衡后，接下来的一步就要集中解决如何具体地组织生产活动，使各种资源既能合理利用又能按期完成各项订单任务，并将客观生产活动进行的状况及时反馈到系统中，以便根据实际情况进行调整与控制，这就是现场作业控制。它的工作内容一般包括以下四个方面：

（1）车间订单下达：订单下达是指核实 MRP 生成的计划订单，并转换为下达订单。

（2）作业排序：指从工作中心的角度控制加工工件的作业顺序或作业优先级。

（3）投入产出控制：它是一种监控作业流（正在作业的车间订单）通过工作中心的技术方法。利用投入/产出报告，可以分析生产中存在的问题，采取相应的措施。

（4）作业信息反馈：它主要是跟踪作业订单在制造过程中的运动，收集各种资源消耗的实际数据，更新库存余额并完成 MRP 的闭环。

四、MRP Ⅱ 的思想原理

闭环 MRP 系统的出现，使生产活动方面的各种子系统得到了统一。但这还不够，因为在企业的管理中，生产管理只是一个方面，它所涉及的仅仅是物流，而与物流密切相关的还有资金流。这在许多企业中是由财会人员另行管理的，这就造成了数据的重复录入与存储，甚至造成数据的不一致性。生产系统是企业资金占用和成本的主体，若这一部分不能反映出来，对企业的管理和决策都是很不方便的。系统是从主生产进度计划 MPS 开始的，但是主生产进度计划是由企业的年度生产计划得来的，年度生产计划规定了企业在计划年度内应生产的品种、规格、数量和交货期限。而闭环 MRP 的主生产计划 MPS 没有和年度生产计划联系起来。

于是在 20 世纪 80 年代，人们把生产、财务、销售、工程技术、采购等各个子系统集成为一个一体化的系统，并称为制造资源计划（Manufacturing Resource Planning）系统，英文缩写还是 MRP，为了区别物料需求计划而记为 MRPⅡ。

MRPⅡ的基本思想就是把企业作为一个有机整体，从整体最优的角度出发，通过运用科学方法对企业各种制造资源和产、供、销、财各个环节进行有效的计划、组织和控制，使它们得以协调发展，并充分地发挥作用。

MRPⅡ的逻辑流程图如图 10-8 所示。

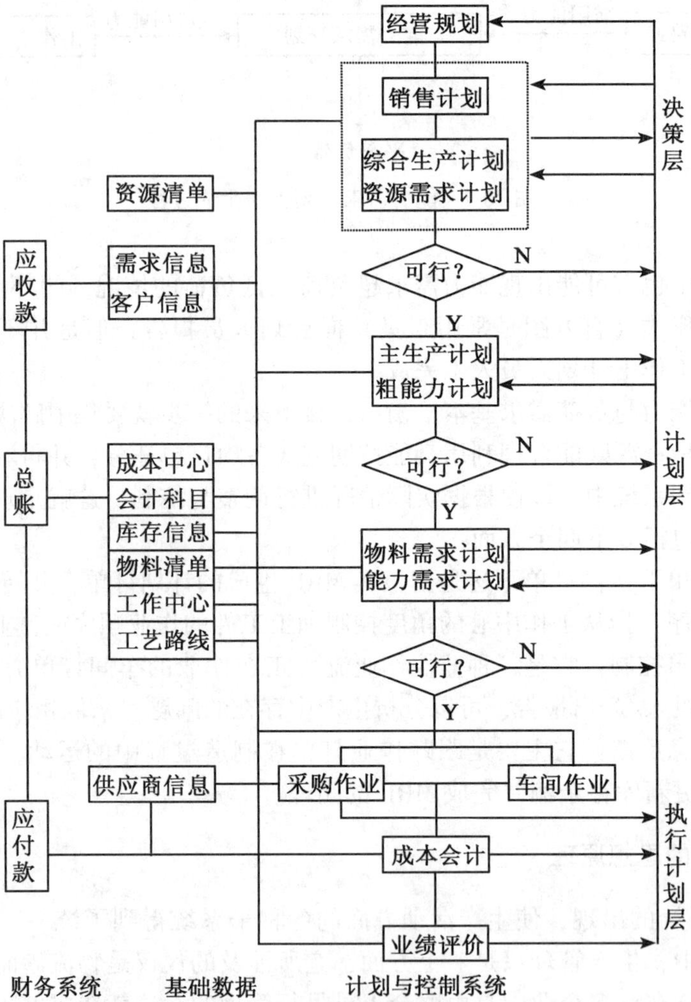

图 10-8 MRPⅡ逻辑流程图

MRPⅡ的特点可以从以下几个方面来说明，每一项特点都含有管理模式的变革和人员素质或行为变革两方面，这些特点是相辅相成的。

（1）计划的一贯性与可行性。MRPⅡ是一种计划主导型管理模式，计划层次从宏观到微观、从战略到技术、由粗到细逐层优化，但始终保证与企业经营战略目标一致。它把通常的三级计划管理统一起来，计划编制工作集中在厂级职能部门，车间班组只能执行计划、调度和反馈信息。计划下达前反复验证和平衡生产能力，并根据反馈信息及时调整，处理好供需矛盾，保证计划的一贯性、有效性和可执行性。

（2）管理的系统性。MRPⅡ是一项系统工程，它把企业所有与生产经营直接相关的部门的工作联结成一个整体，各部门都从系统整体出发做好本职工作，每个员工都知道自己的工作质量同其他职能的关系。这个只有在“一个计划”下才能成为系统，条块分割、各行其是的局面应被团队精神所取代。

（3）数据共享性。MRPⅡ是一种制造企业管理信息系统，企业各部门都依据同一数据信息进行管理，任何一种数据变动都能及时地反映给所有部门，做到数据共享。在统一的数据库支持下，按照规范化的处理程序进行管理和决策，改变了过去那种信息不通、情况不明、盲目决策、相互矛盾的现象。

（4）动态应变性。MRPⅡ是一个闭环系统，它要求跟踪、控制和反馈瞬息万变的实际情况，管理人员可随时根据企业内外环境条件的变化迅速做出响应，及时调整决策，保证生产正常进行。它可以及时掌握各种动态信息，保持较短的生产周期，因而有较强的应变能力。

（5）模拟预见性。MRPⅡ具有模拟功能。它可以解决“如果怎样……将会怎样”的问题，可以预见在相当长的计划期内可能发生的问题，事先采取措施消除隐患，而不是等问题已经发生了再花几倍的精力去处理。这将使管理人员从忙碌的事务堆里解脱出来，致力于实质性的分析研究，提供多个可行方案供领导决策。

（6）物流、资金流的统一。MRPⅡ包含了成本会计和财务功能，可以由生产活动直接产生财务数据，把实物形态的物料流动直接转换为价值形态的资金流动，保证生产和财务数据一致。财务部门可以及时将得到的资金信息用于控制成本，通过资金流动状况反映物料和经营情况，随时分析企业的经济效益，参与决策，指导和控制经营和生产活动。

五、MRPⅢ的思想原理

MRPⅢ是在 MRPⅡ的基础上，增加了准时生产（JIT）、专家系统（ES）、并行工程（CE）等内容，使工程设计、工艺设计、工程管理、生产制造等功能有机地结合在一起的一种先进生产系统。MRPⅢ把生产计划技术 MRPⅡ和工艺流程设计、工程设计、智能决策等进一步集成起来，进一步加强了物资资源配置技术的功能和技术含量，登上了一个更高的台阶。

MRPⅢ由 MRPⅡ、JIT、ES、CE 及其管理人员组成。在该系统中，各部分在不同的生产阶段上发挥各自的特长：MRPⅡ用来执行长期计划编制。JIT 用来控制短期计划的实施，可支持混合方式的制造环境，可兼顾“多品种小批量生产”和“大批量生产”两种生产类型，从而提高企业的应变能力和市场竞争水平。在拥有大量专家知识和经验的程序系统控制下，ES 辅助决策一些有章可循的问题，而对随机可能发生的意外情况和战略性问题，则可通过人机交互干预系统工作；采用先进的 CE 技术，是为了使工程设计、工艺设计、工程管理、生产制造等各个阶段都能按照工程组织的内部有机联系，恰当地相互配合，以求最大限度地压缩各阶段的提前期，从而使各方面的工作同时并进，大大缩短产品生产周期，提高生产率、产品质量和服务水平，增强企业竞争优势。

第三节 JIT 的原理与应用

准时生产（Just in Time，简称 JIT），又称为无库存生产（Stockless Production）、零库存（Zero Inventories）。所谓准时生产，简单地说，就是在合适的时间，将合适的原材料和零部件，以合适的数量，送往合适的地点。

一、JIT 的原理

JIT 的出发点是不断消除浪费，进行永无止境的改进。JIT 的实质就是通过不断消除生产系统中的一切浪费，使生产系统能够准时满足需求。

这里所说的浪费，比我们通常所说的浪费的概念要广泛得多、深刻得多。丰田公司的藤尾长认为浪费是“除对生产不可缺少的最小数量的设备、原材料、零部件和工人（工作时间）外的任何东西”。同时藤尾长还定义了七种可被消除的浪费，这七种浪费是：（1）过量生产的浪费；（2）等待时间的浪费；（3）运输的浪费；（4）库存的浪费；（5）过程（工序）浪费；（6）动作的浪费；（7）产品缺陷的浪费。对浪费进行这样的定义，没有为过量库存留下一点存在的余地。

在 JIT 系统中是不允许库存存在的，否则就是一种浪费。事实上，JIT 认为库存是万恶之源，它不仅造成浪费，还将许多管理不善的问题掩盖起来，使问题得不到及时解决，就像水淹盖了水中的石头一样。比如机器经常出故障，采购周期过长，设备能力不平衡，工人缺勤，技术服务不及时等问题，都由于库存水平高，不易被发现（如图 10-9 所示）。JIT 就是通过不断减少各种库存来暴露管理中的问题，由此不断消除浪费，进行永无休止的改进。与传统管理相反，JIT 欢迎问题的出现，把问题看做是一种机会，认为只有不断地发现问题、解决问题，生产管理才能够不断地改进，生产效率才能不断地提高，生产成本才会不断地下降。

JIT 是一种理想的生产方式，一是因为它设置了一个最高标准、一种极限，即零库存。实际生产可以无限地接近这个极限，但却永远不可能达到零库存。有了这个极限，才使得改进永无止境。二是因为它提供了一个不断改进的途径，即降低库存—暴露问题—解决问题—降低库存……这是一个无限循环的过程。JIT 的实践表明，只有消除了造成库存上升的根源，才能有效地降低库存。通过降低在制品库存，可能发现生产过程经常中断，原因是某些设备出了故障，来不及修理，工序间在制品少了，使后续工序得不到供给。要使生产不发生中断，可以采取两种不同的办法：一种是加大工序间在制品库存，提供足够的缓冲，使修理工人有足够的时间来修理设备；另一种办法是分析来不及修理的原因，是备件采购问题还是修理效率问题？能否减少修理工作的时间？JIT 采取的是后一种办法。按 JIT 的思想，“宁可中断生产，决不掩盖矛盾”。找到了问题，就分析其原因，解决问

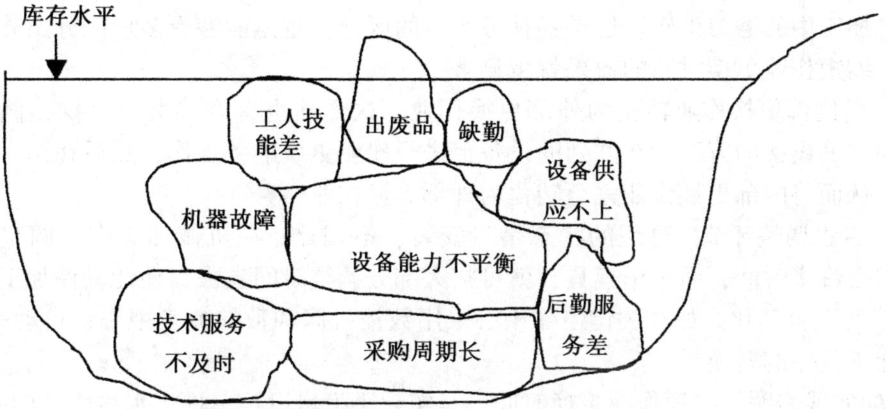

图 10-9　库存水平高掩盖很多管理问题

题，使管理工作得到改善，达到一个新的水平。当生产进行得比较正常时，再进一步降低库存，使深层次问题得到暴露，解决新的问题，使管理水平得到进一步提高。因此，推行JIT，是一个不断改进的动态过程，不是一朝一夕可以完成的。

单纯降低在制品库存，不改进生产过程，不消除在制品居高不下的根源，对企业来说无疑将是一场灾难。因此，进行改进的途径，并不一定从"降低库存"开始。当管理中的问题很明显时，可以先解决这些问题，然后再降低库存。如果现存的问题很多，而又不去解决它，还要降低库存，那就会使问题成灾，甚至使企业瘫痪。"降低库存"要逐步进行，不能一次降得太多，否则，也会造成问题成堆，解决问题无从下手。但是，很多问题往往隐藏很深，尤其是当管理已达到较高水平时，就不容易被发现，在这种情况下，通过降低库存来暴露问题仍是必要的。

二、JIT的应用

JIT的基本思想简单，容易理解。但是，实现JIT却不容易，因为JIT生产不仅仅是一种生产技术，更重要的是它是一种全新的管理模式，是一个完整的系统，因此，实施JIT生产，必然需要企业从各个方面都进行改进，实施JIT几乎要涉及企业的每一个部门，渗透到企业的每一项活动之中。JIT是一项综合的管理技术，它涉及产品的设计，生产计划的编制，机器的改造，设备的重新布置，工序的同期化，设备的预防维修，生产组织和劳动组织的调整，人员的再培训等各方面的工作。任何一个环节不改进，JIT就推行不下去。

1. 降低在制品库存

生产中在制品的形成很大程度上是因为作业更换时间太长，作业更换时间是一种生产能力的损失，因此，通常用加大批量的方法来弥补和分摊这种损失的成本，这样就产生了大量的周转在制品。一般认为，缩短作业更换时间是一个技术问题，其实不尽然。JIT的实践表明，至少50%的作业更换时间的节省，是采用管理方法而不是技术方法实现的。下面是几条常用的原则：

（1）区分内部更换作业和外部更换作业。所谓内部更换作业，是指必须使机器停下来进行调整、装卸的作业更换工作，而外部更换作业是无需使机器停止的作业更换准备工作，如机加工中的磨刀工作。这是一种最基本的区分，越是能够更多地区分出外部更换作业工作，缩短作业更换时间的效果就越显著。

（2）将内部更换作业转化为外部更换作业。这方面也有许多潜力可挖，例如，必要时用增加并列设备的方法，在并列的设备上进行作业更换准备工作，然后在两台设备间进行切换，从而将内部更换作业完全转化为外部更换作业。

（3）省去调整环节。理想的状态是只安装、不调整。在机械加工中，调整夹具、定位往往占去许多时间，而采用模具，就可将大部分调整时间省去，还能确保加工质量。

（4）实现自动化。如在关键工作中心采用数控机床和数控加工中心，自动完成定位、换刀和加工程序的转换。

JIT 的实践表明，缩短作业更换时间，是实现小批量以至单件流水线生产的关键。

在制品除了周转在制品外，另外很大的一部分是安全在制品。安全在制品又称为缓冲在制品，它是为防止前后工作的加工时间变异性和不匹配可能造成的生产中断而设立的，其作用是使生产过程均衡稳定。显然，要降低安全在制品库存，就要消除变异性，也就是消除不确定性。通常变异性是由多种原因造成的，最主要的有：工作缺乏标准化；设备故障率高；工人生产情绪不稳定；废品率和返修率高等。要消除变异性，一个重要的措施就是推行作业标准化。

2. 生产过程的同步化

即使减小了批量，缩短了作业更换时间，仍可能产生在制品库存过高的问题，原因在于工作中心的能力不平衡，生产过程缺乏同步化。所谓生产同步化，就是生产过程中各个工作中心的生产能力与负荷是基本平衡的，能够按照产品生产的速度进行成比例的、同步调的加工。从直观上看，就是不存在瓶颈环节，不存在在制品的积压环节，不存在工作中心之间忙闲不均的现象。其最终的标准是实现“将需要的材料和零部件，以需要的数量，在需要的时间，送达需要的地点”的 JIT 生产哲学。

制定合理的生产作业计划是消除瓶颈环节的主要措施，主要包括：

（1）加强能力计划工作。在编制主生产计划时，加强粗能力计划工作。根据产品的订货结构和产品加工的主要生产资源清单，检查每一个关键工作中心的负荷超限情况，然后调整主生产作业计划，使之切实可行。

（2）加强需求管理。合理地确定顾客交货期，尽可能错开交货期。当然，前提条件是生产周期尽可能短，生产周期越短，需求管理的灵活性就越大。

（3）创造条件，实现基于日生产率的生产作业计划，使材料消耗和主要生产资源的生产率趋于均衡。实践表明，产出的非均衡化将导致生产资源利用和材料供应需求更严重的非均衡化。而后者又会反作用于产出，使之更难以实现均衡化。

使生产同步化就要稳定日产出率。流水生产是以接近恒定的生产率进行生产的，因此，比较容易发现和消除瓶颈环节，实现生产同步化。在多品种和需求不均衡条件下实现日生产率均衡的目标，从根本上说，要推行成组技术；从改进产品的设计和工艺入手，提高零部件的通用化和标准化水平；改造生产过程组织，实行成组加工单元布置和成组加工生产方式。多品种的生产，如果是基于单个零件，由于每个零件的工艺路线不同，故很容易发生瓶颈作业，生产的同步化必然较差。如果是基于成组零件（一类相似零件的代表零件或象征零件），则工艺路线按成组零件的加工需要设计，其不同种类数量大大减少，加上成组加工单元的设备配置有一定的柔性，故使得瓶颈作业和瓶颈环节的数量大大减少，管理瓶颈作业和环节的计划工作量大大简化和减轻。这些都可为实现生产的同步化创造了条件。

使生产过程同步化，关键是发现和克服瓶颈环节。困难在于，对于多品种的订货生产方式，瓶颈环节是一个动态概念，随产品结构的改变而改变，这对 JIT 是一个严峻的挑战。这个问题的解决，根本上要靠提高制造系统的柔性，主要是提高工艺路线柔性，加工批量柔性和产品结构柔性。

3. 建立 JIT 制造单元

实施 JIT 的第一步是“把库房搬到厂房里”。大大小小的入口存放处和出口存放处，就像大大小小的库房。“把库房搬到厂房里”的目的在于使问题明显化。工人看到他们加工的零件还没有为下道工序所使用时，就不会盲目生产；也只有看到哪种零件即将使用完时，才会自觉地生产。第二步是不断减少工序间的在制品库存，“使库房逐渐消失在厂房中”，实现准时生产。

为了推行 JIT，需要对车间进行重新布置与整理，实行定置管理。要依据所生产的产品和零件的种类，将设备重新排列，使每个零件从投料、加工到完工都有一条明确的流动路线。零件存放到车间会带来一些问题。如果零件杂乱无章地堆放，需要时难以找到，就会造成生产中断，甚至引起安全事故。因此，所有零件必须放在确定的位置上，并要用不同的颜色作明显的标记。要及时清除一切不需要的东西，创造一个整洁的环境。

对车间重新布置的一个重要内容就是要建立 JIT 制造单元。JIT 制造单元是按产品对象布置的。一个制造单元配备有各种不同的机床，可以完成一组相似零件的加工。JIT 制造单元有两个明显的特征：一是在该制造单元内，零件是一个一个地经过各种机床加工的，而不是像一般制造单元那样一批一批地在机床间移动。在单元内，工人随着零件走，从零件进入单元到加工完离开单元，始终是一个工人操作。工人不是固定在某台设备上，而是依次操作多台不同的机器，这与一般的多机床操作不同。一般多机床操作通常是由一个工人操作多台相同的机器。二是 JIT 制造单元具有很大的柔性，它可以通过调整单元内的工人数使单元的生产率与整个生产系统保持一致。

JIT 制造单元一般采用“U”形布置，如图 10-10 所示。“U”形布置使工人能集中在一起，增加了工人之间接触的机会，形成一个集体，也使工人在转换机器时行走路线较

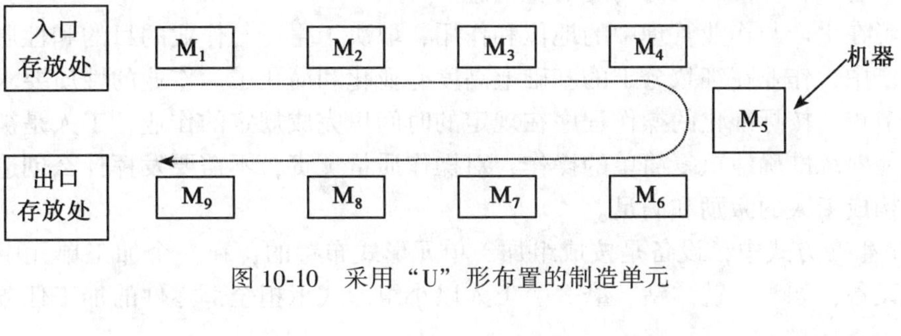

图 10-10　采用“U”形布置的制造单元

短。如果采用直线布置，工人从机器 1 到机器 9 将行走较长距离。而采用“U”形布置，转过身来就行了。

可以把 JIT 制造单元看做是一个同时可供多个工人进行多道工序加工的机器，一个单元只需设置一个入口存放处和一个出口存放处，不必为每台机器单独设置入口存放处和出口存放处。

为了维持制造单元的生产率与产品装配的生产率一致，保证同步生产，要使制造单元的固定生产能力有富余，机器设备数按最高负荷配置。当生产率改变时，只要调整制造单元的工人数量就可以满足需要。JIT 有一条重要的原则，认为工人是最重要的资源，劳动力的闲置是最大的浪费。因此，每当生产节拍改变，都要调整工人的数量，使每个工人都有较满的工作负荷。调整工人人数比改变机床数要容易得多，也迅速得多，这使得制造单元具有很大的柔性。由于工人具有多种操作技能，一个制造单元的多余工人可以安排到另一个任务较重的制造单元中去工作，从而使劳动力得到合理而充分的利用。

4. 从根源上保证质量，实施全面质量管理

质量是实行 JIT 的保证，不从根本上保证质量，不可能成功地实施 JIT。当需要一件才生产一件时，如果某道工序出了废品，则后续工序将没有输入，会立即停工。所有的上游工序都必须补充生产一件，这样就完全打乱了生产节拍。要实施 JIT，必须消除不合格品。

与传统质量管理不同，全面质量管理强调事前预防不合格品的发生，从操作者、机器、工具、材料和工艺过程等方面保证不出现不合格品。全面质量管理一个很重要的信条就是：质量是制造出来的，而不是检验出来的。全面质量管理强调从根源上保证质量。

JIT 和全面质量管理，无论在理论上还是在实践上，都已经紧密地结合在一起。全面质量管理是将质量要求加入到过程运作的实践中，而并不通过检查来确认质量。它也是假定员工对其自身工作负责的理论。当员工对其工作质量负责时，JIT 的运行状态最佳，因为只有高质量的产品在系统中流动。当所有产品都合格时则不需要有额外库存存在，因此，企业能获得高质量和高生产效率。通过使用统计质量管理方法和对员工培训来保证质量，因此，检验工作可以减少到只对第一个和最后一个生产单元。如果这些单元都非常好的话，则可假定这些单元间的其他产品也同样好。

5. 尊重员工，推行“以人为中心”的管理

一般认为，对 JIT 来说，最困难的问题是如何管理人，即如何充分调动工人的积极性和发挥其创造性，并使之具有高度的责任感。

操作者在生产与作业管理中的地位和作用，取决于生产与作业的目的和性质。在传统的流水生产中，作业在细致分工的基础上高度专业化和简化了。作业的性质要求工人遵循流水线的节拍，按标准化的操作程序在规定的时间里完成规定的作业，工人是被动的，只需要尽可能熟练准确地重复简单的操作，对操作质量负责，不需要发挥什么创造性，工作本身不能构成工人的激励和满足。

在 JIT 生产方式中，设备是按成组加工单元形式布置的，在一个加工单元中往往包括多种工艺设备，如车、铣、钻、磨等。工人以小组形式承担全部零件的加工任务和质量责

任、交货期责任以及成本责任。此外，像安排零件在加工单元中加工次序，决定零件加工的工艺路线，甚至设备预防维修等管理工作，也被下放到加工单元。因此，JIT客观上要求操作工人承担更多的责任，从而就必须授予他们更多的作业管理决策权。

不仅如此，JIT还要求不断地和持之以恒地改进生产过程，缩短作业更换时间，减小批量和确保100%的合格品，这就必须充分发挥工人的主动性、创造性和参与管理的热情，并使之熟练掌握多种技能。这使得开展交叉培训成为推行JIT的一项基本任务。

6. 与供应商合作，建立良好的合作伙伴关系，建立同步供货系统

正如顾客和员工是JIT系统的关键组成部件一样，供应商对过程也同样十分重要。如果企业与供应商分享需求计划，则企业将会拥有一幅关于需求的远景蓝图，并将其作用于生产和销售系统中，以指导这些部门的工作。供应商与顾客被联系到了一起，共享生产计划和输入必要的数据，这就保证了企业可以建立起均衡化生产系统。对供应商供货能力充满信心使得企业可以减少库存缓冲数量。在JIT中保留低库存数量，要求必须每天频繁运送必要的零件。有些供应商甚至将产品送到生产线中某个指定地点而不仅仅是送到接货料场，实现同步供货，评见前图5-7。当供应商的产品质量可以完全保证时，对其供应产品的验收检查程序甚至可以取消。

三、案例：神龙汽车的“MRP+JIT”生产计划系统

神龙汽车有限公司（以下简称神龙公司）是东风汽车公司和法国雪铁龙汽车公司合资兴建的大型轿车生产企业，1992年5月18日在武汉市成立。建设规模为年产30万辆轿车和40万台发动机，一次规划，分两期建设。武汉总厂占地面积126万平方米，下设冲压、焊装、油漆、总装等四个分厂，现生产能力为年产15万辆整车。襄樊总厂占地面积49万平方米，下设发动机、车桥分厂、变速箱分厂，生产TU3、TU5发动机、MA型变速箱和前、后桥总成。

神龙公司总厂引进了MRP管理系统，用MRP系统制定生产计划和采购计划。这是一种推进式的计划方法，即汽车的出产计划，推进算出各种部件、零件的生产计划。由于零部件品种规格很多，计算起来非常复杂，而且灵活机动性很差，某个部件、某个环节一有变动，则整个计划就得大变动。因此，随后他们又开始研究看板系统，用看板系统制定计划，指挥生产。开始是在企业内部，接着便扩大到企业外部采购。

看板系统，实际上就是JIT的一种操作形式。它是一种拉动式的计划方法。从生产线末端的需求计划，往前拉动供应生产计划。这样一级一级往前拉动各个生产供应环节，就自然做出了切合实际需要的生产计划和采购计划。

例如，装配汽车的各种零部件，有很多是外地供应商生产的，通常运到武汉以后就存于外协件仓库。装配汽车时，需要什么零部件，就用看板（上面标明了品种、规格、数量，需要的时间、地点）通知外协件仓库（连同空箱，由叉车司机一起带走）。外协件仓库则根据看板上的品种、规格、数量备货，然后由叉车司机在规定的时间将它送到指定的地点（连同看板），见图10-11。

现在企业的计划系统是把MRP和JIT结合起来运用。即在主要部件的计划上，采用MRP系统制定，而且MRP系统只用来制定主产品和主要部件的计划，以节省计算工作量

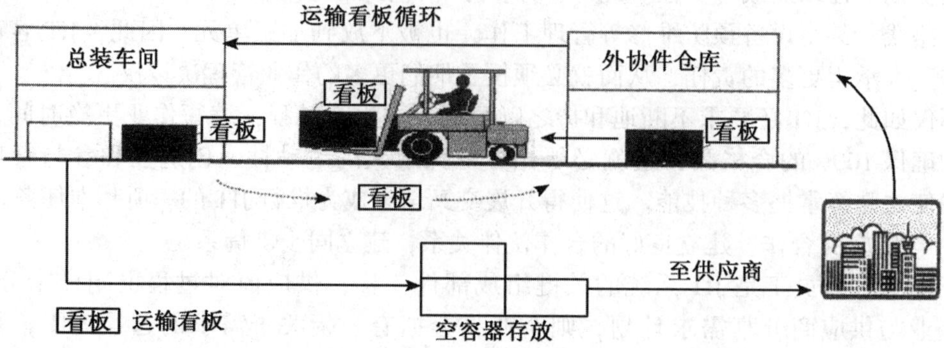

图 10-11 看板系统

和增加灵活机动性。而各个车间各个工序的生产计划和采购计划，则主要用 JIT 计划，即由主要部件的生产线末端开始，用看板方式向前端各个工序发出指令，从而下达了各个班组、各个工序的生产计划和采购计划。JIT 计划有简便、实用、节省工作量的特点，MRP 则有精细、严密、工作量大的特点，二者结合起来，相辅相成，优势组合，构成一个有效的计划系统。

本章小结

本章讲述了企业的生产系统其实也是一个物流系统，在第二节详细介绍了 MRP 的发展、原理及其应用，在第三节介绍了 JIT 生产的原理及其应用。一般认为，MRP 比较适合大中型企业，JIT 适合各种类型的企业，但在中小企业应用效果比较好。在重复生产的企业里，JIT 系统和 MRP 系统往往被结合起来。JIT 系统将主生产系统作为其拉动力，而不是采用 MRP 生成的计划。

本章思考题

1. 为什么说企业生产系统是一个物流系统？
2. 生产物流的基本功能是什么？
3. 什么叫做 MRP，它有哪些表现形式？
4. 基本 MRP 的原理是什么？
5. MRP Ⅱ 的原理是什么？它和基本 MRP 有什么区别和联系？
6. MRP 主要用在哪些地方？怎样才能运用 MRP？
7. 什么叫做 JIT？它的基本思想原理是什么？它有哪些应用？
8. 怎样才能够运用 JIT 生产？
9. 什么叫推进式计划方法和拉动式计划方法？它们有什么区别？哪些是拉动式计划方法？哪些是推进式计划方法？
10. 怎样把 MRP 和 JIT 结合起来使用？

本章习题

1. 为什么说企业内部物流是社会物流在企业内部的延续和表现形式？它们各自有什么特点和功能？

2. 有一个产品 A 的出产计划表如表 10-8 所示，产品 A 的结构组成如图 10-12 所示。A 产品期初库存量为 20，预计第 1、3、5、7 周计划到货分别为 10、15、40 和 70；B 产品期初库存量为 10，预计第 1 周计划到货为 10；C 产品期初库存量为 0，预计第 1 周计划到货为 70；D 产品期初库存量为 10，预计第 1 周计划到货为 10。试根据这些数据制定未来 8 周的投产计划和采购计划。

表 10-8 **产品 A 的出产进度表**

时期（周）	1	2	3	4	5	6	7	8
产量（件/周）	25	15	20		60		15	

3. 神龙公司的汽车装配线上需要装配汽车座椅。现在拟采用 JIT 采购，向附近一家座椅厂订购座椅，想通过看板由座椅厂将座椅向装配点实行连续补充货物，实现零库存生产，见图 10-13。

请你设计一下它们应该如何实现这种模式，并初步测算一下这样做会有哪些好处。为实现这种模式，对神龙公司和座椅厂都应当有一些什么要求？

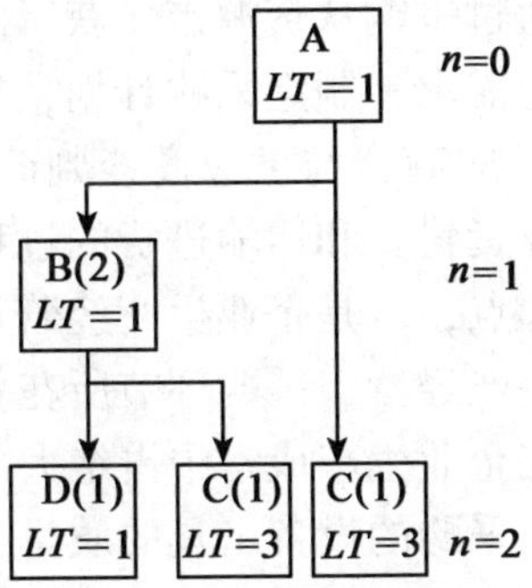

图 10-12 A 产品结构树调整

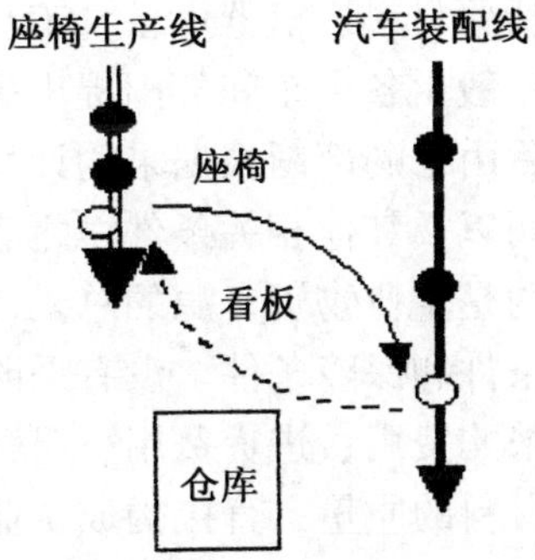

图 10-13 JIT 采购

4. 试分析一下 MRP 和 JIT 的特点。把 MRP 和 JIT 结合起来运用有什么好处？

5. 结合本章的讨论，谈谈你对企业生产物流系统的特点、功能的认识。

第十一章 企业购销物流管理

购销管理是现代物流管理的重要组成部分。采购成本在物流成本中占较大比重，直接影响企业的经济效益。销售物流是物流系统的最后环节，它的通畅性影响到企业资金周转。加强企业购销管理对提高企业物流系统的运作效率有积极意义。本章围绕现代采购技术和销售物流合理化展开论述。

第一节 采购管理的基本原理

作为生产企业而言，为销售而生产、为生产而采购是一个环环相扣的物料输入、输出的动态过程，依顺序构成采购物流、生产物流、销售物流。其中，采购物流是整个企业物流的龙头，是企业正常生产的先决条件和保障条件，直接关系到企业的生产效率、生产成本和经济效益。

一、采购概述

所谓采购，就是通过交易从资源市场获取资源的过程。企业生产经营所需要的各种物资，包括原材料、机器设备、工具、办公用品等，都是通过采购从资源市场获得的。企业采购，一般由各个车间部门提出采购申请，采购部门汇总需求，制定采购计划，报领导批准，然后由采购部门根据采购计划实施采购，包括选好供应商，与供应商谈判商定价格、交货时间以及其他相关条件，之后签订合同，最终实现收货付款和运输进货的过程。

采购是企业物资资源的总入口，是企业生产经营的起点，也是企业生产经营正常进行的先决条件和保障条件。没有采购，企业就不可能正常生产经营。采购环节所花费的购买费用、采购费用、进货费用、保管费用、管理费用等，在企业生产成本中占绝大部分。采购的原材料的质量，直接构成企业产品质量的组成部分；采购的设备工具的质量，也直接影响企业生产工作的效率和质量。采购进货本身就是企业库存管理、库存控制的中心环节，直接关系到企业库存水平、生产成本和经营效益。所以，采购是企业的一个非常重要的环节。

对于采购的基本要求：

第一，保证供应，不缺货。采购的根本任务就是要满足企业生产所需的各种物资需要，保证供应。不做到这一点，采购部门就失去了存在的意义。

第二，保证质量，控制成本。产品质量是企业的生命线。产品质量的好坏取决于所采购原材料和设备工具的质量。控制成本，就是要做到适价、适时、适量、适地，也就是要进行库存控制。适价，就是要多方了解市场行情，分析各供应商提供的材料的性能、规格、品质，以及企业的要求、用量，以此建立比价标准，根据底价的资料市场的行情、供应商用料的不同、采购量的大小、付款期的长短等与供应商议定出一个令双方都满意的价格。适时、适量，就是要根据库存控制制定的订货点、订货量、订货周期、最高库存、安全库存等标准进行采购进货，使总成本最低。适地，既要求供应商离自己公司的越近越好(可以降低采购进货成本)，也要求把采购进货送到所需要的地点。

第三，掌握资源市场信息，进行供应链操作和供应商管理。采购部门是企业与资源市场的接口，直接和供应商打交道，建立起一个有效的供应链并进行供应链管理，是他们应尽的职责。

二、采购分类

物资采购按采购方法分，可以分成传统采购和科学采购两大类。科学采购又包括订货点采购、MRP 采购、JIT 采购、供应链采购和电子商务采购等。

传统采购的一般模式是，每个采购周期的期末，企业各个单位报下期的采购申请单，列出需要采购的物资的品种数量，制定出统一的采购计划并实施采购。采购回来的物资存放于企业的仓库中，满足各个单位的物资需要。这种采购以各个单位的采购申请单为依据，以填充库存为目的，管理比较简单、粗糙，市场响应不灵敏，库存量大，资金积压多，库存风险大。

订货点采购，则是紧密根据需求的变化和订货提前期的大小，精确确定订货点、订货批量或订货周期、最高库存水平等，建立起连续的订货启动操作机制和库存控制机制，达到既满足需求又使得库存总成本最小的目的。这种采购模式以需求分析为依据，以填充库存为目的，采用一些科学方法、兼顾满足需求和库存成本控制的实际，原理比较科学，操作比较简单。但是由于市场的随机因素多，使得该方法同样具有库存量大、市场响应不灵敏的缺陷。

MRP 采购，主要应用于生产企业。它是生产企业根据主生产计划和主产品的结构以及库存情况，逐步推导出生产主产品所需要的零部件、原材料等的生产计划和采购计划的过程。这个采购计划规定了采购的品种、数量、采购时间和采购回来的时间，计划比较精细、严格。它也是以需求分析为依据，以满足库存为目的。它的市场响应灵敏度及库存水平较以上两种方法有较大进步。

JIT 采购，也称准时化采购，是一种完全以满足需求为依据的采购方法。它对采购的要求就是，要供应商恰好在用户需要的时候，将合适的品种、合适的数量送到用户需求的地点。它是以需求为依据，改造采购过程和采购方式，使它们完全适合于需求的品种、需求的时间和需求的数量，做到既灵敏响应需求的变化，又使得库存趋近零库存。这是一种比较科学、比较理想的采购模式。

供应链采购，准确地说，是一种供应链机制下的采购模式。在供应链机制下，采购不再由采购者操作，而是由供应商操作。采购者只需要把自己的需求规律信息即库存信息向供应商连续及时传递，供应商根据自己产品的消耗情况不断及时连续小批量补充库存，保证采购者既满足需要又使总库存量最小。供应链采购对信息系统、供应商操作要求都比较高。它也是一种科学的、理想的采购模式。

电子商务采购，也就是网上采购，是在电子商务环境下的采购模式。它的基本特点是，在网上寻找供应商，寻找所需的商品，网上洽谈贸易，网上订货甚至在网上支付货款，但是在网下送货进货。这种模式的好处在于扩大了采购市场的范围，缩短了供需距离，简化了采购手续，减少了采购时间，降低了采购成本，提高了工作效率，是一种有前景的采购模式。但是它有赖于电子商务的发展和物流配送水平的提高。我国现在已经有不少企业和政府采用了网上采购的方式，但是要把网上采购真正搞好，还需要一些时间。

三、传统采购流程与现代采购流程的比较

现在，许多企业已经采取供应链管理来完成采购流程，通过帮助供货商完善供货质量、降低成本、提高效率而建立最佳供货商组合，逐步实现供应价值链的最优化。传统采购与现代采购有各自的特点。

1. 传统采购的流程

采购流程是指有生产需求的企业购买生产所需的各种原材料、零部件等物料的全过程。具体流程包括以下几方面：（1）申请采购订单；（2）认证供应商；（3）发出采购订单；（4）进货控制；（5）物料入库验收；（6）不符与退货处理；（7）结案；（8）记录与档案维护。

2. 传统采购的特点

第一，传统采购过程是典型的非信息对称博弈过程。在采购过程中，采购一方为了能够从多个竞争性的供应商中选择一个最佳的供应商，往往会保留私有信息，而供应商也在和其他的供应商竞争中隐瞒自己的信息。这就是非信息对称的博弈过程。第二，供需关系是临时的或短时期的合作关系，而且竞争多于合作。由于缺乏合作与协调，采购过程中相互抱怨和争执的事情比较多，很多时间消耗在解决日常问题上，没有更多的时间用来做长期预测的计划工作，导致采购过程中的不确定性。第三，对质量和交货期只能进行事后把关。采购方很难参与供应商的生产过程和有关质量控制过程，相互的工作是不透明的，因而需要通过各种有关标准如国际标准、国家标准等进行检查验收。这样导致采购部门对采购物品质量控制的难度增大。第四，响应用户需求能力迟钝。由于供应与采购双方在信息的沟通方面缺乏及时的信息反馈，在市场需求发生变化的情况下，采购一方也不能改变供应一方已有的订货合同，因此采购一方在需求减少时库存增加，而在需求增加时则出现缺货现象。并且重新订货需要增加谈判过程，因此供需之间对用户需求的响应没有同步进行，缺乏应对需求变化的能力。

3. 现代采购流程的特点

第一，电子化订货。利用电话、传真、EDI、电子邮件等进行电子化订货。第二，基于需求的采购，基于订单而生产。与传统的基于库存的采购不同，采购不是为了补充库存，而是为了直接满足需求。在供应链管理模式下，供应商的生产活动是以用户的采购订单来驱动的，由采购订单驱动供应商，供应商生产出来直接供应到需求点。这样可大大降低库存成本，提高物流的速度和库存周转率。第三，与供应商形成战略协作伙伴关系，实现信息共享、资源共享、责任共担、利益共享。第四，实施小批量、多频次连续补充货物机制，向零库存进军。

第二节 JIT 采购

一、JIT 采购的基本原理

JIT 战略根源于多品种、小批量生产线的生产要求，是为了在生产中消除库存和不必要的浪费而进行持续改进的结果，因此，JIT 采购指的是企业和供应商建立起稳定的契约供需关系，由供应商进行多频次、小批量的连续供货，实现在合适的时间，把合适的物品，按合适的数量送到合适的地点的准时化供货机制。这种采购方法与传统的采购方法形成鲜明对比。JIT 采购策略通过建立供需双方稳定的互利关系，加深彼此之间的信任和信息交流，使供应方可以及时了解采购方的生产与库存计划，以提供灵活可靠的交货方式。准时采购的核心要素是：建立伙伴关系，减少批量，进行频繁而可靠地交货，始终保持采购品的高质量。其中每一方面都将使购物方受益，而不仅仅是缩短了采购周期。

二、JIT 采购的特点

从供应商选择来讲：供应商数量少；选择较近的供应商；尽量长期从同一供应商处进货；积极采取措施保持其所供应产品的价格竞争力。

从交货数量来讲：双方签订长期供货合同；双方存在小批量、多批次交货；每次发货量有变化，但整个合同是固定的；不允许超额送货，也不允许送货数量不足；鼓励供应商定量包装。从质量上来讲，拒绝不合格品。

JIT 采购与传统采购的区别见表 11-1。

表 11-1 **JIT 采购与传统采购的区别**

比较项目	JIT 采购	传统采购
供应商的选择	采用单源供应、关系稳定	采用多源供应、短期合作
供应商评价	合同履行能力、生产设计能力、物料配送能力、产品研发能力	合同履行能力
采购批量	小批量、送货频率高	大批量、送货频率低
进货检查	逐步减少、最终取消	函数统计、品质鉴定
运输	准时送货、运输次数多	配送频率低、运输次数相对少
包装	有一定要求	常规包装
信息交流	采购、供应双方高度共享准确实时信息	信息不对外、容易暗箱操作

三、JIT 采购的实施步骤

实施 JIT 采购，主要有以下几个步骤：

（1）组建 JIT 采购小组。参加的人员包括生产人员、产品技术人员、质量人员、物资人员、会计人员，并且对这些人员进行 JIT 采购业务培训。

（2）制定采购实施计划。采购小组要制定出实施计划，明确未来的采购策略和具体的实施步骤。采购策略包括选择采购方式、确定供应商的数量、选择供应商的标准、原材料和外购件的库存管理、保证对生产线的持续支持等内容。

（3）同供应商建立伙伴关系。选择少数几个企业建立长期协作的关系，加强双方的业务往来，分享共同的利益。

（4）选择某一生产线作为试点。JIT 采购是一项规模较大的活动。为了保证今后能顺利开展这一工作，必须进行试点，摸索经验。我们应以某一生产线的材料采购作为试点，并把采购改革试点与生产改革试点结合起来。

（5）对供应商进行 JIT 采购培训。对已选定作为试点的供应商应进行 JIT 管理的培训，使其理解 JIT 采购的运行机制，为实施 JIT 采购做准备。

（6）给供应商颁发产品免检证书。在实施 JIT 采购策略时，核发免检证书是很重要的。有资格得到免检证书的供应商应能提供百分之百合格的产品。核发免检证书时要求供应商提供最新的、完整的产品质量文件，包括设计蓝图、规格、检验程序以及其他必要的内容。公司在核发免检证书的初期，只向单件产品发放，之后只需对尚未获得免检证的新零件、新产品进行检查。当它们也达到免检要求时，就可以把所有采购的物资从卸货点直接运至生产线使用。

（7）实施配合进度的交货方式，即交货进度与采购企业的生产线的节拍相适应。全面推广 JIT 采购策略，以确保整个公司实现 JIT 采购。

第三节 DRP 原理及应用

一、DRP 的概念

DRP 是分销需求计划（Distribution Requirement Planning）的简称，它是 MRP 原理和技术在流通领域中的应用。该技术主要解决分销物资的供应和调度问题。基本目标是合理进行分销物资和资源配置，以达到既有效地满足市场需要又使得配置费用最省的目的。

二、DRP 的原理

DRP 主要在以下两类企业中得到应用。一类是流通企业，如储运公司、配送公司、物流中心、流通中心等。这些企业的基本特征是：不一定搞销售，但必须有储存和运输的业务。这些企业具有较强大的储存能力和运输能力，受生产企业的委托存货或自己从这些生产厂购进货物存放在自己的仓库里，为生产企业销售部门或企业订货用户进货。另一类是生产企业，大多数中小企业生产的产品是交给经销商或零售商去销售，自己没有销售网络，但一部分较大型的生产企业有自己的销售网络和储运设施，这样的生产企业是面对市场来生产自己的产品，既搞生产，又搞流通。这两类企业的共同之处是：(1) 以满足社会需求为企业的宗旨。(2) 依靠一定的物流能力（储、运、包装、装卸、搬运等）来满足社会的需求。(3) 为满足社会需求，要从制造企业或物资资源市场组织物资资源。

DRP 的原理如图 11-1 所示，实施 DRP 时，要输入三个文件，输出两个计划。

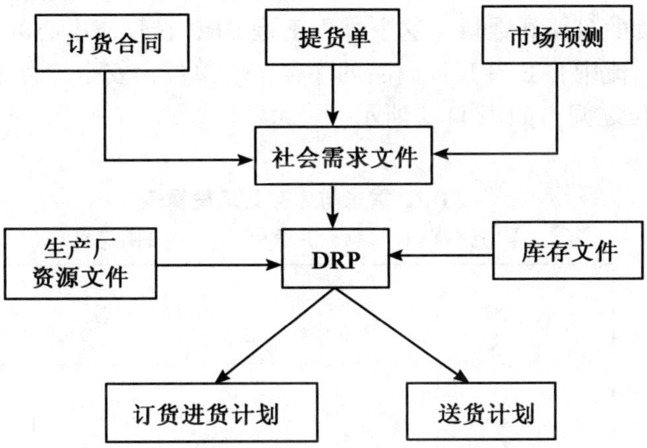

图 11-1 DRP 原理

输入的三个文件是：(1) 社会需求文件。其内容包括所有用户订货单、提货单和供货合同，也包括下属子公司、企业的订货单。将这些需求按品种、需求日期进行统计构成一个文件，制定出社会需求文件。(2) 库存文件。它是仓库里所有库存物资量的列表。仓库里有的物资，从仓库里提货送货，送货的数量不得超过现有的库存量，仓库里没有，就应订货进货。所以仓库文件也是制定 DRP 计划必需的文件。(3) 生产厂资源文件。其包括可供的物资品种，也包括生产厂的地理位置情况。生产厂资源文件主要是为 DRP 制定订货计划用的。

输出的两个文件是：(1) 送货计划：是对用户的送货计划。由于仓库与用户、下属子公司之间都有一定路程，所以提货送货要提前一定时间开始作业。对于大批量需求的需求者实行直送，对于数量众多的小批量需求可以进行配送。(2) 订货进货计划。这里指从生产厂订货进货的计划。对于需求物资，如果仓库内无货或库存不足，则需要到生产厂订货进货。因为订货进货需要时间，所以也需要设定订货提前期。

三、DRP 应用

就物流中心经理而言，要决定某种商品的需求量。首先需要弄清该产品的预测需求量，然后去检查该商品的库存量并计算库存能够维持多长的时间。如果需要维持一个安全库存，就必须将它从计算维持时间的库存中扣除。假设没有在途商品，这里计算的日期就是仓库缺货的日期（如果考虑安全库存则是低于安全库存的日期）。如果考虑在途商品，必须将在途商品加入库存以决定库存能够维持的时间。这样，库存商品与购进在途商品数量之和用完的日期就是下次订货进货到达的最佳日期。商品到达物流中心的日期与中央订货供应点的装运配送日期可能不一致。这里应考虑从中央供应点的订货进货提前期。这段时间包括：由本物流中心的装运、运输的时间以及本物流中心的验货收货时间等。进货批量应当是规定的订货批量。同样，对本中心送货方的处理也应考虑送货提前期来确定送货日期，即由用户的需求日期倒退一个送货提前期，以确定本物流中心向用户的送货日期。

如果这样，就既确定了本物流中心向供货方的订货进货日期和数量，又确定了本物流中心向需求方送货的日期和数量。这个过程正是 DRP 在物流中心的运作过程。

例如：假设物流中心 B 有某种商品的库存 750 单位，安全库存 300 单位，每周的需求量在 120~180 单位之间，如表 11-2 所示。

表 11-2 **DRP 需求与库存处理逻辑表**

物流中心 B　　供货单位：中央供应点

品种 B01 订货批量 450 送货提前期 1 进货提前期 2 安全库存 300	期前	周次 1	2	3	4	5	6	7	8
需求主计划		150	180	135	165	180	150	120	180
送货在途到货									
计划库存	750	600	420	285	120	-60	-210	-330	-510
进货在途到货									
到货计划									
订进计划									
送货计划									

从表 11-2 中可以看到，计算逻辑是现有库存减去每周的预测需求量。第 1 周期初库存 750 单位，本周预测需求量是 150 单位，那么下周期初的计划库存为 600 单位（750-150）。以此类推，直到第 3 周计划库存低于安全库存量 300 单位（第 3 周的计划库存是 285 单位），而物流中心可能在第 5 周以后缺货。本例没有考虑在途商品（在以后的例子中，再增加这一条件）。

分析表 11-2 可知，如果不从中央供应点运送商品到物流中心 B，物流中心经理在第 3 周必须补货才能避免库存降到安全库存以下，到第 5 周必须得到更多的补货，否则将出现缺货。在本例中，进货提前期是 2 周，而正常的进货批量是 450 单位。2 周是从中央供货点到物流中心的进货时间。450 单位正好是三个满负荷运输台班。因此，物流中心经理应把批量 450 单位的商品于第 3 周运抵物流中心，这批商品则必须在第 1 周从中央订货点装运发出。如表 11-3 所示，第 3 周的货物到达后，需重新计算计划库存，发现第 6 周的计划库存 240 单位又低于安全库存 300 单位。所以物流中心的经理要求第 6 周必须有一批商品到货，同样这批商品必须在第 4 周从中央供应点装运发出。

表 11-3 **DRP 订货进货与库存处理逻辑表**

物流中心 B　供货单位：中央供应点

品种 B01 订货批量 450 送货提前期 1 进货提前期 2 安全库存 300	期前	周次 1	2	3	4	5	6	7	8
需求主计划		150	180	135	165	180	150	120	180
送货在途到货									
计划库存	750	600	420	285	570	390	690	570	390
进货在途到货									
到货计划				450			450		
订进计划		450			450				
送货计划		180	135	165	180	150	120	180	

另外，还可用同样的方法求出送货计划：即由用户的需求日期提前一个送货期，以确定送货日期；送货量就等于用户的需求量（这里假设用户需求量要求全部配送）。本中心该产品的送货提前期为 1 周，所以把每周的需求量提前 1 周就得到送货日期和送货量。考虑到送货提前期一般很短，而且有很大的随意性，所以应给送货计划以很大的独立性，它只依赖于需求计划，并且不是由它来影响库存，而是由计划需求量来影响库存。

就送货方而言，将用户需求日期和需求量提前一个送货提前期，就得到了送货期和送货量，从而得出送货计划。当库存量下降到等于或小于安全库存量时，应该有一个订货批量的订货量，参与本期的需求使用，并得到一个新的本期库存量。而根据供货方的订货提前期，由这一期开始倒退一个提前期，才能确定供货方的订进日期和订进数量，从而确定订货进货计划。

下面讨论考虑在途物资情况下的送货计划和订货进货计划。

假设本中心该产品这个计划期的期前送货在途量为 150 单位，预计在计划第 1 周到达用户。而期前订货进货在途量为 450 单位，预计在第 2 周到达物流中心。因为送货在途将冲减用户需求，从而提高本中心该期库存量；而在途货物将增加本中心库存，减少订货进货次数。这样计算，可以得到表 11-4 的结果。从表中可以看到，第 1 周到达的送货在途 150 单位冲减了第一周的用户需求，从而提高了库存量（由原来 600 单位升为 750 单位，即期前库存量-本期需求量+本期送货在途到货量）。而第 2 周的订货进货在途到货升高了库存量，由原来的 570 单位升高到 1 020 单位，使原来第 3 周的第一次订货进货就自然取消。以上考虑的是物流中心 B 的一个产品 B01 的 DRP 计划操作方法。DRP 计划的最终结果有两个：其一是产品 B01 的送货计划（见表 11-5），其二是 B01 的订货进货计划（见表11-6）。

表 11-4　　**DRP 在途物资的处理逻辑表**

物流中心 B　　供货单位：中央供应点

品种 B01 订货批量 450 送货提前期 1 进货提前期 2 安全库存 300	期前	周次							
		1	2	3	4	5	6	7	8
需求主计划		150	180	135	165	180	150	120	180
送货在途到货		150							
计划库存	750	750	1 020	885	720	540	390	720	540
进货在途到货			450						
到货计划								450	
订进计划						450			
送货计划		180	135	165	180	150	120	180	

表 11-5　　**B01 送货计划**

物流中心 B　　品种 B01 送货计划

	周次							
	1	2	3	4	5	6	7	8
B01 送货计划	180	135	165	180	150	120	180	

表 11-6　　**B01 订货计划**

物流中心 B　　品种 B01 订货计划

	周次							
	1	2	3	4	5	6	7	8
B01 订货计划					450			

一个物流中心通常有多个品种的物资，每一个品种都可能通过运行 DRP 得到类似的送货计划和订货进货计划。这样，把所有品种的送货计划汇集起来，就可以得到物流中心 B 的总送货计划表，同理可得物流中心的总订货进货计划表（见表 11-7）。

物流中心经过运行 DRP，制定 DRP 计划的全部过程，最终得到了每种商品送货计划和订货进货计划，以及物流中心的总送货计划和总订货进货计划（见表11-8）。

表 11-7　**物流中心 B 的总送货计划**

	周次							
	1	2	3	4	5	6	7	8
B01 送货计划	180	135	165	180	150	120	180	
B02 送货计划	160	120	190	170	130	15	165	
B03 送货计划	40	70	150	120	120	80	160	
B04 送货计划	20	120	180	120	150	160	180	
B05 送货计划	160	160	140	120	150	120	160	
合计	560	605	825	710	700	495	845	

表 11-8　**物流中心 B 的总订货进货计划**

	周次							
	1	2	3	4	5	6	7	8
B01 订货计划					450			
B02 订货计划			450			450		
B03 订货计划					450			
B04 订货计划		300			450		300	
B05 订货计划								
合计		300	450		1 350	450	300	

DRP 计划定出来以后，剩下的问题就是执行 DRP 计划。

DRP 计划的执行，要求组织车辆统一进行运输，包括进货和送货，既要保证每天运输任务的完成，又要使得总费用最少，这样就必须采用物流优化方法。例如，对大批量用户采取大批量直送方式，对小批量用户采用配送方式。也可以用网络理论，求出最短路径和最佳运输方式组织运输。

第四节　销售物流管理

销售物流是指生产企业至用户或消费者之间的分销物流。它是企业物流系统的最后一个环节。销售物流的顺畅将使企业迅速及时地将产品传送到用户或消费者手中，达到扩大商品销售、加速资金周转、降低流通费用的目的。销售物流管理包括对产品进行包装，对产成品进行储存，为客户提供订单并进行信息处理，对用户所订货物进行运输以及货物的装卸搬运。

一、产品包装

包装是企业生产物流系统的终点，也是销售物流系统的起点。包装分为销售包装和运输包装。销售包装又称小包装或内包装，目的是向消费者展示，以吸引顾客，方便零售。运输包装又称大包装或外包装，目的是保护商品，便于运输和储存。运输包装在销售物流过程中对产成品起到保护、仓储、运输、装卸的作用。实体分配中包装形式的确定，包装材料和方法的选择，都要与实体分配的其他要素相适应。不同的装卸方式、仓库堆码的高度、商品特性、运输工具及运送距离等都对包装提出了不同的要求。

二、产品储存

保持合理库存水平，及时满足客户需求，是产成品储存最重要的内容，具体包括仓储作业、物品养护和库存控制。在仓储作业中，应努力提高作业质量，提高作业生产率。在物品养护时要用科学的方法来养护物品。库存控制应以市场需求为导向，合理控制成品存储量，并以此指导生产。

三、订单处理

订单处理包括接收、查核、记录、整理、汇集订单和准备发运商品等工作，制造商收到订单后，首先检查订单是否正确，然后按订单需求的商品品种、数量、式样、规格、型号，把商品发送给顾客，订单处理每一环节所用的时间及工作质量都直接影响着货物分配的效率和对顾客的服务水平。

四、销售渠道

销售渠道的结构有三种形式：

（1）生产者→消费者，销售渠道最短。

（2）生产者→批发商→零售商→消费者，销售渠道最长。

（3）生产者→零售商或批发商→消费者，销售渠道长度居中。

影响销售渠道选择的因素有政策性因素、产品因素、市场因素和生产企业本身因素。生产企业对影响销售渠道选择的因素进行研究分析以后，结合本身的特点和要求，对各种销售渠道的销售量、费用开支、服务质量经过反复比较，找出最佳销售渠道。销售物流的组织与产品类型有关，如钢材、木材等商品，其销售渠道一般选用第一种结构渠道和第三种结构渠道；而诸如日用百货、小五金等商品的销售渠道，则较多选用第二、三种结构渠道。

五、货物运输

企业的产成品都要通过运输才能到达客户或消费者指定的地点，而运输方式的确定需要参考产成品的批量、运输距离、地理条件等。对于由生产者或供应者送货的情况，应考虑发货批量的大小问题，它将影响到物流成本费用。在各种方式中，配送是一种较先进的形式，在保证客户需要的前提下，不仅可以提高运输设备的利用率，降低运输成本，还可以缓解交通堵塞，减少车辆废气对环境的污染。

六、装卸搬运

运输和仓储都离不开装卸、搬运，其基本内容包括商品的装上、卸下、移动、分类、堆码等。装卸次数的多少、装卸质量的好坏对销售的成本影响很大。

第五节　订单管理与单品管理

一、订单管理

在供应链管理的环境下，采购活动是以订单驱动方式进行的，制造订单的需求是在用户需求订单的驱动下产生的。这种为订单采购的方式使得供应链系统得以准时响应用户的需求，同时可以有效降低库存成本。订单管理的内容包括订单传递、订单处理、订单分拣和集合。

1. 订单传递

近年来，订货周期的问题已引起众多企业的关注。由于邮递业务受到一些无法预料的变化因素的影响使企业满足客户订货的稳定性没有保证，客户常认为他们发出订单后，企业就会马上收到。但事实上，订单往往需要经过相当长的时间才能到达企业手中，这样就延长了货物的配送周期。为了改正这些不足之处，许多企业采用电函或其他更先进的电子化订货传递方法将订单传给企业，如使用电子数据交换系统 EDI、电子扫描器、条形码等。

2. 订单处理的原则及步骤

订单处理的原则：（1）要使客户产生信任；（2）尽量缩短订货周期；（3）减少缺货现象；（4）不忽视小客户；（5）要处理、控制和解决订单作业中的“波峰”。

订单处理步骤：

（1）销售部在同意客户订单之前，必须获得生产部门的首肯。

（2）销售部在得到客户的订单样品及单价后应将样品交由设计部门设计打样。

（3）市场部根据制作完成的产品样品，与生产部门讨论制造流程。

（4）销售部将制作完的产品样品及设计图样交给客户认可，并商议交货期。

（5）客户同意交货期，并同意接受所制成的样品，则由销售部组织报价工作。

（6）客户若不同意样品，则由设计部门依据客户意见再予以修改。

（7）若客户同意样品及交货期后，销售部根据样品成本分析报告，再加运费、保险费，各项费用及预期利润后订出售价，并将列表交由总经理核准。

（8）若客户不同意交货期，则由销售部与生产部及实际生产作业部门研究后，与客户洽谈。

（9）若客户接受报价，销售部接到客户正式订单后，首先检查订单各项条件是否齐全。

3. 订单的分拣和集合

订单的分拣和集合包括自仓库接到货物的出库通知到将该产品装上货车之前所进行的

活动。当订单上的货物拣选完毕后，就要核对集中起来的货物，保证拣选的正确。如果某一货物库源不足，要立即通知订单处理部门，修正原始文件。

二、单品管理

1. 单品的定义

单品指包含特定的自然属性与社会属性的商品种类。具体而言，单品的自然属性是指商品的宽度（商品的种类数）、深度（一种商品的不同型号、花色、等级等）和高度（一个单品的库存数量），包括商品的品牌（包括商标、品名）、型号（包括大小、尺寸）、配置（如计算机硬件的配置）、等级、花色（包括式样、花样、颜色）、包装容量（包括数量、重量）、库存数量、部门、生产日期、保质期等。单品的社会属性包括：商品的采购日期、用途、价格（包括进价、销价）、产地、商品的供需状况及流通作业情况等。对一种商品而言，当其品牌、型号、配置、等级、花色、包装容量、部门、生产日期、保质期、用途、价格、产地等属性与其他商品都不相同时才可称为一个单品。因此，单品与传统意义上的"品种"的概念是不同的。型号、等级、花色、包装容量等不同的商品可能是同一品种，但却不属于同一个单品。对商品管理中的商品大类来讲，单品更是最底层的不同属性，因而实施单品管理会为商品采购、销售、物流管理、财务管理以及 POS 系统与 MIS 系统的开发提供极大的便利。

2. 单品管理的概念

单品管理是指企业根据企业的营销目标，对单品的配置、采购、销售、物流管理、财务管理、信息管理等活动实施的统一管理。对每一单品的每一活动进行的管理，既管理单品的数量又管理单品的金额，既管理单品的进销价格又管理单品的流通成本。在实际操作中，我国许多企业在进行单品管理时，只管理单品的数量、金额、进销价格，却没有管理单品的流通成本，或者没有按单品来管理流通成本，而是按大类管理流通成本，或者干脆等到商品销售完毕再统一结转该批商品的流通成本。由于商品的物流成本要占商品流通成本的10%~40%，节约物流成本应是单品管理的主要目标。物流成本主要包括运输（含配送）成本、库存成本（指商品占压流动资金所花的利息）、储存（含入库、在库保管、出库作业）成本、装卸成本、商品加工成本、物流信息处理成本、商品残损成本、顾客退货的处理成本等。这些成本都是可以计算的，其具体数额可从财务部门得到。

3. 单品管理内容

（1）单品信息整理。品牌、型号、部门、进价、销价、等级、花色、包装容量、生产日期、购进日期、保质期、产地等可作为区分各单品的项目。这些项目的内容自商品采购时就能准确地确定，是不变或变化很少的信息。不同的单品具有不同的物流特性，进而会产生不同的物流成本。物流成本不同的单品，对企业利润的贡献是不同的。单品的物流成本信息对企业商品配置表的确定，对商品的采购销售、成本核算、物流管理等各个环节的作业决策具有很强的支持作用。单品的物流成本信息包括：单品购进后所摊的运输成本、仓储成本、装卸成本、包装成本、加工成本、残损退货成本。这些数据不是现成的，需要找出相关总费用的数据，然后按一定比例分摊给各相关单品。

（2）编单品代码。依据一定原则给单品编制代码，通过明确代码的唯一性来实现一个单品代码对应一个单品。代码编制时要注意让代码尽可能多地包含单品的属性。但由于代码长度的限制，单品的属性较多，一个代码不能反映所有内容，单品的属性还是有必要通过建立单品属性数据库来全面反映。

（3）建立两个主要数据库。其中一个数据库是存放顾客付款时前台 POS 系统扫描录入的单品数据的数据库，它主要包括：商品代码、交易时间、交易日期、交易数量、交易品名、交易部门、交易金额、交易销售价、营业员、部门等。另一个数据库是单品物流成本数据库，其包含的数据用来核算所有单品的物流成本，包括商品代码、品名、当日销售数量、部门、进货价、销售价、库存数量、储存地点、购进日期、运输成本、库存成本、装卸成本、储存成本、加工成本、包装成本、残损退货成本等。

（4）对单品进行重点管理。单品管理的目标之一就是发现重点单品并对其进行重点管理。那些获利大且销售量大的单品才是重点。单品的获利大小的计算公式为：

单品的获利大小=单品的销售价-进价-运输成本-库存成本-仓储成本

-装卸成本-包装成本-加工成本-残损退货成本

利用上述公式可以知道卖何种商品最赚钱。对卖得好、获利大的单品进行重点采购、重点销售、重点控制其物流成本。

4. 实施单品管理的好处

实行单品管理，便于管理人员准确、全面、实时地把握每一单品销售业绩的细节，为科学决策提供支持；便于对销售业绩排名位于前面的单品实施重点管理；便于根据实时、准确的销售信息调整单品结构和商品配置表；便于根据前期销售信息预测后期商品销售变化趋势，及早组织货源，开发和采购对顾客有价值的商品，同时降低商品脱销风险；便于压缩库存，排除滞销商品，并且提高库存的保障程度，加快商品库存周转率；便于根据单品销售中的物流成本信息，优化物流作业，降低单品的物流成本。

本章小结

本章对采购流程和销售流程进行了论述，首先介绍了采购流程系统，然后分别对 JIT 采购流程、DRP 原理、销售物流原理、订单与单品的管理进行了介绍，最后对销售终端管理进行了论述。

本章思考题

1. 传统采购与现代采购的特点是什么？
2. 如何理解 JIT 采购？JIT 采购的实施步骤包括哪些内容？
3. DRP 的基本原理是什么？
4. 什么叫订单管理？订单管理包括哪些内容？
5. 请结合某一企业的采购过程来分析其采购方式，采购过程有哪些特点？

本章习题

【案例分析】

惠普的供应商协同解决方案——电子化采购

惠普作为世界500强之一，其每年的营业额接近800亿美元，每个季度有超过10亿美元的现金流，研发费用40亿美元。惠普可以说是真正的国际化公司，不仅因为其60%的营业额是来自于美国之外，来自各个不同国家的员工和团队使其文化也具有多样性。

大的企业规模意味着巨大的采购量，例如惠普的半导体的采购量处于世界第一名，内存方面的采购量也非常大，微处理器使用量第一名，磁盘使用量第一名。为此，惠普需要在全球不同的地方去综合各种采购能力、采购优势和各种技术优势来形成自己的优势。作为这样一个大型的跨国公司，有这么大采购量的公司，它是怎么样来解决其采购问题和制订采购战略的呢？

早年惠普存在跟其他企业同样的问题，有很多产品部门、业务部门，他们的采购、物流，甚至他们的供应链都是各自为政，不同的业务部门有不同的供应链，不同的部门有不同的采购计划、采购策略。因此，如何来进行整合就成了个问题，这是制造业尤其是高新制造企业面临的共性问题。

具体表现为以下几个方面：从惠普来说有很多的层次，总部、亚太、中国；也有很多的区域，比如说香港区、大陆区、台北区，而且生产有很多方面是通过外包、合同、制造商、OEM来达成。供应商从全球来看也是非常大的集群，怎么整合这么大的集群？这些要求使惠普当时的领导层认识到，维护世界级的成本结构，才是新惠普在将来取得成功的一个关键因素。基于这样的情况，惠普高层领导彼时决定要创新采购流程、采购策略、采购系统，这便是当初提出电子化采购的目的。

电子化采购的目的是要形成一流的采购流程和进行采购工具的创新，进而形成供应链的竞争优势和成本优势。从长远来看，一方面是作为跨国公司在采购供应链方面要有全球的可见性，即可以从总部的物流部门实时了解每个地区采购链、供应链上的情况，通过合并，来达到规模经济，降低成本的效益；另一方面，不能丧失惠普每个业务系统所具有的灵活性和维护各个部门能力的分散的权利。所以目标很简单，第一个是降低库存成本和采购成本，然后是提高效率。

在惠普这样的大公司，要推动这么一个计划并不容易。惠普采取的方法就是先制定出统一的远景，然后制定出原则、战略目标，以及确定各个部门和战略投资的关系，最后还要保证有一个清晰的路线规划，同时要兼顾每个职能部门的业务和利益，以此来进行计划的推广。

企业投资最容易见效的地方就在物料采购成本、库存成本这一块，这部分成本的降低能够直接反映在企业的利润率上，所以这个计划从一开始就要求每年是正的投资回报，即当年投资当年就要见效。

基于这些情况和战略目标，惠普开始设计电子采购系统，这个系统由四个部分组成：

第一个是订单和预测协同，惠普的电子化采购强调预测和协同，利用 Internet 的功能，来进行网上的订单处理和预测的处理；第二个是库存协同，尽量把原厂商自己的库存弄得最小，同时要知道供应商有多少库存在需要的时候能够满足你，无论在质量上、数量上还是价钱上，这就要求双方之间有一个实时的交互系统；第三个是拍卖，就是用电子采购、电子拍卖，这是惠普自有的电子化交易市场。惠普经过各种技术评估和投资回报甚至一些标准的评估，决定建立自有的电子化买卖系统；第四个是物料资源的寻找、获取、选择、决策的系统，主要是一些基于供应链的智能的分析，这个供应链是多层的，惠普不仅要看到供应链下面第一层的供应商，还要看到第二层、第三层的，原则上是要看到整个的供应链，然后找到最优化的资源配置，形成企业自己的竞争力。

（资料改编自英盛网：https：//www. yingsheng. com/kjxz/125/4061. html）

1. 试根据惠普公司的实际情况，分析其电子采购系统实施后，可能从哪些方面为企业带来成本的节约?

2. 结合惠普公司的实际，分析大型跨国企业在实施集中采购后，如何保证各业务部门分公司和各产品供应链的灵活性?

下编：现代物流学

下编包括十二、十三、十四章，主要讨论现代物流学，即主要讨论20世纪80年代中期以来新出现的物流学理论与方法，它主要着重于集成化、现代化的物流研究，包括第三方物流、物流战略管理、绿色物流、冷链物流、应急物流、快递物流和智慧物流。

第十二章　第三方物流

第三方物流兴起于20世纪80年代末90年代初，由于外包（Outsourcing）成为工商企业的重要发展方向，企业越来越重视集中自己的主要资源和业务，而把其他资源和业务外部化，第三方物流因其在专业技术和综合管理方面的显著优势得到了迅速的发展。本章将重点研究第三方物流的形成背景、运营优势及绩效评估等方面内容。

第一节　第三方物流概述

一、第三方物流的概念

第三方物流（Third-Party Logistics，TPL）是由物流业务的供方和需方之外的第三方去承担的物流。因为它常常以物流外包合同的形式进行操作，因此有时又被称作合同物流（Constract Logistics）、物流外包（Logistics Outsourcing）。又因为第三方物流公司一般是比较专业化的物流公司，能够承担全部的物流服务，所以有时又被称之为全方位物流公司（Full-Service Distribution Company，FS-DC）、物流联盟（Logistics Alliance）。

第三方物流是第三方物流服务提供者，在特定的时间段内，按照特定的价格，向使用者提供的个性化的系列物流服务。这种物流服务是建立在现代电子信息技术基础上的，企业之间是联盟关系。第三方物流服务业这一称呼中的所谓“第三方”，是相对于“第一方”托运人和“第二方”收货人而言的。它是通过与第一方或第二方，或者与这两方合作，承包提供其专业化的物流服务。于是，第三方物流服务业可以理解为：本身不拥有货物，而是为其外部客户的物流作业提供管理、控制和专业化作业服务的公司和企业。第三方物流有别于传统的外包物流，传统的外包物流只限于一项或一系列分散的物流功能，如运输公司提供的运输服务、仓储公司提供的仓储服务；第三方物流服务则根据合同条款规定而不是根据临时需求的要求，提供多功能甚至全方位的物流服务。

二、第三方物流企业的类型

按提供服务的种类划分，第三方物流企业有资产型、管理型和综合型三种基本类型。资产型第三方物流公司主要通过运用自己的资产来提供专业的服务。管理型第三方物流公司主要提供物流规划与策划、物流管理咨询服务等。综合型第三方物流公司则兼具以上两种公司所具有的能力，既能够提供管理咨询，又拥有必要的物流设施装备系统，能够承担各种物流业务。

按物流业务划分，有综合性物流公司和各种专业性物流公司。综合性物流公司能够提供运输、储存、包装、装卸、流通加工、物流信息、物流管理等各种物流服务。专业性物流公司只能提供某一种或者几种物流服务，例如运输公司、仓储公司、搬运公司、物流管理咨询公司等。

三、第三方物流的产生和发展

第三方物流的产生可以说是社会分工的必然结果。社会生产和流通的分工，形成了生产企业和运输、储存等传统物流企业。一般地，生产企业既搞生产又搞物流，这时是自营物流为主，也有少量的外包。物流企业则是靠承包一些社会物流业务而生存。这个时候没有“物流外包”、“第三方物流”的概念，其原因一是“外包”没有成为一种潮流，二是“外包”没有体现出一种效益源泉。当时物流企业的效益，主要是由它们承担的运输、储存等业务本身带来的，而“外包”这种机制并没有给企业带来明显的效益，因此也就没有引起人们的注意。

进入20世纪90年代后，市场竞争非常激烈。企业在激烈竞争面前，不得不集中企业的资金、人力、物力投入到其核心业务上，努力提高其核心竞争力，取得市场竞争的优势，保证企业的生存和发展。生产企业的核心竞争力就是生产，物流业务对于它们来说，一是物流量不算太大，二是高投资、高成本，所以它们觉得让自己营运，还不如外包给一些物流企业更合算，成本更低，质量更高。而恰好物流企业也在集中资金、人力、物力发展自己的核心竞争力，它们的核心竞争力就是物流管理和操作。它们由于增强了物流能力，所以愿意承包各个企业的物流业务。正是由于一方面物流业务的需求方愿意外包物流，另一方面物流业务的提供方愿意承包物流业务，所以第三方物流服务业也就应运而生了。

第三方物流运行的良好效益，促进了第三方物流的立足与发展。物流服务的需求方外包自己的物流业务，大大降低了成本，省去了对于仓库、车队的高额投资。专业化的第三方物流公司的物流业务水平，比它们自己的营运物流业务水平高，这同样增加了它们外包物流的积极性。而第三方物流企业自身也通过承包物流业务，扩大了业务规模，充分利用了设备资源，提高了效益和竞争能力，也增强了办好第三方物流的积极性，并以其专业化、高效化、一体化的服务给全球经济的发展带来了强大的推动力。

信息技术的发展是第三方物流出现的必要条件。信息技术实现了数据的快速、准确传递，提高了仓库管理、装卸运输、采购、订货、配送发运、订单处理的自动化水平，使订货、包装、保管、运输、流通、加工实现一体化；企业可以更方便地使用信息技术与物流企业进行交流和协作，企业间的协调与合作有可能在短时间内迅速完成；同时，电脑软件的飞速发展，使混杂在其他业务中的物流活动的成本能被精确计算出来，还能有效管理物流渠道中的商流，这就使企业有可能把原来在内部完成的作业交由第三方物流公司运作。常用于支撑第三方物流的信息技术有：实现信息快速交换的EDI技术、实现资金快速支付的EFT技术、实现信息快速输入的条形码技术和实现网上交易的电子商务技术等。

随着经济自由化和贸易全球化的发展，物流领域的政策不断放宽，同时也导致物流企业自身竞争的激化，物流企业不断地拓展服务内涵和外延，这也加速了第三方物流的出现。

同时，第三方物流的产生也是新型管理理念的要求。进入 20 世纪 90 年代后，信息技术的高速发展与社会分工的进一步细化，推动着管理方式的迅速变化，由此产生了供应链、虚拟企业等一系列强调外部协调和合作的新型管理理念，既增加了物流活动的复杂性，又对物流活动提出了零库存、准时制、快速反应、有效的顾客反应等更高的要求，使一般企业很难承担此类业务，由此产生了专业化物流服务的需求。第三方物流的思想正是为满足这种需求而产生的。它的出现一方面迎合了个性需求时代企业间专业合作不断变化的要求，另一方面实现了进出物流的整合，提高了物流服务质量，加强了对供应链的全面控制和协调，促进供应链达到整体最佳。

某些国家，尤其是英国，零售供应系统的结构调整，促进了合同物流的采用。大的零售商已极大地增加了对采购物流的控制，并把它的日常管理外包给第三方物流企业。1997 年，主要的英国零售商已控制了 94%的工程配送（从配送中心到商店），将近 47%的配送是外协的。零售供应链的“快速反应”（QR）压力，导致了运送的频率增加和订单规模减小，这也迫使供应商必须加大利用外包物流的力度，以分享服务的形式减少成本。在某些行业，如汽车和电子行业，由于广泛使用原材料“零库存"供应，也对第三方集运服务产生迫切需求。

在美国，第三方物流业被认为处于产品生命周期的投入—成长期；在欧洲，尤其在英国，第三方物流市场有一定的成熟程度。在欧洲，目前使用第三方物流服务的比例约为 76%；在美国约为 58%，且其需求仍然在增长。同样的研究表明，欧洲 24%和美国 33%的非第三方物流用户正积极考虑使用第三方物流；欧洲 62%和美国 72%的第三方物流用户认为他们有可能在 3 年内增加对第三方物流的运用。随着对第三方物流服务需求的增加，第三方物流的供给也相应地增加。有学者指出第三方物流供给的年增长率在 20%～50%的范围内。

就世界范围而言，全世界的第三方物流市场具有潜力大、渐进性和高增长率的特征。这种状况使其可能拥有大量由不同背景发展起来的提供特色服务的物流服务提供者。在美国，目前有 400 多家第三方物流供应商，其中大多数公司并不一开始就是第三方物流公司，而是逐渐发展进入该行业的。大多数第三方物流公司是以传统的“类物流”业，如仓储业、运输业、空运、海运、货代、公司物流部等为起点发展起来的。

在国际物流方面也有类似的物流服务外部化趋势。制造商的国际运输与产品配送对合同物流供应商的依赖性很大。荷兰国际配送协会（HIDC）的调查表明，美国、日本、韩国等国家有 2/3 的欧洲配送中心是由第三方物流公司管理的。

四、第三方物流的基本特征

（1）合同承包。第三方物流最显著的特征就是合同承包，即完全依据双方共同指定的承包合同的规定来承担指定的物流业务。承包合同规定了服务内容、服务时间、服务价格等，规定了承包和被承包双方的责任和义务。合同期满，承包业务关系就结束。

（2）个性化服务。第三方物流服务是面向一个一个的具体企业承包物流业务，企业不同，业务的具体内容就不同。因此要求第三方物流服务应按客户的业务流程来定制，体现个性化的物流服务理念。

（3）多样性、复杂性、随机性。第三方物流因为面向所有企业，所以业务种类多，就必然复杂，在时间上是随机发生、随机结束的。因此第三方物流企业必须具有能够承担各种业务、应付各种复杂局面的能力。

（4）规模化、专业化。第三方物流公司一般要承包很多客户的物流业务。实际上是面对整个物流市场提供服务。因此能够容易达到较大的业务规模，取得规模效益。

（5）信息化、科技化。在网络经济时代和信息技术高度发展的今天，市场竞争非常激烈，第三方物流企业只有运用现代信息技术及时地与客户交流和协作，才能够赢得客户、赢得市场，才能生存和发展。

第二节 第三方物流运作原理

根据最新资料，从提供的服务范围和功能来看，我国的第三方物流企业仍以运输、仓储等基本物流业务为主，加工、配送、定制服务等增值服务功能尚处在发展完善阶段。生产企业和商业企业的外包物流主要集中在市内配送、单纯仓储和干线运输。其中生产企业的外包物流中，单纯仓储占21%、干线运输36%、市内配送28%、包装4%；商业企业的外包物流中，单纯仓储占37%、干线运输21%、市内配送43%、包装14%。而且，生产企业使用第三方物流企业的数量通常有2~10家，商业企业使用第三方物流企业的数量一般在10家以上，可见生产企业和商业企业外包物流主要以“分包”为主，即将不同功能的业务分别委托给不同的企业。因此，从物流供给的角度看，第三方物流企业为用户提供一揽子服务的比重不大。

一、第三方物流的优势

第三方物流概念的提出可以说是物流业的一次革命，因为它有着很多传统物流所无法比拟的优势，主要表现在以下几个方面：

第一，可以集中核心业务，发挥核心竞争力的作用。企业可以实现资源的优化配置，将有限的人力、物力和财力集中于核心业务，进行重点研究，发展基本技术，开发新产品，参与世界竞争。

第二，可以统筹运作，协调配合。第三方物流的客户多，市场范围广，规模大，可以将其承包的所有物流业务，在较大的范围内实行统筹运作、协调配合，这样可以在较大的范围内充分利用资源、节省运力、节省费用、降低成本。

第三，可以减少库存。企业不能承担多种原料和产品库存的无限增长，尤其是高价值的部件要被及时送往装配点，实现零库存，以保证库存的最小量。第三方物流服务提供者经过对物流程序的精心策划，可以最大限度地减少库存，改善企业的现金流量，实现成本优势。

第四，可以提高企业形象。第三方物流服务提供者与顾客是战略伙伴关系，他们为顾客着想，通过全球性的信息网络使顾客的供应链管理完全透明化，顾客随时可以通过Internet了解供应链的情况；第三方物流服务提供者利用完备的设施和训练有素的员工对整个供应链实现完全的控制，减少物流的复杂性；他们通过全球性的运输网络所提供的服务大大缩短了交货日期，帮助顾客改进了服务，树立了自己的品牌形象。

第五，规模优势。第三方物流大多是多客户运作，形成的规模优势将大大提高资源设备的利用率，提高专业化水平和工作效率，大大降低物流成本。

第六，专业化优势。第三方物流企业的核心竞争力，除了信息优势和规模优势以外，还能为客户提供高水平的运作技能。这种技能包括将客户业务与整个物流系统综合起来进行分析、设计的能力，采用专用设备、专用工具进行运输、储存的能力，先进的装卸能力，先进的自动识别、自动分拣技术等。这些专业化的技术能力将大大提高物流管理效率，降低物流成本，这是一般的非第三方物流企业所难以达到的。

第七，信息优势。第三方物流企业面向整个物流市场，能够比较及时、全面地了解掌握物流市场的信息。它们一般都建立了基于 Internet 的计算机信息网络系统，因此信息收集快，处理速度快，给物流作业以及用户查询提供了方便的条件，大大提高了工作效率和用户服务水平。

第八，服务优势。第三方物流具有基于 Internet 的计算机信息网络，因此有很好的客户关系处理能力，顾客可以在网上下订单，第三方物流企业可以随时接受客户询问和查询，可以根据顾客的要求和客户的特点“度身定制”物流服务。

二、第三方物流服务提供商的选择与评价

（一）第三方物流服务提供商的选择过程

第三方物流与企业的关系，体现在彼此合作的原则上，就是要成功地选择合适的第三方物流服务商。这个选择过程可归纳为以下五个步骤：

1. 物流外包需求分析

这是制定外包策略的基础。在决定是否选择第三方物流服务时，首先应该对企业本身的物流过程进行分析，以确定当前的优势和存在的问题，从而明确物流外包活动的必要性与可行性。由于大多数第三方物流决策对企业目标的实现关系重大，所以通常对物流外包的需求分析需要花费较长时间。

2. 确立物流外包目标

确立物流外包目标是选择第三方物流服务供应商的指南。应该根据企业的物流服务需求的特点确定选择的目标体系，并有效地抓住几个关键目标，这也是后面企业对第三方物流服务供应商绩效考核的主要依据。

3. 制定物流服务供应商的评价准则

在选择物流服务供应商时，必须制定科学、合理的评估标准。目前企业在选择物流服务供应商时主要从物流服务的质量、成本、效率与可靠性等方面考虑。此外，由于第三方物流服务供应商与企业是长期的战略伙伴关系，因此，考核第三方物流供应商时，企业也非常关注降低风险和提高服务能力的指标，如经营管理水平、财务状况、运作柔性、客户服务能力和发展能力。

4. 物流服务供应商的综合评价与选择

有效的评价方法是正确选择第三方物流服务供应商的前提，应该采用合理、有效的评价方法进行综合评价，保证选择结果的科学性。首先要根据评价准则初步选出符合条件的

候选供应商，注意控制在可管理的数量之内，然后采用科学、有效的方法，如层次分析法、模糊综合评判法、仿真等方法进行综合分析评价，通过这些评价方法可以确定两至三家分值靠前的供应商。要确定最终的第三方物流服务供应商，还需要注意企业与供应商的共同参与，以保证所获取数据及资料的正确性、可靠性，并对物流服务供应商进行实地考察。最后对各供应商提供的方案进行比较权衡，从而做出最终的选择。

5. 关系的实施

经过对供应商的考核评价，并做出选择后，双方应就有关方面起草并签订合同，建立长期的战略合作伙伴关系。

（二）第三方物流服务的控制

物流服务项目的控制是以成本和效益为基础的，对物流服务的提供方而言，控制的目标包括三个方面：

（1）物流配送系统必须以精确的时间、准确的地点以及优质的服务方式满足客户的要求。

（2）物流配送系统的运作必须以不断降低存货水平为前提，而计划、生产、物流的重新组合可以减少周转时间。

（3）物流配送系统必须保证低成本和高效率地运作。

第三方物流提供者对物流配送系统的合理控制对被服务企业的物流管理十分重要。控制系统必须建立以下考评指标：①准时发货率；②准时交货率；③提货准确率；④订货完成率；⑤产品线完成率；⑥库存准确率；⑦缺货损失；⑧每公里成本；⑨货物进库时间；⑩仓储运营成本。

第三节 第三方物流及其效益原理

本节讨论第三方物流的效益原理。为方便起见，先讨论第一方物流（即供方物流）、第二方物流（即需方物流）的效益原理。

一、第一、二方物流及其效益原理

设供应厂商 i 与其需求厂商集 $J^{(i)}$ 发生有供需货物关系，则供应厂商 i 对其需求厂商集的总物流费用 C_i 为：

$$C_i = \sum_{j=1}^{N} w_{ij}\, c_{ij}, \quad i \in J^{(i)} \tag{12-1}$$

其中：w_{ij} 为供应商 i 到其客户 j 的物流量，也就是客户 j 的需求量。c_{ij} 为供应商到用户 j 之间平均单位物资的物流费用，包括运输费用、仓储费用、包装费用、装卸费用、信息费用等。为了简化讨论而不失问题实质，我们这里主要指其运输费用，而用运输费用来代替物流费用。C_i 是总费用，但它也体现了公司的总任务量和总效益量。

这个公式表面上看不出效益，实际上，其效益就体现在总物流费用 C_i 的大小上。C_i 越小，效益越高。追求更小的 C_i 值，就是企业物流效益之所在。在式(12-1)中，w_{ij} 是供应厂商 i 需要供应给用户 j 的货物量，是给定值，取决于货物供需关系和用户的需求量。

为了满足用户需要，这个量是不能变小的。而 c_{ij} 是供应厂商 i 供应给用户 j 的货物时发生的平均单位物资的全程运输费用。这个费用是可以变小的，特别是供应厂商发给各个用户的货物的总运输费用 C_i 可以变小。而且第一方物流的效益源泉在于使得这个总运费最省。因此，也可以说，第一方物流的各种各样的理论、方法和技术，其实质归根结底，就是要千方百计使得这个总运输费用变得最节省。

由于 $c_{ij}=k_{ij}R_{ij}$，式中，k_{ij} 为平均单位里程运价，它一般是给定值，取决于市场价格，不能随意变小，而 R_{ij} 为路程长度，取决于地理位置，也不能随便变小。所以降低总物流费用 C_i 的途径只有两个：一是合理组织运输方案，使得总运输里程最小；二是提高技术水平，以提高运输效率、降低运输成本。这就构成了第一方物流的主要技术方法原理。其中主要的一些技术方法表现为：

（1）大量化，即对于大需求量用户尽量采用大型运输工具大批量运输、快速直送方式。这样可以减少车次、减少费用。

（2）联合配送化，即对小需求量用户，采用联合配送的方法进行配送。这种联合配送又有多种联合方法：

① 单一品种多用户联合配送，即对同一个品种的多个小需求量的需求用户实行一辆车多个用户循环送货，以减少车次、节省费用。

② 多品种多用户联合配送，即对多个不同品种的多个小需求量的需求用户实行一辆车多个用户循环送货，以减少车次、节省费用。

③ 多个企业联合向多个用户配送，即当本企业在某地区的多个用户的需求量的总和不够一辆车的载重量时，可以顺便捎带别的供应商的货物为他们在同一地区的多个用户送货，或者把自己的货物委托他们去为该地区自己的用户送货。这样也可以减少车次、节省费用。

（3）短路化，即无论对什么用户的运输，总是选择最短路径运输，以节省运费。

（4）科技化，即尽量采用先进的运输工具、装卸搬运手段、通信方式等，以提高运输效率、节省时间、降低成本、提高效益。

式（12-1）就是第一方物流的原理。第一方物流实际上就是供方物流，或者叫做销售物流，是由供应厂商到各个用户的物流。

第二方物流的原理与第一方物流基本上是相同的，惟一不同的只是其概念。第二方物流实际上是需求方物流，或者是购进物流，是用户企业从供应商市场购进各种物资而形成的物流。其原理可以写成：

$$C_j = \sum_{i=1}^{M} w_{ij}c_{ij},\quad j \in I^{(j)}$$

其中，$I^{(j)}$ 是用户 j 的供应厂商集，w_{ij} 是供应商 i 到用户 j 的运量，c_{ij} 是供应商 i 到用户 j 的物流费用。其效益原理与第一方物流没有本质区别，这里不再深入讨论。

二、第三方物流的效益原理

所谓第三方物流，就是承包了多个供应商企业和多个用户企业的物流业务的专业化物流。第三方物流企业的基本特征是：

(1) 专业化的物流公司，即是专门从事物流业务的；

(2) 承包了多家企业的物流业务，这些企业可以是供方企业，也可以是需方企业。

因为它既不是传统意义的供方物流，又不是传统意义的需方物流，所以叫做第三方物流。

第三方物流企业的业务原理模型可以用下面的公式描述：

$$C = \sum_{i=1}^{M} C_i = \sum_{i=1}^{M} \sum_{j=1}^{N_i} w_{ij} c_{ij}, \quad i \in I,\ j \in J^{(i)} \tag{12-2}$$

式（12-2）中，假设第三方物流企业承包了 M 个企业（包括供方企业和需方企业）的物流业务，这 M 个企业就构成了第三方物流企业的客户集 I，它也就是原来的供应厂商集，其中第 i 个供方企业的客户集为 $J^{(i)}$，其中有 N_i 个客户，需要将其货物运到每个用户，其运量分别为 w_{ij}，单位物资全程费用为 c_{ij}。由于在这种情况下，供方物流和需方物流是同一个物流，所以只考虑供方物流就可以了。

从这个公式可以看出，当 $M=1$ 时，式（12-2）就变成了式（12-1），第三方物流就变成了第一方物流（或第二方物流），因此，第一、二方物流是第三方物流的特殊情况，第三方物流包括第一、二方物流。

从这个公式就可以分析出第三方物流企业的效益原理：

(1) 规模是第三方物流企业最重要的效益源泉。第三方物流企业最基本的特征是集多家企业的物流业务于一身，扩大了物流业务的规模。物流业务规模的扩大，可以让企业的物流设施、人力、物力、财力等资源充分利用，发挥效益；有的还可以采用专用设备、设施，提高工作效率；有的甚至采用先进技术，跟高科技接轨，跟全国甚至全世界接轨，取得超级效益。这些都是扩大规模带来的好处。规模效益是第三方物流的一个最重要的效益源泉，也是第三方物流比第一、二方物流优越的地方。

规模大小在式（12-2）中的具体体现，主要是所承包的供应商的户数 M 的多少、各个供应商所具有的客户集 N_i 的大小、发送货物量 w_{ij} 的多少和运输距离 R_{ij} 的远近。因此，第三方物流企业要扩大规模，就要努力扩大物流市场的覆盖面，增加客户数量，增加物流业务量。

规模越大，需要运输车辆越多、容积越大，需要装卸搬运设施越多、越先进，需要仓储能力、吞吐能力越大，需要通信能力越强、技术越先进。总之，规模大，就会促进企业发展，大大提高企业效益。

(2) 系统协调是第三方物流企业的第二个利润源泉。系统协调是指第三方物流公司在自己所占有的供应商群 i 及其各自的客户群 N_i 中进行的协调活动。这些协调活动包括：

① 打破各个供应商、各个客户群之间的界限，在这些供应商、客户之间统一组织运输，这样不但可以更节省车辆，还可以更充分利用车辆。

② 打破各个客户群之间的界限，统一组织配送，即进行联合配送，这样将比在原来的各个客户群内部组织配送更节省。

③ 因为掌握了众多的供应商和他们各自的客户群，其相互之间可能会有互为供需的关系，通过自己的协调，促使他们之间形成新的更合理的供需关系。这种新的供需关系不但有利于供应商开拓市场，而且也大大有利于第三方物流公司节约物流费用。

④ 统一批量化作业，例如订货、质检、报关、报审等。实行批量化作业可以节省时间、提高工作效率。

这种协调效益是第三方物流企业最主要的效益源泉。第三方物流企业要学会利用协调效益来提高自己的效益水平。要提高协调效益，就要努力做到：

① 培养系统和系统工程的观点和思想方法。

② 学习掌握物流优化的理论与方法，提高物流管理水平。

③ 在客户的选择上，除了注意数量之外，还要注意加强客户之间的相关性，也就是式（12-2）中 N_i 之间的相关性。这种相关性，主要表现为同一行业、同一地区、同一类物资甚至是同一种产品等。客户之间的相关性越强，则互为供需的可能性越大，系统协调的可能性也越大。

（3）专业化效益，即通过专业化来提高企业的效益。在第三方物流企业当中，由于业务量大，所以多个物流作业，例如运输、仓储、装卸、搬运、包装、信息处理等都可以实现专业化。专业化领导科技化和先进化，从而使经济效益大幅度提高。专业化不仅包括作业专业化、设备专业化，而且包括人的专业化。

（4）群体效益。即第三方物流企业不但能够提高自身的效益，而且也可提高客户企业的效益。客户企业的物流业务交给第三方物流企业承包后，便可以集中精力发展自己的核心竞争力，提高企业的优势，使企业取得更大的经济效益。因此，第三方物流企业能够使自己和客户群都增强各自的核心竞争力，使整个群体共赢共荣，获取很好的群体效益。

第三方物流企业的运作，除了本身的效益、客户的效益之外，还能够给社会环境带来好处：它能够促进经济区域的发展；能够节省车次、缓解社会交通紧张的矛盾、减少运输噪声、汽车尾气等交通污染。

第四节　第三方物流的发展趋势

第三方物流的概念与实践起源于欧美，后进入日本，在我国处于起步阶段。其他区域市场的第三方物流发展趋势，对我国物流行业的发展有一定参考价值。

一、欧美第三方物流的发展状况

据调查显示，1993—1998 年欧洲第三方物流市场发生了如下变化：

（1）以合同形式采购物流服务的比例增加：运输与仓储服务传统上是在交易基础上进行的。这些服务标准化程度高，并能以最低价格购买。虽然公路运输行业的分散与竞争，使行业拥有众多小型承运人提供低价服务，但是以这种方法购买运输服务有许多缺点，如需要这种运输的人必须在日常工作中接触大量独立的承运人，这会增加交易成本，并使高质量送达服务遇到困难。公司有特殊要求时，需要一些定制的服务并对承运人的投资有部分参与时，它们必须准备签订长期合同。由此可见，物流服务采购中以合同形式采购的比例越来越大。

（2）降低交易成本：在欧洲的一些国家，许多国内公路运输是通过作为货运市场中间人的代理公司进行的。这样就大大减少了托运人与运输公司的直接交易。在美国，1980

年实现运输自由化，货运中间人的数量激增。在英国，仅在国际物流中使用中间商，国内运输作业仍按传统的做法，由客户直接与众多的运输公司进行交易。这样做，虽然可以使托运人得到较低的运价和平衡的采购运输服务，但没有从购买运输服务的总成本方面考虑。某些大的合同供应商，如 Excel Logistics 将代理客户的公路运输作业分包给较小的承运人。在美国，与此相类似的“一站式运输”服务也由许多第三方物流公司提供。近年来，在美国出现了公路运输服务的电子中间商，以电子交易中心形式在特定时间交易运输能力。它提供在线信用系统服务，以提供物流公司对潜在客户的最新财务状况，利用“虚拟市场”，许多物流资产可以在不同时期进行交易。

(3) 标准服务：公司以合同为基础采购物流服务时，只需雇用少数物流服务供应商。英国大约39%的公司只雇用一个供应商，而另外47%的公司则雇用1~5个供应商。理由是考虑成本和服务。在欧洲，大多数外包物流是以国家划分给多个物流供应商的。对68个欧洲500强制造商的调查表明，59%的公司采用了这种策略。

(4) 更严格的合同方的选择：过去许多公司选择运输方式或承运人时并不全面考虑所有选择的可能性。现在，公司已把许多与物流相关的服务外部化，这些服务的外部支出在公司预算中尤其重要，再加上对服务质量的重视，承运人的减少及合同关系的采用，使得对承运人的选择变成一项重要的决策。

(5) 合同方更紧密地参与设计物流系统：许多制造商正使用开放式的规范采购零部件，以取代传统的根据设计规范采购。开放式的规范仅仅给出总的框架要求，这样就给供应商以较大的创新空间，有利于经济而有效地开发符合客户要求的部件。在物流服务的采购上，也具有同样的趋势。这是因为外部合同方与内部的物流经理相比，能够更加客观地看待物流系统。

(6) 采取零库存原则：采取零库存系统的先决条件之一是快速和可靠的运送。在没有缓冲存货的情况下，生产和配送作业对送货时间的准确性较为敏感。

(7) 物流设备越来越专业化：在欧美发达国家，许多公司采用多种方式外包其物流，其中，最彻底的方式是关闭自己的物流系统，并将所有的物流职责转移给外部物流合同供应商。对于许多自营物流的公司来说，这样做风险太大，一般采取逐渐外包的方式。常见的物流外部化方法有：

① 系统接管：大型物流服务供应商全盘买进客户公司的物流系统。他们接管并拥有客户车辆、场站、设备和原公司员工。接管后，系统仍可单独为原企业服务或与其他公司共享。

② 合资：有些客户更愿意保留配送设施的部分产权，并在物流作业中保持参与，对他们来说，与物流合同商的合资提供了注入资本和专业知识的途径。如在英国，IBM 与 Tibbett Britten 组成的 Hi-tech Logistics。

③ 系统剥离：有些公司把物流部门剥离成一个独立的利润中心，允许他们承接第三方物流业务。

④ 管理型合同：对希望自己拥有物流设施（资产）的公司，仍可以把管理外包，这是大型零售商常采用的战略。欧盟国家，把合同外包看成是改进物流作业管理的一种方法。因为这种形式的外包不是以资产为基础，它给使用服务的一方在业务谈判中以很大的

灵活性。

从总体上看，第三方物流是成功的，超过一半的第三方物流客户认为与第三方物流服务提供者的合作是“非常成功的”，合作将会引起成本的大大降低和客户服务水平的提高。从物流服务的供给方来看，运输、仓储、货运代理等企业，因为行业竞争的加剧，利润率降低，也纷纷改造成综合物流供应商，虽然在服务水平及物流专业技术方面存在一定的问题，但欧洲发达国家在物流外部化、物流服务采购方式以及物流服务提供者与使用者的关系方面，都做出了一定的业绩，值得我国物流业参考。

二、第三方物流的发展趋势

第三方物流的发展趋势将主要表现在两个方面：一是第三方物流将进一步发展壮大、成熟完善，所涉及的层面将更加广泛，这主要是指第三方物流服务业将会优化整条物流供应链，大力发展信息技术和通信技术，建立战略联盟合作伙伴关系，组织高效率的物流作业网络，以及网罗高素质的物流专业人才；二是随着第三方物流的逐步发展，其系统复杂性也将逐步提高，这将会导致第三方物流的某些领域的分化，但是这种分化不是第三方物流的灭亡，而是第三方物流成熟的标志。

首先，第三方物流将进一步发展壮大，成熟完善，特别是中国的第三方物流业，现在还处在初级阶段，有很大的发展空间。21 世纪，中国第三方物流企业无论是数量还是实力，都会有新的发展。对第三方物流服务提供者来说，不仅要做大做强、优化物流系统的每一个环节，而且要优化整条物流供应链。例如，运输服务无疑是物流供应链中最重要的一个环节。但是，自从集装箱运输在全球范围内大规模地普及以来，平均运费已下降50%左右，在个别贸易领域下跌幅度更大。在这种情况下，如果从第三方物流服务提供者的角度出发，转向优化整条物流供应链，例如可以帮助客户实现零库存管理、降低仓储保管费、进行流通加工、提供各种增值服务等，就可以创造新的利润源泉。

其次，现代物流作业过程具有环节复杂、层次繁多、收发信息量大、技术性要求高等特点。对于跨国运作来说，各种物流信息是伴随着国际物流作业活动的展开而产生并瞬间消失的。因此，第三方物流服务提供者必须准确、及时、高效地捕捉各种信息并进行处理，才能科学地指导现代物流的高效运转。

再次，无论是发货人还是收货人，现代物流服务的顾客都希望用一个计算机接口、一个联系界面、一份合同和一套单据，便能解决所有的问题。顾客的这种要求迫使任何一家第三方物流服务提供者都不得不与其他物流公司建立战略联盟合作伙伴关系，以提高物流作业效率和扩大其物流服务范围。

此外，随着第三方物流的不断发展与完善，其复杂性也逐渐加大，使得任何一家第三方物流企业都无法高效地完成其业务，从而第三方物流内的某些领域由于其重要性或高度完善性，将有可能独立发展，成为第三方物流的一个重要分支。例如，随着运筹学方法在物流技术应用中的提高，可能使第三方物流在配送领域独立出来，成为专门的配送中心。目前，已有第四、第五方物流概念的提出，但这一趋势并不代表第三方物流的消亡，而是其成熟的标志。

本章小结

第三方物流企业的迅速成长源于工商企业对物流服务的需求。良好的客户服务是物流企业生存之本。本章阐述了第三方物流的竞争优势，并详细介绍了第三方物流的运作过程及发展趋势，讨论了物流服务对第三方物流创造价值的重要意义以及如何确定适当的客户服务水平。

本章思考题

1. 物流服务水平受哪些因素的影响？
2. 第三方物流的优势是什么？
3. 你认为第三方物流的发展趋势如何？第三方物流遇到的阻碍是什么？
4. 请举例说明评价一个物流企业客户服务水平的标准是什么。
5. 如何理解物流增值服务的内涵？

本章习题

【案例分析】

麦当劳的第三方物流——夏晖

在麦当劳的物流中，质量永远是权重最大、被考虑最多的因素。麦当劳重视品质的精神，在每一家餐厅开业之前便可见一斑。餐厅选址完成之后，首要工作是在当地建立生产、供应、运输等一系列的网络系统，以确保餐厅得到高品质的原料供应。无论何种产品，只要进入麦当劳的采购和物流链，必须经过一系列严格的质量检查。麦当劳对土豆、面包和鸡块都有特殊的严格的要求。比如，在面包生产过程中，麦当劳要求供应商在每个环节加强管理。例如装面粉的桶必须有盖子，而且要有颜色，不能是白色的，以免意外破损时碎屑混入面粉而不易分辨；各工序间运输一律使用不锈钢筐，以防杂物碎片进入食品中。

谈到麦当劳的物流，不能不说到夏晖公司，这家几乎是麦当劳“御用 3pl”（该公司客户还有必胜客、星巴克等）的物流公司，它与麦当劳的合作，至今在很多人眼中还是一个谜。麦当劳没有把物流业务分包给不同的供应商，夏晖也从未移情别恋，这种独特的合作关系，不仅建立在忠诚的基础上，麦当劳之所以选择夏晖，在于后者为其提供了优质的服务。

而麦当劳对物流服务的要求是比较严格的。在食品供应中，除了基本的食品运输之外，麦当劳要求物流服务商提供其他服务，比如信息处理、存货控制、贴标签、生产和质量控制等诸多方面，这些“额外”的服务虽然成本比较高，但它使麦当劳在竞争中获得了优势。“如果你提供的物流服务仅仅是运输，运价是一吨 4 角，而我的价格是一吨 5 角，但我提供的物流服务当中包括了信息处理、贴标签等工作，麦当劳也会选择我做物流供应商的。”为麦当劳服务的一位物流经理说。

另外，麦当劳要求夏晖提供一条龙式物流服务，包括生产和质量控制在内。这样，在夏晖设在台湾的面包厂中，就全部采用了统一的自动化生产线，制造区与熟食区加以区隔，厂区装设空调与天花板，以隔离落尘，易于清洁，应用严格的食品与作业安全标准。所有设备由美国SASIB专业设计，生产能力每小时24 000个面包。在专门设立的加工中心，物流服务商为麦当劳提供所需的切丝、切片生菜及混合蔬菜，拥有生产区域全程温度自动控制、连续式杀菌及水温自动控制功能的生产线，生产能力每小时1500公斤。此外，夏晖还负责为麦当劳上游的蔬果供应商提供咨询服务。

麦当劳利用夏晖设立的物流中心，为其各个餐厅完成订货、储存、运输及分发等一系列工作，使得整个麦当劳系统得以正常运作，通过它的协调与联接，使每一个供应商与每一家餐厅达到畅通与和谐，为麦当劳餐厅的食品供应提供最佳的保证。目前，夏晖在北京、上海、广州都设立了食品分发中心，同时在沈阳、武汉、成都、厦门建立了卫星分发中心和配送站，与设在香港和台湾的分发中心一起，斥巨资建立起全国性的服务网络。

例如，为了满足麦当劳冷链物流的要求，夏晖公司在北京地区投资5 500多万元人民币，建立了一个占地面积达12 000平方米、拥有世界领先的多温度食品分发物流中心，在该物流中心并配有先进的装卸、储存、冷藏设施，5~20吨多种温度控制运输车40余辆，中心还配有电脑调控设施用以控制所规定的温度，检查每一批进货的温度。

“物流中的浪费很多，不论是人的浪费、时间的浪费还是产品的浪费都很多。而我们是靠信息系统的管理来创造价值。”夏晖食品公司大中华区总裁白雪李很自豪地表示，夏晖的平均库存远远低于竞争对手，麦当劳物流产品的损耗率也仅有万分之一。

“全国真正能够在快餐食品达到冷链物流要求的只有麦当劳。”白雪李称，“国内不少公司很重视盖库买车，其实谁都可以买设备盖库。但谁能像我们这样有效率地计划一星期每家餐厅送几次货，怎么控制餐厅和分发中心的存货量，同时培养出很多具有管理思想的人呢？”与其合作多年的麦当劳中国发展公司北方区董事总经理赖林胜拥有同样的自信：“我们麦当劳的物流过去是领先者，今天还是领导者，而且我们还在不断地学习和改进。”

赖林胜说，麦当劳全国终端复制的成功，与其说是各个麦当劳快餐店的成功，不如说是麦当劳对自己运营的商业环境复制的成功，而尤其重要的是其供应链的成功复制。离开供应链的支持，规模扩张只能是盲目的。

很让人感兴趣的是，麦当劳与夏晖长达30余年的合作，为何能形成如此紧密无间的“共生”关系？甚至两者间的合作竟然没有一纸合同？

“夏晖与麦当劳的合作没有签订合同，而且麦当劳与很多大供应商之间也没有合同。”的确有些难以置信！在投资建设北京配送中心时，调研投资项目的投资公司负责人向夏晖提出想看一下他们与麦当劳的合作合同。白雪李如实相告，令对方几乎不感相信，不过仔细了解原因后，对方还是决定投资。

这种合作关系看起来不符合现代的商业理念，但却从麦当劳与夏晖的创始人开始一路传承下来。

“这种合作关系很古老，不像现代管理，但比现代管理还现代，形成超供应链的力量。”白雪李说，在夏晖的10年工作经历让自己充分感受到了麦当劳体系的力量。夏晖北方区营运总监林乐杰则认为，这种长期互信的关系使两者的合作支付了最低的信任成本。

多年来，麦当劳没有亏待他的合作伙伴，夏晖对麦当劳也始终忠心耿耿，白雪李说，有时长期不赚钱，夏晖也会毫不犹豫地投入。因为市场需要双方来共同培育，而且在其它市场上这点损失也会被补回来。有一年，麦当劳打算开发东南亚某国市场，夏晖很快跟进在该国投巨资建配送中心。结果天有不测风云，该国发生骚乱，夏晖巨大的投入打了水漂。最后夏晖这笔损失是由麦当劳给付的。

（案例来源：搜狐网 https：//www. sohu. com/a/378831934_653366）

1. 在案例中，不仅涉及了麦当劳作为一个连锁企业的自身物流管理过程，还包含了其供应商夏晖公司的第三方物流运作模式。请分析一下二者的关系。

2. 分析麦当劳第三方物流管理的优势有哪些？

第十三章　物流战略管理

20世纪90年代以后，越来越多的企业开始认识到物流在战略管理中的重要地位，这是经营环境的变化促使企业的经营视角发生的变化，这一变化要求企业不但要善于创造需求，还必须积极、主动地适应市场的变化。而脱离现代物流，企业的生产、销售就无法在市场上取得竞争优势。物流以其对生产、销售的推动作用，成为继生产、销售之后企业发展的第三利润的源泉。制定合理的物流发展战略，对于经济的可持续发展意义深远。本章将通过分析推动物流战略管理发展的环境变量，讨论物流市场的经营战略。

第一节　物流战略概述

一、战略的概念和特征

“战略”一词源于希腊语 Strategos，原意是“将军”，当时引申为指挥乐队的艺术和科学。在现代社会和经济生活中，这一术语主要用来描述一个组织打算如何生存和发展的全局性、长远性的策略与艺术。例如，企业为了长远发展，立足于前沿科技，立足于人才建设，这就是科技兴企、人才兴企的战略；企业为了战胜对手，采用兼并、重组的方式扩大企业，这是一种竞争战略。同样，企业为了发展物流业务，把物流做强做大，也需要有一个物流战略。

战略具备以下几个方面的特征：

（1）前瞻性。战略一般是未来的发展方向和行动步骤，所以要制定出一个合适的发展战略，必须要有前瞻性，要掌握未来市场的发展变化趋势以及企业的发展变化趋势和发展能力。

（2）长远性。企业战略既是企业谋取长远发展要求的反映，又是企业对未来较长时期内生存和发展的通盘考虑。

（3）总体性。战略基本上都是站在事物整体的立场上研究事物总体的行动方向、方法和策略。例如，企业发展战略是站在企业这个整体上的；物流战略是站在物流这个整体上的；库存战略是站在库存这个整体上的。

（4）纲领性。战略所规定的是事物整体的长远目标、发展方向和重点，这些都是原则性、概括性的规定，只是一个行动纲领。在具体执行的时候，另外还要根据这个战略制定具体的行动方案、实施细则，才能够变成人们的具体行动。

（5）艺术性。战略是行动方向、方法和策略，带有艺术性。因为市场经济的竞争很激烈，只有运用一些巧妙的方法策略，才能够或者回避对手，或者竞争取胜。因此，战略又是一种战斗艺术、一种行动策略。

二、物流战略的概念和内容

企业的物流战略，就是企业发展其物流业务的方法策略。有的企业自己的物流自己经营，有的企业把自己的物流业务外包，有的企业依靠把它的物流业务做强做大来发展企业，这些都是它们的物流战略。

物流战略的具体内容一般包括：

(1) 物流发展的方向。例如，是走专业化发展方向，还是走综合化发展方向？如果是专业化发展方向，则是搞什么专业（运输、仓储，还是管理咨询）？是单一专业，还是多个专业？

(2) 物流发展的方法、途径。例如，是自我经营、只为企业生产服务，还是跳出企业、面向社会市场提供物流服务？如果是面向社会市场，则是依靠单一的大用户，还是开辟大市场？如果依靠大用户，则应选择谁？如果开辟大市场，则应选择什么样的目标市场？

(3) 物流发展的进度。即物流发展应分成几个阶段，每个阶段发展进度如何？既包括总体的发展进度，也包括个体的发展进度。

(4) 物流发展的目标。包括长远目标和阶段目标。例如，一年达到什么目标，三年达到什么目标？五年达到什么目标，十年达到什么目标？不仅包括经济效益目标，也包括社会效益目标，要有一个目标体系。

(5) 物流发展的策略。例如，是快速发展，还是稳步发展？是低成本发展，还是高投资迅速发展？是自己建立独立资产，还是租用社会资产、走无资产型发展道路？是走独立发展的路子，还是走联合发展的路子，抑或走“借鸡生蛋”发展的路子？面对竞争对手，是采用正面进攻取胜的策略，还是避强发展的策略？

物流战略的具体内容也随企业的性质类别以及物流业务的具体内容不同而不同。

三、物流战略类型

物流战略根据不同的分类方法可以分成各种类型。

(1) 根据物流战略的战略用途分，可以分为物流发展战略、物流经营战略、物流运作战略、物流竞争战略等。

(2) 根据物流的业务内容分，可以分为物流运输战略、物流仓储战略、物流配送战略、物流包装战略、物流搬运战略、物流信息战略、采购物流战略、分销物流战略、生产物流战略以及综合物流战略等。

(3) 根据物流的经营方式分，可以分为自营物流战略、物流外包战略、第三方物流战略、供应链物流战略、信息化物流战略、高资产型物流战略、低资产型物流战略、无资产型物流战略、独立经营战略、联合经营战略、连锁经营战略等。

(4) 根据物流的发展方式分，可以分为稳定型发展战略、收缩型发展战略、扩张型发展战略、低成本发展战略、高投资迅速发展战略、科技兴企战略、人才兴企战略、知识型企业战略、学习型企业战略等。

（5）根据物流的竞争方式分，可以分为正面进攻战略 、回避退让战略、侧面攻击战略、避强发展战略、迂回游击战略、兼并战略、联合战略等。

四、物流战略的作用

物流战略对企业发展物流有重要作用：

（1）物流战略指明了企业物流发展的方向、进度、目标、发展方式和经营方式，关系到企业生存和发展的大计，是企业生存发展的根本，为企业发展物流提供了有力的支持，保证了企业物流按计划健康顺利发展。

（2）物流战略是物流经营计划的依据。企业的物流经营计划都是将物流战略按时间阶段进行分解，结合当时当地具体情况进行细化、具体化实施而形成的具体计划。

（3）物流战略为企业物流经营的成功和物流业务的有效运作提供支持。例如，低成本经营战略和联合经营战略就能够为弱势企业的起步发展提供一种支持。

（4）物流战略为企业物流竞争取胜提供支持。

有战略和没有战略大不一样。没有物流发展战略，则企业中物流业务的进行和发展，很容易陷入盲目性和随意性的泥坑。若有一个物流战略，企业物流的发展就有了依据，不管谁当家，只要是做物流，就必须按照预定的物流战略计划方案来执行，不得随意变动。由于物流战略是经过认真分析研究市场的发展变化趋势以及企业的发展能力并充分讨论后制定出来的，物流战略是科学的、正确的，所以，按照物流战略执行，肯定能把企业物流引向健康发展的道路，保证物流发展的战略目标能够得以顺利实现。

第二节　物流战略管理

一、物流战略管理的内容

物流战略管理就是基于物流战略的管理，包括物流战略的制定和根据制定的物流战略对企业物流业务进行的管理活动。

首先是要制定一个好的物流战略。由于物流战略特别重要，所以制定物流战略是一个很慎重、很复杂的过程，需要采用科学的方法、做很多的调查和分析研究工作。要制定一个好的物流战略，更要学会采用科学的方法，按照规定的方法程序一步步做好扎实的工作。

物流战略制定以后，就要实施物流战略，要根据物流战略对企业整个物流业务活动进行管理，要对物流战略的实施进行计划、组织、指挥、协调和控制。可以说，这样的工作几乎贯穿于企业的整个生命周期的所有日常工作中，企业的一切工作都是为了实施企业战略。物流战略管理同样也贯穿于整个企业管理过程中。

二、物流战略的制定

物流战略的制定是企业组织各方面的力量，依据一定的方法和程序，为企业选择、确定合适的物流战略的过程。

（一）SWOT 分析法的原理

制定物流经营战略的方法有 SWOT 分析法，自上而下和自下而上、上下结合的方法，战略小组的方法等。这里只着重介绍 SWOT 分析方法。这里，S（superiority，优势）指企业优势分析；W（weakness，劣势）指企业劣势分析；O（opportunity，机遇）指市场机遇分析；T（threat，威胁）指市场威胁分析。SWOT 分析，就是市场的机遇风险和企业优势劣势分析。

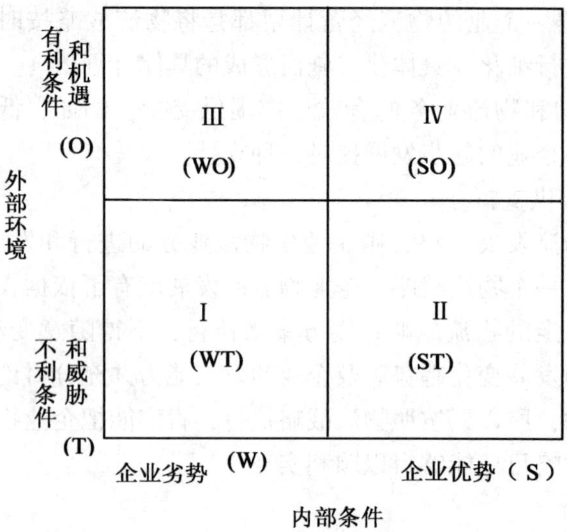

图 13-1 SWOT 分析

SWOT 分析法制定物流战略的基本思路是：发展战略的制定，需要掌握两个方面的信息：一是外部环境信息，即掌握市场的发展状况信息，特别是掌握市场发展的机遇和威胁；二是企业内部实力的信息，即掌握企业的资源状况，特别是掌握企业的优势和劣势。然后以企业优势和劣势分别面对市场的机遇和风险，用企业优势资源寻找发展机遇，避开企业劣势和环境威胁，寻找战略思路，就可以得出企业的多个市场切入战略方案，将这些方案进行分析对比，就可以制定企业物流发展战略。如图 13-1 所示，我们以企业内部条件分析为横轴，以企业外部环境分析为纵轴，可以分别组成Ⅰ、Ⅱ、Ⅲ、Ⅳ四个象限。其中：

第Ⅰ象限：以企业的劣势资源面对外部环境的不利威胁，这是最没有希望取得成功、企业需要回避的业务领域，称为 WT 战略。

第Ⅳ象限：以企业的优势资源面对外部环境的有利机遇，这是企业最有希望发展成功的业务领域，是企业需要优先着力切入并发展的业务领域，称为 SO 战略。

第Ⅱ象限：以企业的优势资源面对外部环境的不利威胁。

第Ⅲ象限：以企业的劣势资源面对外部环境的有利机遇，这两个业务领域都是既有希望又有风险的业务领域，我们需要谨慎从事，要注意它们具体的相对大小和变化趋势，采取相应的策略，利用企业优势，回避风险，取得发展。这两个战略分别称为 ST 战略和 WO 战略。

通过这样的分析，就可以制定企业的物流发展战略。

SWOT 分析法一般要经过以下几个步骤：

（1）分析企业的外部环境，找出市场机遇与威胁因素；

（2）分析企业的内部实力，找出企业的资源优势和劣势；

（3）列出备选战略方案；

（4）评价和比较战略方案；

（5）选择和确定战略方案。

（二）企业外部环境分析

外部环境，就是市场环境条件。

市场环境条件，主要是指市场容量、市场规模、市场的经济政治条件、交通、通信、能源、文化风俗、地理条件等。特别要注意寻找发展机遇和潜在的威胁因素。

发展机遇如：

政府计划重点支持某个产业；

政府计划在某个地方新建一个工业园区（或经济开发区、旅游区）；

政府计划新修一条铁路或高速公路；

政府新出台某些政策等。

潜在威胁因素如：

国家限制某些行业、地区产业的发展；

竞争对手实力强；

国家货币紧缩政策；

国际金融危机或经济危机；

国际动乱等。

这些威胁因素妨碍企业的发展，应当引起我们注意，企业要回避这些威胁。

例如，某物流公司在制定物流战略时分析外部环境的机遇与威胁因素如表 13-1 所示。

表 13-1

O（机会）
1. 政府大力发展制造业
2. 在当前的经济环境和市场条件下，物流需求市场潜力巨大，物流业有较大的发展空间
3. 投资环境大为改善
4. 交通环境得到极大改善
T（威胁）
1. 进入 WTO，国内物流企业面临严峻的挑战
2. 物流企业在经营中面临较高的经营成本
3. 虽然物流市场潜在需求增加，但低层次瓜分市场恶性竞争在加剧，竞争对手实力较强
4. 全国各地物流中心增加，造成国内物流业重复投资
5. 我国物流业相关的法制制度不够健全

（三）企业内部条件分析

企业内部条件分析，就是分析企业内部所具有的实力，主要是企业资源状况，特别是企业的优势条件和劣势条件。要实事求是地列出企业所有的优势和劣势条件，进行分析。

例如，某物流公司对自己内部条件的分析如表 13-2 所示。

表 13-2

S（优势） 1. 有良好的财务状况 2. 有良好的商务能力 3. 拥有地理优势 4. 有很有影响力的总经理 5. 已拥有好几个大客户
W（劣势） 1. 技术能力薄弱，需要引进人才或培养人才 2. 服务范围有限，物流配送领域还需要开发 3. 信息系统亟待建立 4. 员工物流行业经验不足

（四）列出备选战略方案

根据前面的外部环境分析和内部条件分析的结果，可以列出如下一些备选战略：

1. SO 战略

（1）进行市场开拓，对本地区制造企业进行重点培养；

（2）开辟省内其他城市的物流市场；

（3）开辟省外少数大城市的物流市场。

2. WT 战略

（1）进行市场维护，培养客户忠诚度；

（2）培养后备技术力量，广泛开展内部培训；

（3）不开展物流配送服务项目，逐步开展对少数制造企业的部分物流服务；

（4）不增加服务网点；

（5）不参加恶性的物流服务竞争。

3. WO 战略

（1）引进急需人才，培养后备技术骨干，广泛开展物流知识培训；

（2）小范围开展物流配送业务，先从开发区做起；

（3）先建立小范围信息系统，留待以后逐步升级。

4. ST 战略

（1）利用地理优势，培养现有客户的忠诚度；

（2）小范围近距离开辟市场，避免远距离的同行竞争；

（3）避免恶性的服务竞争，发挥自己的优势服务项目；

（4）不轻易增加物流服务网点。

得到如图 13-2 所示的 SWOT 矩阵图。

把以上备选方案进行归纳，进一步浓缩成四个备选方案：

（1）市场扩张战略：以本市为中心，尤其是以本市经济技术开发区为中心，向省内其他城市、省外城市扩张。

内部条件 物流战略 外部环境	S优势 1. 有良好的财务状况 2. 有良好的商务能力 3. 拥有地理优势 4. 有很有影响力的总经理 5. 已拥有好几个大客户	W劣势 1. 技术能力薄弱，需要引进人才或培养人才 2. 服务范围有限，物流配送领域还需要开发 3. 信息系统亟待建立 4. 员工物流行业经验不足
O机会 1. 政府大力发展制造业 2. 在当前的经济环境和市场条件下，物流需求市场潜力巨大，物流业有较大发展空间 3. 投资环境大大改善 4. 交通环境得到极大改善	SO战略 1. 进行市场开拓，对开发区制造企业进行重点培养 2. 开辟省内其他城市物流市场 3. 开辟省外少数大城市的物流市场	WO战略 1. 引进急需人才，培养后备技术骨干，广泛开展物流知识培训 2. 小范围开展物流配送业务，先从开发区做起 3. 先建立小范围信息系统，留待以后逐步升级
T威胁 1. 进入WTO，国内物流企业面临严峻的挑战 2. 物流企业在经营中面临较高的经营成本 3. 虽然物流市场潜在需求增加，但低层次瓜分市场恶性竞争在加剧，竞争对手实力较强 4. 全国各地物流中心增加，造成国内物流业重复投资 5. 我国物流业需要更好的法制环境	ST战略 1. 利用地理优势，培养现有客户的忠诚度 2. 小范围近距离开辟市场，避免远距离的同行竞争 3. 避免恶性的服务竞争，发挥自己的优势服务项目 4. 不轻易增加物流服务网点	WT战略 1. 进行市场维护，培养客户忠诚度 2. 培养后备技术力量，广泛开展内部培训 3. 不开展物流配送服务项目，逐步培养对少数制造企业的部分物流服务 4. 不增加服务网点 5. 不参加恶性的物流服务竞争

图13-2　SWOT矩阵图

（2）进一步开拓本地市场战略：以本市经济技术开发区内的制造企业为对象，进一步挖掘近距离的物流服务需求量。这个方案的目的是为了发挥公司现有财务优势和商务优势,同时回避过于激烈的恶性竞争和较高的交易成本,稳步地占领市场。

(3) 服务品种延伸战略:引进和培养人才,探索开展小范围、短距离物流配送服务。

(4) 市场维持战略：除了进行极少数潜在客户的培养之外，基本上不开辟新的市场，主要集中培养现有客户的忠诚度。

(五) 评价比较备选战略方案

方案评价方法可以是定性评价，也可以建立数学模型定量计算，例如可以采用专家评分法。按评价指标体系给各个方案评分，最后求出方案的总分，哪个的总分高，哪个就是最优方案。

对以上四个备选方案进行评价比较分析：

方案一是一个典型的扩张发展战略,它紧紧抓住外部环境所提供的机遇,发挥企业自身财务状况和商务实力上的优势。但是对外部环境的威胁和自己公司技术能力薄弱、信息系统未开发的弱势估计不够,很可能导致外地市场根本无法运作的风险。

方案二进一步开拓本地市场，比较稳妥，既发挥了公司现有财务优势和商务优势，同时回避过于激烈的恶性竞争和较高的交易成本。

方案三是服务品种延伸战略，引进培养人才，新开展小范围短距离物流配送业务。但是，由于技术力量薄弱、信息系统没有建立起来，新开展的配送业务可能由于技术力量支持和信息系统支持方面跟不上来而导致失败。

方案四是市场维持战略，不开拓新用户，维持现有客户，提高服务质量，提高客户忠诚度。这一方案没有充分利用市场机遇，比较保守。

(六) 选择确定最佳战略方案

采用专家评分法。首先为每个评价指标设置重要度权数，让专家给每个方案打分，最后计算各个方案的评价总分，发现方案二的总分最高，所以就选方案二为最优战略方案。

三、物流战略的实施

物流战略制定出来以后，就要进行实施。物流战略实施，就是要把物流战略划分为各个时间阶段的任务目标，再对各个阶段的任务目标制定具体的实施计划。然后对各个具体实施计划进行规划落实，达到计划完全实施的目的。物流战略管理实际上要落实到企业的各个时间阶段、各个部门的各个业务环节中。

物流战略实施大体包括如下一些内容：

1. 计划

物流战略只是一个纲领性文件，它虽然有任务目标、方向途径，但都是概括的、总体的、纲领性的、框架性的。真正要把物流战略实施好，还需要很好地进行计划和规划。

首先要进行任务目标分解，就是需要把战略任务目标按战略阶段分解，然后还要把每个战略阶段的任务目标分解到每一年，得到每一年的任务目标。

其次根据既定的每年任务目标，制定实施的方案，这个实施方案应当包括人力、物力、财力的安排，时间进度安排，操作方法程序，控制指标，保障措施等。

2. 组织

计划制定出来之后，就要按计划组织实施。不仅要有行动组织，还要有空间组织、时间组织，分工负责、互相协调，共同完成计划任务。

3. 指挥

各个组织的行动，需要有指挥。指挥的依据，也是计划，要根据计划的规定来指挥群众的行动。下级服从上级，局部服从全局。

4. 协调

在实施过程中，要有协调。由于实际情况千变万化，各个部门的执行进度可能与计划进度不完全一样，或者执行过程中会出现一些矛盾，这时，就要进行协调，使矛盾得到解决、进度达到一致。

5. 控制

实施过程中，实际结果可能会与计划不完全一致，可能时大时小、时快时慢、时前时后，产生偏差，这时就要进行控制。控制的标准，也是计划。控制就是要了解现状，发现偏差，分析偏差原因，找出克服偏差的办法和措施，把它们付诸实施，从而克服偏差，保证实施过程按照计划的规定进行，保证计划能够完全实现。

第三节 物流企业战略

物流战略不只是物流业务的战略，还应包括物流企业的战略。这里的物流企业，是指专业化的物流企业，是专门从事物流服务的企业。物流企业是物流市场上物流服务的供应商。物流市场上的需求主体是生产企业、流通企业、其他社会组织和个人，他们共同构成物流市场。由于物流市场存在着激烈的竞争，所以物流企业要面临生存发展的问题。物流企业要在激烈竞争的物流市场上获得胜利，就需要有一个好的物流企业战略。物流企业战略与一般的物流战略的区别，在于物流企业战略本质上是一种企业战略。

一、物流企业的基本类型

多功能的服务企业其类型及经营策略是多种多样的，故表现为市场主体也是多元化的。一般可根据企业物流服务的范围大小和物流功能的整合程度这两个标准，确定物流企业的类型。物流服务的范围主要是指业务服务区域的广度、运送方式的多样性、保管和流通加工等附加服务的广度；物流功能的整合性是指企业自身所拥有的提供物流服务所必要的物流功能的多少，必要的物流功能是包括基本的运输功能在内的经营管理、集配、流通加工、信息、企划战术等功能。不同类型的企业在市场竞争中采取的经营策略有很大区别。按照上述两个标准，可以将物流企业分成四种类型，如图 13-3 所示。

（1）综合型物流企业：这种功能整合程度高、物流服务范围广、综合服务能力强的企业属于物流业界的先驱，它是一种综合性物流企业。如美国的 UPS。这种企业的业务范围往往是全国或世界规模，因此也被称为超大型物流业者，能向从事全球化经营的货主企业提供国际物流服务。

（2）功能整合型物流企业：这种是功能整合度高，物流服务狭窄，专业领域服务能力强的企业。它能对专业性较强的经济领域提供全面的系统化物流服务，选择目标市场，实行专业化经营策略，如日本的 NYK 运输公司。因此，在特定市场，其他企业难以与之

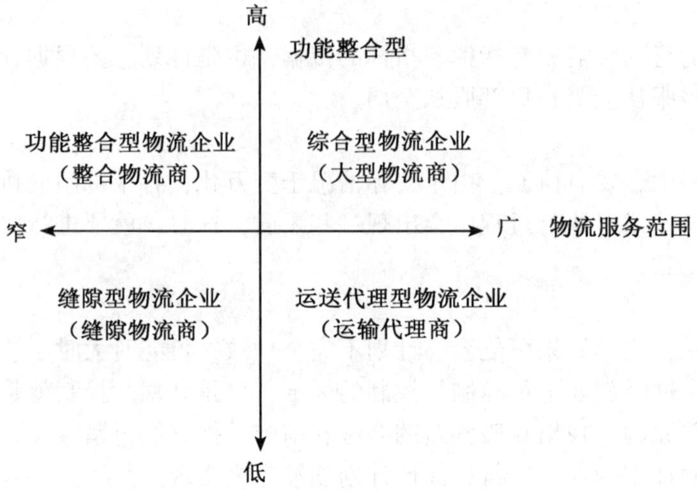

图 13-3 物流市场竞争者分析

竞争。

（3）运送代理型物流企业：这种是物流服务范围广，功能整合度较低，为供需双方提供服务的企业。它在货主和承运人之间起桥梁作用，满足客户的需要，充分发挥多种运输方式的优势，有物流伙伴之称。这种物流企业实行个性化的服务策略，因而能够灵活应对市场环境的变化。

（4）缝隙型物流企业：这种是功能整合度低，物流服务范围窄的企业，它提供差别化、低成本物流服务，采取拾遗补阙的细分市场策略。如搬家公司，送鲜花、礼品的公司等。

二、物流市场的经营战略

1. 综合型物流企业——先驱型企业战略

综合型物流企业（大型物流服务商）的优点是能实现一站式托运。随着货主企业活动的不断扩大，发货、入货范围逐渐延伸到全国或海外市场，如果综合型物流企业能实现物流服务供给中经营资源的共有化，就能达到效益的乘数效应。例如，建成集商品周转、流通加工、保管为一体的综合设施或实现运输、保管等物流功能的单一化管理等，从而极大降低综合物流企业的服务成本。以联合速递公司（United Parcel Service，UPS）为例，它是世界上最大的配送公司，向制造商、批发商、零售商和服务公司提供多种范围的陆路和空运的包裹和单证的递送服务，以及大量的增值服务。我国也有少数综合型物流企业，以中远集团为例，该集团以占全国远洋运力 75%的船队规模和覆盖全球的营销网络，成为我国外贸运输的主力。作为全球承运人，中远集团在进一步确立航运业在现代物流业中主干地位的同时，正努力向现代综合物流方向转变，争取实现物流、商流、信息流的一体化，使物流成为中远集团新的利润增长点。

2. 功能整合型物流企业——系统化物流战略

功能整合型物流企业（专业物流服务商）经营战略的特点是以对象货物为核心，导入系统化的物流，通过改进货物分拣、货物跟踪系统提供高效、迅速的运输服务。同时从集货到配送等物流活动全部由企业自己承担，实现高度的功能整合。但是，这种由特定货物为对象构建的系统一般货物运输无法适应，因此，服务范围受到限制。其经营战略是主要服务于特定目标市场顾客群，如日本的 NYK 公司。

NYK 是传统的海运服务公司，该公司自 1896 年起便开始经营欧洲和远东的“港至港”的服务。海运是 NYK 的主业，它拥有一支由 322 艘船舶组成的船队，每年承运七千多万吨货物。航运业的利润下降和动荡，使 NYK 开始重组和改变其经营战略，由单一的“港至港”服务转向更加细致周到的“门到门”服务。NYK 集团提出了一个面向 21 世纪的公司战略，内部称为“NYK21”。“NYK21”的目标是使公司发展成为一个超越海上运输的全方位综合物流公司，也就是成为一个可以提供更广泛的服务种类的超级承运人。NYK 战略之一是计划首先通过其下属子公司在空运、货代、仓储和公路运输的运作上的协调一致，来实现其战略联盟。

NYK 公司的目标是加强货运服务、物流活动、空运和陆上运输，使其占 NYK 年收入的 30%（目前占 10%）。NYK 正努力建立一个围绕海、陆、空服务的综合网络体系，以实现其目标。该战略的核心部分在于 NYK 不断在世界各主要地区发展其物流中心。1991 年 NYK 从联合承运集团（United Carriers Group）收购了三个欧洲运输和物流公司，并将这三个公司作为其在欧洲建立物流网络体系的一部分。NYK 的物流中心遍布全球，并且不断有新的中心建立。这些中心经营的远远不止仓储服务，NYK 将它们看做是集中向客户提供一定程度的物流服务的中心，如存货管理和订单处理。NYK 物流中心的经营理念是积极向客户推销，提供客户集中存货控制的服务，以达到缓解存货紧缺和减少运输设备的目的。每个中心均有陆、海、空运输的专业人才和自己的货物集中与分送的网络。NYK 认为信息技术是现代物流的重要基础，并且使每个中心互相联网以提供全球货物跟踪。一些 NYK 的物流中心甚至向客户提供更为广泛的物流服务。以新加坡的物流中心为例，该物流中心为日本电子产品制造商提供“物料需求计划服务”（MRP），NYK 认为这是一个物流提供者尚未开发的巨大的领域。MRP 服务是将零件清单、卖方、日期和订单次数与主要生产计划相匹配，以保证生产进程能有最低费用和即定的物料。这种即订即到的服务可以建立在零库存（JIT）的基础上。很明显，当零件数和卖方增加时，MRP 系统的复杂程度也随之增加。NYK 认为，制造商与有经验的物流专家订立 MRP 合同，就可以获得优势。只要主要生产计划可以转换到 NYK 的电脑系统，MRP 就能同时执行，而且购货订单可以以 NYK 享有或不享有货物所有权的方式发到卖方手中。这样的系统对于客户来说，具有下列好处：

（1）避免了采购安排和烦琐的文件；

（2）避免了与卖方进行货币结算；

（3）将人力投入到别的生产任务上。

过去，NYK有广泛的地理覆盖范围，但仅经营有限的服务。要在竞争中成为超级承运人，就必须在一些领域里加入复杂的技术，如存货管理和产品配送。NYK的全球能力以及与许多有实力的制造商的牢固关系表明，它们在走向超级承运人的道路上正迈着坚定的步伐。NYK的实践表明下列策略是值得借鉴的：

（1）改变原有单一的服务种类，向服务多元化发展，同时不断根据客户的需求调整服务范围并提高服务质量。

（2）加强公司本部的协调，避免由于信息滞后或传达不及时而造成损失。

（3）根据本公司的发展战略，考虑采用兼并手段进入该国市场，得到被兼并方的技术和网络体系。

（4）建立遍布全球各重要地区的物流中心，加强各物流中心的联络，以保证向客户提供及时准确的服务和信息，充分利用先进的信息技术发挥物流中心综合信息的功能。

3. 运送代理型物流企业——柔软性物流战略

运送代理型物流企业（运输和货物代理商）综合运用铁路、航空、船舶运输等各种手段，开展货物混载代理业务。代理型企业的最大优点是企业经营具有柔软性，物流企业可以根据货主企业的需求结构提供最合适的物流服务。从发达国家看，利用外部的物流公司从事物流活动的情况逐渐增加，在欧洲出现了用契约形式明确货主物流效率的目标，进而全面承担货主物流的第三方物流企业。第三方物流企业中既有拥有货车、仓库等资产的企业，也有自己不拥有任何物流设施而采取租赁经营的企业，两种类型的企业物流服务范围都很广，前者逐渐向功能整合型企业发展，而后者成为纯粹的货主物流代理企业。运送代理型物流企业的经营战略主要是向无资产的第三方物流企业发展，由于企业实质上并不拥有整合的物流功能，因而可以灵活、柔软、彻底地实现物流效率。但是，也正因为无资产而可能产生物流服务不稳定，因此企业应建立并加强有效的运输功能管理体系，这其中最核心的是信息系统的完善以及树立良好、柔软的企业间的关系。

4. 缝隙型物流企业——差别化、低成本的物流战略

在经营资源数量和质量方面都受限制的缝隙型物流企业（缝隙物流服务商），必须发挥其在特定功能或特定服务方面的优势，在战略上实现物流服务的差别化和低成本化。例如，搬家综合服务、代收商品服务、仓储租赁服务以及摩托车急送服务等。近年来，在我国许多城市出现的小型保险柜租赁业务，就是这种物流服务的具体表现之一。

面对当前全球化的发展趋势，物流市场已成为近几年发展较快的市场之一，主要表现在物流服务的供求有较大增长，产业物流正在从自给自足转向市场化、专业化和社会化，新型消费物流大大扩展了产业物流范围，快速发展的市场使各种类型的中外物流服务商正活跃在物流市场上，市场主体的多元化使竞争更加激烈。我国物流企业应树立明确的物流竞争战略观念，以应对日趋激烈广阔的市场竞争局面。要参与现代物流竞争，首先要建立一支高素质、懂现代物流理论与实务的人才队伍；其次，树立可持续发展战略思想，在抑制物流对环境造成危害的同时，形成一种能促进经济和消费生活健康发展的环境共生型物流系统；最后，经济的服务化对物流有深刻影响，树立

服务化物流战略对物流企业的快速发展有积极的作用。

本章小结

经营战略关系到物流企业的生存和发展，涉及企业全局、长远和根本的利益。物流经营者需要通过战略管理在市场竞争中寻求制胜的途径。本章围绕物流战略管理的重要性，详细介绍了20世纪90年代以后推动物流战略管理发展的若干环境因素，重点讨论了物流战略管理的过程、原则、核心、目标，以及物流市场经营的主要战略。

本章思考题

1. 如何界定物流企业的经营宗旨？
2. 三种一般性竞争战略的内容是什么？适用范围是什么？
3. 推动物流市场发展的环境变量有哪些？
4. 举例说明，如何对某个物流系统进行战略设计。
5. 物流市场经营战略有哪些类型？比较其异同点。

本章习题

【案例】

UPS由包裹运送公司到整体化物流企业

一、起步

1. 递送服务

1907年的美国对私人邮递员和递送服务有很大的需求。因为私人住宅很少装有电话，个人信息不得不依靠人工传递。而当时，距离“美国邮政服务”开展还有六年时间，所以行李和包裹也只能单个地递送。为了满足这种需要，Jim在西雅图建立了美国递送者公司。尽管竞争相当激烈，但公司运营得还不错，这在很大程度上应归功于Jim的严格准则：礼貌待客、诚实可靠、全天候服务和低廉的价格。即使在今天，这些准则还在指导着UPS，Jim的口号可以总结为：“最好的服务，最低的价格。”

2. 零售时代

这家公司在开业后不久，便开始将重点集中在零售商店的包裹递送上，并于1913年兼并了竞争对手，建立了“批发商包裹递送”。到1918年，三家西雅图最大的百货公司均成为了它的固定客户。与此同时，Charlie也加入了公司，帮助管理公司飞速增长的递送交通工具。在那段时间里，公司还率先尝试合并递送理念——将目的地址注明为某个邻近地区的包裹合并装在同一个递送交通工具上。这种方法使得人力和机动化的交通工具得以有效利用。

3. 拓展

20 世纪 20 年代和 30 年代，这家公司将其经营范围扩展到奥克兰，后来扩展到洛杉矶。1929 年公司开办了“联合航空邮件快递”，通过飞机提供包裹递送服务，最远可到得克萨斯州。那时，UPS 在西海岸所有主要城市提供递送服务，并在纽约，以合并递送服务建立了它的立足点。许多创新被采纳，其中包括第一个用于包裹分拣的机械系统和在洛杉矶安装的 180 英尺长的传送带。也就是在这时，采用了“联合包裹服务”这个名称。“联合”是因为货运是以合并方式进行的；“服务”是因为他们认为“服务是所有我们必须提供的”。UPS 所有交通工具的颜色都是在美国很熟悉的火车卧铺车厢的颜色——棕色，因为这种颜色整洁、可靠并且具有专业性。

二、全国性的增长

1. 公用货运公司服务

20 世纪 40—50 年代的变化趋势促使 UPS 对自己重新进行定位。由于第二次世界大战期间燃料和橡胶的短缺，零售商店开始鼓励顾客自己运送包裹，而不是由零售商店运送。因为大批人口移居到郊区，而郊区有大量新建的购物中心，这些购物中心附近又有足够的停车位，这就让顾客可以将包裹载回家，战后这种趋势一直持续。直到 20 世纪 50 年代早期，来自零售商店的订单服务还是很有限的。UPS 的管理者开始寻找新的机会。他们决定通过获得“公用货运公司”的权利为任何客户递送包裹，以拓展他们的服务。这种决定将 UPS 直接置于与“美国邮政服务”竞争的地位。

2. 黄金连接

拓宽服务的同时，UPS 也在扩展新的领域。今天，整个世界（从大西洋沿岸到太平洋沿岸）到处都有快速、便捷的递送服务。但是在 20 世纪 50 年代，UPS 在国内许多地区的经营都受到限制。一个包裹可能需要几个运送者间的传递，才能到达目的地。在所需穿越的每个州边界都需要联邦授权，并且每个州不得不为在其境内的包裹传送授予许可。经过连续 30 年的努力，UPS 系统得到了 48 个相邻州的授权，并在 1975 年缔造了“黄金连接”，实现了全国性的包裹递送服务。为了继续坚持“最好的服务，最低的价格”这个宗旨，即使业务仍在迅速增长，UPS 依然长期坚持这一规则：一个有效经营的系统要由高素质的人员来运作。UPS 的管理者和工程师们不断推出实现最快捷、最可靠和最高效运送包裹的方法和技术。同时，为一些在设计和装置上需要根本变化的广大地区提供服务，其中包括采用航空递送。

三、航空运送

1. 起飞

1953 年，UPS 重新开始了空运服务，提供东西海岸主要城市间的两天空运服务。运输机满载包裹，使用固定安排好的航线。称为“UPS 蓝色标签航线”的服务一直在增长，直到 1978 年，包括阿拉斯加和夏威夷在内的所有州都有了这项服务。20 世纪 80 年代，航空包裹递送业务需求的增加以及联邦政府对航空业管制的解除为 UPS 创造了新的机会。但是，解除管制又引起了变化，已经与 UPS 建立合作关系的航空公司减少了航班数或放弃了一些航线。为了确保服务可靠，UPS 开始组建自己的喷气机货运机队，这是同行业中最大的一支。随着服务需求的增长，UPS 进入昼夜航空递送业，并且到 1985 年，UPS 在所有 48 个州和波多黎各实现了次日递送（服务）。阿拉斯加和夏威夷后来也加入了进来。同年，UPS 将美国和欧洲六国连接了起来，开始了具有国际性航空包裹及文件递送服务的新纪元。

2. UPS 航空公司

1988 年，UPS 得到了来自 FAA（联邦飞行管理部门）的授权，即可以经营自己的飞机。这样，UPS 便正式地成为了一家航空公司。招募到最优秀的人才后，UPS 将很多文化和流程整合在一起，建成了衔接紧密、配合默契的 UPS 航空公司。UPS 航空公司是 FAA 历史上成长最快的航空公司，在短短的一年多的时间内，形成了具有所有必备技术和支持系统的规模。今天，UPS 航空公司是美国十家最大的航空公司之一。UPS 航空公司以其在世界上最先进的信息系统而闻名，如使用 COMPASS（计算机化操作监视、计划和调度系统）为航班的计划、调度和负荷处理提供信息。这个系统能够提前设计出最优化的航班调度，是业内独一无二的。

3. 国际性增长

20 世纪 80 年代，UPS 正式地加入了国际性运输市场，并不断与美洲、欧洲、中东、非洲、泛太平洋国家和地区建立了联系。今天，UPS 在多达 185 个国家和地区进行国际性小包裹和文件业务经营，范围跨越大西洋和太平洋。UPS 通过国际性的服务，为 40 亿人提供服务，这个数字是通过电话网络服务人数的双倍。

四、发展战略

1. 崇尚科技

UPS 依赖先进的科技来保证效率，保持价格的竞争性并提供新的客户服务。技术在 UPS 中的应用已达到了一个难以置信的范围，从专门设计的包裹递送运输工具到全球计算机和通信系统。例如，UPSnet 是一个全球电子数据通信网络，为国际性包裹处理和递送提供信息处理流水线。UPSnet 有超过500 000英里通信线路，其中包括一个 UPS 卫星，连接 46 个国家的超过1 300个 UPS 分发中心。这个系统每日追踪 821 000 个包裹。1986—1991 年，UPS 在技术改进上花费了 15 亿美元，并计划在以后的五年里再投入 32 亿美元。这些改进既瞄准高效服务，又着眼于延伸客户服务。

2. 延伸的服务

在 20 世纪 80 年代中期，UPS 将其重点从高效率及可靠地经营转移到面向客户上，主要注重客户需求。今天，UPS 提供许多客户信息服务，如 TotallfacL 和 MaxiShip。TotallfacL 是基于全国性的蜂窝移动数据系统，可以为客户即时提供所有具有条形码的空中和地面包裹的追踪信息。MaxiShip 是基于计算机的系统，可以让客户管理全部的分发处理，从包裹的定价和分区到用户定义的管理报表的准备。同时，UPS 也继续扩展了其基本服务，从定价和服务付款方式到整个业务的新分类。例如，存货特快专递是一种合约物流管理服务，其中，UPS 存储客户的商品，并在需要时运送。UPS 全球物流服务是一种全面的咨询服务，UPS 根据客户的个人需要来提供服务。这些个人需要可能包含运费付款方式、海关通关、仓储、货运公司的选择、价格商议、追踪、信息系统、电子数据交换、机队管理、订单处理和存货控制，等等。

3. 科技创新

UPS立足于递送业，客户的需求将继续成为此公司的驱动力。UPS注重科技创新，使UPS继续引入新的服务，为客户提供关于他们货件的全面信息，并提供培训，使所有雇员清晰地理解UPS服务，理解使这些服务成为可能的技术，并且可以与其客户交流这些信息。

4. 员工价值

UPS相信最有价值的资产是其忠诚能干的员工。UPS员工的奉献是通过公司两项长期坚持的原则得以实现的：雇员主人化和培训。UPS股票主要由UPS的管理者和雇员拥有。这样促进了优质服务，因为每个持有UPS股票的管理者和雇员都是在为自己和自己的事业工作。从一开始，UPS就许诺要进行培训。由创始人建立的培训活动一直继续到现在，包括奖学金计划、UPS基金会和UPS城市实习计划。

结合UPS公司案例，回答以下问题：

1. 该公司在物流战略管理上有何特点？
2. 评价物流企业合理选择经营战略对物流企业发展的意义。

第十四章　现代物流管理专题

新时代、新使命对物流行业也提出了更高的发展要求。物流管理中所应用的现代化技术越来越多，物流管理逐渐朝着智能化、多元化、自动化的方向发展。互联网时代的到来，特别是近年来电子商务的兴起，给企业创造了更加庞大的营销网络，物流行业也面临更加广阔的发展空间。本章聚焦于绿色物流、冷链物流、应急物流、快递物流以及智慧物流，论述新经济背景下物流行业新形态。

第一节　绿 色 物 流

一、绿色物流的内涵

绿色物流是指以降低对环境的污染、减少资源消耗为目标，利用先进物流技术规划和实施运输、储存、包装、装卸、流通加工等物流活动。绿色物流强调在物流过程中抑制物流对环境造成危害的同时，实现对物流环境的净化，使物流资源得到最充分利用。

绿色物流包括物流作业环节和物流管理全过程的绿色化。从物流作业环节来看，它包括绿色运输、绿色包装、绿色流通加工等。从物流管理过程来看，主要是从环境保护和节约资源的目标出发，改进物流体系，既要考虑正向物流环节的绿色化，又要考虑供应链上的逆向物流体系的绿色化。绿色物流的最终目标是可持续性发展，实现该目标的准则是经济利益、社会利益和环境利益的统一。绿色物流的结构体系包括了物流的各个环节，主要有绿色供应物流、绿色生产物流和绿色销售物流（如图 14-1 所示）。

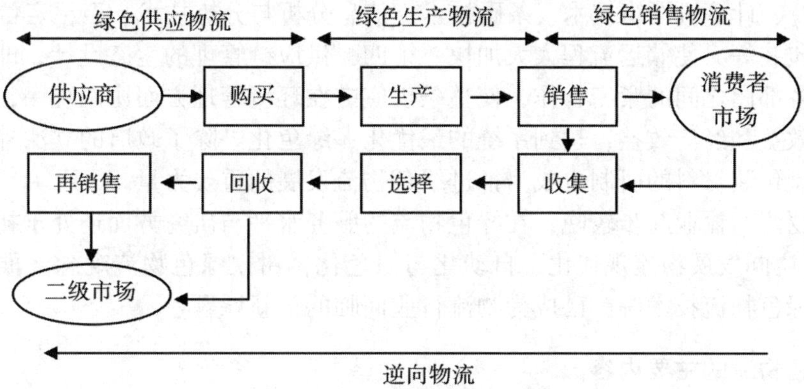

图 14-1　绿色物流的结构体系

二、国内外绿色物流发展现状

日本、欧洲和美国等在绿色物流领域进行了充分的实践。在日本，企业自身和政府都为绿色物流的发展提供强力保障。为了降低物流配送成本并充分满足用户需求，日本企业往往采用联合配送的方式，多方企业共享资源进行共同配送，从而实现集中管理，进而降低物流与管理上的开销。日本政府则从政策和法律方面出台了诸多措施，以求解决物流引起的资源浪费与环境污染问题。2005 年 10 月 1 日，日本政府通过了《物流综合效率法》，旨在提高企业综合物流效率以降低物流成本和减轻环境负担。该效率法支持企业合理选择地址以便和相关产业进行互动，提高物流效率以促进能源的节约。2013 年 6 月，日本内阁会议审议并通过了第 5 次新制定的《综合物流实施大纲》，从减少物流对环境压力的影响着手，采取积极引进有利于自然和社会环境的运输车辆等措施，提出要解决“浪费、非效率、非均等化”等问题，以提高整个物流和社会环境的质量。

在欧洲，早在 20 世纪 50 年代就开始探索综合物流供应链管理。政府强调在商品流通过程中加强企业间的合作，改变原来分散的物流管理方式，从而大大提高物流效率，减少无序物流对环境的影响。欧洲的运输与物流业组织——欧洲货代组织（FFE）也很重视绿色物流的推进和发展，其已对运输、装卸、管理过程制定出了相应的绿色标准，认为实现绿色物流需要加强政府和企业协会对绿色物流的引导和规划作用，同时鼓励企业运用绿色物流的全新理念来经营物流活动，加大对绿色物流新技术的研究和应用，如对运输规划进行研究，积极开发和试验绿色包装材料等。

美国推行自由经济政策，其物流业务异常频繁，且数量巨大，这决定了美国对绿色物流有着更大的关注。第一，美国政府通过宏观政策的引导，确立了以现代物流发展带动社会经济发展的战略目标。美国在其 2005 年的《国家运输科技发展战略》中，规定交通产业结构或交通科技进步的总目标是：建立安全、高效、充足和可靠的运输系统，其范围是国际性的，形式是综合性的，特点是智能性的，性质是环境友善的。第二，一般企业为使产品在生命周期内环境污染最小，资源消耗最少，很多企业在自己的供应链上实施逆向物流计划，重视对废品、次品的回收、重用和翻新。第三，企业在实际物流活动中，对物流的运输、配送、包装等方面应用诸多的先进技术，如电子数据交换技术（EDI）、准时生产技术（JIT）、计算机网络技术、条码技术、信息分析与分拣技术、卫星定位系统、配送规划、绿色包装等，使储运流程大大加快。第四，供应链管理的生态设计，即通过供应链上的各企业各部门之间的紧密合作，使整条供应链在环境管理方面协调统一，提高供应链管理的环境效益和经济效益，达到系统的最优化、绿色化。除了政府的立法外，企业和研究机构对新型包装材料的研制也成为推进绿色物流发展的重要力量。

我国的物流运输业起步较晚，在绿色物流的服务水平与研究方面还处于初级阶段。进入 21 世纪，协同发展物流现代化、自动化与绿色化，树立绿色物流观念，推行绿色物流经营，研发绿色物流技术等，已成为物流行业面临的最新课题。

三、绿色物流的主要内容

从绿色物流的概念可以看出，绿色物流是从可持续发展的基本原则出发，在实现物流经济效益的同时，保护自然资源以维护生态平衡，为后代留下生存发展的权利。由此可见，绿色物流是以经济学原理为基础，建立在可持续发展理论、生态伦理学理论、外部成本内部化理论及物流绩效评估理论基础上的物流科学发展观。而绿色物流涉及多个领域，包含多个环节，以此构成完整的绿色物流体系。具体而言，绿色物流的主要内容包括以下几个方面。

1. 集约资源

资源的集约利用是发展绿色物流的主要思想之一。它要求通过对现有资源的合理配置来提高资源利用率，减少资源消耗和空置浪费，这一思想符合我国可持续发展理念。通过集约并优化物流资源配置，能有效解决我国以往物流资源空置难题。

2. 绿色运输

物流运输是物流活动中最重要的功能要素之一。其运送过程中产生的尾气排放及燃油消耗是物流活动造成环境污染的主要原因，因此实行绿色物流的关键在于改善运输问题。首先，应选择合适的运输路线及运输工具，避免空驶、迂回运输、对流运输或重复运输，有效提高运输车辆的实际装载率。其次，应不断改进运输车辆的内燃机技术，鼓励使用清洁燃料，实现节能减排目标。最后，应防止物流运输过程中出现货物泄漏，对环境造成严重污染。

3. 绿色仓储

绿色仓储是指以仓库布局合理、物流成本低、货物损耗少、环境污染小为特征的仓储。绿色仓储要求在仓库选址时远离居民区，特别是具有放射性、易燃易爆物品更要安全合理地存放，否则不仅会破坏周边生态环境，甚至会危及周边居民生命和财产安全；仓库内部空间应合理规划布局，布局过于松散或密集都会造成资源的浪费，不利于降低仓储货物运输成本。

4. 绿色包装

包装具有保护商品、美化商品、为商品的运输销售提供便利的作用，而绿色包装在此基础上还需具备两个原则：第一，世界公认的绿色包装 3R1D 原则，即包装减量化（Reduce）、易重复利用（Reuse）、易回收再生（Recycle）及可降解腐化（Degradable）。第二，包装贯穿于整个物流过程，这就要求从产品的生产、制造、销售、流通直至消费终端各环节都要防止不良包装对环境造成危害。绿色包装是为实现经济可持续发展而产生的，在现阶段国际贸易活动中，绿色包装制度体系已经发展成为发达国家设置绿色贸易壁垒的主要内容之一。

5. 逆向物流

逆向物流是为了回收利用或合理处置废旧物，将其从消费地向生产地转移的过程。逆向物流能够通过对现有资源的循环利用，减少对原材料的需求，并通过清洁技术集中处理废弃物，减少其对环境产生的污染，促进经济社会可持续发展。

6. 绿色流通加工

绿色流通加工是出于环保考虑，采用先进技术设备对产品进行集中加工，以适应客户的不同需求，同时对流通加工过程中产生的废料进行集中处理并回收利用，以此提高资源利用效率，减少废料对环境造成的污染。

7. 绿色信息处理

绿色物流不仅是货物在时间、空间上的转移绿色化，还包括绿色物流相关信息的搜集处理。搜集和归纳绿色信息是企业实施绿色物流战略的基础。利用先进的信息技术对各种绿色物流相关信息进行搜集、整理和储存，并将其及时运用到企业物流管理中，能够更好更快地促进物流产业的绿色化发展。

四、绿色物流管理

1. 绿色供应商管理

供应商的原材料、半成品的质量的好坏优劣直接决定着最终产成品的性能，所以要实施绿色物流还要从源头上加以控制。由于政府对企业的环境行为的严格管制，并且供应商的成本绩效和运行状况对企业经济活动构成直接影响，因此在绿色供应物流中，有必要增加供应商选择和评价的环境指标，即要对供应商的环境绩效进行考察。

2. 绿色生产管理

绿色生产包括绿色原材料的供应、绿色设计与制造以及绿色包装。绿色产品的生产首先要求构成产品的原材料具有绿色特性，绿色原材料应符合以下要求：环境友好性；不加任何涂镀，废弃后能自然分解并能为自然界吸收的材料；易加工且加工中无污染或污染最小；易回收、易处理、可重用的材料，并尽量减少材料的种类，这样有利于原材料的循环使用。

绿色制造则追求两个目标，即通过可再生资源、二次能源的利用及节能降耗措施缓解资源枯竭，实施持续利用，减少废料和污染物的生成排放，提高工业品在生产过程和消费过程中与环境的相容程度，降低整个生产活动给人类和环境带来的风险，最终实现经济和环境效益的最优化。

包装是商品营销的一个重要手段，但大量的包装材料在使用一次以后就被消费者遗弃，从而造成环境问题。例如，中国比较严重的白色污染问题，就是不可降解的塑料包装随地遗弃引起的。绿色包装是指采用节约资源、保护环境的包装，其特点是：材料最省，废弃最少且节约资源和能源；易于回收利用和再循环；包装材料可自然降解并且降解周期短；包装材料对人的身体和生态无害。

3. 绿色运输管理

交通运输工具的大量能源消耗，在运输过程中排放大量的有害气体，产生噪音污染；运输易燃、易爆、化学品等危险原材料或产品可能引起的爆炸、泄露等事故，都会对环境造成很大的影响。因此，构建企业绿色物流运输体系就显得至关重要。

（1）合理配置配送中心，制定配送计划，提高运输效率以降低货损量和货运量。开展共同配送，减少污染。共同配送是以城市一定区域内的配送需求为对象，人为地进行有目的、集约化的配送。它是由同一行业或同一区域的中小企业协同进行配送。共同配送统一集货、统一送货，可以明显地减少货流，有效缓解交通拥挤状况，提高市内货物运输效率，减少空载率；同时，有利于提高配送服务水平，使企业库存水平大大降低，甚至实现“零”库存，降低物流成本。

（2）实施联合一贯制运输。联合一贯制运输是指以件杂货为对象，以单元装载系统为媒介，有效地巧妙组合各种运输工具，从发货方到收货方始终保持单元货物状态而进行的系统化运输方式。通过运输方式的转换可削减总行车量，包括转向铁路、海上和航空运输。联合一贯制运输是物流现代化的支柱之一。

(3) 评价运输者的环境绩效。有专门运输企业使用专业运输工具负责危险品的运输，并制定应急保护措施。企业如果没有绿色运输，将会加大经济成本和社会环境成本，影响企业经济运行和社会形象。

4. 绿色储存管理

储存在物流系统中起着缓冲、调节和平衡的作用，是物流的一个中心环节。储存的主要设施是仓库。现代化的仓库是促进绿色物流运转的物资集散中心。绿色仓储要求仓库布局合理，以节约运输成本。布局过于密集，会增加运输的次数，从而增加资源消耗；布局过于松散，则会降低运输的效率，增加空载率。仓库建设前还应当进行相应的环境影响评价，充分考虑仓库建设对所在地的环境影响。例如，易燃易爆商品仓库不应设置在居民区，有害物质仓库不应设置在重要水源地附近。采用现代储存保养技术是实现绿色储存的重要方面，如气幕隔潮、气调储存和塑料薄膜封闭等技术。

5. 绿色流通加工管理

流通加工是指在流通过程中继续对流通中商品进行生产性加工，以使其成为更加适合消费者的需求的最终产品。流通加工具有较强的生产性，也是流通部门对环境保护大有作为的领域。

绿色流通加工的途径主要分两个方面：一方面变消费者分散加工为专业集中加工，以规模作业方式提高资源利用效率，以减少环境污染；另一方面是集中处理消费品加工中产生的边角废料，以减少消费者分散加工所造成的废弃物污染。

6. 产品绿色设计、绿色包装和标识

绿色物流建设应该起自于产品设计阶段，以产品生命周期分析等技术提高产品整个生命周期环境绩效，在推动绿色物流建设上发挥先锋作用。包装是绿色物流管理的一个重要方面，乳白色塑料的污染已经引起社会的广泛关注。

工厂在给食品包装时尽量采用不污染环境的原料，用纸袋包装取代塑料容器，这也减少了将用过后的包装收集到工厂再循环所面对的技术和成本困难，绿色包装设计在这方面发挥了很大作用。

第二节　冷链物流

一、冷链物流内涵

(一) 冷链物流的含义

冷链是指通过冷链物流运作，实现对物品的低温保鲜。国家标准《物流术语》(2006版) 中的冷链术语称：根据物品特性，为保持其品质而采用的从生产到消费的过程中始终处于低温状态的物流网络。可见，对部分果蔬等只需保鲜技术且在常温下进行物流作业的物品而言，一般冷链物流概念是不涵盖的，故有人提出所谓的保鲜链。

冷链物流运作的目的其实就是为了保质并最大可能延长物品的关键质量属性。保鲜可通过低温实现，也可通过恒常温实现，也可通过其他物理与化学方法实现，特别是在部分农（副）产品物流作业上，由于其物流作业均与冷链物流作业类似，故在冷链物流实际运作过程中，对于不通过低温形式进行保鲜或延长保质期的做法也在冷链物流运作研究的范畴。

从保障作业对象质量和延长其保质期的角度，冷链物流主要指需冷藏冷冻的物品或保鲜品（一般是低温或恒温），在生产加工、储藏保管、运输与配送，直至最终用户消费的各个冷链环节中，始终处于规定的温度和保鲜技术环境下，以期更长时间地保持物品的关键属性和质量安全，并减少损耗的专项物流。冷链物流一般需要低温装置，要对其运送过程、温度变动、作业时间、运输形态、物流成本等进行精确掌控。

以食品冷链为例，由于食品冷链是以保证易腐食品品质为目的，以保持低温环境为核心要求的供应链系统，所以它比一般常温物流系统的要求更高、更复杂，建设投资也要大很多，是一个庞大的系统工程。易腐食品的时效性要求冷链各环节具有更高的组织协调性，因此，食品冷链的运作最终是和能耗成本相关联的，有效控制运作成本与食品冷链的发展密切相关。

（二）冷链物流的特点

冷链物流是在满足人们对于生鲜食品需求的前提下发展起来的物流，随着社会的需求逐渐发展，传统物流与时俱进，成了冷链物流。冷链物流具有诸多独特的特征，具体表现为：

1. 温度控制

以食品为例，在众多的生鲜食品种类中，对不同种类、不同的温度下的生鲜食品进行冷链保存的温度有不同的要求，保存的时长也存在明显的差异，因此生鲜食品冷链物流对温度的控制性极为严格，对企业的专业化程度及技术要求都较高。目前根据保存的不同温度可以把生鲜食品分为如下几类：

A. 恒温食品，适宜温度为 10~25℃。

B. 冷藏食品，适宜温度为 2~10℃。

C. 冰温食品，适宜温度为-2~2℃。

D. 冰冻食品，适宜温度为-18℃以下。

E. 超低温食品，适宜温度为-50℃以下。

生鲜产品会因生产、包装、运输、储存等物流环节中的科学技术水平的差异受到影响。到目前为止，物流信息技术、冷藏运输技术、GPS、RFID、GIS 等现代化科技操作均应用于生鲜食品冷链物流运输配送中。

2. 运作成本

冷链物流投资大，运营维护成本高。冷库建设和冷藏冷冻车的购置需要的投资比较大，是一般库房和普通车辆的 3~5 倍。冷链所包括的制冷技术、保温技术、产品质量变化和温度控制及监测等技术都需要专门配置相关设备。

3. 时效性

冷链物流时效性要求高。冷链的目的就是为了保鲜、延长产品的保质期等，因此其时间管理尤其重要，时效性是冷链物流运作成功的关键要素之一。

4. 作业环境要求高

在食品安全方面来说，企业要想防止出现产品腐坏的现象，能更好地确保生鲜食品的安全，就必须保证生鲜食品一直处在低温环境中。拿冷藏车、冷冻车举例，必须具有合适的、合理的冷藏冷冻设备作为冷链技术科技的支撑。所以在合适的距离、合适的地点选择合适的位置设立冷藏设施，才能对产品质量起到实质性的保障作用，对生鲜食品的运输起到至关重要的作用。

5. 质量要求

对食品类质量安全要求高，一般要进行溯源管理。品质保证是冷链运作的基本要求之一，而冷链物流本身强调的就是产品安全和品质保证。冷链物流完全可以通过加强运作组织与管理，提高过程监控能力，最大限度地保障食品安全。

6. 设备

冷链物流装卸设备要求特殊，专用化程度高。比如对于鲜花、鲜活水产品、鲜奶等的采收（捕获等）、分拣、装卸、运输都有特殊要求，物流设备的选择要充分考虑冷链物流作业对象的特殊性。如在冷库内就不能选用内燃机叉车，而要选用电动叉车。冷链过程中使用的常见技术和设备如表 14-1 所示。

表 14-1　**冷链物流过程中常见技术和设备**

物流环节	相关技术	相关设备	相关学科
生产加工环节	制冷技术 冰温技术 蓄冷技术 食品加工工艺	速冻机 解冻设备 干燥设备 发酵设备	制冷 食品加工 机械设计与制造
运输环节	制冷技术 隔层技术 蓄冷技术 多温共配技术	冷藏集装箱 冷藏保温箱 冷藏保温车 蓄冷设备	温控 物流 集装箱基础
储存环节	食品贮藏技术 制冷技术 隔层技术	大、中、小型冷藏 冷冻、冰温库 陈列展示柜 零售冷藏柜	仓储管理 仓储技术与方法
销售环节	食品贮藏技术 制冷技术 食品检测技术	冷藏库 陈列展示柜 销售冷藏柜	仓储 温控 技术

二、冷链物流发展历程

我国冷链物流的发展始于 20 世纪中叶。当时，我国为了进行一些冷冻肉产品的出口，研制了许多可以进行冷链运输的特种车辆。在此之后，国家逐渐加大对于食品质量安全的关注程度，相关的法律法规也陆续颁布。从那时起，冷链物流在中国逐渐成长起来。冷链物流的发展经历了很多次的变革，整体分为如下三个阶段。

第一阶段：1870—1940 年，构成了少品种、大批量的运输模式，如传统冰降式冷藏库、冷藏库的运输配送模式也初见模型。

第二阶段：1940—1980 年，出现丰富的运输品种、先进的运输设备以及新的制冷技术，标志着我国冷链物流逐渐走向成熟。

第三阶段：1980 年至今，“冷链”这一概念最终形成。如今冷链技术已经发展得非常成熟，在医药、食品、生鲜等领域发挥了重要的作用，极大地改善了人们的生活水平。

21 世纪初期，中国成立了物流采购联合会。物流采购联合会的成立，标志着我国冷链物流得到进一步发展。从这一年开始，与冷链物流相关的基础设施开始在我国大量兴建起来。我国在 2001 年加入世界贸易组织之后，大量引进国外优秀的专业人才，同时还引进国外先进的生产设备以及冷链技术，把国外先进的冷链物流技术应用到国内，结合我国实际情况改善冷链物流运营理念和运营模式。在国外先进的冷链物流企业竞争的压力之下，通过我国政府的大力支持，我国物流企业在与国外企业竞争中并不落下风，而且市场逐渐扩大，我国冷链物流企业反而迎来了更大的发展。此后，我国结合先进的国外物流理念，制定了一系列冷藏物流发展的相关政策，保证我国的冷链物流产业更加规范化、合理化，进一步促进了我国冷链物流产业的发展。

三、冷链物流运作模式

1. 自营冷链物流模式

自营冷链物流模式是指产品生产加工企业通过自建冷库，购买相应的运输设备和装置建立配送中心，并且招聘相关专业人才对生鲜整体供应链进行掌控。现如今我国的冷链物流发展并不完善，而且我国国土面积辽阔，很难对较多的配送地点和配送时间进行完全的掌握。在这些制约因素的影响之下，综合实力较为雄厚的一些企业平台才会选择自建冷链物流，希望对冷链物流每一个环节都可以进行把关和严格控制。在这些企业中最为瞩目的是顺丰优选。顺丰团队选择了自营冷链物流模式并进行改革，进行了将大号冷藏车换成小号冷藏箱的创新，这不仅减少了冷链物流组建的成本，还使得“最后一公里”配送进一步优化，最后将质量合格的生鲜食品迅速的送达消费者手中。顺丰建立自己的电商生鲜食品平台，同时也是在为自己发展冷链物流早做准备。冷链宅配业务是目前快递行业中发展最快的一块。

2. 第三方冷链物流模式

企业跟专业的物流公司签订条约，物流公司给企业提供对应的冷链物流运输，该物流模式即为第三方冷链物流模式。第三方冷链物流中常常存在如下问题：一是物流公司没法预测在运输途中会不会出现物品损坏来保证质量；二是风险的控制和转移问题无法得到良好的解决；三是消费者的服务体验程度降低等。很多电商平台都会选择利用第三方冷链物流，例如 1 号店，由于团队资金有限，而组建自营冷链模式资金耗损大，1 号店将生鲜配送委托给专门的物流公司，同时对相应的冷库承包。目前，1 号店的生鲜营业在北京和上海都是委托给第三方物流公司。

3. 自营+第三方混合模式

食品加工企业更愿意在资金充足的情况下选择发展自营冷链物流体系。自营冷链物流体系不仅在一定程度上保证了生鲜的质量，还提高了配送效率。但是该模式的建立需要耗费大量的人力资源和相应的技术以及设备支持。高额的资金耗费使得电商企业选择和第三方物流公司进行合作，共同承担风险和责任。所以，目前我国多数电商企业选用的是“自营+第三方”这种能降低企业成本的混合模式。

四、冷链物流未来发展趋势

（1）冷链物流市场依然保持快速增长。

根据国际经验，冷库容量和人均可支配收入增长呈现出很强的正向相关性。当人均可支配收入超过8 000美元时，冷链设施建设和冷链物流的发展进入高速增长期。根据国家统计局公开数据显示，上海、北京等地的人均可支配收入已经超过8 000美元。可以预见，上海、北京等居民人均收入较高的城市，将很快进入冷链物流体系大发展时期，从而引领中小型城市的冷链物流发展。国际上，国内自贸区试点扩大，进口生鲜品类和数量大幅提升，APEC 后亚太自贸区取得更大突破，进而带来新机遇，目前中韩和中澳自贸区已经取得实质性进展。

（2）生鲜电商推动冷链物流模式升级。

电商尤其是跨境电商的发展，加快了国内冷链服务的国际化趋势，国内冷链企业开始跟随国家战略逐渐走出国门，跨境收购成为一种新动向。国际上，国际食品、生鲜品牌进入国内市场，对冷链物流综合服务能力提出了更高要求，使得具有分销职能的冷链供应链类型的企业快速崛起。在国内，电商下乡推动了冷链下乡，城乡交界的冷库建设迎来大的发展机遇，农产品进城、出口需求加快 F2C（从厂商到消费者）模式的发展。

（3）跨界竞争呈现更加多元化的特征。

近几年在冷链物流行业，除了制造企业直接切入、传统物流企业切入、电商企业切入外，贸易企业（生鲜进口贸易的贸易企业和货代企业等）、制冷设备企业已经高调进入冷链物流行业，新的竞争者将不断涌现。

（4）资本对冷链物流影响出现新趋势。

一方面，扩大规模与提升服务的传统投资模式依然会继续，另一方面，围绕产业生态布局的资本也将出现，如类似国家冷链行业发展基金，致力于投资冷链基础设施相关的内容（如包装技术、质量监控系统以及行业标准构建等）。资本将助力国内冷链企业进行跨境收购。

（5）技术革新助力冷链物流标准落地。

制冷、食品速冻、冷库自动化、包装等技术发展助力冷链服务质量和效率提升。互联网的应用倒逼冷链物流标准落地，生鲜电商的竞争使得冷链服务标准越来越透明化、标准化，移动二维码等信息技术的应用使标准动态监控成为可能。

第三节 应急物流

一、应急物流内涵

应急物流是指为应对严重自然灾害、突发性公共卫生事件、公共安全事件及军事冲突等突发事件而对物资、人员、资金的需求进行紧急保障的一种特殊物流活动。应急物流与普通物流一样，由流体、载体、流向、流程、流量等要素构成，具有空间效用、时间效用和形质效用。应急物流多数情况下通过物流效率实现其物流效益，而普通物流既强调效率又强调效益。应急物流可以分为军事应急物流和非军事应急物流两种。目前中国的应急物流特点主要表现为：政府高度重视，企业积极参与；军民携手合作，军队突击力强；平时预有准备、预案演练到位等。

应急物流在中国尚处于起步的发展阶段。2006 年底，经国资委、民政部批准，全国第一个从事应急物流的专业组织——中国物流与采购联合会应急物流专业委员会成立。近年来，应急物流理论的研究已经步入团队协作、系统开发的良性轨道。由中国物流与采购联合会应急物流专业委员会牵头制定、发布了《应急物流科研指南》。中国物流学会在 2007 年首次将《中国应急物流现状研究》等 5 个与应急物流相关的课题纳入年度的研究规划。各级政府和各企业开始认识到应急物流的重要作用。

在此次新冠肺炎疫情防控过程中，可以看出我国的应急物流体系建设已经取得了一些阶段性的成果，但是在抗疫过程中，应急物流指挥调度低效、物资调配无序等问题也暴露出我国的应急物流体系尚未成熟。因此，从此次疫情防控应急物流和物资保障情况来总结经验、吸取教训，弥补应急物流建设短板，推动和完善应急物流与物资保障体系建设，具有重要意义。

二、应急物流的起因

应急物流在生活中处处可见。对国家而言，战时的后勤物资供应、2008 年北京奥运会、2010 年上海市博会、2019 年的军运会等；对社会而言，每年的春运、旅游黄金周等；对企业而言，销售高峰期、决策者失误等也都会带来应急物流的需求，如四川百事可乐公司从元旦到春节约一个月的销售量占全年销售总量的 15%，绝对是全年销售最高峰。总体而言，应急物流的起因主要分为以下几类。

1. 突发公共安全事件

自然灾害、事故灾难、公共卫生事件和社会安全事件等突发公共安全事件往往是造成应急物流需求的主要因素。中国是世界上自然灾害发生较多的国家之一，经常发生地震、台风、滑坡、泥石流、交通事故，火灾、水灾、旱灾以及其他自然灾害。这些灾害一旦出现，必然会产生大量的应急物流需求。其实，中国的相关组织一直都有减灾防灾的预案，因此进行了大量的救灾物资储存。1998 年长江及 2003 年淮河、黄河的大洪水，2003 年甘肃、内蒙、云南的地震，人们至今还记忆犹新，抗击自然灾害产生了大量的应急物流需求。2020 年初爆发的新冠肺炎疫情更是使得应急物流成为抗“疫”的关键。

2. 决策失误

由于决策所需的信息不完备以及决策者的素质限制等原因，任何决策者都无法确保所有决策均正确无误。一旦决策错误，就会造成物资上的损失。这些损失往往在物流系统中体现出来。比如，空调企业如果对天气预测失误，预期可以大量销售的空调因为天气转凉而大量堆积于仓库，或者预期气温不会升高，结果产量不足导致紧急追加生产和紧急调运，这都会增加应急物流成本，最近这些年都出现过厂家因为应急而用飞机运送空调的例子。决策不能确保不失误，但失误以后要确保有预案，只有这样才有可能有效地降低应急物流成本。

3. 国际环境复杂

随着中国国力的不断增强，中国的国际环境变得更加复杂。2018 年中国的外贸依存度已经达到 33.7%，石油、钢铁等重要能源和原材料成为世界的主要进口国，以石油和钢铁为原材料的企业的供应链变得非常复杂和冗长。中国与欧洲的进出口商品几乎 100% 都是通过海运，走苏伊士运河和马六甲海峡，而这些咽喉要道经常遭到武装劫匪和恐怖分子的袭击，从国外到中国的海上、陆上和空中物流通道常常受到战争的威胁和干扰，1993 年中国货轮“银河号”在公海被美强行检查，这些都对中国的国际物流形成了很大的威胁，起码是延长了进口原料向中国境内的制造商、分销商的交货期，增加了交货成本和海上货物运输保险成本，这给中国经济的发展增加了很多风险。2003 年的伊拉克战争使中国认识到依靠中东地区供给石油的战略需要进行调整，而日本与中国在俄罗斯远东石油输油管道建设上的竞争已经公开演化成为一场体现在物流领域里面的政治、经济竞争，因此，建立中国的石油应急物流体系应该具有重大的战略意义。

4. 消费者权益保护

在企业经营上，为了保护消费者的权益，消费者向商家退货现在更加自由和方便，汽车、家电等产品假如有质量问题，厂商必须召回。北京市从 2003 年 4 月 1 日起在全市实施《电子市场质量治理通用规范》，规范要求，各商户应回收国家公示召回商品，并实行先行赔付制。三菱帕杰罗、本田 CRV、尼康数码相机在中国都有过召回的纪录，当然这些跨国公司都有良好的召回物流系统。但相当多的中国的本土企业根本就没有建立处理这样的应急物流需求的应急物流处理机制。一旦发生召回事件，其应急物流成本一定会吞噬掉这些产品的销售利润，建立处理紧急退货、召回等事件的应急物流系统刻不容缓。

除了以上四个原因以外，还有来自第三方的原因可以导致厂商出现应急物流需求，比如因道路建设断路而绕行使在途时间延长、交货期延长，因信息传递错误而导致货到却不能及时提取等，影响工期和市场销售。

三、公共应急物流体系构建及管理

作为应对突发公共事件的应急管理体系中的一个重要子系统，应急物流体系可以有效保障应急物资的采购和流转。在供应链思想的指导下，基于应急物流的高效运转的目的，应急管理系统在科学的物流系统、互联网信息技术的手段支撑下构建起完整的应急物流体系。公共应急物流体系由三大模块构成，即应急物流的决策指挥中心、应急物流供应链中心、应急物流信息交流中心。三个模块互相独立又相互联系，共同支撑起应急物流体系的调配和运转。

（一）应急物流的决策指挥中心

决策中心是应急物流的信息决策和指挥调度中心机构，主要负责物流体系的指挥、调配等工作，在应急决策指挥中的统一调度下完成。将采购、存储、配送、配发以及信息交流处理等细化的部分有机结合起来，基于供应链思想的指导来实现协调联动，充分发挥出统一调度的物流决策领导的优势。

其建设方面，第一，在应急物流决策指挥中心的统一调度下，应急物流体系可以节省各部门之间协调的时间，做到有效率地完成各环节工作，以提升应急救灾的速度和效率；第二，可以通过相关的监管部门对物资及钱款进行统一的监管，以此提高物资采购管理的效率性、公平性、公正性；第三，应急物流体系直接接受应急决策指挥中心的集中指挥，统一统筹应急物资采购，节约救灾的成本，为更多抢险救灾赢得资本；第四，应急物流体系的统一指挥可以有效减少供求失衡的现象，稳定物价，保障社会稳定，为此国家应制定相关的法律法规对其权益进行保障，以立法的手段对操作流程进行完善，逐步构建指挥中心的标准制度。

（二）应急物流供应链中心建设

应急物流供应链中心作为体系中的核心环节，包揽着应急物流体系的物资采购、仓库存储、运输配送、分配派发等诸多环节。应急物流供应链在体系中的重要职能就是向救灾地区提供充沛的物资供应，以保障好应急物流管理工作，最终将物资均衡配发到受灾人民手中。

1. 应急物流的物资筹措与采购

应急物资的筹措与采购是保障救灾的首要环节。应急物资主要包含保障受灾害人民生产生活的物资，具有解决或处理伤者救助、卫生防疫、灾后重建、恢复生产、恢复秩序等的功能和价值。在发生紧急灾害情况前，应急物流系统为了应对自然灾害、战争灾难等紧急状况进行物资筹措和采购。设立应急物资采购环节，其目的是能够建构起完整的应急物流管理体系以完成急迫任务。采购环节由物资储备、紧急采购、社会各界的捐赠三方面组成。

其中物资储备、紧急采购是政府在救灾物资的筹备过程中担负的重要责任，一般情况下政府会实施实物储备和合同储备并行的方式。所谓的实物储备，就是应急物资，在采购后实行仓库存储的方式，物资根据相关仓储的制度和规定，定期进行管理和检验。合同储备则是指政府相关部门根据制度与食品、药品等拟采购物资的相关供应商签订合同，发生灾害时依据合同供应相关应急物资。通过签订合同所储备的应急物资，在质量上能够有一定的保障，同时也不会出现大规模的溢价情况。社会各界的物资捐赠，目前来源是由世界各地爱心人士的物资捐赠组成，但在物资品质方面存在质量良莠不齐、种类复杂多样的特征。因此，对于捐赠的物资，可以由协会对其进行分类或通过应急管理系统完成分类后，再交给物流完成配送。

物资采购的具体步骤由启动应急机制、组织实施采购、应急物流配送、售后服务工作几部分构成。启动应急机制是在应急决策指挥中心统一下达指令后启动，依据应急预案设立应急物资储备和采购的组织机构，再根据供求需要拟定采购计划，最后应急物流中心下达物资采购的任务细则。组织实施采购则是根据下达的采购任务，相关部门进行供货商的选择，通过拟定的协议来确定相关采购事宜，并在采购过程中做好应急物资的质量监管，为受灾群众提供低廉高品质的应急产品。应急物流配送是采购物资完成后的重要环节，以军队和地方物流为主要配送形式，一般应急物流体系会采取军队和地方专业物流相结合的形式完成送达任务。除此之外，还可以采取自运配送、供货商配送。最后，售后服务工作在采购环节完成后与供货商办理相关手续，例如经费结算的凭证、售后合同等，以便应急物资在没有得到满足的情况下，组织相应产品的供应，并追究相关人员责任。

2. 应急物流的仓储

仓储环节是在应急物资采购完成之后，应急物资的储备涉及到存储仓库对物资在数量、种类、存放布局等的管理，同时还要针对储备的应急物资进行科学合理的监管和审查。可以将仓库存储的管理方法应用到应急物资的储备管理中，让相关物流企业帮助对应急物资库存进行科学控制和管理，确定应急物资的储备规模，进而实现对应急物资的库存控制。

在应急物资仓储中，ABC 式作为常见的分类管理方法，可以将不同种类的物资进行分隔，进行相应的采购和储备管理。通过在应急物资仓储中利用 ABC 式方法实现节约成本开支，从而提高社会效益和经济效益。在仓储资源选择方面，仓储地主要选择在救灾的附近，距离适宜的储备库选址可以在预警状态下快速高效地安排运送车辆运输救援物资，切实提高应急救援物资的综合使用效能。仓储规模方面，目前储备库根据级别可划分为国家储备库和省级储备库，其中国家级别的应急储备库主要用于增强新疆、甘肃以及西藏地区。此外，应急物资的储备种类也由原先的帐篷等增添了医疗器材、生活物品等，物资储备的数量也在不断增加。

3. 应急物流的运输和配送

在运输环节，在面临突发的灾害事件时应急物流要根据受灾地区的需要选择陆路、海路、空运的运输方式。例如，动用军用运输装备、专用线路及相关设施等，实现军地物流一体化，以实现应急物资的快速配送。现代化的技术手段能够克服时间和空间的距离对物流运输实施监控。例如，运输过程中可以通过安装的 GPS 定位系统来监测运输过程，进而掌握应急物资在运送时的最新动态。

在配送环节，当某地区发生灾害事件后，发生地及其周边区域会临时搭建起应急物资的中转站，这是便于救援物资在突发事件预警与爆发后能及时得到调配、搜集和存储安置。中转站的职能还体现在配发救援物资、履行灾区物资需求信息的职责等方面。在事件发生地的周边设立应急物资配送中心，其位置可以满足应急物流在交通运输上的便利，还可以辐射周边受灾地区，空间上得到充分的延展，让应急物资在运输、装卸、配发上都可以享受到便利的条件。

4. 应急物资的发放和回收

救灾援助中心是应急物资的主要发放渠道之一，其地点选址要选在人群聚集的空旷地带，如学校的操场或者体育场，这样便于群众有序排队，避免发放环节发生混乱局面。救助中心的物资在配送完成后，根据“先急后缓，突出重点”的救援标准，对应急救灾物资进行统一安排，科学合理地投放使用。

应急救援的部分物资可以循环使用，应急物流的回收环节能够针对循环使用的物资进行有序的回收、清洁、维护、再利用。应急物流回收环节要严格拟定回收制度以规整受灾群众的物资使用行为，清理回收后的应急物资储备于省级以下的应急仓库。突发灾害事件发生前期，应急物流回收环节要利用“推式”供应链管理的模式，在应急决策指挥中心的统一统筹下推送各种救灾物资，待突发事件平稳后，再依据灾区的实际需求采用“拉式”供应链管理模式。

（三）应急物流信息中心

在应急物流的整个流程中，搭建一个高效的应急物流信息化平台，有助于构建完善的应急物流交通运输保障体系。应急物流的信息中心支撑物流体系整体的数据分析和交流，主要由通信平台、信息交流平台、电子技术平台组成。

信息中心的首要功能就是通过传真电话、视频、无线通信等系统，让信息和数据的传送和交流在物流信息中心得到实现，通过上述系统的硬件、软件及数据库系统作为依托，完成信息扩散。应急物流信息中心的另一个功能就是提供准确完善的突发灾害情况、应急物资储备情况以及应急物资的运输和配送情况，信息交流平台能够实时公开应急物资信息，有助于应急物流体系节约时间和成本。

随着互联网的普及和 GPS、GIS、RFID 等现代信息技术的进步，各类云服务平台的发展迅猛，构建统一的应急物流信息化平台的条件日趋成熟。

第四节 快递物流

一、快递的内涵

快递又称速递或快运，是指物流企业（含货运代理）通过自身的独立网络或以联营合作（即联网）的方式，将用户委托的文件或包裹，快捷而安全地从发件人送达收件人的门到门（手递手）的新型运输方式。

快递有广义和狭义之分。广义的快递是指任何货物（包括大宗货件）的快递；狭义的快递专指商务文件和小件的紧急递送服务。从服务的标准看，快递一般是指在 48 小时之内完成的快件送运服务。从快递的定义中，可以概括出快递的以下 3 个特征：

（1）从经济类别看，快递是物流产业的一个分支行业，快递研究从属于物流学的范畴。

（2）从业务运作看，快递是一种新型的运输方式，是供应链的一个重要环节。

（3）从经营性质看，快递属于高附加值的新兴服务贸易。

二、快递物流的发展历程

20 世纪 50—70 年代，北美、欧洲的经济复苏导致了现代快递业的逐步形成。以电子计算机为主的先进管理手段和方法的引入，高速公路、大型航空飞行器的发展，使快递业开始快速向全国网络和全球网络规模发展。

20 世纪 70 年代以后，日本经济开始起飞，日本几家濒临倒闭的按传统经营的公司纷纷效仿西方，转变成经营快递的公司，并引入符合日本特点的服务项目，从而使日本的快递服务业青出于蓝而胜于蓝。

20 世纪 80 年代，亚洲四小龙崛起，世界各大快递公司纷纷捷足先登，使得韩国、中国香港、中国台湾和新加坡的快递业从无到有，20 世纪末期，成为大型快递公司的主要货源集散地。

1978 年中国改革开放以来，与时俱进的中国经济发展更使得快递业在中国大地风起云涌，快递业的年增长率远高于同年 GDP 的增长率，2000 年前，中国的驿站开始发展。

2018 年 12 月 28 日上午，根据国家邮政局邮政业安全监管信息系统实时监测，一件从陕西武功寄往北京的快递包裹，成为 2018 年第 500 亿件快件，标志着我国快递年业务量突破 500 亿件。"十三五"以来，我国快递业保持高速增长，每年平均保持 100 亿件增幅。自 2014 年开始，我国快递业务量连续 5 年稳居世界第一，超过美、日、欧等发达经济体总和，成为世界邮政业的动力源和稳定器。

三、电子商务与快递物流

电子商务的蓬勃发展及"互联网+"时代的到来，给中国的网购经济带来了巨大的发展。网购的普遍化使得快递物流业呈现出快速发展的趋势。电子商务的高速发展，给快递物流产业带来了巨大的发展动力。快递物流行业也由此进入了蓬勃发展时期。根据国家邮政局发布的《2018 年邮政行业运行情况》，2018 年全国快递量为 507.1 亿件，同比增长 26.6%；业务收入达到 6038.4 亿元，同比增长 21.8%。据调查，我国快递服务中 30% 的业务由电子商务完成。可以说，电子商务是物流配送发展的前提，物流配送是电子商务发展的基础，二者同生共荣，相互影响，也有学者将两者合称为电商物流。

1. 快递物流对电子商务的影响

（1）物流是电子商务不可或缺的部分。

电子商务是基于互联网络平台，按照一定的标准开展的商务活动，可以表示为：电子商务=网上信息传递+网上交易+网上支付+物流配送。一个完整的商务活动，必然要涉及信息流、商流、资金流和物流等四个流动过程。在一定意义上说，物流是电子商务的重要组成部分，是信息流和资金流的基础和载体。

（2）物流是电子商务优势正常发挥的基础。

在电子商务下，商品生产和交换的全过程，都需要物流活动的支持，没有现代化的物流运作模式支持，没有一个高效的、合理的、畅通的物流系统，电子商务所具有的优势就难以发挥。

（3）物流支持电子商务的快速发展。

随着电子商务的不断扩大发展，对物流的要求越来越高，而作为实体流动的物流活动发展相对滞后，从而在某种程度上来说，物流成为电子商务发展的瓶颈，物流业直接影响着电子商务，其发展壮大对电子商务的快速发展起到支撑作用。

2. 电子商务对快递物流的影响

（1）电子商务为物流创造了一个虚拟性的运动空间。

在电子商务状态下，人们在进行物流活动时，物流的各项职能及功能可以通过虚拟化的方式表现出来。在这种虚拟化的过程当中，人们通过各种组合方式，寻求物流的合理化，使商品实体在实际的运动过程中，达到效率最高、费用最省、距离最短、时间最少的目的。

电子商务可以对物流网络进行实时控制。在电子商务环境下，物流的运作以信息为中心，信息不仅决定了物流的运动方向，而且决定着物流的运作方式。在实际运作当中，网络的信息传递，可以有效地实现对物流的实施控制，实现物流的合理化。

（2）电子商务将改变物流企业对物流的组织和管理。

在传统条件下，物流往往是从某一个企业进行组织和管理的，而电子商务则要求物流以社会的角度来实行系统的组织和管理，以打破传统物流分散的状态。这就要求企业在组织物流的过程中，不仅考虑本企业的物流组织和管理，而且更重要的是要考虑全社会的整体系统。

（3）电子商务将改变物流企业的竞争状态。

在电子商务时代，物流企业之间依然依靠提供优质服务、降低物流费用等方式来进行竞争，但是有效性却大大降低了。原因在于，电子商务需要一个全球性的物流系统来保证商品实体的合理流动，对于一个企业来说，即使其规模再大，也是难以达到这一要求的。这就要求物流企业联合起来，在竞争中形成一种协同合作的关系，以实现物流高效化、合理化和系统化。

（4）电子商务促进物流基础设施的改善。

电子商务高效率和全球性的特点，要求物流也必须达到这一目标。而物流要达到这一目标，良好的交通运输网络、通信网络等基础设施则是最基本的保证。除此之外，相关的法律条文、政策、观念等都要不断完善和提高。

四、电商物流发展典型模式

电子商务作为一种新的数字化商务方式，代表未来的贸易、消费和服务方式。因此，要完善整体商务环境，就需要发展建立以商品代理和配送为主要特征，物流、商流、信息流有机结合的社会化物流配送体系。电商物流的概念是伴随电子商务技术和社会需求的发展而出现的，它是电子商务和快递物流双方真正的经济价值实现不可或缺的重要组成部分。下面主要介绍国内三家代表性电商企业的物流模式。

1. 京东商城：由“轻资产”模式转变为“重资产”模式

在2009年至2010年间，京东商城将一半以上的外部投资（1.7亿美元）用于物流的各个环节（仓储、包装、配送、售后服务等），京东商城想自建全套的物流体系，掌控物流的全过程，从而提高对客户的服务质量，降低成本。但是复杂的物流环节，让京东商城背负沉重的资产负担，从而彻底改变京东商城的“轻资产”模式。

自建物流体系所带来的弊端就是资金需求的增加以及周转速度的减缓。仅2013年，京东商城募集的资金就超过了10亿元，但是存货所占用的资金给周转带来了更大的压力。而且，按照京东商城销售速度的增长趋势，即使京东商城拥有自建的一整套物流体系，在未来的几年，也会面临同样的服务质量下降等问题。

2. 当当："轻资产"物流模式——"自建+外包"模式

当当在商品物流方面选择了"自建+外包"的物流模式，即自己建立物流中心，将商品的配送进行外包。2013 年，国内与当当建立合作关系的第三方物流公司共有 104 家，在商品进行配送时，就由这些公司到当当建立的物流中心进行取货。为了保证高质量的服务品质，当当会收取物流公司一定的押金，并在他们提取货物之前，仔细检查商品的质量。与京东商城相比，当当所采用的这种"自建+外包"的物流模式属于"轻资产"模式。这种模式也存在不足之处，即物流企业的"碎片化"很难保证配送过程中的物流品质，从而存在失控的风险。

3. 阿里巴巴："物流合作/信息整合"模式

阿里巴巴起初没有自建一整套完整的物流体系，而是通过交易平台参与商务运营。2013 年，阿里巴巴与多个公司联合创建了菜鸟网络，共投资 3000 亿元。菜鸟网络致力于打造开放式、社会化的物流模式，一方面与其他物流企业在国内上百个城市建立物流存储设施，另一方面将物流数据用云技术进行集合，创建一个便捷的应用平台，以方便电商公司的运用。阿里巴巴的这种物流模式可以归结为"物流合作"或者"信息整合"。阿里巴巴想通过订单聚合，从而将整个物流行业进行整合。这一模式的实现，虽然会带来轻资产的扩张，但是，信息交换平台的建立，只能解决商品的供给调配，却不能使行业集中得到实现。只有做到将供给、需求两端平衡，企业的服务品质才会提高，物流成本才会有所降低，规模效应才会发挥得更好。

第五节 智慧物流

一、智慧物流的起源

智慧物流是一种以信息技术为支撑，在物流的运输、仓储、包装、装卸搬运、流通加工、配送、信息服务等各个环节实现系统感知、全面分析、及时处理及自我调整功能，实现物流规整智慧、发现智慧、创新智慧和系统智慧的现代综合性物流系统。

继 IBM2008 年提出"智慧的地球"后，2009 年奥巴马提出将"智慧的地球"作为美国国家战略。同年 8 月，温家宝总理在无锡提出"感知中国"，物联网被正式列为国家五大新兴战略性产业之一，写入"政府工作报告"。目前，美国、欧盟等都在投入巨资深入研究探索物联网。考虑到物流业是最早接触物联网的行业，也是最早应用物联网技术，实现物流作业智能化、网络化和自动化的行业。2009 年，中国物流技术协会信息中心、华夏物联网、《物流技术与应用》编辑部率先在行业提出"智慧物流"概念。

智慧物流概念的提出，顺应历史潮流，也符合现代物流业自动化、网络化、可视化、实时化、跟踪与智能控制的发展新趋势，符合物联网发展的趋势，有利于降低物流成本、提高效率、控制风险、节能环保、改善服务。

自该概念提出以来，专家和学者高度关注，但目前对智慧物流的研究仍处在起步阶段。企业界与学术界对智慧物流的概念、体系结构、实施框架的研究尚不成熟，未达成共识。

二、智慧物流的体系结构

按照服务对象和服务范围划分，智慧物流体系可以分为企业智慧物流、行业智慧物流、区域或国家智慧物流三个层次。

1. 企业智慧物流

促进信息技术在物流企业的应用，集中表现在应用新的传感技术，实现智慧仓储、智慧运输、智慧装卸、智慧搬运、智慧包装、智慧配送等，从而培育一批信息化水平高、示范带动作用强的智慧物流示范企业。

2. 行业智慧物流层面

行业智慧物流建设主要包括智慧区域物流中心、区域智慧物流行业以及预警和协调机制的建设三个方面。

智慧区域物流中心。智慧区域物流中心的建立关键要搭建区域物流信息平台，这是区域物流活动的神经中枢，联结着物流系统的各个层次、各个方面，将原本分离的商流、物流、信息流和采购、运输、仓储、代理、配送等环节紧密联系起来，形成了一条完整的供应链。其次，要建设若干智慧物流园区。智慧物流园区指加入了信息平台的先进性、供应链管理的完整性和电子商务的安全性的物流园区，基本特征是商流、信息流、资金流的快速安全运转，满足企业信息系统对相关信息的需求，通过共享信息支撑政府部门监督、行业管理与市场规范化管理三方面协同工作机制的建立，确保物流信息正确、及时、高效、通畅。智慧技术的运用使得运输合理化、仓储自动化、包装标准化、装卸机械化、加工配送一体化、信息管理网络化。

区域智慧物流行业（以快递为例）。在快递行业中加强先进技术的应用。重视新技术的开发与利用，通过自动报单、自动分拣、自动跟踪等系统，信息主干网的建设、PC 机和手提电脑、无线通信和移动数据交换系统的建设等，不仅使对运件的实时跟踪变得轻而易举，而且还大大降低了服务的成本。

预警机制。最后深入研究，加强监测，对一些基础数据进行挖掘，做好统计数据和相关信息的收集，及时反映相关问题，建立相应的协调和预警机制。

3. 国家智慧物流层面

国家智慧物流旨在打造一体化的交通同制、规划同网、铁路同轨、乘车同卡的现代物流支持平台，以制度协调、资源互补和需求放大效应为目标，以物流一体化推动整个经济的快速增长。与此同时，着眼于实现功能互补、错位发展，着力构建运输服务网络，基本建成以国际物流网、区域物流网和城市配送网为主体的快速公路货运网络，“水陆配套、多式联运”的港口集疏运网络，“客货并举、以货为主”的航空运输网，“干支直达、通江达海”的内河货运网络。同时打造若干物流节点，智慧物流网络中的物流节点对优化整个物流网络起着重要作用，从发展来看，它不仅执行一般的物流职能，而且越来越多地执行指挥调度、信息共享等神经中枢的职能。

三、智慧物流发展体系与特征

1. 智慧物流发展体系

在互联网技术的影响下，许多传统产业都遵循着“物竞天择，适者生存”的法则，通过不断融入新技术实现自我改革与升级。同样，对于我国物流产业而言，经历了许多尝试和探究，实现了由传统物流 1.0 模式向智慧物流 3.0 模式的转变。其中，物流 1.0 模式以传统物流模式为基础，物流 2.0 模式则是以我国电子商务发展为基础，通过互联网购物的普及使得物流产业的市场地位不断提升。在此阶段，我国物流产业初步实现了信息化、网络化以及智能化发展。物流 3.0 模式则是以国家顶层设计为核心，通过“互联网+”发展战略的不断深入与发展，倒逼传统企业转型升级，进而形成了当前我国智慧物流发展体系（如图 14-2 所示）。

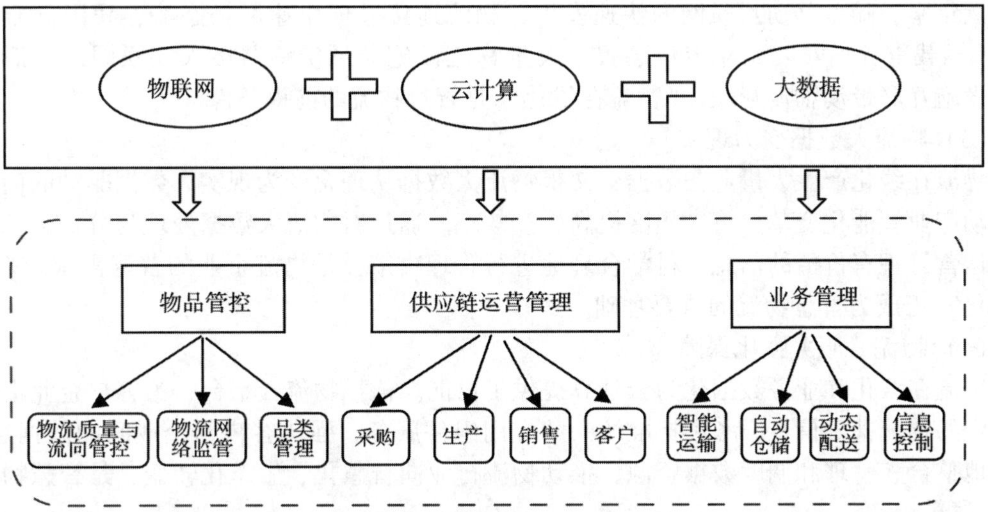

图 14-2　我国智慧物流发展体系

智慧物流核心技术主要包括物联网、云计算及大数据技术。其中，物联网可以使物物相连，通过传感、RFID、GPS、视频识别、红外、激光等技术对物流企业的基本信息及客户信息进行采集，以实现现代物流的网络化、信息化、集成化、智能化和柔性化发展。云计算和大数据则是智慧物流体系建设的重要保障。大数据可以进行预处理、存储和管理以及分析和挖掘。云计算是大数据的支撑，可以对数据进行存储并且可以根据需求不断调整，而且不需要维护。例如，大数据技术和云计算技术可以消除传统物流产业之间的信息孤岛问题，实现物流基础数据的交互与互通，减少信息重复采集，以实现降低物流成本的目标。在销售方面，可以根据消费者用户特征，制定个性化服务。在网络规划方面，可以实现物流仓储和运输的最优布局。在仓储方面，可以实现智能补货以及库存系统，提升物流企业库存周转率。

智慧物流功能体系主要包括物品管控、供应链运营管理和业务管理三大部分。在智慧物流的物品管控环节，物流企业可以对企业的商品及产品进行动态把控，以实现供需对接。在供应链运营管理方面，智慧物流实现了物流产业的网络化运营，在真正意义上将整个物流上下游产业进行了整合与融合。目前，在智慧物流发展体系下，不断有物流企业和金融机构进行合作，使得物流金融得以发展，丰富了供应链物流体系。在业务管理方面，智慧物流基本实现物流产业的智能运输、自动仓储、动态配送以及信息控制等功能，提升了整个物流产业的反应速度和准确度。

2. 智慧物流发展特征

（1）“互联网+”物流蓬勃发展。

智慧物流的核心是“协同共享”。近年来，涌现出一批“互联网+”物流的互联网平台，打破了传统企业边界，深化了企业分工协作，实现了存量资源的社会化转变和闲置资源的最大化利用，是智慧物流的典型代表。

（2）物联网在物流领域广泛应用。

近年来，随着移动互联网的快速发展，物流连接呈现快速增长态势，我国已有超过500万辆载重货车安装北斗定位装置，大量物流设施通过传感器接入互联网，以信息互联、设施互联带动物流互联，“物流在线化”是智慧物流的前提条件。

（3）物流大数据变为现实。

物流在线化产生大量业务数据，使得物流大数据从理念变为现实。数据驱动的商业模式推动产业智能化变革，将大幅度提高生产效率。通过对物流大数据处理与分析，挖掘对企业运营管理有价值的信息，科学合理地进行管理决策，是物流企业的普遍需求。“业务数据化”正成为智慧物流的重要基础。

（4）物流云服务强化保障。

物流在线化和业务数据化为云计算提供了可能。依托物流云平台，为客户企业提供安全稳定的物流基础信息服务和标准统一的应用组件服务，强化客户与企业间的数据连接，高效地整合、管理和调度数据资源，推动物流行业向智慧化、生态化转变，是智慧物流的核心需求。

（5）人工智能快速起步。

人工智能为物流技术创新提供了新的空间。通过赋能物流各环节，人工智能实现智能配置物流资源、优化物流环节、减少资源浪费，将大幅提升物流运作效率。特别是利用人工智能技术在无人驾驶、无人仓储、无人配送、物流机器人等前沿领域的应用，一批领先企业已经开始开展试验和商业应用，有望与国际一流企业从同一起跑线起步。

四、智慧物流发展趋势

在物联网、大数据、云计算及以区块链技术为代表的新一轮科技革命的推动下，智慧物流的功能与服务水平在不断提升，并呈现出以下发展趋势：

1. 智能交通体系发展模式

从产业经济学角度而言，智慧物流是物流产业的改革与升级，对物流产业具有促进发展作用。然而，智慧物流产业中的智能车路协同系统，船、标、岸协同感知系统及空地协同感知系统等一系列技术成果都可以进行大范围推广，进而解决部分制约我国综合交通运输系统的技术约束，进而建设成我国特有的智能交通系统。对此，我国政府已经在全国范围内开展了一系列的项目建设。例如，建设国家交通运输公共信息平台，以共享国内外物流信息数据；56888智慧物流服务平台为全社会提供综合性物流信息服务，并为企业和个人提供软件及相应的专业服务；宝船网借助阿里云计划向社会开放数据端口，提供海上物流运输服务等。因此，随着智慧物流的不断发展，我国智能交通以及智慧交通模式将不断成熟，智慧物流将成为我国智能交通体系的底层技术基础。

2. 智慧物流一体化服务发展模式

物流产业作为国民经济的重要支撑点，具有传递社会资源，加速社会资源流动的作用。因此，从产业融合角度来看，智慧物流发展模式不仅只局限于物流产业领域的发展，例如仓储、运输及配送，同时还会与其他产业进行融合，为其他产业模式提升资源或者资产的运转速率，进而形成一体化服务发展模式。此外，智慧物流还有助于产业链的建设，加深上下游企业与核心企业之间的联系，通过信息交互、共享等方式，实现产业链内各企业的实时互联，以提升供应链系统的协同能力。

3. “智慧物流 + 金融”

当前，我国政府不断强调普惠金融，希望将更多的资金从虚转实，服务实体经济。然而，许多商业银行及国有银行出于自身风险利益考量，更愿意将资金流向大型企业以及上市公司，因此导致中小型企业的融资渠道狭窄，中小型企业融资难、融资成本高的问题日益突出。而物流金融却可以作为目前市场融资问题的中转站，充当资本与融资企业之间的桥梁，使资金流向社会中千千万万的中小型企业。虽然目前我国已经有许多物流金融企业为市场中的中小型企业提供融资服务，但是由于物流金融企业的风控能力不强，导致许多物流金融企业在近年来的运营过程中损失惨重。但是，对加入了新兴互联网技术的智慧物流企业而言，由于大数据、云计算及物联网等技术的应用，可以获得更多的企业核心数据并对其分析，更有利于建设更加合理的金融风险风控模型，安全性更高。

本章小结

随着互联网、区块链、大数据等新技术的兴起和普及，现代物流管理迎来了新的契机和挑战。本章分别介绍了在新时代背景下的绿色物流、冷链物流、应急物流、快递物流和智慧物流等的发展，重点讲述了绿色物流管理体系、冷链物流的特点及运作模式、应急物流的起因和体系构建及管理、快递物流与电子商务的关系及电商物流发展模式、智慧物流发展体系及趋势等内容。

本章思考题

1. 绿色物流管理包括哪些内容？你认为其中最关键的是哪个？
2. 与传统物流相比，冷链物流有何特点？

3. 试选择一家冷链物流企业，分析其运作模式。
4. 讨论并说明如何解决电商物流“最后一公里”的困境。
5. 思考如何发展“互联网+”环境下的同城配送？其主要的模式有哪些？

本章习题

【案例分析】

菜鸟为电子商务帝国补齐短板

马云认为电子商务有三大重要组成部分：信息流、资金流、物流。

以淘宝为代表的阿里巴巴的电子商务交易以前是采用第三方物流配送模式。这种模式的好处在于第三方物流已具备规模优势、并在快递行业积累了深厚的专业性，使得电子商务企业只需将注意力集中在解决信息流和资金流瓶颈上，因而在电子商务发展的初中期带来了很大的帮助。但当电子商务企业壮大到一定规模后，这种模式的短板会越加凸显。加上我国快递业发展时间不长，无论是相关的法律政策，还是快递企业的规模、专业技术和服务质量水平，仍有待加强。近些年来，国内快递业的发展迅猛，在很大程度上要归功于电子商务的快速发展。但也正因为电子商务的发展迅猛，而快递业的发展无法跟上其步伐，造成电子商务企业时不时发生订单过多而出现快递爆仓现象，导致电子商务企业和消费者的双重损失。

阿里巴巴被迫寻求解决物流问题的出路，在入股国内大型物流公司的尝试失败后，马云提出了新的解决思路，即通过整合现有的物流企业资源和吸引“四通一达”快递企业入股的方式，共同打造遍布全国的仓储网络平台——菜鸟网络来解决现有的物流问题。

2013 年 5 月 28 日菜鸟网络含着金汤勺出生，股东除了阿里巴巴、银泰、复星，还包括富春投资、顺丰和四通一达（申通、圆通、中通、汇通、韵达）等。第一期投资额达 1000 亿元，第二期 2000 亿元。阿里巴巴董事局主席马云担任菜鸟董事长。2015 年 5 月 28 日，阿里巴巴举行首届菜鸟江湖大会，菜鸟网络总裁童文红首次对外解读菜鸟战略，称菜鸟定位于“社会化物流协同、以数据为驱动力的平台”，并且明确五大战略：快递、仓配、跨境、农村和驿站。

菜鸟驿站，作为菜鸟网络五大战略方向之一，是由菜鸟网络牵头，建立面向社区和校园的物流服务平台，为网购用户提供包裹代收服务，致力于为消费者提供多元化的“最后一公里”服务。目前在末端配送网络建设上，在城市，超过 4 万个菜鸟驿站构成菜鸟网络的城市末端网络。作为电子商务解决物流瓶颈的衍生品，菜鸟驿站的首要任务在于解决快递业“最后一公里”的收货和送货问题，以减缓目前快递业在订单剧增时的物流压力。

2013 年菜鸟网络刚成立的第一年，仅江浙两省就已有 19 个地级市、近1 500个菜鸟驿站，服务着近三万个社区人群。菜鸟网络将菜鸟驿站项目交付国内的浙江快 e 点、安徽鑫淘、广东收货宝、深圳猫屋等第三方运营商共同管理，其余实体服务店想要加盟，直接找第三方运营公司即可，大型的公司则可以选择直接与菜鸟网络公司申请成立菜鸟驿站的授权。菜鸟驿站更是积极在各大院校招募校园合作伙伴，力图从追求新鲜感和追求时尚的年轻一代打开缺口，以培养出使用菜鸟驿站服务的用户习惯。2014年“双十一”，菜鸟网络共签收2亿多个订单，未出现以往的快递爆仓情况，整体物流情况运行良好，菜鸟驿站在其中无疑发挥着无可替代的作用。

作为现有物流模式的有机补充，菜鸟驿站目前能分享到的只有快递业最后一环即收发包裹的收益，相当于在快递企业从电子商务公司获取的微薄快递费用中再分成，通常为每收发一个包裹抽成一块钱的费用，盈利方面不免捉肩见肘。尽管菜鸟驿站还推出了其他类似“O2O”的业务盈利分成模式，但以菜鸟驿站所覆盖的有限社区人群，这些服务项目能有多少真正被消费者接受，能否维持住线下实体店的各项开销仍有待时间检验。目前的菜鸟驿站业务种类初具雏形，但发展方向却显得有些多样化。照理说，菜鸟驿站作为现有物流模式的线下补充，专注点应在快递业的本职工作上。但目前较为成功的菜鸟驿站运营模式无一不是通过宣传与营销结合、多种业务发展实现的。在加盟店方面，更是五花八门，无所不有。有的是原来的手机店、零售超市、烟酒零售点或转型、或兼营而来，有的干脆是“四通一达”的快递网点直接改装而成。

目前菜鸟驿站提供的多样化服务包括如下几种：

优惠导购，是菜鸟驿站站长向消费者介绍相关电子商务商品优惠信息，通过消费者的订单抽取盈利分成的一种盈利模式。优惠导购模式在电子商务行业由来已久，现在淘宝的聚划算仍采用这种促销模式。

淘宝代购，则是菜鸟驿站站长收取一定代购服务费用、为因各种现实原因自身无法进行网上购物的消费者代购电子商务商品的一种行为。在这里，菜鸟驿站站长扮演着“代理”的角色，为其“代理人”（即有需求的消费者）上网购买商品，从而扩展电子商务的消费人群。

充值缴费，则是菜鸟驿站站长为消费者提供的各种线上充值及缴费服务。

票券代理，是指菜鸟驿站站长为消费者提供各种交通工具票证的预定及发送优惠券等服务，其实现基础是必须能在网上预定或购买的票据。

菜鸟驿站的各项服务主要有三大作用：一是基础业务，包括代收包裹和代发快递；二是吸引顾客流量，比如充值缴费、票券代理等服务；三是增值盈利服务，比如淘宝代购、优惠导购。

菜鸟驿站未来发展将遵循以下三个趋势：

（1）菜鸟驿站将进一步向农村区域发展。

在激烈竞争的情况下，开拓新的电子商务市场成为必然。基于这种现实情况的需要，阿里巴巴瞄准了农村这一块尚未得到开发的近万亿市场。2014年12月，广东省人民政府与阿里巴巴签署战略合作协议，阿里巴巴将在县域电子商务等领域与广东省人民政府展开合作，其核心内容正是在广东县域一级建立完整的菜鸟网络。这一合作吹响了阿里巴巴大举进军农村电商领域的号角。阿里巴巴已有明确计划，将在3~5年内投入100亿元建立1 000个县级运营中心和10万个村级服务站，以带动农村创业的发展。如此庞大的举措，自然得有菜鸟驿站的身影。以菜鸟驿站的加盟店模式来推动农村电商物流站点的发展，是目前唯一可行的解决方案。

(2) 菜鸟驿站将向“O2O”电商模式转型。

从菜鸟驿站提供的服务来看，用户可以通过支付一定费用换取线上代购、线上充值、线上购票服务，而这正是“O2O”电商模式的雏形。菜鸟驿站正是通过培养消费者在线下实体店进行线上购物的用户习惯，进而将消费者转变成“O2O”电商模式的潜在用户。当用户已经习惯在当地社区的菜鸟驿站购买线上服务时，他们将会产生对菜鸟驿站的依赖性，进而接受菜鸟驿站业务方面的转变。就目前而言，菜鸟驿站提供的增值盈利服务主要仍以虚拟商品为主，消费者得不到线下即时体验实际商品和服务的机会，证明了菜鸟驿站距离真正的“O2O”电商模式仍有一段道路要走。

(3) 菜鸟驿站未来将提供更多样化的业务选择。

随着物流企业和电子商务企业行业内竞争的加剧，物流企业和电商企业进军生鲜市场已成为必然。作为现有物流环节的补充部分，菜鸟驿站也必将承担起存放生鲜产品的重任，这就对菜鸟驿站提出了具备存放冷藏生鲜产品能力的高要求。此外，菜鸟驿站还可提供个性化存放业务。比如通过每月收取一定的费用，向用户出租特定的存放箱柜，让其自取自拿快递包裹。菜鸟驿站还可成为社区用户需求信息中心，通过收集用户需求并将其反馈给菜鸟网络，赚取一定的用户需求佣金。总而言之，只要菜鸟驿站存在一天，任何能实现盈利的需求均有可能被满足。菜鸟驿站本身的灵活性，正是其创新的源泉所在。

(案例来源：中华文本库)

1. 请对菜鸟驿站的运营模式进行分析。
2. 请对菜鸟驿站在阿里巴巴中定位和作用进行评价。

附录一　课程设计题集

课题一　物资进销存管理信息系统设计

目的：

1. 物资进销存管理的基本业务过程；2. 学习物资进销存管理过程中的信息数据流程；3. 学习物资进销存管理信息系统总体设计；4. 学习物资品种管理和物资编码；5. 学习建立数据库的技术；6. 学习入库登记、出库登记、库存汇总统计以及报表处理技术。

原理和内容：

已知某金属公司9月份由入库单形成的入库流水账如表1。

表1　**9月份入库记录**　（重量单位：吨，货币单位：元）

日期	大类	小类	品种	规格	入库数量	单价	入库金额	供应厂商
9.1	铸铁	生铁	硅铁	Si90	80	1 000	80 000	武钢
9.3	铸钢	碳素钢	钢轨	P74	100	2 000	200 000	包钢
9.4	铸钢	碳素钢	焊条	H08Mn	1	2 500	2 500	邯钢
9.5	铸钢	碳素钢	钢轨	P74	200	2 000	400 000	包钢
9.5	铸钢	合金钢	锰钒钢	09MnV	2	3 000	6 000	宝钢
9.7	铸钢	合金钢	钢筋	16Mn	20	2 000	40 000	武钢
9.7	铸钢	轴承钢	G3	GMnMoV	5	3 000	15 000	攀钢
9.10	型钢	扁钢	4	40	10	1 500	15 000	武钢
9.22	型钢	扁钢	4	40	30	2 000	60 000	武钢

该公司9月份由出库单形成的出库流水账如表2。

表2 **9月份出库记录** （重量单位：吨，货币单位：元）

日期	大类	小类	品种	规格	出库数量	单价	出库金额	用户
9.4	铸铁	生铁	硅铁	Si90	40	1 200	48 000	武汉农机厂
9.5	铸铁	生铁	锰铁	Mn0	20	2 000	40 000	黄石农机厂
9.6	铸钢	碳素钢	钢轨	P74	100	2 000	200 000	武汉铁路局
9.7	铸钢	碳素钢	焊条	H08Mn	1	2 500	2 500	武昌造船厂
9.8	铸钢	合金钢	钢筋	16Mn	5	2 500	12 500	中建三公司
9.15	型钢	扁钢	4	40	10	2 000	20 000	武昌造船厂
9.20	型钢	角钢	3	30	10	2 500	25 000	武昌造船厂

又知8月底的期末库存，即9月的期初库存如表3。

表3 **8月份库存余额** （重量单位：吨，货币单位：元）

日期	大类	小类	品种	规格	本月结余数量	单价	本月结余金额
8.31	铸铁	生铁	硅铁	Si90	10	1 000	10 000
8.31	铸铁	生铁	锰铁	Mn0	1	1 500	1 500
8.31	铸钢	碳素钢	钢轨	P74	5	2 000	10 000
8.31	铸钢	碳素钢	焊条	H08Mn	1	2 500	2 500
8.31	铸钢	合金钢	锰钒钢	09MnV	1	3 000	3 000
8.31	铸钢	合金钢	钢筋	16Mn	10	2 000	20 000
8.31	铸钢	轴承钢	G3	GMnMoV	5	3 000	15 000
8.31	型钢	扁钢	4	40	10	1 500	15 000
8.31	型钢	角钢	3	30	10	2 000	20 000

请运用 FoxPro 数据库技术，为该公司建立一个较为完整的物资进销存管理信息系统，能够输入各种大类、小类的各个品种的入库单和出库单记录，能够进行统计汇总（分品种、小类、大类汇总），能够查询入库单、出库单以及各种统计汇总数据，并能够查询和打印该公司 9 月份的正确的进销存报表。

进销存的原理如图 1。

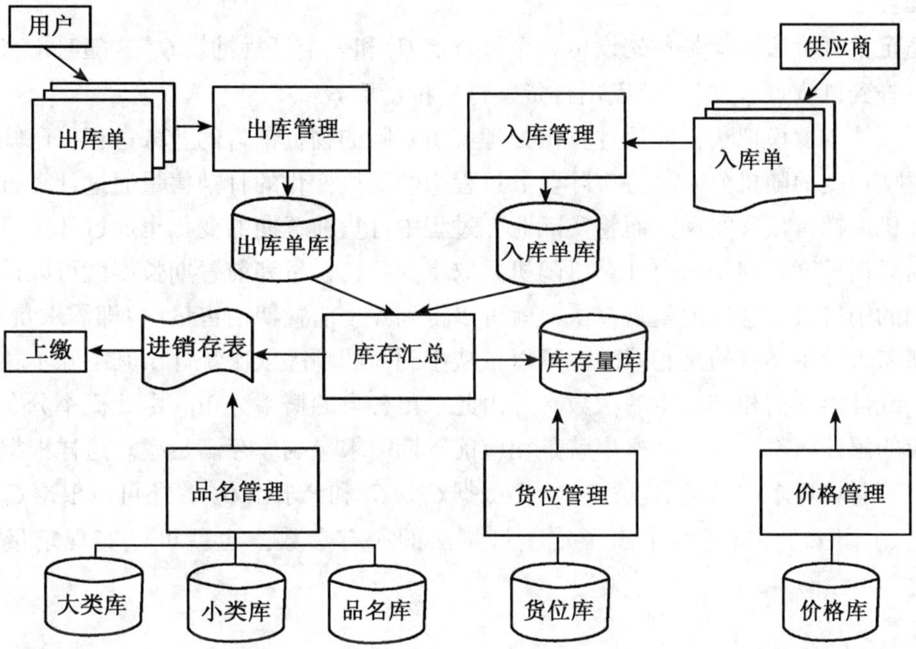

图 1　库存管理流程图

作业方法：

建议方案：任务的关键是搞好总体设计，包括功能设计、菜单设计、数据库设计、编码设计、界面风格设计等。以组为单位进行总体设计。总体设计完成以后，根据总体设计方案确定各个子系统及其相互接口，以及共同的开发方法、风格和规则，再分工到人开发各个子系统。在各个子系统开发完成以后，再合起来联调，最后完成整个系统。

设计要求：

各组要交以下成果：

1. 总体设计报告；
2. 各个子系统的设计和开发报告；
3. 系统软件。

课题二　已知服务水平的定量订货法模拟

目的：

1. 学习定量订货法订货策略；　2. 学习蒙特卡罗法模拟方法；　3. 学习定量订货法的蒙特卡罗模拟的计算机编程。

原理：

所谓定量订货法，就是预先设定一个订货点 Q_k 和一个订货批量 Q^*，随时检查库存，当库存下降到订货点 Q_k 时，就发出订货，订货批量取 Q^*。

采用蒙特卡罗模拟法，即用计算机处理模仿实际的物资销售的业务过程。已知需求速率和前置期长度的随机分布，将实际业务过程中的随机变化的日销售量通过计算机随机数的大小随机取销售量来实现，而将实际业务过程中订货前置期的变化也通过计算机随机数随机取前置期长度来实现。由计算机随机数取得的日销售量和前置期长度就可以计算出该次前置期的销售量。这样地重复 N 次，就可以得到 N 个前置期销售量(也即需求量)。这 N 个前置期需求量中，有的是相同的，可以按从小到大的顺序依次统计出其中互不相同的需求量，并统计出它们相应发生的频数，并由此求出各自的概率分布。由此概率分布就可以求出对应的累计概率。该累计概率就是相应前置期需求量的库存满足率。这样根据给定的库存满足率就可以求出订货点。另外，再根据 C_0、C_1 和 R 求出 Q^*，还可以根据 C_0、C_1、R 和 Q^*，求出 C^*。这样就求出了定量订货法的所有参数，也就可以实现定量订货控制了。

操作步骤：

1. 先确定模拟总次数 N。

2. 进行 N 次模拟。每次模拟过程分以下几步：

(1) 通过随机数 RND(T_k) 选定 T_k 的大小(天数)；

(2) 选定 T_k 个日需求量相加，得到这个前置期的总需求量 D_L(每个日需求量都是通过随机数 RND(R) 选定的，一共要选择 T_k 个日需求量，再相加，得到这个前置期的总需求量 D_L)；

(3) 累计这个需求量数字的发生次数 $S(D_L)$。

3. 对 N 次模拟结果进行数据处理：

(1) 将模拟得到全部前置期需求量按从小到大的顺序排序；

(2) 求出每个需求量水平的发生频数和发生概率；

(3) 按前置期需求量从小到大的顺序求出每个前置期需求量的累计概率。这样就可以得出一个前置期需求量 D_L，其发生概率 $f(D_L)$ 及累计概率 $P(D_L)$ 的对照表。由这个对照表就可以得出定量订货的订货策略。如果把某一个 D_L 值取为订货点，则其对应的累计概率就是相应的满足率。相反，如果想达到某一个满足率，则就可以取累计概率等于这个满足率的 D_L 值作为订货点。

例：

知道 R 和 T_k 的概率分布如表 4、表 5，就可以进行模拟如下(表 6)：

1. 先确定模拟总次数 $N=100$ 次。

表 4

T_k(天)	$f(T_k)$	$P(T_k)$	RND(T_k)
1	0.1	0.1	0 ~ 9
2	0.2	0.3	10 ~ 29
3	0.4	0.7	30 ~ 69
4	0.2	0.9	70 ~ 89
5	0.1	1.0	90 ~ 99

表 5

R(吨／天)	$f(R)$	$P(R)$	RND(R)
10	0.1	0.1	0 ~ 9
11	0.2	0.3	10 ~ 29
12	0.4	0.7	30 ~ 69
13	0.2	0.9	70 ~ 89
14	0.1	1.0	90 ~ 99

表 6

模拟序号	由 RND(T_k) 选定 T_k		取 T_k 个 R 值相加得到 D_L 值			D_L 发生次数
	RND(T_k)	T_k(天)	RND(R)	R(吨／天)	D_L	$S(D_L)$
1	12	2	5	10		
			28	11	21	$S(21)=1$
2	65	3	8	10		
			35	12		
			95	13	35	$S(35)=1$
3	9	1	70	13	13	$S(13)=1$
4	25	2	9	10		
			11	11	21	$S(21)=2$
⋮				⋮		
100	2	1	99	14	14	$S(14)=1$

2. 进行 $N=100$ 次模拟，每次模拟都按同样的步骤进行，例如第一次模拟如下：

(1) 通过随机数 RND(T_k) 选定 T_k 的大小(天数)，假设第一个 T_k 的随机数是 12，则可以由表 1 得知其对应的 $T_k=2$(天)。

(2) 选定 T_k 个，即 2 个日需求量相加，得到这个前置期的总需求量 D_L：这 2 个日需求量也是随机变化的，要通过随机数 RND(R) 来选定。假设第一天的 RND(R)＝5，则对应的日销售量为 $R_1=10$(吨／天)，第二天的 RND(R)＝28，则对应的日销售量为 $R_2=11$(吨／天)，则这个为期两天的前置期的总需求量 $D_L=R_1+R_2=21$(吨)。

(3) 累计这个需求量数字的发生次数 $S(D_L)$，即 $S(21)=1$(次)。

3. 对 N 次模拟结果进行数据处理：

(1) 将模拟得到全部前置期需求量按从小到大的顺序排序：这个例子中，显然 D_L 的范围是 10 ~ 70 吨，按 10，11，12，…，70 的顺序排序。(2) 求出每个需求量水平的发生频数和发生概率 $S(10)$，$S(11)$，…，$S(70)$ 和 $f(10)$，$f(11)$，…，$f(70)$。(3) 按前置期需求量从小到大的顺序求出每个前置期需求量的累计概率 $P(10)$，$P(11)$，…，$P(70)$。(4) 根据 D_L 和 $P(D_L)$ 的对照表，就可以根据给定的库存满足率 p 来求出定量订货法的订货点 Q_k 和安全库存量 Q_s：$Q_k = D_L \mid_{P(D_L)=p}$，$Q_s = Q_k - \sum D_L F(D_L)$。(5) 另外如果还知道 C_0，C_1，就还可以求出 Q^*，C^*。

任务要求：

1. 建立两个数据库，分别存放 R 和 T_k 的概率分布数据及其随机数分布范围，可以通过屏幕对这两个数据库进行输入、添加、修改、查询。

2. 编写模拟程序，并调试运行。要求能输出以下资料：

(1) 屏幕问答输出：输入一个库存满足率 ρ，就可以输出相应的 Q_k。

(2) 屏幕或打印输出 ρ 和相应的 Q_k 的对照表。

(3) 屏幕问答输出：输入 C_0，C_1，就可以输出相应的 Q^*，C^*。

3. 写出课程设计报告。报告中要求写出：

(1) 模拟的原理。 (2) 软件的功能原理。

(3) 程序框图。 (4) 软件设计特点。

(5) 感想。

课题三 已知服务水平的定期订货法模拟

目的：

1. 学习定期订货法订货策略； 2. 学习蒙特卡罗法模拟方法； 3. 学习定期订货法的蒙特卡罗模拟的计算机编程。

原理：

1. 所谓定期订货法，就是预先设定一个订货周期 T^* 和一个最大库存量 Q_{max}，每隔一个订货周期 T^* 就检查一次库存，就发出订货，订货批量的大小应使得订货后的最大库存量达到 Q_{max}。

2. 用蒙特卡罗法求出基于 $T+T_k$ 期间需求量的定期订货法库存控制模型。已知需求速率和前置期长度的概率分布，要求求出 $T+T_k$ 期间需求量(即订货周期 + 前置期需求总量)的概率分布，从而求出定期订货法的最大库存量 Q_{max} 与对应的库存满足率的对照表。这样就可以完全确定定期订货法的订货策略。

操作步骤：

1. 先确定模拟总次数 N 和 T^*。

2. 进行 N 次模拟，每次模拟过程分以下几步：

(1) 通过随机数 RND(T_k) 选定 T_k 的大小(天数)；

(2) 选定 $T^* + T_k$ 个日需求量相加，得到这个 $T^* + T_k$ 期间的总需求量 D_{T+T_k}(每个日需求量都是通过随机数 RND(R) 选定的，一共要选择 $T^* + T_k$ 个日需求量，再相加，得到这个 $T^* + T_k$ 期间的总需求量 D_{T+T_k})；

(3) 累计这个需求量数字的发生次数 $S(D_{T+T_k})$。

3. 对 N 次模拟结果进行数据处理：

(1) 将模拟得到全部 D_{T+T_k} 按从小到大的顺序排序；

(2) 求出每个需求量水平的发生频数 $S(D_{T+T_k})$ 和发生概率 $f(D_{T+T_k})$；

(3) 按 D_{T+T_k} 从小到大的顺序求出每个需求量的累计概率，这样就可以得出每个需求量 D_{T+T_k}，其发生概率 $f(D_{T+T_k})$ 及累计概率 $P(D_{T+T_k})$ 的对照表。由这个对照表就可以得出定期订货法的订货策略。如果把某一个 D_{T+T_k} 值取为最大库存量，则其对应的累计概率就是相应的满足率。相反，如果想达到某一个满足率，则就可以取累计概率等于这个满足率的 D_{T+T_k} 值作为最大库存量 $Q_{\max}$。

例如，知道 R 和 T_k 的概率分布如表 7、表 8，就可以进行模拟如下(如表 9)：

表 7

T_k(天)	$f(T_k)$	$P(T_k)$	RND(T_k)
0	0.1	0.1	0 ~ 9
1	0.2	0.3	10 ~ 29
2	0.4	0.7	30 ~ 69
3	0.2	0.9	70 ~ 89
4	0.1	1.0	90 ~ 99

表 8

R(吨/天)	$f(R)$	$P(R)$	RND(R)
0	0.1	0.1	0 ~ 9
1	0.2	0.3	10 ~ 29
2	0.4	0.7	30 ~ 69
3	0.2	0.9	70 ~ 89
4	0.1	1.0	90 ~ 99

表 9

模拟序号	由 RND (T_k) 选定 T_k		取 $T+T_k$ 个 R 值相加得到 D_{T+T_k} 值			D_L 发生次数
	RND (T_k)	T_k (天)	RND (R)	R (吨/天)	D_{T+T_k}	S (D_{T+T_k})
1	12	1	5	0		
			28	1		
			78	3	4	S (4) = 1
2	65	2	8	0		
			35	2		
			95	4		
			50	2	8	S (8) = 1
3	9	0	70	3		
			20	1	4	S (4) = 2

续表

模拟序号	由 RND（T_k）选定 T_k		取 $T+T_k$ 个 R 值相加得到 D_{T+T_k} 值			D_L 发生次数
	RND（T_k）	T_k（天）	RND（R）	R（吨/天）	D_{T+T_k}	S（D_{T+T_k}）
4	25	1	9 11 90	0 1 4	5	S（5）=1
⋮				⋮		
100						

选定 $T+T_k$ 日需求量相加，得到这 $T+T_k$ 期间的总需求量 D_{T+T_k}。累计这个需求量数字的发生次数 $S(D_{T+T_k})$。将模拟得到的全部 D_{T+T_k} 按从小到大的顺序排序：这个例子中，显然 D_{T+T_k} 的范围是 0 ~ 24 吨，按 0，1，2，…，24 的顺序排序，求出每个需求量的发生频数 $S(D_{T+T_k})$ 和发生概率 $f(D_{T+T_k})$。按需求量 D_{T+T_k} 从小到大的顺序求出每个需求量的累计概率 $P(D_{T+T_k})$。根据 D_{T+T_k} 和 $P(D_{T+T_k})$ 的对照表，就可以根据给定的库存满足率 p 来求出定期订货法的最大库存量 $Q_{\max}$ 和安全库存量 Q_s：

$$Q_{\max} = D_{T+T_k} \mid_{P(D_{T+T_k})=p}, \qquad Q_s = Q_{\max} - \sum D_{T+T_k} f(D_{T+T_k})$$

另外如果还知道 C_0，C_1，就还可以求出 T^*，C^*。

任务要求：

1. 建立两个数据库，分别存放 R 和 T_k 的概率分布数据及其随机数分布范围，应可以通过屏幕对这两个数据库进行输入、添加、修改、查询。

2. 编写模拟程序，并调试运行。要求能输出以下资料：

(1) 屏幕问答输出：输入一个库存满足率 p，就可以输出相应的 $Q_{\max}$。

(2) 屏幕或打印输出 ρ 和相应的 $Q_{\max}$ 的对照表。

(3) 屏幕问答输出：输入 C_0，C_1，就可以输出相应的 T^*，C^*。

3. 写出课程设计报告。报告中要求写出：

(1) 模拟的原理。　　(2) 软件的功能原理。

(3) 程序框图。　　(4) 软件设计特点。

(5) 感想。

课题四　已知缺货费用的定量订货法模拟

目的：

1. 学习定量订货法订货策略在实际业务过程中的应用；　2. 学习定量订货法缺货的原理；　3. 学习仓储销售的实际业务过程；　4. 学习在实际业务过程中的蒙特卡罗法模拟方法；　5. 学习定量订货法的蒙特卡罗模拟的计算机编程。

原理：

1. 这里与前面不同的是，它是更明显地紧密结合实际的业务过程。本期的实际库存等于上期期末库存加上本期到货减去本期销售。当库存量下降到 Q_k 或以下，就发出订货批量 Q^*。整个模拟过程就像实际的进销存过程一样，库存品会产生保管费用，销售缺货会产生缺货费用，订货会产生订货费用。全过程的三个费用加起来就得到这个模拟过程的总费用。不同的订货点 Q_k 和订货批量 Q^*，模拟得到的总费用会不同。选择几个不同的订货点 Q_k 和订货批量 Q^* 方案进行模拟，选择使得总费用 $C(Q_k)$ 最省的订货点 Q_k 和订货批量 Q^* 方案，就得到最佳的缺货定量订货法的订货策略。

2. 所谓缺货，就是在销售时由于没有现货供应而丧失这次销售机会。在模拟时表现为库存量小于用户的需求量。这时按缺货量的多少发生缺货费用。本期的缺货量不转到下期到货后进行补充。库存量最少为零，不出现负库存。

3. 蒙特卡罗模拟法的原理同前，即将实际的物资销售的业务过程中的销售速率 R 和前置期长度 T_k 的随机变化通过计算机随机数的随机取值来确定。其用途一是用以确定 Q_k 的取值范围（等于 D_L 的取值范围），二是用以通过随机数取 R 和 T_k 的值。

4. 具体的模拟过程是：已知 R 和 T_k 的概率分布，并且已知期初库存量、单次订货费 C_0、单位物资保管费 C_1 和单位物资缺货费 C_2，根据 R 和 T_k 的概率分布，可以求出 D_L 的取值范围，从而确定 Q_k 的取值范围。再根据 C_0、C_1，以及 R 的概率分布求出 Q^*。模拟时，Q_k 由小到大依次取定 D_L 值，订货批量也取定一个 Q^* 值，对于一个确定的定量订货法方案（Q_k，Q^*）可以进行一个完整的业务模拟，并求出整个过程的总费用 $C(Q_k)$。一个完整的业务过程包括订货、进货、到货入库、库存保管、销售、缺货、补货、本期期末库存转下期等环节。订货时发生订货费用，库存物资发生保管费用，缺货时发生缺货费用。一个完整的业务过程的三项费用总和即总费用 $C(Q_k)$。取不同的方案（Q_k，Q^*）就可以得到不同的总费用 $C(Q_k)$。取使得总费用 $C(Q_k)$ 最小的方案（Q_k，Q^*）就是模拟得出的最佳的缺货定量订货法的订货策略。

操作步骤：

1. 以周为单位，先确定模拟总周次 N（周）。

2. 确定订货批量 Q^* 和订货点库存量 Q_k 的取值范围。

3. 对于 Q_k 的取值范围中的每一个 Q_k 值以及 Q^* 都同样进行 N 周模拟，每一周的模拟方法如下：通过随机数 RND(R) 确定本周销售量；由本周期初库存量、本周到货量和本周销售量确定本周期末库存量；确定本周是否缺货和缺货量；确定本周是否订货和订货量，订货前置期，以及给控制到货的计数器 K 赋值以控制到货；计算本周发生的订货费用，缺货费用和保管费用；计算 N 周模拟的总费用 $C(Q_k)$。

例如，知道 R 和 T_k 的概率分布如表 10、表 11。

表 10

T_k(天)	$f(T_k)$	$P(T_k)$	RND(T_k)
1	0.60	0.60	0 ~ 59
2	0.30	0.90	60 ~ 89
3	0.09	0.99	90 ~ 98
4	0.01	1.00	99

表 11

R(吨/天)	$f(R)$	$P(R)$	RND(R)
0	0.04	0.04	0 ~ 3
1	0.08	0.12	4 ~ 11
2	0.28	0.40	12 ~ 39
3	0.40	0.80	40 ~ 79
4	0.16	0.96	80 ~ 95
5	0.02	0.98	96 ~ 97
6	0.02	1.00	98 ~ 99

表 12

模拟周次	期初库存	本期到货		本期需求量		本期缺货	期末库存	本期订货				C_1/元	C_0/元	C_2/元
		到货	在途	RND(R)	R			RND(T_k)	T_k	Q^*	k			
1	5			3	0		5				-1	25		
2	5			4	1		4				-2	20		
3	4		8	10	1		3	66	2	8	2	15	50	
4	3			8	1		2				1	10		
5	2	8		70	3		7				0	35		
6	7			15	2		5				-1	25		
7	5			61	3		2	95	3	8	3	10	50	
8	2		8	74	3	1	0				2	0		20
9	0		8	19	2	2	0				1	0		40
10	0	8		5	1		7				0	35		
11	7			32	2		5				-1	25		
12	5			24	2		3	55	1	8	1	15	50	
13	3	8		98	6		5				0	25		
14	5			12	2		3	99	4	8	4	15	50	
15	3		8	93	4	1	0				3	0		20
16	0		8	44	3	3	0				2	0		60
17	0		8	26	2	2	0				1	0		40
18	0	8		21	2		6				0	30		
19	6			78	3		3	40	1	8	1	15	50	
20	3	8		39	2		9				0	45		
21	9			84	4		5				-1	25		
22	5			55	3		2	80	2	8	2	10	50	
23	2		8	98	5	3	0				1	0		60
24	0	8		91	4		4				0	20		
25	4			87	4		0	20	1	8	1	0	50	
$\sum$						12						400	350	240

4. 取不同的 Q_k 值进行如上同样的模拟，得到不同的 $C(Q_k)$，取使得 $C(Q_k)$ 最小的 Q_k 为最佳的缺货定量订货法参数。

则模拟过程如表 12，步骤如下：

1. 这里设模拟周次为 25 周，即 $N=25$。

2. 这里设模拟期初余数为 5 单位，设订货批量 $Q^*=8$，由表 10、表 11 可知订货点 Q_k 的范围为 0 ~ 24，假设这里我们取 $Q_k=3$ 进行模拟。

3. 这里设 $C_0=50$ 元／次，$C_1=5$ 元／(吨·周)，$C_2=20$ 元／(吨·周)。

4. 开始模拟：(1) 由随机数 RND(R) 及表 11 确定本期需求量 R。(2) 根据本周期初库存量(等于上期期末余数)、本期到货量和本期需求量确定本期期末库存量。(3) 确定本期是否缺货，缺多少(如期初库存 + 本期到货 < 本期需求量时，就产生缺货，缺货量 = 本期需求量 - 期初库存 - 本期到货)。(4) 确定是否订货，订多少。如期末库存等于或小于订货点 Q_k，则发出订货，并且由随机数 RND(T_k) 及表 10 确定前置期 T_k 的长度，并取 $K=T_k$，订货批量取 Q^*。否则不订货，K 等于上期的 K 值减 1；(5) 计算本期发生的所有费用 C_0，C_1，C_2。

$$C(Q_k)=C(3)=(400+350+240)/25=39.6(\text{元／周})$$

5. 对 N 次模拟进行数据处理。求出周平均总费用。

$$C(Q_k)=\frac{\sum C_0+\sum C_1+\sum C_2}{N}。$$

6. 求出定量订货法的订货点：以不同大小的 Q_k 进行类似的模拟，可以得到不同的 $C(Q_k)$。取使得 $C(Q_k)$ 最小的 Q_k 为最优的缺货定量订货法的订货点。

任务要求：

1. 建立两个数据库，分别存放 R 和 T_k 的概率分布数据及其随机数分布范围，应可以通过屏幕对这两个数据库进行输入、添加、修改、查询。

2. 编写模拟程序，并调试运行。要求能输出以下资料：

(1) 屏幕问答输出总费用最省的缺货定量订货法策略。

(2) 屏幕或打印输出 Q_k 和相应的 $C(Q_k)$ 的对照表。

(3) 屏幕或打印输出某一个 $C(Q_k)$ 的如表 12 那样的模拟表。

3. 写出课程设计报告。报告中要求写出：

(1) 模拟的原理。　　(2) 软件的功能原理。

(3) 程序框图。　　(4) 软件设计特点。

(5) 感想。

附录二　库存控制模型体系

库存控制模型可以分为20个模型，见图2。

- A. 定量订货法
  - q. 确定型
    - 不允许缺货
      - 瞬时到货(Aq1)
      - 持时到货(Aq2)
    - 缺　　货
      - 瞬时到货(Aq3)
      - 持时到货(Aq4)
    - 补　　货
      - 瞬时到货(Aq5)
      - 持时到货(Aq6)
  - S. 随机型
    - 正态分布
      - 已知服务率(As1)
      - 已知缺货费(As2)
      - 已知补货费(As3)
    - 其他分布(As4)
- B. 定期订货法
  - q. 确定型
    - 不允许缺货
      - 瞬时到货(Bq1)
      - 持时到货(Bq2)
    - 缺　　货
      - 瞬时到货(Bq3)
      - 持时到货(Bq4)
    - 补　　货
      - 瞬时到货(Bq5)
      - 持时到货(Bq6)
  - S. 随机型
    - 正态分布
      - 已知服务率(Bs1)
      - 已知缺货费(Bs2)
      - 已知补货费(Bs3)
    - 其他分布(Bs4)

图2　订货点技术的模型体系

下面公式中的符号约定：

脚标：　0　表示订货；

　　　　1　表示保管；

　　　　2　表示缺货；

　　　　3　表示进货；

　　　　4　表示补货。

数量：　Q　表示库存量，或需求量；

　　Q_0　表示订货批量；

　　Q^*　表示经济订货批量；

　　Q_k　表示订货点；

　　Q_{max}　表示最高库存量；

　　Q_s　表示安全库存量；

　　$\bar{Q}$　表示平均库存量。

费用：　c　表示单位费用；

　　c_i　表示保管费率；

　　C　表示总费用；

　　$\bar{C}$　表示平均单位时间的总费用。

时间：　t　表示时间变量；

　　T^*　表示经济订货周期；

　　T　表示时间周期、订货周期、时间区段；

　　T_k　表示订货提前期；

　　$\bar{T}$　表示平均时间。

其他：　R　表示需求速率，即单位时间需求量；

　　p　表示进货速率，或者服务率；

　　q　表示缺货率；

　　D　表示一定时间区段内的需求量；

　　D_L　表示订货提前期需求量；

　　K　表示单价；

　　α　表示安全系数。

表 13、表 14 是每个模型的参数计算公式：

表 13　　**定量订货法(A) 模型体系**

随机型s	正态分布、已知服务率（As1）	$Q_k = \overline{D_L} + \alpha \cdot \sigma_0 = \bar{R} \cdot \overline{T_k} + \alpha \cdot \sqrt{\overline{T_k} \cdot \sigma_R^2 + \bar{R}^2 \sigma_T^2}$ $Q^* = \sqrt{\frac{2c_0R}{c_1}}$
	正态分布、已知缺货费（As2）	$Q_k = \overline{D_L} + \alpha \cdot \sigma_0 = \bar{R} \cdot \overline{T_k} + \alpha \cdot \sqrt{\overline{T_k} \cdot \sigma_R^2 + \bar{R}^2 \sigma_T^2}$ $Q^* = \sqrt{\frac{2R(c_0 + c_2\overline{Q_2})}{c_1}}$，$q = \frac{c_1Q^*}{c_1Q^* + c_2R}$

续表

随机型s	正态分布、已知补货费 (As3)	$Q_k = \overline{D_L} + \alpha \cdot \sigma_0 = \bar{R} \cdot \overline{T_k} + \alpha \cdot \sqrt{\overline{T_k} \cdot \sigma_R^2 + \bar{R}^2 \sigma_T^2}$ $Q^* = \sqrt{\dfrac{2R(c_0 + c_4 \overline{Q_4})}{c_1}}$, $q = \dfrac{c_1 Q^*}{c_4 R}$
	非正态分布 (As4)	$Q_k = D_{L \mid P\{D_L \leqslant Q_k\} = p}$ $Q^* = \sqrt{\dfrac{2R(c_0 + c_2 \overline{Q_2})}{c_1}}$, $q = \dfrac{c_1 Q^*}{c_1 Q^* + c_2 R}$ $Q^* = \sqrt{\dfrac{2R(c_0 + c_4 \overline{Q_4})}{c_1}}$, $q = \dfrac{c_1 Q^*}{c_4 R}$
确定型q	不允许缺货、瞬时到货 (Aq1)	$Q^* = \sqrt{\dfrac{2R(c_0 + c_4 \overline{Q_4})}{c_1}}$, $q = \dfrac{c_1 Q^*}{c_4 R}$ $Q_k = RT_k = 0$, $Q^* = \sqrt{\dfrac{2c_0 R}{c_1}}$
	不允许缺货、持时到货 (Aq2)	$Q_k = RT_k$, $Q^* = \sqrt{\dfrac{2c_0 R}{c_1\left(1 - \dfrac{R}{p}\right)}}$
	允许缺货、瞬时到货 (Aq3)	$Q_k = RT_k$, $Q^* = \sqrt{\dfrac{2c_0 R}{c_1} \cdot \dfrac{c_2}{(c_1 + c_2)}}$
	允许缺货、持时到货 (Aq4)	$Q_k = RT_k$, $Q^* = \sqrt{\dfrac{2c_0 R}{c_1\left(1 - \dfrac{R}{p}\right)} \cdot \dfrac{c_2}{c_1\left(1 - \dfrac{R}{p}\right) + c_2}}$
	实行补货、瞬时到货 (Aq5)	$Q_k = RT_k = 0$ $Q^* = RT^* = \sqrt{\dfrac{2c_0 R}{c_1} \cdot \dfrac{(c_1 + c_4)}{c_4}}$
	实行补货、持时到货 (Aq6)	$Q_k = RT_k$ $Q^* = RT^* = \sqrt{\dfrac{2c_0 R}{c_1\left(1 - \dfrac{R}{p}\right)} \cdot \dfrac{(c_1 + c_4)}{c_4}}$

表 14　**定期订货法(B)模型体系**

随机型 s	正态分布、已知服务率(Bs1)	$Q_{\max} = \bar{R}(T + \overline{T_k}) + \alpha\sqrt{(T + \overline{T_k})\sigma_R^2 + \bar{R}^2\sigma_T^2}$ $T^* = \sqrt{\frac{2c_0}{c_1 R}}$，$Q_i = Q_{\max} - Q_{ki} - I_i + B_i$
	正态分布、已知缺货率(Bs2)	$Q_{\max} = \bar{R}(T + \overline{T_k}) + \alpha\sqrt{(T + \overline{T_k})\sigma_R^2 + \bar{R}^2\sigma_T^2}$ $q = \frac{c_1 T}{c_1 T + c_2}$
	正态分布、已知补货费(Bs3)	$Q_{\max} = \bar{R}(T + \overline{T_k}) + \alpha\sqrt{(T + \overline{T_k})\sigma_R^2 + \bar{R}^2\sigma_T^2}$ $q = \frac{c_1 T}{c_4}$
	非正态分布(Bs4)	$Q_{\max} = D_{T+T_k}\mid_{P\{D_{T+T_k} \leqslant Q_{\max}\} = p}$ $q = \frac{c_1 T}{c_1 T + c_2}$，$q = \frac{c_1 T}{c_4}$
确定型 q	不允许缺货、瞬时到货(Bq1)	$T^* = \sqrt{\frac{2c_0}{c_1 R}}$ $Q_{\max} = RT$
	不允许缺货、持时到货(Bq2)	$T^* = \sqrt{\frac{2c_0}{c_1 R} \cdot \frac{p}{p - r}}$ $Q_{\max} = R(T + T_k)$
	允许缺货、瞬时到货(Bq3)	$T^* = \sqrt{\frac{2c_0}{c_1 R} \cdot \frac{(c_1 + c_2)}{c_2}}$ $Q_{\max} = RT$
	允许缺货、持时到货(Bq4)	$T^* = \sqrt{\frac{2c_0}{c_1\left(1 - \frac{R}{p}\right)R} \cdot \frac{c_1\left(1 - \frac{R}{p}\right) + c_2}{c_2}}$ $Q_{\max} = R(T + T_k)$
	实行补货、瞬时到货(Bq5)	$T^* = \sqrt{\frac{2c_0}{c_1 R} \cdot \frac{c_1 + c_4}{c_4}}$ $Q_{\max} = RT$
	实行补货、持时到货(Bq6)	$T^* = \sqrt{\frac{2c_0}{c_1\left(1 - \frac{R}{p}\right)R} \cdot \frac{c_1 + c_4}{c_4}}$ $Q_{\max} = R(T + T_k)$

参考文献

[1] [美] 詹姆士·*R*. 斯托克等. 战略物流管理. 邵晓峰等译 [*M*]. 北京：中国财政经济出版社，2002.

[2] [美] *Ronald H. Ballou*. 企业物流管理：供应链的规划、组织和控制. 王晓东，胡瑞娟等译 [*M*]. 2 版 . 北京：机械工业出版社，2007.

[3] 汪楠. 物流管理理论与实务 [*M*]. 北京：清华大学出版社，2019.

[4] 赵泉午，卜祥智. 现代物流管理 [*M*]. 北京：清华大学出版社，2018.

[5] 王长琼. 物流系统工程 [*M*]. 2 版 . 北京：高等教育出版社，2016.

[6] 曾剑. 物流管理基础 [*M*]. 北京：机械工业出版社，2018.

[7] 张理，孙春华. 现代物流学概论 [*M*]. 北京：水利水电出版社，2009.

[8] [美] 哈里森. 物流管理 [*M*]. 2 版 . 北京：机械工业出版社，2006.

[9] 霍红等. 物流管理学 [*M*]. 2 版 . 北京：科学出版社，2014.

[10] 宋华，于亢亢. 现代物流管理 [*M*]. 2 版 . 北京：中国人民大学出版社，2012.

[11] 郭士正，卢震. 供应链与物流管理 [*M*]. 北京：机械工业出版社，2008.

[12] 董千里等. 物流运作管理 [*M*]. 北京：北京大学出版社，2010.

[13] 刘刚. 物流管理 [*M*]. 北京：中国人民大学出版社，2014.

[14] 王喜富. 大数据与智慧物流 [*M*]. 北京：北京交通大学出版社，2015.

[15] 王先庆，李征坤，刘芳栋. 互联网+物流“互联网+”时代，下一个千亿级“风口” [*M*]. 北京：中国邮电出版社，2015.

[16] 彭剑锋，宋跃三，吴满鑫. 供应链改变中国 [*M*]. 北京：中信出版社，2017.

[17] 王菲，于洋. 基于供应链思想的应急物流体系构建及管理 [*J*]. 物流工程与管理，2020，42（05）：97-99.

[18] 杨延海. 我国智慧物流产业发展体系与对策研究 [*J*]. 技术经济与管理研究，2020（11）：98-102.

[19] 王亚婷. 国际贸易与绿色物流绩效相互影响研究 [*D*]. 江西财经大学，2020.

[20] 张帅. 食品企业冷链物流风险识别研究 [*D*]. 山东农业大学，2020.